家族企业管理
理论与实践

[瑞士] 托马斯·泽尔韦格
Thomas Zellweger

高 皓

著

MANAGING
THE FAMILY
BUSINESS

THEORY
AND
PRACTICE

清华大学出版社
北京

内 容 简 介

本书系统讨论了家族企业的定义、普遍性与经济贡献、优势与劣势、治理、战略管理、传承、变革与代际价值创造、财务管理以及关系与冲突等内容。基于严谨的理论研究和宽广的国际视野，本书整合了学术前沿理论及实践案例，适合对家族企业及财富管理领域感兴趣的学生、学者、企业家及专业人士等读者阅读，是全面深入理解家族企业领域的必备教科书。

本书封面贴有清华大学出版社防伪标签，无标签者不得销售。
版权所有，侵权必究。举报：010-62782989，beiqinquan@tup.tsinghua.edu.cn。

图书在版编目(CIP)数据

家族企业管理：理论与实践 /（瑞士）托马斯·泽尔韦格 (Thomas Zellweger)，高皓著. —北京：清华大学出版社，2021.10
 ISBN 978-7-302-56361-7

Ⅰ.①家… Ⅱ.①托…②高… Ⅲ.①家族−私营企业−企业管理−研究−世界 Ⅳ.① F279.1

中国版本图书馆 CIP 数据核字（2020）第 167475 号

责任编辑：王巧珍
封面设计：傅瑞学
责任校对：宋玉莲
责任印制：杨　艳

出版发行：清华大学出版社
　　　网　　址：http://www.tup.com.cn, http://www.wqbook.com
　　　地　　址：北京清华大学学研大厦 A 座　　　邮　　编：100084
　　　社 总 机：010-62770175　　　邮　　购：010-62786544
　　　投稿与读者服务：010-62776969, c-service@tup.tsinghua.edu.cn
　　　质量反馈：010-62772015, zhiliang@tup.tsinghua.edu.cn
印 刷 者：三河市铭诚印务有限公司
装 订 者：三河市启晨纸制品加工有限公司
经　　销：全国新华书店
开　　本：185mm×260mm　　　印　张：30.75　　　字　数：492 千字
版　　次：2021 年 10 月第 1 版　　　印　次：2021 年 10 月第1次印刷
定　　价：180.00 元

产品编号：083044-01

作者简介

托马斯·泽尔韦格（Thomas Zellweger）

瑞士圣加仑大学（University of St. Gallen）副校长、瑞士中小企业与创业研究院院长、全球创业与创新研究中心学术主任、家族企业讲席教授，兼任加拿大不列颠哥伦比亚大学（UBC）、德国维藤/海德克大学（University of Witten/Herdecke）、美国百森商学院访问教授，曾任创业学国际顶尖学术期刊 Entrepreneurship Theory & Practice 主编，现任 Journal of Business Venturing、Strategic Entrepreneurship Journal、Family Business Review 等期刊编委。泽尔韦格的研究领域为家族企业、家族传承、创业学、公司治理与战略管理，研究成果发表于国际顶尖期刊，如 Academy of Management Journal、Strategic Management Journal、Organization Science 等。《法兰克福汇报》（Frankfurter Allgemeine Zeitung）将他评选为德语区最有影响力的经济学家。他的研究获得了多个国际奖项以及被多家国际媒体引用，包括《经济学人》《纽约时报》《福布斯》等。泽尔韦格担任多家家族企业的董事会成员，在家族企业治理与战略等领域提供咨询意见。他持有瑞士圣加仑大学博士学位，进入学界前曾在一家投资银行任职两年。

高 皓

清华大学五道口金融学院全球家族企业研究中心主任、绿色金融发展研究中心副主任，兼任世界经济论坛（达沃斯论坛）全球未来理事会理事/专家组成员、全国工商联智库委员会委员、中国企业改革与发展研究会理事及研究员、"家族企业治理丛书""家族财富传承丛书"主编、《财富管理》期刊联席主编、国际信托与资产规划学会（STEP）中国理事兼公共政策分委员会主席、中华遗嘱库学术委员会副主任及国际家族企业学会（FFI）会员等。研究领域为家族企业、财富管理、公司治理、公司金融、公益慈善及绿色金融，在国内外权威学术及财经期刊上发表了180多篇论文及案例，出版了15部学术专著或译著。他主持了中央统战部、教育部、民政部、全国工商联、香港金融发展局、北京市金融监管局、比尔及梅琳达·盖茨基金会、中国银行业协会、香港财富管理公会、瑞士银行、平安银行等委托的科研课题，合著了被哈佛商学院案例库收录的首个亚洲私人银行案例、首个亚洲大学基金会案例及首个中国家族办公室案例，荣获中国民营企业研究会最佳研究成果奖、茅理翔家族企业研究一等奖（两次）等奖项，创办了中国高校首个私人银行领域的金融硕士学位课。高皓担任海内外大型民营企业集团（包括数家世界500强）、公益基金会及金融机构的独立董事、理事或战略顾问。他是清华大学工学学士，北京大学经济学学士，清华大学管理学博士、金融学博士后及经济学博士后，哈佛商学院公司董事证书获得者，新加坡财富管理学院淡马锡学者。

前言

本教材的写作，源自于我们多年来在家族企业领域进行教学和研究中的两点观察。第一点观察是，在本科生、研究生、MBA、EMBA、DBA 及高管教育等不同项目的教学中，我们希望能使用一本系统全面的家族企业教材，但始终找不到令人满意的版本。虽然战略管理、人力资源、市场营销和会计财务等工商管理领域的教材汗牛充栋，但它们仅涉及家族企业理论和实践中的部分内容，尚无现成的教材能够涵盖家族企业的所有主题。我们写作本书的目的不是要取代家族企业领域现存的诸多重要著作、学术论文和案例研究，相反，我们试图提炼家族企业这种组织类型的独特之处，整合来自学界和业界的知识，引导读者大量阅读已有文献。总之，本书旨在总结近年来全球家族企业管理研究中积累的丰富知识和见解，以此指导学生和从业者。

我们必须指出，本教材可能无法满足所有读者的需求。家族企业是具有高度异质性的组织，其异质性不仅源于家族股东及相关群体具有不同的特定目标，也源于家族企业身处不同的制度环境。尽管家族企业确实存在着异质性，但我们试图通过本书的诸多专题、模型和案例，探讨家族企业的核心共性，由此进一步揭示家族企业的本质。这种处理方法将不可避免地导致缺失遗漏，但我们坚持认为，应该将家族企业管理的核心内容放入一本书中。

第二点观察则与我们和家族企业业界人士的互动有关。多年来，很多家族企业的家族股东、家族高管、家族成员和职业经理人向我们讲述了他们的故事、挑战和问题，包括：我们应该如何规划传承流程？谁应该成为接班人？我们如何获得长期成功？我应该进入父母创办的公司工作吗？作为家族企业，我们有什么竞争优势？家族企业的股本回报率多高是合适的？与企业相比，我们如何建立家族决策的结构和流程？我们应该如何设计家族办公室和家族信托？刚开始面对这些问题时，我们无法给出令人完全满意的回答。但随着时间的推移，在很多杰出的家族企业学者和经营者帮助下，我们最终发现了可能的答案。

在此，我们要向在本教材撰写过程中提供无私帮助的人士深表谢意。

托马斯的致谢：首先，感谢瑞士圣加仑大学（University of St. Gallen）家族企业研究中心的 Miriam Bird、Urs Frey、Michael Gaska、Marlies Graemiger、Maximilian Groh、Frank Halter、Sonja Kissing Streuli 及 Melanie Richards。感谢与我共同担任瑞士圣加仑大学瑞士中小企业与创业研究院联席院长的 Urs Fueglistaller，他创造了极富乐趣、高度合作和充满创业精神的氛围。感激 Joe Astrachan、Michael Carney、Jim Chrisman、Alfredo De Massis、Kim Eddleston、Marc van Essen、Luis Gomez-Mejia、Nadine Kammerlander、Franz Kellermanns、Tim Habbershon、Robert Nason、Mattias Nordqvist、Pankaj Patel、Peter Rosa、Bill Schulze、Pramodita Sharma、Philipp Sieger、Alex Stewart、Wim Voordeckers、Arist von Schlippe 以及 John Ward，我从他们那里学到了很多家族企业知识，他们以各种方式为本书的撰写做出了贡献。同样，感谢 Heinrich Christen、Peter Englisch、Carrie Hall、Patrick Ohle、Santiago Perry、Johannes Rettig、Yuelin Yang 和 Marnix van Rij，你们的启发和支持是无价的。最后，我把最深沉的感谢和爱献给家人 Nathalie、Nikolaus 和 Leo。

高皓的致谢：首先，感谢清华大学五道口金融学院常务副院长廖理教授、副院长周皓教授对家族企业研究领域的长期支持，感谢清华大学国家金融研究院院长朱民教授高屋建瓴的指导。感谢中心捐赠人金光集团董事长黄志源，碧桂园集团董事会主席杨国强、联席主席杨惠妍、董事陈翀，以及比尔及梅琳达·盖茨基金会对家族企业学术研究的慷慨支持。感谢世界经济论坛家族企业负责人叶嘉伟，以及全球家族企业研究中心的安静、何静、黄少博，尤其是本项目研究助理王俐、孙子谋、许嫘、罗钧为本书的出版做出了重要贡献。感谢我长期的合作伙伴香港中文大学郑宏泰教授，我们在华人家族企业领域已合作了 6 本专著及数十篇案例和论文。感谢中心学术委员会委员哈佛商学院金融学讲席教授 Lauren Cohen，麻省理工斯隆管理学院会计学讲席教授 Nermit Shroff、德国 WHU 大学家族企业首席教授 Nadine Kammerlander。感谢清华大学社科学院何晓斌，对外经贸大学屈源育、王丹，中央财经大学张光利，厦门大学肖金利，武汉大学廖珂，华东师范大学连燕玲，上海大学/悉尼科技大学吕斐斐，华东理工大学朱丽娜，深圳证券交易所曾斌。最后，我把最深沉的感谢和爱献给妻子 Karen、儿子 Larry 和 Danny。

　　欢迎读者对本书提出宝贵意见，我们的电邮是：thomas.zellweger@unisg.ch（Zellweger），gaoh@pbcsf.tsinghua.edu.cn（高皓）。我们希望通过本书与读者共同探索，如何让家族企业成为独特而成功的组织。

托马斯·泽尔韦格（Thomas Zellweger）　　　　高　皓

于瑞士圣加仑　　　于北京清华园

简明目录

第1章　引言　001

第2章　家族企业的定义　004

第3章　家族企业的普遍性与经济贡献　022

第4章　家族企业的优势与劣势　035

第5章　家族企业治理　045

第6章　家族企业的战略管理　109

第7章　家族企业传承　188

第8章　变革与代际价值创造　289

第9章　家族企业的财务管理　338

第10章　家族企业中的关系与冲突　393

参考文献　453

目录

第1章 引言 ... 001
1.1 聚焦主题 ... 002
1.2 目标读者 ... 002
1.3 本书结构和教学工具 ... 003

第2章 家族企业的定义 ... 004
2.1 家族企业与非家族企业的区别 ... 004
2.2 以家族涉入的类型来定义家族企业 ... 007
 2.2.1 家族控制量 ... 008
 2.2.2 家族控制的复杂性 ... 009
 2.2.3 公司组织形式 ... 010
 2.2.4 家族控制理念和目标 ... 011
 2.2.5 家庭控制阶段 ... 013
2.3 家族影响的圈环模型 ... 014
 2.3.1 圈环模型的优点 ... 015
 2.3.2 圈环模型的缺点 ... 016
2.4 家族企业认同 ... 018
2.5 本书采用的家族企业定义 ... 019

第3章 家族企业的普遍性与经济贡献 — 022

3.1 家族企业在全球范围内的普遍性 — 022
- 3.1.1 美国 — 022
- 3.1.2 欧洲 — 023
- 3.1.3 亚太地区 — 024
- 3.1.4 中东 — 024
- 3.1.5 拉丁美洲 — 025
- 3.1.6 非洲 — 025
- 3.1.7 总结 — 026

3.2 家族企业的经济贡献 — 027
- 3.2.1 家族企业的规模 — 027
- 3.2.2 对就业的贡献 — 028
- 3.2.3 对国内生产总值（GDP）的贡献 — 028
- 3.2.4 总结 — 029

3.3 制度背景与家族企业分布 — 029
- 3.3.1 家族企业的行业分布 — 029
- 3.3.2 家族企业的上市 — 031

第4章 家族企业的优势与劣势 — 035

4.1 家族企业的典型优势 — 035
4.2 家族企业的典型劣势 — 037
4.3 家族企业特征的二元性 — 041

第5章 家族企业治理 — 045

5.1 为什么家族企业需要治理 — 046
- 5.1.1 家族股东的动机 — 046
- 5.1.2 家族企业传统治理机制的局限性 — 048
- 5.1.3 家族企业特有的治理问题 — 049

5.2 家族企业的典型治理模式 — 056
5.3 治理模式对业绩的影响 — 059

5.4	公司治理、股权治理、家族治理和财富治理	061
5.5	公司治理	062
	5.5.1 选任适合的董事人选	063
	5.5.2 董事会的角色和参与	064
	5.5.3 董事会涉入公司战略制定	066
5.6	股权治理	067
5.7	家族治理	069
	5.7.1 家族治理的目标和主题	069
	5.7.2 家族价值观和目标	070
	5.7.3 家族涉入管理	071
	5.7.4 家族涉入股权	073
	5.7.5 家族涉入新的创业活动	075
	5.7.6 家族涉入公益慈善	076
5.8	财富治理	077
	5.8.1 尚未协调的家族（uncoordinated family）	080
	5.8.2 内置型家族办公室（embedded family office）	083
	5.8.3 单一家族办公室（single family office）	085
	5.8.4 家族信托/家族基金会	089
	5.8.5 哪种财富治理模式是最好的	091
5.9	治理文件：行为准则和家族宪法	093
	5.9.1 家族宪法	093
5.10	治理主体：家族大会和家族委员会	096
5.11	家族企业的整合治理	098

第6章 家族企业的战略管理　　109

6.1	家族企业的战略决策制定	109
	6.1.1 社会情感财富（socioemotional wealth，SEW）	110
	6.1.2 财务视角及社会情感视角的区别	112
	6.1.3 社会情感财富如何影响战略决策制定：一个框架	114
	6.1.4 社会情感财富影响家族企业行为的证据	115
	6.1.5 脆弱性下的偏好反转	116
6.2	家族企业的竞争优势	118

6.3 代理视角（agency perspective） 120
6.3.1 家族股东与家族经理人的利益一致 120
6.3.2 家族股东与家族经理人的利益不一致 121
6.3.3 家族股东损害非家族经理人 122
6.3.4 家族股东监督非家族经理人 123
6.3.5 家族股东剥削非家族小股东 123
6.3.6 家族股东之间的冲突 124
6.3.7 总结：从代理视角看家族企业竞争力 125

6.4 资源基础视角（resource-based perspective） 128
6.4.1 家族性（familiness） 128
6.4.2 作为资源提供者的家族 130
6.4.3 作为资源管理者的家族 134
6.4.4 家族性与公司战略 136
6.4.5 总结：从资源基础观看家族企业竞争力 138

6.5 组织认同视角（organizational identity perspective） 139
6.5.1 家族认同与企业认同的交织 140
6.5.2 家族企业的企业社会责任（CSR） 142
6.5.3 家族企业的品牌 143
6.5.4 家族企业形象如何促进财务业绩 147
6.5.5 家族企业认同的阴暗面 149
6.5.6 实证研究：家族企业形象与业绩的关系 151
6.5.7 总结：从组织认同视角看家族企业竞争力 151

6.6 制度视角（institutional perspective） 155
6.6.1 微观视角：家族企业的战略趋同（strategic conformity） 156
6.6.2 宏观视角：不同制度环境下的家族企业 157
6.6.3 家族企业集团：制度视角 159
6.6.4 国际比较 161
6.6.5 总结：从制度视角看家族企业竞争力 162

6.7 悖论视角（paradox perspective） 164
6.7.1 悖论是什么 165
6.7.2 家族企业情境中的张力与悖论 166
6.7.3 从悖论视角看家族企业管理 167
6.7.4 处理张力的管理方法 169
6.7.5 悖论管理如何驱动企业业绩 171

		6.7.6 悖论的应用：家族企业创新	172
		6.7.7 管理悖论所需要的集体正念	176
		6.7.8 总结：从悖论视角看家族企业竞争力	177
	6.8	家族企业的通用战略	178
	6.9	家族企业的战略管理工具	179

第7章 家族企业传承　　188

7.1	传承选项（succession options）	189
7.2	传承选项的机会与挑战	194
7.3	传承选项的重要性	197
7.4	家族内部传承意愿的下降	198
7.5	家族企业传承复杂性的来源	202
7.6	构建传承流程：传承框架	205
7.7	澄清目标和优先事项	206
	7.7.1 确定传承选项	208
	7.7.2 现任者和继任者的目标	210
	7.7.3 现任者和继任者如何确定转让价格	212
	7.7.4 哪些因素激励/阻碍下一代接班人进入企业	215
	7.7.5 接班人的意愿和能力	217
7.8	审视公司战略	224
	7.8.1 业绩停滞不前	225
	7.8.2 领导力真空	225
	7.8.3 多元化产品/市场组合	226
	7.8.4 经营性资产与非经营性资产的交织	226
	7.8.5 作为现任者养老金的公司	226
7.9	规划职责转移	230
	7.9.1 传承选项路线图	231
	7.9.2 继任者的进入路线	234
	7.9.3 为现任者和继任者调整角色	235
	7.9.4 培养继任者	236
7.10	公司估值	240

7.10.1	资产净值法	242
7.10.2	EBIT或EBITDA倍数估值法	243
7.10.3	自由现金流贴现（DCF）估值法	245
7.10.4	综合各种估值方法	251
7.10.5	从估值到价格	251

7.11　为传承融资　255

7.11.1	股权融资	256
7.11.2	卖方贷款融资	256
7.11.3	银行贷款融资	257
7.11.4	次级债和夹层资本融资	258
7.11.5	综合各种融资方案	259

7.12　传承中的法律和税务安排　265

7.12.1	转让给家族成员	265
7.12.2	转让给既有股东	274
7.12.3	转让给员工	276
7.12.4	PE基金、资本重组和杠杆收购	278
7.12.5	向财务投资者或战略投资者完全出售企业	281

第8章　变革与代际价值创造　289

8.1　家族企业的变革与适应　290

8.1.1	家族企业在变化环境中的意义构建（sensemaking）	291
8.1.2	识别：家族企业关系网络的模糊角色	291
8.1.3	诠释：长期导向与社会情感财富	292
8.1.4	决策：家族企业的关键优势	293
8.1.5	实施：经验与忠诚的双刃剑	294
8.1.6	总结：家族企业与变革	294

8.2　家族企业的长寿（longevity）　298

8.3　家族企业的代际价值创造　302

8.3.1	价值创造与长寿	302
8.3.2	代际价值创造的证据	303
8.3.3	代际价值创造的定义	304
8.3.4	代际价值创造：一个模型	304
8.3.5	从动态视角看代际价值创造	321

8.3.6　整合企业管理和财富管理　　326

第9章　家族企业的财务管理　　338

9.1　家族企业财务管理的不同之处　　339
  9.1.1　集中且活跃的控股股东　　339
  9.1.2　具有长期视野的股东　　340
  9.1.3　重视经济效用和社会情感效用的股东　　341
  9.1.4　拥有优先信息来源的股东　　342
  9.1.5　股份的非流动性市场　　342

9.2　作为特殊资产类别的家族股权　　343

9.3　家族企业业绩：简短综述　　345

9.4　家族企业的风险承担　　346
  9.4.1　财富高度集中　　346
  9.4.2　低杠杆　　347
  9.4.3　低投资风险　　348

9.5　债务融资　　348
  9.5.1　债务融资的优势　　348
  9.5.2　债务融资的劣势　　349
  9.5.3　债务资本成本　　349

9.6　股权融资　　350
  9.6.1　股权融资的优势　　350
  9.6.2　股权融资的劣势　　351
  9.6.3　权益资本成本　　351

9.7　杠杆　　353
  9.7.1　杠杆效应　　353
  9.7.2　杠杆、风险和企业价值　　354
  9.7.3　家族企业适当杠杆水平的实务建议　　354
  9.7.4　杠杆与战略挑战　　356

9.8　价值管理　　358

9.9　主要财务指标　　360

9.10　家族企业财务管理的困境　　363

9.10.1	增长与流动性困境：股息的作用	363
9.10.2	盈利能力与安全性困境：杠杆的作用	366
9.10.3	流动性与安全性困境：投资组合管理的作用	366

9.11	家族企业的可持续财务管理原则	368
9.12	首席财务官（CFO）在家族企业中的角色	369
9.13	家族企业高管的薪酬	372
	9.13.1 家族企业薪酬实务	373
	9.13.2 底薪	374
	9.13.3 奖金和福利	374
	9.13.4 普通股	375
	9.13.5 虚拟股票及股票增值权	375
	9.13.6 心理所有权	377
9.14	负责任的家族企业股东	378
	9.14.1 明确家族价值观和企业价值观	378
	9.14.2 将价值观转化为战略目标	379
	9.14.3 让管理层对目标负责	380
	9.14.4 建立治理规则，并坚持到底	381
	9.14.5 理解企业的主要财务指标和价值驱动因素	381
	9.14.6 秉持正念（mindfulness）	382

第10章 家族企业中的关系与冲突　393

10.1	家族的社会结构	393
	10.1.1 夫妻式家族企业	397
	10.1.2 兄弟姐妹式家族企业	399
	10.1.3 扩大家庭式家族企业	402
	10.1.4 家族嵌入（family embeddedness）	403
10.2	家庭社会结构的趋势	406
10.3	家族价值观的国际差异	411
10.4	理解家族企业的人际动力学：系统观点	414
	10.4.1 处于冲突和模糊标记中的系统	415
	10.4.2 沟通扭曲的挑战——"谁在说话？"	417

10.5　公平感（justice perception） 419
10.5.1　分配公平（distributive justice） 419
10.5.2　程序公平（procedural justice） 421
10.5.3　互动公平（interactional justice） 422
10.5.4　家族中程序公平和互动公平的重要性 423
10.5.5　不公平感（injustice perception）及其后果 426

10.6　为什么家族企业是冲突的温床 427

10.7　冲突类型 429
10.7.1　关系冲突（relationship conflict） 429
10.7.2　任务冲突（task conflict） 431
10.7.3　任务冲突与关系冲突的联系 432

10.8　冲突动力学 433
10.8.1　时间在冲突中的作用 433
10.8.2　冲突与企业生命周期 434
10.8.3　冲突升级 435

10.9　冲突管理风格 436
10.9.1　支配（domination） 437
10.9.2　迁就（accommodation） 437
10.9.3　回避（avoidance） 438
10.9.4　妥协（compromise） 438
10.9.5　整合（integration） 439
10.9.6　家族企业中哪种冲突管理风格是最好的 439

10.10　沟通策略 440
10.10.1　跨越时间，运用冲突"房间" 440
10.10.2　建设性与破坏性沟通的原则 442
10.10.3　为什么治理并不能包治百病 444

10.11　面对冲突时该如何行事 444

参考文献 453

第1章

引言

撰写家族企业教材极具挑战性。一方面，全球大部分公司都是家族企业；但另一方面，在世界各国大学中，家族企业课程相对较少。中国改革开放40多年间发生了翻天覆地的变化，民营企业成为中国经济发展奇迹中最主要的动力引擎。目前，随着第一代企业家逐渐老去，家族企业的有序传承与可持续发展已经成为中国经济发展中越来越重要的关键问题。尽管绝大多数民营企业都是家族企业，但家族企业仍然是一个年轻的新兴学科领域。

如果你读到本书，那么你可能是公司高管、学者或学生，与我们持有同样观点：当前主流管理学著作未能充分解释家族企业，解决其独特的管理挑战。关于战略管理、人力资源、市场营销、会计财务或创新创业的教材汗牛充栋，然而家族企业教材却是凤毛麟角。

诚然，以上工商管理学科领域与所有类型的企业都相关，无论是否家族企业。但家族企业面临的某些独特挑战比非家族企业更为显著，或者需要不同的应对之道。例如，非家族企业治理主要关注于持股分散的股东与数量有限的经理人之间如何进行有效合作，而家族企业治理还需要考虑其他因素，例如，家族股东之间如何进行有效合作，家族股东（如父母等）对家族经理人（如子女等）如何进行有效监督。类似地，公司最高领导者的退任对于管理学而言是一个日渐重要的议题，传承也一直是家族企业面对的核心挑战。对于其他更广泛的议题，例如，公司战略、财务管理及人力资源，我们也发现家族企业和非家族企业面临着类似的问题，但家族企业应对这些问题的解决方法有所不同。本书的目标在于以家族企业视角来探讨这些管理议题，提出能够落地执行的策略，助力家族企业的成功。

1.1 聚焦主题

本书目标在于为学生与从业者提供家族企业管理指南，基于两位作者的工商管理与金融学科背景，本书以此为出发点来研究家族企业面临的挑战。在理想情况下，本书会将家族企业领域的各种概念阐释得更加清晰简明。但是，使用管理学研究方法也带来了某些挑战，可能会忽视本可解释家族企业行为的其他学科理论。

虽然本书希望能够涵盖多种不同视角，但我们仍将主题聚焦于家族企业的组织流程与管理模式。本书探讨的主要对象是"企业"——尽管最后两章的"家族"内容弱化了这一设定。本书的学科背景主要是管理学和经济学，其次是社会学。

本书聚焦于家族企业管理，主体内容是探讨受到家族决定性影响的企业管理挑战。我们试图避免当前多数家族企业著作中的常见陷阱，即认为家族企业任何既定的特征或行为都受到家族的决定性影响。我们试图从家族企业中抽取出某些特定的管理实践，其中家族特征对企业业绩具有不同程度的影响。

1.2 目标读者

本书主要面向家族企业领域的学生及从业者。本书不是一本给自学者的入门指南，没有依据少数成功家族企业而总结出来的"关键成功因素"清单。准确地说，我们希望帮助那些正在应对家族企业最紧迫挑战的读者。为了应对这些挑战,本书将已经验证的实践框架与最新的学术研究相结合。

> 本书对以下读者特别具有实用价值。
> - 计划深入研究家族企业的本科生、研究生、MBA、EMBA、DBA 或高管教育学员;
> - 寻找经过实践检验且能够落地之解决方案的家族企业股东及高管;
> - 致力于研究家族企业的学者、政府相关部门及民企上市公司董事及高管;
> - 希望全面了解家族企业研究进展的咨询顾问、银行家、会计师、律师等专业人士。

> 本书可能并不适用于具有以下特征的读者。
> - 希望针对复杂问题寻找简单答案或通用模式;
> - 没有时间探究实务问题的理论基础;
> - 对于探求研究发现不感兴趣。

1.3 本书结构和教学工具

本书由如下章节构成:家族企业的定义、家族企业的普遍性与经济贡献、家族企业的优势与劣势、家族企业治理、家族企业的战略管理、家族企业传承、变革与代际价值创造、家族企业的财务管理以及家族企业中的关系与冲突。每一章均使用了多种教学工具,即概念框架、研究综述、案例研究、思考题以及延伸阅读建议。

本书引用参考文献的原则是,仅引用那些与论证观点关联性最强且最新的研究成果。因此,本书并未引用所有的相关文献,但我们力求已引用文献具备代表性,涵盖了兼具基础性与趣味性的论文和著作。此外,每一章末尾都附有建议延伸阅读的参考书目,供有兴趣的读者对某一主题进行深入研究。

第2章
家族企业的定义

对于社会科学而言,最严峻的挑战之一就是定义研究对象。具体到家族企业而言,这一挑战尤其重要,因为家族企业与其他类型企业相比,不同之处就在于家族对企业的影响❶。请注意,家族企业与非家族企业的区别并不在于规模,也不在于是否上市。实际上,家族企业定义标准在于,家族以何种程度——以及何种方式——控制企业。家族企业的独特性在于,家族企业受到一个特定人群的支配性影响,即一个有着特定目标、偏好、能力和倾向的家族。

2.1 家族企业与非家族企业的区别

学生、学者及从业者经常希望找到一个简明的标准,用以区分家族企业与非家族企业。在寻找分界线的过程中,许多人试图设置家族涉入企业的阈值,例如,在股权或管理权方面。这种做法实质是试图发现家族涉入企业的某个最低值。高于这个最低值,即可定义为家族企业;低于这个最低值,就不是家族企业。

以股权阈值为例，有学者认为，控股股权是家族对企业施加决定性影响的先决条件。也有学者认为，即使没有控股股权，家族也可以拥有公司控制权。例如，对于上市公司，以及许多家族股权已稀释且持股分散的公司而言，持有少数关键股权就可能足以控制公司的重要战略决策（例如，委派董事和高管、兼并收购、分拆、重组等）。因此，学术界日渐达成的共识是，在大型/上市家族企业中，20%~25%的股权比例就可能足以使股东具有施加战略决策的决定性影响力（Anderson和Reeb，2003b；Villalonga和Amit，2006）。由此，对于大型/上市家族企业而言，20%~25%的股权阈值常被用来区分家族企业与非家族企业。

例如，欧盟委员会认为，如果在某家上市公司中某一家族控制了25%的表决权，那么这家公司就是家族企业。更为重要的是，在允许双重股权法律结构的国家中，家族持有更少的股权比例仍足以控制一家公司。例如，2010年福特家族（Ford Family）虽然仅持有福特汽车公司（Ford Motor Company）不到2%的股权（以现金流权计），但通过B类股持有40%的表决权，从而保持着稳定的控制权。由此可见，合理的认定方式应该是，股权比例的阈值应当适用于表决权，而不是现金流权（请参见本书第6章家族企业的战略管理中关于福特家族和福特公司的案例）。

其他学者认为，只有那些既由家族管理，同时又由家族所有的公司，才是家族企业。这一观点背后的原理在于，家族不仅可以通过正式的股权结构施加决定性影响，也可以通过领导力，即渗透到公司中的价值观和领导风格来施加影响。家族管理通常被理解为家族涉入公司管理，尤其是担任首席执行官（CEO）。把家族涉入管理作为家族企业定义的阈值，在小型企业中更为常见。对于大型企业尤其是上市公司而言，把家族管理作为区分家族企业和非家族企业的标准并不常见。

与此同时，许多文献认为，家族企业的独特之处在于其对代际传承的关注（例如，Chua、Chrisman和Sharma，1999）。也就是说，区分家族企业和非家族企业的标准是，是否具有把企业传承给家族后代的意愿。代际传承这个观点十分重要，因为它提炼了能够区分家族企业与其他类型企业的最关键特征。

还有学者认为，无论股权或管理权的结构如何，家族企业必须在第一代创始人之后仍然保持着家族对公司的控制权。事实上，许多实证研究发现，创始人控制的公司与后代控制的公司之间存在着重大差异。例如，越来越多的实证证据表明，后代控制的公司在股票市场上的表现不如创始人控制的公司。

然而,第一代创始人掌控的创业公司不是家族企业这一观点并未获得广泛采纳。许多学者认为,只要家族成员涉入创业公司(例如,兄弟姐妹或夫妻共同创业的公司),或第一代创始人持有且希望未来将控制权传承给家族后代,具有以上两类特征之一的企业也应当被认定为家族企业。表2.1总结了关于区分家族企业与非家族企业阈值的各种观点。

表 2.1 家族企业的定义

影响维度	区分家族企业与非家族企业的阈值	原 理
股权	对于小型公司:家族至少持有50%表决权 对于大型/上市公司:家族至少持有20%表决权	股权(尤其是表决权)赋予股东改变企业战略方向的决策权
管理权	对于小型公司:家族涉入公司高管层 对于大型/上市公司:通常无须家族涉入高管层	管理涉入能够使家族将特定的价值观灌输给企业,并直接影响决策
代际传承	有意愿将家族对公司的控制权传承给下一代	是否具有代际控制意愿是家族企业与非家族企业的区别
后代控制	第一代:创始人控制公司 第二代及以后代际:家族企业	代际传承的控制权是家族企业的本质特征(因此不限于第一代创始人)

根据表2.1中总结的观点可知,家族企业与非家族企业之间没有清晰明确的分界(对于这个话题的更多探讨参见Astrachan、Kleinand和Smyrnios,2002)。从业者和学者为明确定义家族企业进行了多种尝试,在此过程中人为地划分了家族企业与非家族企业,由此陷入了关于家族企业是什么和不是什么的纠结之中。这些人为设置的简化标准可能会带来严重问题,其中以下三类尤为棘手。

1. 忽略家族企业的异质性

许多提出区分家族企业与非家族企业阈值的研究忽略了家族企业之间的异质性。我们在本章后续将会看到,家族企业在小微企业中数量庞大,但它们同样存在于大型企业之中,而且广泛分布于各个行业。与此同时,家族企业的治理结构也不尽相同。某些家族仅通过股权和董事会涉入,而其他家族则涉入公司管理。某些家族仅掌控单个公司,而其他家族则掌控多元化集团公司。

2. 过于简化家族的定义

按照传统思路,家族是一个与市场运作模式完全不同的社会单元。例如,Bourdieu

（1996）在关于家族社会角色的名著中指出，家族是"一个经济普遍规律失效的世界，一个基于信任和给予的地方——这与市场中等价交换的价值观截然相反"。然而，对于家族的这一看法忽略了家族企业的某些特定情况，例如，他们必须同时应对家族事务和企业事务。试想，家族企业需要在家族成员之间分配收入和财富。

另外，对于什么是家族和谁属于家族的定义可能在不同的文化土壤中大异其趣。例如，在阿拉伯，界定家族成员时采取的态度相对包容。在中国，尽管家族扮演着一定的社会角色，但计划生育政策严重限制了家族规模，深刻影响了家族企业的决策，如家族传承和家族财富的代际转移等。家族结构同样会随着时间的推移而发生改变，因为社会规范正在发生变化，例如，欧美国家的离婚率和非婚生子女数量持续上升等。

3. 低估多维度研究家族涉入的价值

那些认为有明确阈值可以区分家族企业与非家族企业的观点，忽略了分析不同类型家族影响的价值。如果能够摆脱这种思维限制，不再将家族涉入的多种类型归结为一种单一类型，就能得到更有价值的见解。我们就能够更好地理解家族企业异质性的来源，以及改变公司现状所需的管理工具。

综上所述，无论我们是否同意上述标准，区分家族企业和非家族企业的成效仍然是非常有限的。为了深入理解家族企业的独特性，我们需要跳出这些简单化的分类，扪心自问：家族究竟会通过哪些方式来影响企业？

2.2 以家族涉入的类型来定义家族企业

为了回答上述问题，我们可以先来分析家族涉入企业的维度。

F-PEC 模型（Astrachan、Klein 和 Smyrnios，2002）是衡量家族影响核心维度的重要模型。在这个模型中，家族影响由三个维度决定：其一，权力维度衡量家族股权控制量、家族管理权控制量以及家族治理机构（如董事会等）控制量；其二，经历维度主要衡量企业在家族控制下经历了多少代；其三，文化维度衡量家族系统与企业系统之间的文化重合度，即家族价值观与企业价值观的重合度。

基于 F-PEC 模型，结合近期对家族影响企业路径的研究，我们确定了家族涉入的五个维度：①家族控制量；②家族控制的复杂性；③公司组织形式；④家族股东的控制理念和目标；⑤按家族与企业历史划分的控制阶段。图 2.1 是家族涉入的形象化图示，我们称之为家族企业评估工具。

家族企业评估工具并不意味着家族企业在五个维度上都要处于最优定位。相反，根据这些维度来评估家族涉入的好处在于：一方面，这五个维度可以揭示家族企业异质性的来源，以及家族涉入的不同类型和程度将带来哪些机遇和挑战；另一方面，这个工具为家族企业经营者开启了深入探讨的大门，不仅能够讨论家族涉入的现状，还能够讨论家族涉入的未来，以及当家族改变在各维度中的位置时，家族企业面临的机遇和挑战。

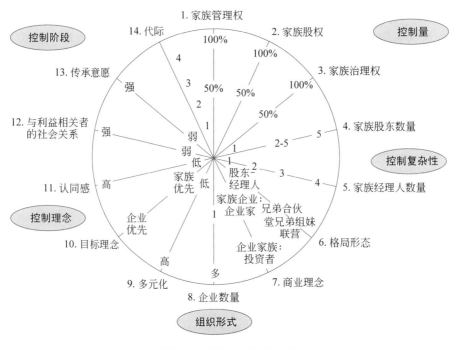

图 2.1　家族企业评估工具

2.2.1　家族控制量

家族控制量表征家族在股权、管理权和治理权等维度上的涉入程度。家族控制权水平指的是家族能够（或潜在）施加权力并影响重大战略决策的程度。越来越多的实证证据表明，家族的股权、管理权和治理权涉入程度对企业业绩的影响不尽相同，主要取决于企业的复杂程度，尤其是企业规模。例如，在小型企业中，由家族主导的股权和管理权可能会对业绩有正向影响，因为这种治理模式非常高效、精干。然而，为了实现融资、支持增长及取得更好业绩，大型企业很可能会将股权开放给外部投资者。不仅如此，考虑到大型企业的复杂性及其对专业化管理的需求，将管理权开放给非家族人才也非常重要。当然，家族确有必要涉入董事会以控制非家族经理人。根据家族控制之类型和程度的不同，家族企业面临着不同的机遇和挑战，如表 2.2 所示。

表 2.2 家族控制量

	属性	机遇	挑战
管理权	100% 非家族	选任经理人来源更广泛，管理专业性更高	代理冲突：控制非家族经理人，昂贵的激励成本，家族企业独有文化的流失
	100% 家族	高效领导力，保护隐性知识	家族经理人缺乏专业性，产生利益冲突（如利他主义等）
股权	家族持有少数股权	利用非家族资本，增长机会	家族影响减少，家族目标降低；短期主义
	100% 家族	家族处于强势地位，牢固控制着企业及其价值观	权力滥用，增长机会受限
治理权（董事会）	100% 非家族	控制权的独立性	家族影响的流失
	100% 家族	确保家族控制权	难以获得外部专业知识

2.2.2 家族控制的复杂性

控制维度衡量家族控制量，与之对应，复杂性维度衡量家族控制的复杂程度。家族控制的复杂性随着家族股东和经理人的数量增加而上升。经典的"股东 – 经理人"（owner-manager）模式是一个较为简单的治理模式，即同一个人同时担任唯一的股东和经理人。这种治理模式的好处是决策速度快、效率高，不存在股东 – 经理人代理问题；其挑战则在于难以获得外部意见和外部资本以支持增长，以及最常见的代际传承问题。

随着家族股东和经理人数量的增加，对于协调、沟通以及家族治理的需求不断增加，矛盾冲突的潜在风险也在同步上升。随着代际传承的进行，家族成员的数量不断增长，股东对企业的认同感和忠诚度也受到冲击。表 2.3 是对这些因素的归纳总结。

表 2.3 家族控制的复杂性

	属性	机遇	挑战
家族股东数量	1 个	高效、快速地决策	缺乏外部资本，股东财富尚未多元化
	2~5 个	股东全力以赴、富有耐心	利益冲突及由此产生僵局造成严重后果
	5 个以上	股东全力以赴、富有耐心	股东之间协调困难，缺乏企业认同感
家族经理人数量	1 个	高效领导，少有控制问题	后代缺乏专业性和奉献精神，传承问题
	多个	相互支持，全力以赴，信任	关系冲突，任务冲突
组织结构	股东-经理人	高效的领导和控制	角色超载，责任过重
	表亲联营	全力以赴、相互支持的企业文化	关系冲突，协调和沟通，对企业的认同

注：关于股东-经理人、兄弟合伙以及表亲联营的详细讨论，参见本书第 5 章家族企业治理的相关内容。

2.2.3 公司组织形式

不同的家族企业具有各不相同的组织形式。第一，这一差异揭示出家族股东的自我认知存在不同模式。一方面，控股家族最初的自我认知是创办单一企业的创业家。这通常意味着控股家族会保护和发展单一公司实体，即家族创业的本业。当企业持续成功时，家族会逐渐转变自我认知，从"家族企业"变为"企业家族"。在"企业家族"认知下，家族作为控制主体，不再自视为单一企业的创办者和保护者。随着家族企业涉入与企业发展阶段的同步变化，"企业家族"这一身份认知随之产生。随着时间推移，企业家族发展成为一系列公司的组合（家族企业集团），通常由家族控股公司或家族办公室作为这一系列公司的顶层控股主体。

创业家往往只关注一家企业（大多数情况下只关注那家有家族历史根基的企业），恰恰相反，企业家族则类似于投资家，希望将资本配置到多个企业中。这种投资家认知很独特，因为企业家族试图在较长的时间周期内收购、发展并最终退出这些企业。在家族企业中，控股家族的身份认知部分来源于单一企业，而企业家族的身份认知则更多地来源于广泛的创业活动，而不再局限于某一特定类型的公司或行业。

第二，家族的自我认知及其组织形式与家族控制的企业数量有关。尽管许多家族企业是"单一企业"，但随着时间推移，家族可能会同时投资于多个企业。持有企业的数量不同，所要求的能力也不相同。例如，当家族仅管理一个企业时，行业专业性最为重要。相反，对于管理多个企业的家族而言，过深的行业专业性反而可能会成为一种障碍。管理多家企业需要具备其他能力，包括发展及重组业务组合的能力，承担重大财务风险的能力，以及投资、发展与剥离不同企业的能力。

衡量家族企业组织形式的第三个要素是多元化程度。家族企业通常倾向集中于某一核心业务、产品和行业，专长于市场、产品和生产等方面的深度知识。尽管这一专长能够为家族企业提供效率优势和声誉优势，并借此保护家族股东的社会情感财富❷，但是他们的财富构成却过于单一化，面临着重大的财务风险（见表2.4）。

表 2.4　公司组织形式

	属　性	机　遇	挑　战
经营理念	家族企业：企业家	效率优势和声誉优势	家族财富多元化程度低
	企业家族：投资家	财富多元化，核心企业以外的增长机遇	投资组合管理的复杂性，多元化折价，专业性缺失
企业数量	1个	专业化，相对高效，声誉优势	企业资产存在潜在的下跌风险
	多个	财富多元化，核心企业以外的增长机遇，家族成员更多的职业机会	复杂性，需要具备企业战略知识
多元化程度	低	效率和声誉优势，确保家族控制权和纽带，保护社会情感财富	投资组合风险大
	高	降低的投资组合风险	复杂性，缺乏聚焦与协同效应，难以增强企业认同感和忠诚度

2.2.4　家族控制理念和目标

许多家族企业的一个突出特点是，家族股东往往追求一组特定目标，包括经济性及非经济性目标。这个特点经常被简化为：家族企业试图遵循家族（非经济性）和企业（经济性）双重动机。尽管经济性和非经济性目标可能会产生协同效应，但是许多家族企业还是在这两者之间艰难地权衡取舍。更直接地说，家族企业经常受困于以下问题：是否应该将家族目标置于企业目标之前，或者说，究竟应该遵循哪种理念：家族优先还是企业优先？

在家族企业文献中，非经济性目标被称为"社会情感财富（socioemotional wealth）"。这一术语包含了一系列非经济性目标，这些非经济性目标对家族而言至关重要，但同时也会影响企业经营（Gomez-Mejia 等，2011；对于社会情感财富及其对战略决策影响的进一步讨论,参见本书第6章家族企业的战略管理)。家族优先的家族企业管理理念强调社会情感财富优先,包括忠诚度、公众形象,以及利益相关者的紧密社会纽带。企业优先则更强调创新、变革、增长和利润,其次才是非经济性目标。

社会情感财富的一个重要元素是家族与企业之间身份认同的重叠程度,例如,企业以家族名字命名。与企业身份重叠度较高的家族企业股东尤其重视企业的公众形象和声誉。不良的企业声誉反映出股东的问题,而正面的企业声誉则将股东置于好评的镁光灯下。家族股东对于身份与声誉的考量,通常会促使他们更加重视企业社会责任(例如,减少污染排放或支持公益活动等)。

和谐的社会关系是家族企业中另一个重要的非经济性目标和社会情感财富元素。这个目标侧重于建立紧密关系,即强调公司内部主体(例如,经理人、员工、供应商和客户等)之间以及与外部利益相关者之间的互相支持、信任和依赖。重视和谐的社会关系将会对企业行为的诸多方面产生影响。例如,一家重视和谐关系的企业可能会进行更多的内部晋升而非外部招聘,在招聘过程中更看重企业和个人的匹配度(代价是无法保证职位和个人的匹配度),同时在裁员时思量再三。由于家族重视的和谐关系会随时间而增长,所以可能会导致企业在招聘和晋升决策时更偏好选择家族成员和长期任职的非家族成员,而不是其他的非家族成员,尤其是资历浅的非家族成员。与外部利益相关者的和谐关系可能体现为企业为商业伙伴提供帮助(如提供引荐等),以及培养长期的互助关系,而非仅仅着眼于企业的短期财务目标。同样,这一着眼点也会带来机遇和挑战(见表2.5)。

表 2.5 家族控制理念

	属性	机遇	挑战
目标设定	家族优先	持续性,长期导向	对家族成员的无条件偏爱,导致能力受质疑、搭便车效应和家族关系滥用
	企业优先	关注经济业绩	忽视家族企业的特有优势
身份认同	低	关注经济现实	领导缺乏可信度,忽视行为的社会影响
	高	注重企业声誉,企业社会责任	由于担心声誉受损而犹豫是否改进效率
和谐纽带	弱	聚焦于经济实惠的短期关系	在困难时期缺乏利益相关者的支持,由于缺乏纽带而导致从利益相关者处获得的资源有限
	强	个人化,信任氛围;离职率低;"好公民"行为	难以解雇业绩不佳的员工,难以剥离表现不佳的业务

2.2.5 家族控制阶段

在家族控制的分类中，阶段维度聚焦于评估家族与企业之间关系的时间性特征。这一维度将家族股东与其他类型的大股东（如 PE 基金等）进行了区分。控制阶段维度的时间范围有两个方向，即回溯过去（期限）和展望未来（愿景）。

家族股权的期限揭示了家族控制企业的历史。具有长期持股历史的家族往往重视企业传承、守护历史根基、对企业有更强的情感依恋。但在有些情形下，尤其当家族没有涉入企业经营时，股东对企业的忠诚度往往会随着代际传承的进行而逐渐降低。然而，对于涉入企业经营的家族股东而言，时间越久，他们与企业的关系越紧密。在这种情况下，企业可能会成为家族珍贵的传家宝，内在价值远远超出单纯的经济价值。

家族股东对企业未来的愿景与当前一代是否愿意将家族控制权移交给下一代有关。如果企业前景较为暗淡，那么家族可能会出售这家企业甚至进行破产清算，即使该企业曾经有过辉煌的历史。而那些对企业未来信心十足并希望传承给下一代的家族则会进一步关注、发展和投资这家企业（见表 2.6）。

表 2.6 家族控制阶段

	属性	机 遇	挑 战
世代	第一代	创始人（们）的强烈创业精神	缺乏商业上的可持续性
	后代	股东之间的情感联结，坚毅精神	过多考虑传承问题，缺乏创业精神
家族传承意愿	弱	寻求实现利润最大化的退出时机，聚焦于企业发展，无须考虑家族群体	短期主义，股东-经理人的生命周期反映在企业业绩中
	强	长期主义，保持有益的社会关系网络和知识，领导层的持续性	传承规划，下一代承受压力，放弃具有经济吸引力的退出时机

综上所述，以上框架试图分析家族对企业影响的异质性。了解这一异质性的来源十分重要，因为家族涉入的多个维度揭示了家族企业及其股东面临的机遇和挑战。因此，这个框架阐明了与家族控制的类型和程度直接相关的管理任务。

当家族企业经营者运用家族企业评估工具及其框架时，只要分别细致考量各个维度，探讨在这一框架的不同情况下如何应对相应的控制权、依赖度和管理挑战问题，就能最大限度地发挥这一工具的功能。如前所述，家族企业评估工具并不试图给出最佳的定位建议（例如，内环或外环等）；实际上，我们应该把它视为一项评估工具，用以揭示与家族影响特定维度相关的管理机遇和挑战。

2.3　家族影响的圈环模型

学者发现，可以把家族企业视为多个组织的组合，若干次级系统在其中相互作用。图2.2是关于家族企业系统的双环模型。诸如此类的圈环模型是有用的，因为它们明确指出，家族企业是由两大社会系统组成的——家族和企业，而这两者的逻辑即便不是完全对立的，也是大不相同的。

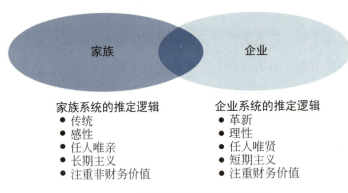

图 2.2　家族企业系统的双环模型

我们可以把家族企业视为若干互不相容的次级系统的组合，这种做法将家族企业隐含的张力摆上台面。进而，管理家族企业可以视为管理由于企业系统和家族系统之间互相竞争而产生的张力。因此，圈环模型有助于我们理解这些张力背后的原因。在各种不同层级的决策中，这些张力愈发明显，例如，企业层面的变革（如多元化等）、风险承担、投资以及研发等，也包括调整激励和薪酬体系等。双环模型认为，家族企业之两大社会系统的逻辑截然不同，以上问题最终都受到了两者逻辑冲突的影响。

除上述双环模型外，家族、股权和管理权三环模型获得了更广泛的应用（见图2.3）。这一模型最初由哈佛大学 Tagiuri 和 Davis 在 1982 年最早提出，后经 Hoy 和 Verser（1994）引介，在实践中产生了深远的影响。

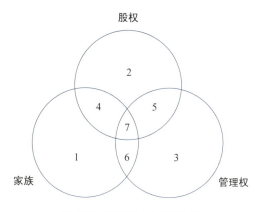

图 2.3 家族企业三环模型

来源:Tagiuri 和 Davis(1996)

许多家族企业的经营者与咨询顾问热衷于三环模型,是因为该模型有力地解构了家族企业中不同角色的复杂性。总体而言,三环模型识别了某一个体在家族企业系统中扮演的七种角色(见表 2.7)。

表 2.7 三环模型的角色和动机

编号	角 色	典型动机和考虑因素
1	既不是股东,也不是经理人的家族成员	和谐,互相支持,企业长期存续
2	既不是家族成员,也不是经理人的股东	净资产收益率,分红,股权价值
3	既不是家族成员,也不是股东的高管或员工	职位稳定,薪资,激励,晋升机会,成为股东的机会
4	持有股份,但不参与管理的家族成员	净资产收益率,分红,知情权
5	持有股份,但不是家族成员的经理人	有机会在企业业绩和市值的上升中获利,管理自主权
6	不持有股份,但参与管理的家族成员	了解企业,在企业中的职业发展,成为股东的机会
7	持有股份,同时是家族成员的经理人	努力在三个系统中都获得"成功":家族(团结),企业(成功),股权(财务成功)

2.3.1 圈环模型的优点

圈环模型是家族企业治理分析中最常用的模型。这毫不奇怪,因为圈环模型有如下的诸多优点。

1. 理顺了次级系统的内在逻辑

圈环模型的主要优点在于能够简洁地呈现出家族和企业的内在逻辑。圈环模型以结构化及可解构的方式揭示出家族企业中的角色身份、关系模式、个人诉求和问题分析原则。由此，我们对家族企业中推理论证、沟通交流和决策制定的微妙情境会有更加透彻的理解。

2. 促进了不同角色和利益的讨论

三环模型可以让我们进一步理解不同个体在企业中扮演的多种角色。除了帮助我们理解不同角色的诉求和动机外，三环模型还有助于厘清并简化家族企业治理结构中的复杂性。尽管三环模型主要用于企业中个体角色的静态评估，但它也能为我们讨论如何随着时间推移而动态地转变个体角色提供框架。

3. 深化了对角色复杂性的理解

三环模型让我们理解了以下事实：家族企业中的个体不仅有着与其自身角色相一致的不同利益，而且还可能同时戴着多顶帽子——同时扮演着多种角色。这个观点能够帮助我们发掘家族企业内在的复杂性，有助于找到阻碍沟通、产生误解及造成冲突的根源。

2.3.2 圈环模型的缺点

尽管圈环模型具备显著的优点，但由于它将现实中的复杂现象简化为概念模型，因而也存在着一些严重的不足。

1. 次级系统的原型存在缺陷

圈环模型过度夸大了家族环和企业环的属性。例如，认为家族在决策和关系方面是纯粹感性的，而企业则是纯粹理性的，这一点似乎并不合理。非家族企业的董事会也可能是非常感性的，而家族企业决策本身并不一定是非理性的。家族成员之间的关系可能会比非家族成员之间的关系更为复杂，但这并不必然意味着不够理性。对于家族环，财务考量也是一个重要因素（例如，在家族内部进行财富和收入分配时）。圈环模型将特定属性单一分配给家族或者企业，但实际上这些属性也存在于另一个次级系统之中。

2. 功能性前提假设存在缺陷

圈环模型的另一个严重缺点在于默认了如下假设：家族抑制了企业的成功。也就是说，圈环中所嵌入的家族逻辑总是在为理性的企业决策注入感性因素，强调传统限制变革和创新，阻碍理性决策和成功。最终，读者可能会得出以下结论：由于企业的目标在于逻辑性和营利性，所以家族的感性因素是一个负面的干扰项，最好能被排除掉（Whiteside 和 Brown，1991）。

然而，这一观点存在两大缺陷。其一，家族涉入是家族企业的既定事实。根据其定义，将家族和企业进行彻底隔离，对于家族企业而言是不可能的。其二，"家族逻辑"在企业层面也可能是有益的，甚至是非常必要的。例如，在家族环中，相互支持、全力以赴、团结一致与守望相助等特质尤为重要。在企业环中，这些人际关系特质也同样重要。类似地，归属于企业环的特定属性，如对资源的高效利用等，也同样符合家族规范（例如，试想一下勤俭节约的规范，以及家族提供住房和教育等经济性物品）。由于圈环模型认为家族系统和企业系统的特性彼此互斥，导致其功能性前提假设存在缺陷，因而削弱了圈环模型的应用效果。

3. 忽视了家族和企业之间的协同效应

家族属性和企业属性之间对立的观点忽视了家族系统和企业系统之间的协同效应。控股家族为企业成功做出贡献的方式特别值得我们关注。如前所述，某些特定的社会规范和规则，例如，相互支持、全力以赴、团结一致与守望相助，在家族层面得到了大力弘扬。同时，这些品质在企业层面也是极为重要的——尤其在企业进行变革时。能够提供稳定性的系统常与家族相关联，也是组织变革的核心基础（例如，Martha Feldman 关于日常工作的著述；Feldman 和 Pentland，2003）。同样，家族更偏好长期投资期限、耐心金融资本，以及对企业价值巨大的社会关系网络。圈环模型给家族定义的消极角色形成了思维惯性，忽视了家族与企业之间的协同效应，以及家族属性为企业成功所做出的贡献。

4. 关于角色和沟通过于简化的观点

家族企业中"戴着多顶帽子"的个体（尤其是三环模型中的角色4、5、6和7，见图2.3）面临着多重挑战，但圈环模型却试图模糊这一点。例如，当家族成员中涉入企业的年少者（女儿）和年长者（母亲）发生争议时，如果双方都明白对方是在以"双重角色"进行发言，就能更好地理解分歧，甚至平息争论。当女儿批评母亲的企业决策时，母亲可能会将这一批评解读为女儿作为下属的不当行径。但是，对于女儿而言，她习惯于在家族环中与母亲开诚布公地沟通。此外，她还想要将自身定位为具有主见的企业家，以及能够成功延续母亲企业的接班人。类似地，对于家族企业创始人而言，如果他的儿子持有股份且同时涉入企业管理时，他可能也会自相矛盾：当我跟儿子谈论公司业务时，我究竟是以父亲、老板还是共同股东的身份在与他讲话？在非家族企业情境中，我们有熟悉的"记号"来识别自身角色（在家里，我们是家族成员；在工作中，我们是专业人士）。这些记号在家族企业情境下通常是缺失和隐匿的。由此，尤其当某一个体同时扮演多个角色时，圈环模型就会倾向于低估沟通和决策的复杂性。

2.4　家族企业认同

有趣的是，并非所有满足上述条件的企业都认同自己是家族企业。例如，在一项针对英国非上市家族企业的调查中，Westhead 和 Cowling（1998）发现，样本中17%的企业领导者并未将自身视为家族企业，即使这些公司事实上大部分是由家族控制的。相反，样本中15%的企业领导者认为他们是家族企业，但实际上家族的控制权很低。这些研究结果与企业的自我认知有关。某些企业考虑到合法性问题，例如，涉及上市公司监管，希望隐藏其中的家族影响，因为资本市场可能会担心控股家族的裙带关系和对小股东的剥削。然而，某些公司公开自称为家族企业，以塑造自身富有传统、品质和可靠的形象。因此，有学者认为，家族企业的分类不应仅取决于客观的治理标准，还应考虑到控股家族如何在内部和外部利益相关者面前塑造家族企业的形象。

2.5 本书采用的家族企业定义

本章以上内容围绕着家族企业的核心要素进行了充分讨论。我们看到，对家族影响的多个维度进行拆解，发掘与家族控制相关的各种机遇和挑战具有重大价值。作为读者的你可能想问：本书采用的家族企业定义是什么？本书探讨的概念适用于哪些类型的家族企业？由此，我们提出如下定义。

> **本书采用的家族企业定义**
>
> 家族企业是由家族控制，并希望在代际传承中延续家族控制权的企业。

本书采用的家族企业定义综合了 Chua、Chrisman 和 Sharma（1999）的重要定义，强调以下两项核心特征。

> **家族的主导控制权（dominant control）**。控制权路径可能各不相同，取决于企业的复杂程度、规模大小和历史长短，尤其取决于家族的特定价值观体系与目标。
>
> **代际视角**。这点对于区分封闭型持股公司（closely held company）与家族企业至关重要。代际视角指出了传承与长期价值创造之间的特殊关系。在非家族企业中，这种关系要么缺失，要么强度较弱。

在本书后续章节中，我们还将重点讨论上述定义的不同部分。例如，在治理专题中，我们将更加仔细地探究"控制权"。在传承专题中，我们将着重探究"代际视角"。在战略管理专题中，我们将探究以上两个要素如何共同对家族企业的战略决策产生影响。

当然，如何定义家族企业也会影响到家族企业在世界范围内的普遍性。我们将下一章讨论这个专题。

 思考题

❶ 使用双环模型分析家族企业的优点和缺点有哪些？

❷ 当我们仅从股权、董事会和管理层涉入维度分析家族控制权时，可能会忽略家

族影响的哪些方面？

❸ 在涉入管理与未涉入企业管理的家族成员之间，存在哪些潜在的冲突？

❹ 为什么共同在家族企业中工作的家族成员之间会存在如此多的沟通问题？

❺ 选取一家你熟悉的家族企业，指出它在家族企业评估工具中的定位，以及存在哪些机遇和挑战？

❻ 选取一家你熟悉的家族企业，分别指出家族成员、股东、董事和经理人在三环模型中的位置。他们各自的目标和关注点是什么？

注释

❶ 社会情感财富是指家族作用于企业的全部影响，例如，和谐关系、家族控制、身份认知和声誉等情感收益。Luis Gomez-Mejia 及合作者对此进行了更加细致的探讨，可参见本书第6章家族企业战略的内容。

❷ 为改善家族企业的沟通，可以明确划分不同角色之间的边界，阐明在特定时刻个人所代表的角色。

背景阅读

Anderson, R. C., and D. M. Reeb (2003b). Founding-family ownership and firm performance: Evidence from the S&P 500. *Journal of Finance*, 58 (3): 1301-1328.

Astrachan, J. H., S. B. Klein and K. X. Smyrnios (2002). The F-PEC scale of family influence: A proposal for solving the family business definition problem. *Family Business Review*, 15 (1), 45-58.

Bourdieu, P. (1996). On the family as a realized category. *Theory, Culture &Society*, 13 (3), 19-26.

Chua, J. H., J. J. Chrisman and P. Sharma (1999). Defining the family business by behavior. *Entrepreneurship Theory and Practice*, 23 (4): 19-39.

Davis, J. A. (1982). *The influence of life stage on father-son work relation in family companies*. Ann Arbor, MI: University Microfilms Inc.

Gomez-Mejia, L. R., C. Cruz, P. Berrone and J. De Castro (2011). The bind that ties: Socioemotional wealth preservation in family firms. *Academy of Management Annals*, 5 (1): 653-707.

Hoy, F., and T. G. Verser (1994). Emerging business, emerging field: Entrepreneurship and the family firm. *Entrepreneurship Theory and Practice*, 19 (1): 9-23.

Tagiuri, R., and J. Davis (1996). Bivalent attributes of the family firm. *Family Business Review*, 9 (2): 199-208.

Villalonga, B., and R. Amit (2006). How do family ownership, control and management affect firm value? *Journal of Financial Economics*, 80 (2): 385-417.

Westhead, P., and M. Cowling (1998). Family firm research: The need for a methodological rethink. *Entrepreneurship Theory and Practice*, 23 (1): 31-56.

Whiteside, M. F., and F. H. Brown (1991). Drawbacks of a dual systems approach to family firms: Can we expand our thinking? *Family Business Review*, 4 (4): 383-395.

Zellweger, T., K. Eddleston and F. W. Kellermanns (2010). Exploring the concept of familiness: Introducing family firm identity. *Journal of Family Business Strategy*, 1 (1): 54-63.

第3章
家族企业的普遍性与经济贡献

Aldrich 和 Cliff（2003）在一篇著名文章中写道："100 年前，'企业'就意味着'家族企业'，因此'家族'一词是多余的。"的确，在漫长的历史中，企业就等于家族企业。时至今日，这句话在某种程度上也是正确的。我们将在本章探究全球范围内家族企业的普遍性和经济贡献（详细讨论请见 Bertrand 和 Schoar，2006）。

3.1 家族企业在全球范围内的普遍性

基于本书所采纳的家族企业定义，家族企业在全球所有企业中大约占比 70%~90%。然而，考虑到世界各国缺乏统一的家族企业定义，具体估算的数据将会略有出入❶。在某些国家与地区，我们获得了较为可靠的数据，这些数据展示了家族企业定义与其普遍性之间的关联。我们将在以下章节中详细探究这些关联。

3.1.1 美国

Astrachan 和 Shanker（1996）认为，如果把家族企业定义

为家族涉入股权、董事会和管理层的企业（即使涉入程度是有限的），那么在美国总计2 709万家企业中，家族企业的占比为74.9%[2]。如果把家族企业定义为由家族成员经营管理的企业，那么占比将下降至45.0%。如果把定义改为由同一家族控制超过一代且至少有一位家族成员涉入管理的企业，那么占比将进一步下降至15.1%。

3.1.2 欧洲

欧盟委员会采用了较为狭义的家族企业定义，在此定义下欧盟所有企业中约有70%~90%为家族企业[3]。欧盟委员会采用的家族企业定义是：

> 家族企业是指满足以下条件的任意规模企业：(1) 主要决策权（majority of decision-making rights）由创办该企业的自然人掌握，或由收购该企业股份的自然人掌握，或由其配偶、父母、子女或子女的直系继承人掌握；(2) 主要决策权可以是直接的，也可以是间接的；(3) 家族或直系血亲中至少有一人涉入公司治理。

同时满足以上三个条件的企业才是欧盟委员会定义下的家族企业。对于上市公司，欧盟委员会则指出：

> （4）满足以下条件的上市公司也是家族企业：如果创办或者收购该企业的个人或其家族成员及后代，通过持股拥有25%以上的表决权。

关于家族企业在欧洲各国普遍存在的数据可在Mandl（2008）的文章中找到。表3.1中列出的欧洲各国家族企业占比来自Flören、Uhlaner和Berent-Braun（2010）的研究[4]。

表3.1 部分欧洲国家中的家族企业占比

国　　家	家族企业占比/%
奥地利	80
比利时	70
芬兰	86
法国	75
德国	95
意大利	93
荷兰	69

续表

国　家	家族企业占比 /%
西班牙	75
瑞典	80
瑞士	88
英国	69

3.1.3　亚太地区

亚太地区家族企业的统计数据相对有限。在澳大利亚，毕马威（KPMG）家族企业调查数据（2013a）显示，澳大利亚67%的企业是由家族控制的。在新加坡，80%~90%的工业企业为家族企业（Lee，2006）。

在中国，目前尚无家族企业总数的统计数据，但我们可以根据民营企业总数与家族企业占民营企业的比例这两个关键数据进行大致推算。2016年，民营控股企业（指除国有控股企业和港澳台及外商控股企业之外的企业）达1 410.26万家，占全国企业法人总数的96.48%；2017年，全国个体工商户达6 579万家（大成企业研究院，2018）。《中国家族企业发展报告》（2011）将自然人或自然人与其家族成员控制的企业定义为家族企业，根据2010年全国私营企业抽样调查数据估算，家族企业占民营企业的比例约为85.4%。由此大致推算出，中国家族企业总数约为1 410.26万×85.4%≈1 200万家，家族企业占全部企业的比例约为96.48%×85.4%≈82%。

3.1.4　中东

对于家族企业研究而言，中东的情况尤其有趣。根据 *Tharawat* 杂志，中东75%的民营经济由约5 000个家族控制。不但家族企业在中东经济中发挥着主导作用，而且家族控制力也集中于少数家族手中。这一观察结论表明，中东国家经济与绝大多数西方国家(至少是对西方国家的常见印象)社会模式不同。在西方,家族企业经常被描述为"单打独斗"，但在阿拉伯世界，家族关系网络已经跨越了直系家族，涵盖更多人。这一模式反映在经济活动的社会网络中，企业的终极股东并不像西方狭义术语定义的那样，是单一家族，而是将经济活动、财富和资源混合在一起的庞大家族群体。

在阿拉伯世界，不同企业的家族影响类型差异很大。例如，控制权结构与管理风格可能取决于股东的宗教信仰，众多伊斯兰教派造就了从集权制到协商制的多元化管理风格（Raven 和 Welsh，2006）。这些差异巨大的风格使我们很难对家族企业或家族影响进行明确定义。例如，对于授权问题，控股家族或许涉入管理的程度较低，但仍可能实质控制企业。

3.1.5 拉丁美洲

在拉美，我们发现家族企业同样发挥着极为重要的作用。根据多个数据来源，家族企业在所有企业中占比达 65%~98%（Flören，2002）。家族企业在拉美所有企业的占比数据较少，但根据《拉美共识预测》（*Latin Focus Consensus Forecast*），巴西大多数企业均由家族控制，智利家族企业在所有企业中的占比甚至高达 90%。

3.1.6 非洲

非洲家族企业的数据不多。Rosa（2014）指出，直至 19 世纪，绝大多数非洲人仍生活于小型部落社会中，从事狩猎、采集和农业等活动。绝大多数非洲人与欧亚大陆的经济发展相隔绝，直至葡萄牙商人 16 世纪到达非洲，荷兰人和英国人 18 世纪相继到达非洲。在此之前，家族企业作为经济主体在非洲大陆几乎不存在。直至 19 世纪中叶殖民时代达到顶点时，非洲的家族企业才得以发展。

19 世纪，欧洲移民在非洲开辟了殖民地（视今南非、安哥拉、莫桑比克和肯尼亚等地）。Rosa（2014）指出，至今仍有两个南非家族在福布斯全球富豪榜中地位显赫——控制着全球奢侈品巨头历峰集团的鲁伯特家族（Rupert）及控制着钻石帝国戴比尔斯的奥本海默家族（Oppenheimers）。在其他非洲国家，殖民政府禁止或不鼓励白人移民，新移民主要来自南印度和中东（主要为黎巴嫩）。

Balunywa、Rosa 和 Nandagire-Ntamu（2013）认为，在殖民和后殖民时代，非洲本地（家族）企业的发展受到欧洲权贵和当地政府的严格限制。在殖民时期，殖民政府政策向非洲以外人口倾斜。自民族独立到20世纪90年代，诸多前殖民地政治动荡、内战频仍，本地企业的发展环境进一步恶化。

Rosa（2014）对非洲家族企业进行了饶有趣味的分析，他对撒哈拉以南非洲的家族企业类型进行了如下划分。

（1）传统的商贸企业，大多数属于穆斯林家族，很多企业的贸易业务可以追溯到中世纪甚至更早。这些企业可能存活于东非沿海地区、埃塞俄比亚和跨撒哈拉贸易地区。

（2）定居在非洲的欧洲家族企业，南非最古老的家族企业可追溯至18世纪，那里有许多白人移民。

（3）亚洲家族企业在殖民地时期和近现代来到非洲（东非和南非较为常见）。南亚和东亚的新移民浪潮在21世纪初涌向非洲，来自亚洲的家族企业数量得以增加。

（4）在殖民地时期和后殖民早期，非洲本土的小型家族企业在经历多年限制后，终于获得经商自由。此类企业在非洲各国都很常见，小型家族企业的规模和活力差异很大。

（5）在非洲部分国家，本土大型家族企业得到蓬勃发展。受过高等教育的新一代企业家特别活跃，构成了一幅新的非洲家族企业图景。

非洲提供了研究殖民和移民对家族企业发展影响的丰富情境。尽管这些企业的起源在不同地区大不相同，而且非洲家族企业研究尚处于起步阶段，但研究结果表明，家族企业在非洲的发展速度非常快。在非洲所有公司中，家族企业所占比例最高。与其他地区一样，小微家族企业是一个非常庞大的群体。这些小微家族企业对非洲国家的经济增长做出了重大贡献。

3.1.7　总结

总而言之，我们发现了家族企业在世界范围内分布的全新图景：第一，无论在新兴经济体还是在发达经济体中，家族企业在全球范围内都是占据主导地位的经济组织。在所有进行过家族企业研究的国家和地区中，大多数企业都是家族企业，即使我们使用狭义的家族企业定义也是如此。有鉴于此，家族控制着世界范围内70%~90%企业的假设似乎是合理的。第二，考虑到不同的研究采用了不同的家族企业定义，因此不宜对家族企业的分布进行跨国比较。一方面，家族企业跨国分布缺乏可比性；另一方面，"一刀切"式的定义是否真正适用于不同国家制度及文化背景下的家族企业也是存疑的。鉴于公司治理监管规则及家族企业定义的差异性，在全球范围内使用统一的定义可能会导致对本地家族企业分布情况的评估偏差。

3.2　家族企业的经济贡献

鉴于世界上 70%~90% 的企业都是由家族控制的，你可能想知道家族企业的经济贡献究竟有多大（例如，就业或 GDP 等）。家族企业的经济贡献可能取决于这些企业的平均规模。如果家族企业比非家族企业的平均规模更小（例如，就业、总资产和销售收入等维度），那么它们对经济的贡献份额就会小于其数量占比。

3.2.1　家族企业的规模

家族企业在中小企业（SMEs）中占比最大，这一规律在世界各国趋于一致。例如，Mandl（2008）对欧盟家族企业的研究表明，家族企业主要由中小企业构成，尤其是员工人数少于 10 人的小微企业。在德国，家族企业在年销售额小于 100 万欧元的公司中占比高达 97%，在 100 万~500 万欧元公司中占比为 86%，在 500 万~1 000 万欧元公司中占比为 74%，在 1 000 万~5 000 万欧元公司中占比则下降到 58%。❺

《中国家族企业发展报告》（2011）发现，中国的家族企业以中小企业为主，在 2010 年全国私营企业抽样调查数据样本中，以所有者权益计算，1 000 万元以下的企业中家族企业占比为 75.2%，1 000 万~5 000 万元占比为 17.9%，5 000 万元以上的占比为 6.9%；以销售收入计算，1 000 万元以下的家族企业占比为 58.4%，1 000 万~5 000 万元占比为 23.6%，5 000 万元以上占比为 17.9%。

然而，这并不意味着在大型企业（特别是上市公司）中没有家族企业。根据德国联邦委员会的调查，德国年营业收入超过 5 000 万欧元的公司中有 34% 是家族企业。在卢森堡、挪威和瑞典，约有 30% 的大型公司是家族企业。比利时的家族企业在大型公司中占比更高，约为50%。正如国际家族企业研究会（IFERA）2003年所指出的，《财富》世界500强中有37%是家族企业，包括全球规模最大的公司沃尔玛（根据《财富》2019年的数据，沃尔玛年营业收入为5 144亿美元，员工达220万人）。

全球家族企业指数（Global Family Business Index）展示了世界最大家族企业的经济实力（全球最大家族企业的更多详情可访问www.familybusinessindex.com）。

3.2.2 对就业的贡献

考虑到企业规模与家族企业占比之间存在负相关关系，家族企业对就业的贡献水平低于公司数量占比。尽管如此，家族企业仍然在世界范围内雇佣了大量劳动人口，Astrachan和Shanker（2003）指出，家族企业雇佣了美国62%的劳动人口。在欧盟，家族企业解决了40%~50%的就业（Mandl，2008）。在中东，*Tharawat*杂志认为家族企业创造了约70%的就业机会。

在中国，民营经济已经成为中国就业岗位的最大提供主体。2016年，在中国4.14亿城镇就业人口中，民营经济占比近80%，占新增就业的比例更是高达95%（大成企业研究院，2018）。

即使考虑到现有数据的不足和地区差异，以上数据也足以表明，家族企业对全球的就业做出了重大贡献。

3.2.3 对国内生产总值（GDP）的贡献

Astrachan和Shanker（2003）指出，家族企业贡献了美国GDP的64%。在欧盟，以总体经济产出指标计（如GDP与GNP等），家族企业贡献了40%~70%不等的产出（Mandl，2008）。在英国，家族企业贡献了大约25%的GDP（家族企业研究院，2011）。在瑞士，家族企业贡献了约60%的GDP（Zellweger和Fueglistaller，2007）。在印度，毕马威（2013b）估算家族企业贡献了2/3的GDP、90%的工业总产值、79%的私营部门就业和27%的总就业（关于印度家族企业的更多信息参见Ramachandran和Bhtanagar，2012）。

大成企业研究院（2018）估算民营经济大约贡献了中国GDP的2/3。2016年，民营企业在中国制造业投资中占比超过85%。2017年，民营工业资产占全国规模以上工业资产的42%，营业总收入占55%，利润总额占53%；在全国38.54万家规模以上（年销售收入大于2 000万元人民币）工业企业中，民营企业达到31.67万家，占比超过80%（大成企业研究院，2018）。

3.2.4 总结

总而言之，我们发现家族企业对于世界经济版图具有主导性影响力。更重要的是，家族企业在中小企业中的占比高于在大型企业中的占比，因此家族企业的健康发展对于民生福祉意义重大。但是，很多全球最大的企业集团也是由家族控制的。在全球范围内，我们估计家族企业对就业和GDP的贡献占比大约为40%~70%。

3.3　制度背景与家族企业分布

家族企业在全球分布差异的原因不仅源于采用的家族企业定义不同，更为根本的原因是，家族企业在世界各国的发展程度不同，此外，还可能与各种社会因素相关（如产业环境或制度环境等）。为了阐明制度背景与家族企业普遍性之间的联系，我们将讨论家族企业的行业分布和上市情况。

3.3.1　家族企业的行业分布

一个常见的观点是，家族企业的优势在于家族赋予了企业某些特质。例如，家族和员工的长期投入、信任关系以及与利益相关者的紧密纽带，这些特点使家族企业与非家族企业相比更具竞争优势。如果这个观点成立，那么在人际纽带稳定、关系相互信赖的行业，家族企业理应更为成功，从而在这些行业中分布更广。例如，在食品、零售和餐饮行业中，顾客倾向于选择自身信任的商超、餐厅和酒店。对于日用商品及服务而言，顾客非常看重"买的是什么"和"从谁那里买"。在这种情况下，如果供应商和顾客能够通过多种方式互动了解，那么顾客的忠诚度就会更高。

家族企业在服务业中分布广泛。在英国，家族企业集中度最高的服务业（仅次于农业）为酒店与餐厅（85%）以及批发与零售（77%）（家族企业学会，2011）。同样，一项基于德国和瑞士上市公司行业分布的研究发现，家族企业在食品业中占比为67%，在批发业与零售业中占比分别为70%和55%（而家族企业在所有上市公司中占比约为35%）。其他欧洲国家（Mandi，2008）和印度（Ramachandran和Bhtanagar，2012）也报告了家族企业在服务业中的类似分布。与之对应的是，家族企业占比不高的行业包括制造业、高增长行业和金融业（Willer，2011）。

除了服务业，家族企业还特别集中分布于农业（家族企业学会，2011）。例如，在英国的农业中，家族企业占比为89%。其他国家也有类似的调查结果，例如印度等。在巴西，圣保罗商学院的数据表明，家族企业在全国农业企业中占比为84%。在智利，家族企业集中于农业及相关产业，例如，农场、餐饮、矿业、纺织、渔业以及林业等（*Latin Focus Consensus Forecast*）。

除服务业和农业外，还有某些行业有较强的家族控制倾向。啤酒业就是这样一个令人印象深刻的行业：百威英博（ABInBev）、米勒（SABMiller）、喜力（Heineken）、嘉士伯（Carlsberg）等公司都是由家族控制的。世界上最大的汽车企业，包括大众、福特、丰田、标致雪铁龙、菲亚特、宝马和塔塔等也处于家族的控制之下。在美国7家最大的有线电视运营商中，有6家仍由创始人或家族接班人掌握控制权，包括康卡斯特、考克斯（Cox）和特许通讯（Charter Communications）。在美国12家最大的上市报业公司中，有11家是由家族控制的。鉴于传媒公司具有重要的社会和政治影响力，这一现象尤其值得注意。Villalonga和Amit（2010）在研究不同行业的家族控制时发现，他们关于家族企业在某些行业具有竞争优势的假设得到了证实。当家族企业的有效经济规模和资本密集度较小、行业的环境噪声较大（因此家族的监督需求较大）及股票换手率较低（体现长期投资者视角）时，家族更有可能持续地控制家族企业。

关于中国家族企业的行业分布，《中国家族企业发展报告》（2011）根据2010年全国私营企业抽样调查数据样本发现，中国家族企业的主营业务主要集中于制造、批发零售、农林牧渔、建筑及住宿餐饮等行业，涉足制造业和批发零售业的企业分别占40.7%和24.8%。

综上所述，我们发现家族企业在批发零售、农业、食品制造、餐饮酒店和传媒等行业的分布尤为广泛，而在资本密集行业和金融业中则不那么普遍。

3.3.2 家族企业的上市

另一个常见观点是，家族控制可以高效地应对薄弱的制度环境。家族企业在新兴市场国家可能会面临产权保护和法治不足等问题，而家族控制有助于缓解这一问题（Gedajlovic等，2011）。例如，在产权保护不足的情况下，小股东几乎不可能对抗大股东的剥削，而家族建立的信任则可能有助于缓解投资者的担忧。同样地，当法律对合同执行的保护力度受限、资本市场失效时，家族纽带及其信任关系、相互支持、家族资源和关系网络等可以起到弥补制度缺陷的作用。因此，家族企业在投资者保护不足的制度环境中普遍存在，因为家族成员之间的信任关系、家族的声誉和强大的社会关系有助于执行合同，以及在资源稀缺的制度环境中获取关键资源。

家族企业的制度视角也可以通过分析家族企业在全球股市中的分布来反映。La Porta、Lopez de Sianes 和 Shleifer（1999）发现，在小股东保护越弱的股市中，家族企业的占比越高（另见 Faccio 和 Lang，2002）。在小股东保护越弱的股市中（例如，允许双重股权结构），家族股东越愿意将企业上市，因为即使企业上市，家族控股股东仍可以保留控制权。总之，当制度环境相对薄弱时，家族企业似乎更为普遍存在，家族企业或许能更好地适应监管力度较弱的制度环境。但有趣的是，即使在美国及其他被认为制度相对完善的欧美国家，家族企业仍然在所有上市公司中占比高达30%。

思考题

❶ 家族企业对GDP和就业的贡献是多少？在所有企业中占比是多少？
❷ 为什么家族企业在小企业中比在大企业中更加普遍？
❸ 家族企业在哪些行业分布更广泛？原因是什么？

④ 为什么家族企业在制度薄弱的国家中更加普遍?

⑤ 新兴市场国家大型家族企业对国民经济发展的主导作用体现在何处?

⑥ 为什么家族企业在制度相对薄弱的股市中更为普遍?

⑦ 在不同国家采纳相同的家族企业定义有哪些优点和缺点?

注释

① 对于各国家族企业的重要性和经济贡献数据,请参阅国际家族企业学会www.ffi.org 的在线数据库,以及该网站的全球数据点(Global Data Points)。

② 数据来源:US Bureau of the Census, 2007 Economic Census: Survey of Business Owners。

③ 相关报告可在以下网址下载:http://eceuropa.eu/enterprise/policies/sme/promoting enterpreneurship/family-business/family_business_expert_group_report_en.pdf。该报告阐述了欧洲家族企业的结构和挑战。

④ 有关德国家族企业的详细研究,请参阅 Klein(2000)。

⑤ 资料来源:Institut für Mittelstandsforschung, IFM, Bonn。关于英国,请参考家族企业研究院(Institute for Family Business, 2011)。更多详情请参见 Flören(1998)和 Prey 等(2004)。

背景阅读

Aldrich, H. E., and J. E. Cliff (2003). The pervasive effects of family on entrepreneurship: Toward a family embeddedness perspective. *Journal of Business Venturing*, 18 (5): 573-596.

Astrachan J. H., and M. C. Shanker (1996). Myths and realities: Family businesses' contribution to the US economy—A framework for assessing family business statistics. *Family Business Review*, 9 (2): 107-123.

Astrachan, J. H., and M. C. Shanker (2003). Family businesses' contribution to the US economy: A closer look. *Family Business Review*, 16 (3): 211-219.

Balunywa, W., P. Rosa and D. Nandagire-Ntamu (2013). 50 years of entrepreneurship in Uganda, ten years of the Ugandan global entrepreneurship monitor. Working paper, University of Edinburgh.

Bertrand, M., & A. Schoar (2006). The role of family in family firms. *Journal of Economic Perspectives*, 20 (2), 73-96.

Faccio, M., and L. Lang (2002). The ultimate ownership of Western European corporations. *Journal of Financial Economics*, 65 (3): 365-395.

Flören, R. (1998). The significance of family business in the Netherlands. *Family Business Review*, 11 (2): 121-134.

Flören, R. (2002). Family business in the Netherlands. *Crown Princes in the Clay: An Empirical Study on the Tackling of Successions Challenges in Dutch Family Farms*. Breukelen, the Netherlands: Nyenrode University, Chapter 1.

Frey, U., F. Halter, T. Zellweger and S. Klein (2004). *Family Business in Switzerland: Significance and Structure*. IFERA, Copenhagen.

Gedajlovic, E., M Carney, J. Chrisman and F. Kellermanns (2011). The adolescence of family firm research: Taking stock and planning for the future. *Journal of Management*, 38 (4): 1010-1037.

Institute for Family Business (2011). *The UK Family Business Sector*. Oxford Economics.

Klein, S. (2000). Family businesses in Germany: Significance and structure. *Family Business Review*, 13: 157-181.

La Porta, R., F. Lopez-De-Silanes and A. Shleifer (1999). Corporate ownership around the world. *Journal of Finance*, 54: 471-517.

Lee, J. (2006). Impact of family relationships on attitudes for the second generation in family businesses. *Family Business Review*, 19 (3): 175-191.

Mandl, I. (2008). *Overview of Family Business Relevant Issues: Final Report*. Conducted on behalf of the European Commission, Enterprise and Industry Directorate-General: KMU Forschung Austria.

Ramachandran, K., and N. Bhatnagar (2012). *Challenges faced by family businesses in India*. Indian School of Business, Hyderabad.

Raven, P., and D. H. B. Welsh (2006). Family business in the Middle East: An exploratory study of retail management in Kuwait and Lebanon. *Family Business Review*, 19 (1): 29-48.

Rosa, P. (2014). The emergence of African family businesses and their contribution to economy and society: An overview. Working paper, University of Edinburgh.

Villalonga, B., and R. Amit (2010). Family control of firms and industries. *Financial Management*, 39 (3): 863-904.

大成企业研究院编著. 民营经济改变中国——改革开放40年民营经济主要数据简明分析. 北京：社会科学文献出版社，2018.

中国民营经济研究会家族企业研究课题组. 中国家族企业发展报告（2011）. 北京：中信出版社，2011.

第4章

家族企业的优势与劣势

无论我们用多少篇幅来讨论家族企业的优势与劣势，都难以充分解释其中存在的显著异质性。正如我们在前述章节中所讲到，家族企业在规模、行业、地域以及家族涉入的类型和程度等方面都存在着巨大差异。但总结家族企业的优势与劣势仍然很有意义，因为这样能够找到家族企业管理中最为关键的问题。从实践角度来看，公司可以列出典型的优势与劣势，作为自我评估的工具，从而发现问题、自我改进。因此，本章重点讨论家族企业的竞争优势和竞争劣势，而这对于企业的战略定位而言至关重要。

4.1 家族企业的典型优势

1. 股东和经理人之间的利益冲突更低

家族企业的重要优势之一是家族股东和家族高管之间的利益一致。利益一致能够让家族企业节省昂贵的控制成本和激励机制，降低股东和高管之间的代理冲突。但是，家族企业必须满足以下两个条件：第一，家族成员必须同时拥有股权和管理权；第二，家族成员之间必须和谐、友爱。显然，并非所有的家族企业都能满足以上条件——试想媒体上关于知名家族矛盾冲突的长篇报道，或者你和家人之间发生的冲突（即使你并非来自家族企业）。然而，我们的核心观点是，来自同一家族的股东和高管通常能在一定程度上实现互相信任、目标一致，从而使家族企业节省了成本昂贵的监督系统和激励系统。

2. 高效的领导力

家族企业的第二个优势是高效领导，股东–经理人代理成本较低，家族大股东有充分激励确保资源得以有效利用。高效领导有赖于精简的组织结构，从而使公司能更加勤俭节约、控制成本。与其他类型企业相比，家族企业总部的规模通常更小。这一优势使其决策的制定与执行更加迅速，因为家族主导企业，家族高管之间相互信任，具有共同的目标和价值观。

3. 资源优势

受家族影响的资源称为家族性（familiness），这是家族企业竞争优势的另一大来源（Habbershon 和 Williams，1999）。例如：

（1）人力资本和知识。在产品、市场和客户等方面，家族企业善于发展并保持深入、长期的知识，这会带来优势。

（2）金融资本。家族企业往往拥有非常忠诚的（家族）股东，能够提供耐心资本（即长期投资于公司且不需要快速变现的资本）。

（3）社会资本。家族企业通常与客户、供应商、银行、媒体和政府都保持着良好关系，能够从中获得支持。

以上只是家族性的部分举例。包括有形资产在内的其他资源也是家族性的重要组成部分。资源优势构成了家族企业竞争优势的基础，我们将在本书第 6 章家族企业的战略管理中进行详细讨论。

4. 长期导向和连续性

家族企业往往追求长期目标。外在表现为高管人事变动率较低、投资期限较长。

家族企业的长期视角还表现在，能够采取短期成本高昂但长期利润丰厚的战略（如打造品牌、创新研发和国际化等），而较为短视的企业则很难采取这种战略。此外，家族企业倾向于坚持执行同一个战略，这将提高它们在利益相关者中的可信度。家族企业倾向于执行既定战略、兑现承诺，而非家族企业由于高管变动频繁，战略行动可能会较不稳定。

5. 基于承诺和支持的企业文化

家族涉入以及支持、和谐和仁爱的社会规范构成了家族企业特殊的企业文化。家族企业文化的重要特点是，员工更加敬业投入。例如，家族企业员工可能愿意做出超出预期的贡献，支持困境中的公司，这些特质都增强了家族企业的韧性。家族企业员工或许无法获得市场最高工资，但作为回报他们往往享有更为安全稳定的工作保障。许多非家族企业缺乏信任和互相支持的氛围，导致企业文化不够人性化。

6. 身份认同和企业声誉

家族企业的独特之处还在于，家族股东-经理人把自己的财富和声誉都押注在企业上。因此，家族企业股东和高管都充分意识到，不能忽视公众对公司和产品的看法。家族股东和高管对声誉的关注转化为组织目标，即维护公司的成功，尊重并信任利益相关者。反过来，家族企业也会受益于广受信赖的声誉。出于对声誉的关注和维护，家族企业往往更加重视打造强大的品牌。家族企业的长远视野有助于企业的品牌建设。

4.2　家族企业的典型劣势

1. 过于依赖家族

家族企业的重要特征之一是，企业依赖于家族这一利益相关者。控股家族的正式和非正式权力能够决定企业的命运，这可能是好事，也可能是坏事。这种权力的最初形式是典型的股东权利，即使用（usus/用益）、享有（usufructus/用益物权）和滥用（abusus/权利滥用）相关财产的权利。家族的支配性影响力可能会使整个企业受益，例如，与非家族企业相比，家族企业中的股东-经理人代理成本较低。当然，家族企业也可能会被不称职甚至不道德的（家族）股东-经理人榨取或不当管理。如前文所述，对家族企业而言，对家族的依赖可能是一种福祉，也可能是一种诅咒。

此外，家族成员之间或家族分支之间的关系冲突可能会对家族企业产生相当大的破坏力。冲突可能会削弱企业做出重要战略决策的能力，甚至可能会导致组织瘫痪。在这种情况下，由于财务及情感因素，家族成员退出的代价通常极高，从而会给企业带来风险。

2. 利他主义导致的代理成本

如上所述，传统观点认为，家族企业中股东-经理人的代理冲突应该较低。然而，股东与经理人之间的亲缘关系可能会导致其他类型的代理问题（利他主义导致的代理成本）。一个突出的例子是任人唯亲，在这种情况下，家族成员获得任命并不是出于自身的胜任力，而仅仅是因为他们家族成员的身份。任人唯亲可能会导致不恰当的人事决策，从而带来逆向选择问题（Schulze 等，2001）。此外，任人唯亲还向其他员工传递了负面信号——能力和业绩不是聘用或晋升的核心标准。这会破坏公司中的公平感，降低员工的自驱力，尤其是那些专业水平最高的员工。

同时，利他主义还会带来与家族相关的代理冲突，表现形式通常是某些家族成员（如子女）利用其他家族成员（如父母）的善意而搭便车。一方面，在家族企业中工作的子女可能会滥用父母的关爱，例如，逃避责任或不遵守规则。如果父母出于各种原因没有秉公惩罚子女（例如，降薪甚至解雇），子女就可能会利用自己的家族身份自行其是。另一方面，父母也可能会滥用子女的孝顺。例如，涉入家族企业的父母可能会反对子女提出的创新和改革主张。

综上所述，家族企业并不能完全规避股东-经理人代理成本，而是以其他形式在承担着代理成本。非家族企业更可能会受到股东-经理人利益冲突的影响，而家族企业则更可能会受到家族成员之间利他主义的影响。

3. 传承挑战

管理家族企业的最大挑战可能就是传承问题了。Ward（1987）对美国制造业公司的研究发现，只有30%的家族企业能够在传承中作为独立的且仍由家族控制的公司"幸存"下来。而到第三代，这个比例更是下降到只有3%。虽然从家族控制转变为非家族控制并不一定意味着企业的失败，但多数家族企业都认为传承是一个重大挑战。这些家族企业往往面临着以下问题。

> 家族中有人想接班吗？
> 如果有，潜在接班人能否胜任？
> 接班人（们）应该在企业中扮演什么角色？
> 上一代移交控制权后是否仍应留在企业中继续发挥某种作用？
> 下一代家族成员应该以何种方式进入公司？他们应该负责什么工作？
> 应该如何搭建治理及管理企业的整体结构，以便接班人交接？

以上问题的解决方案是高度个性化的，要以跨学科方法综合考虑人际关系、管理、财务和法律等多个方面。非家族企业的股权转移几乎只是标准化的公司交易。当上述问题同时涉及家族和企业这两方面时，复杂性就会急剧增加。如果不存在家族关系，公司控制权的转移就会以市场逻辑为准绳，遵循利益最大化等商业规范。但家族成员之间的股权转移则在很大程度上涉及与市场逻辑相冲突的亲情规范，例如，无条件的支持和忠诚。这将导致谈判过程困难重重，达成共识往往需要更长的时间。在家族传承问题上，家族内部往往冲突不断、争权夺利，纠结于公正与公平以及情感与金钱。

4. 资源受限

家族企业在具备特定资源优势的同时，也面临着某些资源劣势的制约。例如，如果家族成员占据了数量有限的高管职位就会限制非家族人才的积极性，也可能会在非家族高管中引发挫折感，担心升迁的"玻璃天花板"。如果非家族高管认为公司的重要职位总是留给家族成员，他们就可能会认为自己永远无法真正进入公司的核心层。

同样，以家族为主要的金融资本来源也可能会严重约束企业的创新和增长。大多数控股家族成员将自己的大部分财富投资于家族企业之中，自身的财富配置相当单一，这可能会限制家族的冒险意愿,错过那些最终可能对公司有利的机遇。考虑到这些限制，我们应该仔细考察特定的家族企业是否面对以及应该如何面对资源优势（积极家族性）

和劣势（消极家族性）（Habbershon 和 Williams，1999）。

5. 创业导向下降

任何一家企业只有具备创业精神方能存续发展。创业导向包括冒险倾向、主动采取创新行为的态度，以及争取自主权的整体目标。然而，随着时间推移，企业逐渐成熟，基于过去取得的成功和资源积累，企业及股东可能会丧失创业动力，失去对增长乃至成功的渴望。在成熟的家族企业中，家族导向以及对和谐度和延续性的过度关注，可能会导致某种程度的自满，而这与创业精神是相悖的（Lumpkin、Martin 和 Vaughn，2008）。创业导向的下降并非是不可避免的，如果采取合适的治理结构，家族股东秉持创业精神，这一问题就能够化解。然而，对于大多数家族企业而言，世代保持创业精神仍然是一个巨大的挑战。

6. 角色模糊性

家族企业的参与者经常身兼数职。在最复杂的情况下，一个参与者可能同时活跃于管理层、股东和家族三者之中（详情请参阅本书第 2 章中的三环模型）。在这些多重角色中，固有的、彼此冲突的观点增加了决策和沟通的复杂程度。

例如，从家族角度来看，继续经营衰退的业务可能是有意义的。然而，从股权角度来看，关闭或退出衰退的业务将会增加股权的价值。从管理层角度来看，试图扭转亏损的企业可能是有意义的，但这需要股东注入新的资本。这些不同的观点可能对家族企业的参与者（特别是对于家族股东 – 经理人）提出了严峻挑战：我该怎么做？在这种特殊情况下，我该扮演什么角色？今天我是谁，明天我是谁？

由于家族企业中存在着角色重叠的问题，如果我们只考虑问题的一个维度，就解决不了含糊不清的角色定位。根据定义，家族企业不能简单地否定任何一个组成要素；毕竟家族和企业都是家族企业所必需的。但我们可以通过建立治理结构来降低角色模糊性，例如，指定在某种特定情形下，适用的对象究竟是家族、股权还是管理层。然而，角色模糊性给家族企业带来了严峻挑战，可能会导致企业参与者困惑不解、沮丧失望和冲突争执。

家族企业的典型优势与劣势见表 4.1。

表 4.1 家族企业的典型优势与劣势

典型优势	典型劣势
股东和经理人之间的利益冲突更低	过于依赖家族
高效的领导力	利他主义导致的代理成本
资源优势	传承挑战
长期导向和连续性	资源受限
基于承诺和支持的企业文化	创业导向下降
身份认同和企业声誉	角色模糊性

4.3 家族企业特征的二元性

我们从以上优势与劣势列表中，很容易看出潜在的关联效应和强化效应。例如，长期导向能够增强家族企业建立良好声誉的能力。此外，控股家族的强大地位能够使企业追求特定的战略路径。但与此同时，一种力量可能也会限制另一种力量的运用。例如，出于对声誉和合法性的关注，家族企业可能事实上不会去执行某些新颖、独特及不属于（行业）标准的战略。

此外，这些优势与劣势之间可能还远未得到明确区分。例如，一方面，管理权和股权层面都有家族成员涉入，这可能会带来优势，使两个群体的利益保持一致；但另一方面，由于家族成员之间存在利他主义，同样的属性也可能会导致新的代理问题。事实上，大多数优势与劣势并没有纯粹的积极或者消极的效果。相反，它们是二元的，如表 4.2 所示。

表 4.2 家族企业的二元性

属 性	积 极 方 面	消 极 方 面
管理权与股权重叠	较低的股东-经理人代理冲突	利他主义导致的代理冲突
资源受家族影响	资源优势：如隐性知识、耐心金融资本、关系网络	资源劣势：如金融资本和管理人才的总量有限
长期导向	创业投资战略允许不确定性和长期经营，直至扭亏为盈	自满、惰性，不愿冒险抓住机遇
企业文化受家族影响	承诺、信任和相互支持	控制欲、不信任、恐惧
共享的身份认同	忠诚度、使命感	持续审察感、个性化发展受限
身兼数职	快速和高效决策	规范混淆、决策焦虑、决策缺乏客观性

来源：Tagiuri 和 Davis（1996）

综上所述，家族和企业并不是必须互相对立的两股力量。正如企业可以成为家族的宝贵资源（例如，提供收入），家族也可以成为企业的宝贵资源。那么，关键就在于如何处理家族与企业之间的关系，以及如何选择合适的治理结构。这将是我们在下一章中要讨论的主题。

不只是迈向墨西哥的一步

案例作者：
迈克尔·麦格瑞恩（Michael McGrann）

50 年来，史密斯家族的埃德、迈克和约翰三兄弟和谐地经营着一家服装公司。自 1980 年约翰去世后，埃德负责制造部，迈克负责销售部。埃德和迈克在各自部门内拥有高度的自主性，多年来，他们能够在两个部门的关键战略问题上达成一致。

但是，两兄弟即将退休，下一代越来越深地涉入企业，这种和谐关系开始破裂。迈克认为侄女珍妮弗（埃德的女儿）行事杂乱无章，领导能力很差；而埃德觉得侄女金伯莉（迈克的女儿）尽管有些聪明，但"不像她想象的那么聪明"，她会不择手段地排挤堂妹珍妮弗。约翰的孩子丹和玛莎不是公司的全职员工，但是丹在董事会任职。

当迈克决定退休并任命金伯莉接替他担任销售部总裁兼董事会主席时，与之相关的紧张局势达到了沸点，见表 4.3。为了平息紧张的局势，珍妮弗和金伯莉召开了一次股东会议，讨论即将进行的换届。埃德的儿子罗伯特和约翰的女儿玛莎没有受邀参加。在讨论完公司与一家当地银行之间的合作事宜后，会议转向了公司接班人这一议题。

表 4.3　史密斯公司的股东群体

	分支 1	分支 2	分支 3
上一代	埃德：制造部总裁	迈克：半退休状态	约翰：去世
下一代	珍妮弗：人力资源总监兼销售副总裁 罗伯特：未参与	金伯莉：销售部总裁	丹：董事会成员 玛莎：未参与

迈克说："我知道有人为我的退休和提拔金伯莉的决定感到担心，但她已经准备好了——销售部的业绩就是最好的证明。事实上，我们需要开始评估所有的家族高管，并根据业绩支付薪酬。"

埃德说:"几年前我们曾经达成一致,由于市场原因,销售部总是比制造部利润高,而且我们会给家庭成员支付等额薪酬。"

珍妮弗说:"爸爸,我可以接受业绩评估和付酬,但金伯莉和我没法对什么是公平薪酬达成一致。"

迈克说:"你当然不能。你的部门是一艘沉船。你已经亏损三年了,还不想为此承担责任。例如,你店铺的报废量高得让人无法接受,员工成本也失控了。我们需要搬到墨西哥,就像咨询顾问建议的那样。"

埃德说:"你怎么能这么说呢?你知道,我们在提高效率上取得了巨大进步,搬到墨西哥制造还要考虑劳动力成本。我不敢相信你还在谈论墨西哥……我以为我们早就对这个问题做出了决定。你难道对家族没有忠诚吗?"

金伯莉说:"如果我们要继续发展,我们必须解决制造部的亏损问题——以及迁移工厂,或许海外外包是最可行的选择。但只要制造部还是卡脖子问题,我们就不可能继续收购。"

埃德说:"你和你爸一样冷酷无情,而且我厌倦了通过收购实现增长的模式。你知道这对分红产生了什么影响吗?"

丹说:"珍妮弗,制造部还会亏损多久?你有什么计划能扭转局面吗?"

当埃德和迈克开始动手威胁对方后,会议随之结束。

思考题

❶ 埃德和迈克和谐运营家族企业长达 50 年。为什么会发展到现在这种撕破脸的地步?导致问题的因素有哪些?

❷ 为什么关于搬迁到墨西哥的讨论如此之困难?

❸ 如果制造部效益更好,是否就会"一切相安无事"?他们仅仅是在制造部亏损一事上争斗吗?

❹ 影响下一代成功的因素有哪些?这些因素何时开始产生影响?

❺ 在家族成员之间进行业绩讨论很有挑战性。成功展开讨论需要具备哪些关键条件?对于该家族而言是否太迟了?为什么?

❻ 如果你是该家族的咨询顾问,为了挽救这个家族企业,你推荐采取怎样的行动步骤?

思考题

❶ 家族企业的典型优势是什么?

❷ 家族企业的典型劣势是什么?

❸ 对于这一观点:"如果家族同时涉入股权和管理,家族企业自然就不会受到代理冲突的影响。"你同意吗?为什么?

❹ 家族企业典型的资源优势和劣势是什么?

❺ 家族企业的长期导向在什么情况下会成为竞争优势?在什么情况下会成为劣势?

❻ "角色模糊性"在家族企业中意味着什么?为什么说它是家族企业的典型劣势?

❼ 有人认为,随着时间推移和代际传承,家族导向(关注和谐和延续)将会取代创业导向(关注创新和增长)。换言之,家族导向最终会扼杀创业导向。你同意吗?为什么?如何确保这种情况不会发生?

❽ 家族逻辑和商业逻辑在哪些方面是对立的?在哪些方面是互补的?

❾ 列举对企业有利的家族属性、决策标准和规范。它们在哪些方面是有利的?

❿ 家族企业具有的"二元性"是什么意思?

⓫ 为什么身份认同感和家族凝聚力并不总是有益于家族与企业?

背景阅读

Habbershon, T. G., and M. L. Williams (1999). A resource-based framework for assessing the strategic advantages of family firms. *Family Business Review*, 12 (1): 1-25.

Lumpkin, G. T., W. Martin and M. Vaughn (2008). Family orientation: Individual-level influences on family firm outcomes. *Family Business Review*, 21 (2): 127-138.

Schulze, W., M. Lubatkin, R. Dino and A. Buchholtz (2001). Agency relationships in family firms: Theory and evidence. *Organization Science*, 12 (2): 99-116.

Tagiuri, R., and J. Davis (1996). Bivalent attributes of the family firm. *Family Business Review*, 9 (2): 199-208.

Ward, J. (1987). *Keeping the Family Business Healthy*. San Francisco, CA: Jossey-Bass.

第5章

家族企业治理

治理是指对组织进行指导和控制的结构、权利和责任系统。公司治理确立了公司不同主体之间的权利和责任的分配——特别是董事会、高管层和股东之间的权责分配,也包括审计师和监管者等其他利益相关者。治理明确了决策的规则和流程,以及设定与执行目标的结构。任何给定公司的特定治理制度都反映了其所在的社会环境、监管环境和市场环境。从本质上看,治理是一整套监督公司的政策和行动机制,旨在协调相关者的利益并为公司创造价值。

鉴于以上的治理定义,你可能会问:为什么我们要在家族企业情境中探讨治理?毕竟,由于控股家族往往深度涉入董事会和高管层,家族企业理应先天具有确保不同主体之间利益一致性的激励。这似乎是一种合理的推定,或许适用于许多小型家族企业——团结一致的家族成员在董事会、高管层和股权方面都积极涉入。

然而,这实际上是一种非常理想化的观点。在实践中,很多家族企业曾多次尝试建立复杂、精密的治理结构,许多咨询顾问也提供专门服务,帮助家族建立治理结构并起草相关文件(例如,家族宪法)。由此,我们在本章开头提出一个重要问题:为什么家族企业需要治理结构?

5.1 为什么家族企业需要治理

在本节中,我们将讨论家族企业需要治理的三点原因:(1)家族股东的动机;(2)家族企业传统治理机制的局限性;(3)家族企业特有的治理问题。

5.1.1 家族股东的动机

传统的公司治理方法倾向于简化多位家族股东的动机。这种观点将家族视为一个单一大股东,即公司控股股权的所有者。根据这种传统观点,大股东的主要动机应该是增加所持股权的财务价值。因此,每一位家族股东个体作为这个团体的一部分,都应该协同一致地为实现同一个财务目标而努力。

传统观点还假设,由于家族对企业集中持股,控股家族的财富配置呈现单一化特征。这种财富敞口的一个自然后果就是风险规避。一旦企业破产或衰败,与非家族小股东相比,控股家族将会面临更为严峻的财务困境,因此家族在公司层面上更不愿意承担重大风险。

家族未能实现多元化配置财富的另一个后果是,家族有激励仔细遴选并监督代表股东经营企业的经理人。这里隐含的一个重要假设是,(家族)大股东无须具备管理企业的能力。这项任务可以委托给非家族职业经理人。

同时,作为大股东的家族也应该有权力及财务激励,监督并惩罚不合格的经理人。特别是,他们应该保护企业,使其远离试图剥削股东的掠夺性经理人。

总体而言,关于代理的经典文献倾向于将家族大股东描述为天生的管家,他们总是知道什么对公司是最好的,并且发挥好正能量。因此,基于这种关于家族股东的观点,我们不需要对家族进行监督。

我们将以上理论与家族企业的实际情况进行比较就可以发现,在实践中,对家族大股东的传统假设通常并不准确。首先,家族企业的经营者和学者很早就讨论过这样一个事实,即家族企业及其股东并非仅局限于实现财务目标。家族企业的目标还包括声誉、代际控制，以及家族、企业和利益相关者之间的和谐关系。我们将在本书第6章家族企业的战略管理部分讲解这些社会情感目标的相关性。

事实上，一方面，家族股东之间经常会发生冲突，家族大股东群体内部的利益并不一致。家族股东们可能在诸多问题上存在意见分歧，例如，企业应当承担的风险、不同战略的时间期限、对企业的情感忠诚以及分红需求等。另一方面，家族成员之间的和谐关系可能会被私人争执所破坏。当每个家族股东都有权力和动机争夺公司控制权和家族资产时，这些争执就会导致家族股东群体内部发生激烈的斗争。因此，家族股东往往不是作为一个团结统一的整体而存在，而是作为一个有着不同利益和偏好的股东群体而存在。

同时，家族大股东还可能会利用其所处的优势地位侵害其他股东。例如，非家族小股东可能会受到剥削，家族大股东可以牟取控制权的私人收益（例如，由公司支付的私人开支），或者保持较高的家族风险规避水平，后者将导致保守的投资和增长战略（Claessens 等，2002）。

家族大股东的能力问题是另一个争论点。由于上一代事实上无法将管理能力或创业能力完全传给下一代，因此这些能力经过代际传承后，将会回归到社会平均水平（Bertrand 等，2003）。因此，对于代际控制和家族领导的美好愿望可能会导致逆向选择问题。当家族成员接任高管职位时，不称职的阴云就会日益密布，因为下一代可能会高估自己的能力，选择不称职的高管和董事，实施不恰当的监督和激励计划。因此，确保具有胜任力的家族成员来监督并管理企业，是家族企业在实践中的主要关注点。如果缺乏适当的治理制度，家族成员和其他利益相关者将很难限制家族对企业的不利影响。履行好家族企业的监督职责中也需要称职的家族成员——这挑战了关于家族的传统观点，因为传统上家族往往被认为是被动与孤立的角色。

我们从以上讨论中可以得出两点主要结论。其一，基于大股东角色、偏好和能力的委托-代理假设在家族股东情境下可能并不必然适用。尽管从整体来看，家族股东拥有确保公司繁荣的动力，但由于他们的特殊偏好和干预公司的权力，家族股东很可能会成为公司的诅咒。其二，虽然在非家族企业中，大多数治理工作都聚焦于股东和经理人之间目标和激励的一致性，但家族企业治理必须聚焦于家族偏好和过度权力的影响。家族股东往往不得不对自身施以治理机制，这样家族股东的涉入对公司而言才有可能成为福祉，而不是变为诅咒。

5.1.2 家族企业传统治理机制的局限性

家族企业需要治理的另一个原因是，它们在一定程度上不受传统治理机制的约束。为了验证这一论点，我们来讨论以下解决控制问题和提高效率的传统治理机制（见表5.1）。

表 5.1 内部/外部治理机制的局限性

治理机制		治理角色	在家族企业中的局限性
内部治理机制	董事会	具备监督和指导经理人的能力和独立性	家族企业中设置董事会的可能性较小，即使有，也通常由家族成员或其他内部人主导
	股权集中	大股东有动力和权力来确保公司的高效管理	与家族企业高度相关，存在两种可能：（1）对经理人的高强度监督，以降低委托－代理冲突；（2）对（非家族）少数股东的剥削及逆向选择（委派不称职的家族成员担任高管）
	绩效薪酬	经理人与股东利益的一致性	对家族经理人不太适用，对非家族经理人进行股权激励的意愿不强
外部治理机制	产品市场竞争	淘汰业绩不佳的企业和产品	家族企业通常寻找细分市场的利基产品以应对竞争，或由于念旧而坚持过时的产品
	经理人市场	业绩不佳的经理人将被更有能力的经理人取代	通常不适用，因为高管职位被家族成员占据（不大可能被开除）
	敌意收购威胁	业绩不佳的企业容易成为收购对象	强大的股权控制和传承意愿降低了收购威胁

我们仔细考察家族企业内部治理机制时就会发现，家族企业（特别是小型企业）设置董事会的可能性较小。即使有，董事也往往是家族成员或朋友。这样的董事会能够确保家族的控制权，但对于获得外部专业知识和独立建议则帮助不大。相对而言，股权集中赋予控股家族以激励和权力，使非家族高管的行为与家族的利益和目标相一致，从而解决了部分的委托－代理冲突。然而，家族股东之间，以及家族和非家族小股东之间的利益不一致问题仍未得到解决。在薪酬制度设计中，家族企业通常倾向于反对实施绩效薪酬制度。更重要的是，出于维护家族控制权的强烈意愿，家族企业往往会放弃最有效的激励机制之一，即管理层持股。

外部治理机制在家族企业中的功能性也受到了局限。在非家族企业中，外部约束机制包括产品市场、经理人市场和收购威胁等。如果产品、经理人或整个企业表现不佳，市场将进行干预——更好的产品、经理人或新股东将会取而代之。但家族企业中的家族控制因素部分消除了这些潜在的积极影响。例如，家族股东可能会因为念旧（"这是当初使我们企业做强做大的产品"）而继续生产业绩不佳的产品。或者，他们可能不愿意解雇业绩不佳的经理人，因为这些经理人是家族成员或与家族有密切的关系。最后，受益于家族控制权所带来的保护，家族企业往往免于收购威胁。

总之，家族控制破坏了传统的内部和外部治理机制所带来的积极效应。公平地说，并非所有的家族企业都因缺少传统治理机制而遭受损失——但对许多家族企业而言的确如此。家族企业想要解决其自身特有的治理问题，就需要因地制宜地设计治理制度，并严格遵守。

5.1.3 家族企业特有的治理问题

到目前为止，我们讨论了家族企业治理的必要性，因为家族股东具备不符合传统代理假设的特征，而许多治理机制正是以传统假设为基础的。我们已经看到，许多有益的内部/外部治理机制在家族企业中不能充分地发挥作用。如果考虑到家族影响可能会以多种多样有时甚至是难以察觉的方式限制公司的高效运转，那么我们就会发现，在家族企业中实施治理结构的需求更加强烈。表 5.2 是家族企业特殊治理症状和深层治理问题的非穷尽列表。

表 5.2 家族企业治理症状与深层问题

治理症状	描述
逆向选择	股东指派家族成员或依附于家族的非家族成员担任高管，从而缺乏独立性及胜任力
和谐	利他主义与注重和谐降低了决策制定与监督质量
升迁天花板	高管职位仅限于家族成员
利用特权	股东使用公司资金支付私人开支
内幕交易	上市公司家族股东在买卖股票时利用内幕信息
非财务目标	股东追求社会情感目标，损害财务价值，如支持亏损的"传家宝"业务
关联交易	在家族企业集团中，由于集团救助陷入困境的公司，以及集团公司之间以非市场价格收购/出售股份，单一企业的业绩受到不利影响
隧道行为	在家族企业集团中，将资金转移到家族拥有最多现金流权的企业中

续表

治理症状	描述
高昂的资本成本	家族企业中的非家族投资者要求获得与家族控制相关的风险补偿
家族涉入企业的规定不明确	对于希望涉入企业的家族成员，任职资格和入职职级不明确
家族股东对企业的不当干预	家族股东不遵从治理结构，不当干预企业的经营活动
家族股东之间的冲突	家族股东在风险、增长、分红和时间尺度等问题上存在着分歧，阻碍公司进一步发展
家族股东无法达成一致	家族股东无法建立内部沟通和决策流程

通常，从短期来看，许多治理问题的破坏性影响在企业外部几乎是看不到的。但是，它们在以下评论中一目了然，例如❶：

> 很遗憾地说，我儿子不应该被任命为CEO，他根本不称职。但是作为父亲，我又能做什么呢？他毕竟是我的儿子。
> 我的弟弟工作不够努力。薪酬水平应当反映出我们两人在职责和业绩上的差异。
> 真让人恼火：我们不断失去最好的员工，而他们才在企业工作很短一段时间！
> 我们要找到称职的员工，简直是难于上青天。
> 我们企业有非家族股东，但我们作为控股家族，基本上都能随心所欲。
> 尽管我没有参与企业的经营管理，但我拥有股份。为什么我不能获得与家族经理人同等的知情权？
> 你是什么意思？要企业借给你10万美元？
> 如果我弟弟认为他的儿子应该升职，但我不同意，应该怎么办？
> 六位家族成员都在董事会任职，难道不应该有人离开吗？
> 我表弟把我们公司的股票给了他妻子，万一他俩离婚了，我们该怎么办？
> 公司难道不应该从我这儿购买医疗保险吗？我们可是一家人！

上述许多症状似乎仅与家族有关（例如，我可以在企业工作吗？）。但是，我们也可以提出更为根本的问题（例如，家族成员在进入企业时应具备哪些资格和条件？家族成员进入企业后应任职于什么职级？）。这些问题最终都会渗透到企业层面（例如，谁将成为下一任CEO？），对公司战略产生重要影响（例如，我们是否应该参与这项业务？）。

上述治理症状虽不完全，但都与四个根本性治理问题相关，即：①利他主义治理问题；②股东套牢治理问题；③大股东–小股东治理问题；④家族大股东治理问题。这些治理问题体现为家族股东、经理人和小股东之间的三角关系。

1. 利他主义治理问题

当家族股东监督家族经理人时,第一类治理问题就会出现。这类治理问题源于以下事实:家族成员之间的关系不仅基于合同协议(如劳动合同等),而且同时基于家族亲缘和社会规范(如相互支持、仁爱和信任等)。在这种视角下,父母倾向于支持和照顾子女,而不是非家族成员。与之对应,在代际利他主义的规范下,子女也有义务支持父母(Schulze 等,2001)。利他主义在公司治理中存在问题是因为:①导致基于家族身份而非能力的逆向选择,②很难秉公惩罚自己所爱之人(例如,父母很难惩罚子女,反之亦然),以及③一方(如子女)预期获得另一方(如父母)的爱而免于惩罚,因此有激励逃避责任及"搭便车"。解决以上问题的方法是,家族企业建立起控制体系和激励体系,评估家族经理人的绩效,对于业绩不佳的家族成员提前设计好惩罚机制。以上论点的总结如图 5.1 所示。

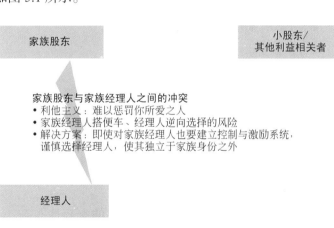

图 5.1　利他主义引发的治理问题

2. 股东套牢(owner holdup)治理问题

第二类治理问题出现在家族股东监督非家族经理人时。这类治理问题在于,家族作为控股股东,有权力以极为特殊化和个性化的方式来管理企业。家族股东的权力使这些股东有机会自主决定公司的命运,无论这些做法对公司本身是好是坏。例如,控股家族可能会决定不扩大企业规模,因为规模增长意味着向非家族成员开放高管职位。

此外，控股家族可能会任命家族成员担任公司高管，这意味着向非家族经理人发出了一个强烈信号，即晋升的主要依据不是业绩，而是家族身份。这样，经理人和员工将感受到股东不受制约的权力（即只有股东才能控制股东），身处股东的不当行为、意气用事、朝令夕改和机会主义的潜在风险中。这种股东套牢问题（Schulze 和 Zellweger，2016）使家族企业难以吸引和留住高技能的经理人，难以激励员工做出更多额外的努力、履行超出常规的任务。要想解决这些威胁并不容易，因为家族将不得不限制自己的酌情决策权。在实践中，有些家族企业股东会采用"自绑手脚"的方法，例如，任命强有力的董事会，将个人声誉与企业声誉挂钩，公开承诺特定的价值体系或管理风格，或向非家族经理人支付高额固定薪酬以吸引及保留顶尖人才（见图 5.2）。

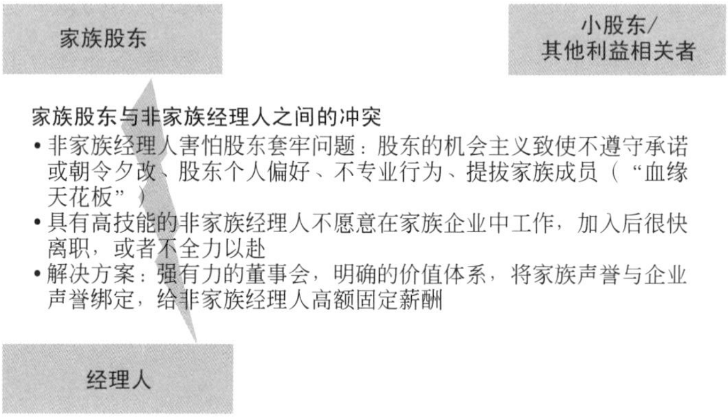

```
       家族股东                           小股东/
                                          其他利益相关者

  家族股东与非家族经理人之间的冲突
  • 非家族经理人害怕股东套牢问题：股东的机会主义致使不遵守承诺
    或朝令夕改、股东个人偏好、不专业行为、提拔家族成员（"血缘
    天花板"）
  • 具有高技能的非家族经理人不愿意在家族企业中工作，加入后很快
    离职，或者不全力以赴
  • 解决方案：强有力的董事会，明确的价值体系，将家族声誉与企业
    声誉绑定，给非家族经理人高额固定薪酬

       经理人
```

图 5.2　股东套牢引发的代理问题

3. 大股东-小股东治理问题

第三类治理问题中，我们需要考虑拥有控制权的家族股东与小股东之间的关系，以及这些家族股东与公司其他求偿人（如债权人等）之间的关系（Claessens 等，2002）。大股东和小股东在公司目标、风险承担和信息获取等方面可能难以达成一致。家族股东可能会更进一步滥用权力，把自己当成公司的唯一股东。在家族拥有超额控制权的双重股权制度下，这一问题尤其严重（例如，家族拥有超级表决权的 B 类股）。此外，在多元化企业集团中，家族可以运用控制权将资金转给自己，或转给家族拥有最高现金流权的某家公司（详情请参阅后文关于家族企业集团的部分）。设置独立董事和保护小股东的公司法，是解决这类治理问题的常用方法（见图 5.3）。

图 5.3　大股东 – 小股东治理问题

4. 家族大股东治理问题

第四类治理问题与家族股东团体内部的利益不一致有关（Zellweger 和 Kammerlander, 2015）。家族股东们可能会在投资战略上存在着分歧（风险承担、分红、时间尺度、情感联结），也可能会在家族成员的组织职权上存在着分歧（董事会席位、家族内部股份转让、姻亲涉入、家族聘任；详见表 5.2）。这些问题通常可以用股东协议、董事会席位和家族治理来解决（见图 5.4）。

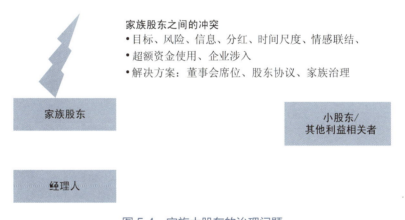

图 5.4　家族大股东的治理问题

从本质上讲，家族企业治理试图解决的就是以上四类治理问题。

以上四类治理问题主要出现在家族和股权层面，因此可能会在许多家族企业中隐藏一段时间。但如果不加以解决，它们往往会导致更为严重的问题，这些问题首先会出现在家族层面，之后会出现在股权和管理层面。例如，某些家族成员可能会觉得自己被排除在重要的沟通和决策之外，只能通过"小道消息"来获取信息。当不同的人收到不一致的消息时，他们可能会用自己的假设来脑补不完整的信息，从而失去对家族的信任。不再相互信任的家族成员将在家族内外建立同盟，以确保自身的影响力。由此产生的权力斗争将延续到股权层面，并可能由于高昂的退出成本而持续相当长的时间。最终，这些冲突将在管理层面终结——例如，非家族经理人不得不在董事会上应对家族成员之间的争吵。

家族企业避免以上问题的一个常见策略就是拖延。然而，这种策略延长了冲突的时间，而且事实上无法真正解决冲突。从长远来看，经理人要做好思想准备，意识到家族成员之间存在着张力，以及他们之间无法沟通。最坏的情况是出现战略迟钝，原因是控股股东无法或不愿为企业做出重大战略决策。此时，家族企业的高效运作和业绩可能都会受到影响。例如，最有能力的经理人可能会出于对家族的失望而离开公司。

家族企业集团的治理问题

在新兴市场国家，许多大型家族企业是以企业集团的方式存在的，即由一个家族控制的多元化控股集团。这些家族企业在拉丁美洲被称为 Grupos，在东南亚被称为 Zaibatsu 或 KeiRetsu，它们通常是金字塔结构。在家族企业集团中，控股家族位于金字塔顶端，通过控制链控制各种纵向投资。家族企业集团最容易滋生大股东-小股东治理问题。家族企业集团在新兴国家尤其普遍，但在发达国家也有一定比例。因此，对家族企业治理问题的进一步探讨很有必要（更多详情请参阅 Carney 等，2011；Morck 和 Yeung，2003）。

案例研究

冠城大通股份有限公司的治理挑战

冠城大通是一家中国 A 股上市公司（股票代码：600067），主营业务为房地产和漆包线生产。2011 年，冠城大通出售了 6.31 万吨漆包线，实现 93 亿元人民币销售额。该公司在国内外市场均有销售产品。冠城大通的股权结构如图 5.5 所示。

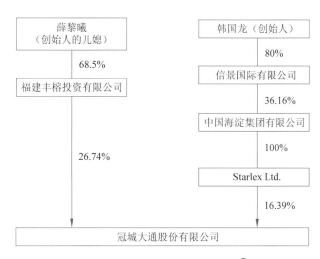

图 5.5　冠城大通的纵向控制链❷

来源：Amit 等（2015）

韩氏家族对于冠城大通的控制权及现金流权可解构如下。

创始人韩国龙拥有 80%×36.16%×100%×16.39%＝4.74% 的现金流权。但是，他的控制权更大，这是由纵向控制链上最弱的持股链条所决定的：min（80%，36.16%，100%，16.39%）＝16.39%。股权的现金流权（4.74%）等于纵向控制链上每一个链条持股比例的乘积，而控制权则是由纵向控制链上最弱的持股链条所决定。韩国龙的儿媳薛黎曦持有 68.5%×26.74%＝18.35% 的现金流权，但控制权为 min（68.5%，26.74%）＝26.74%。

韩氏家族在冠城大通的合并现金流权为 4.74%+18.32%＝23.06%，但家族实际控制权为 16.39%+26.74%＝43.13%。家族在九个董事会席位中占据四席，具有强大的影响力。这个金字塔家族企业集团案例展示了家族加强控制权的机制，以及随之而来的大股东 – 小股东治理问题。

首先，通过金字塔结构，韩氏家族能够对冠城大通进行实质控制（43.13%）。这一比例要明显高于家族在企业中的现金流权（23.06%）。因此，在资本有限的情况下，韩氏家族能够实现更高比例的控制权。

其次，家族有意愿使用这一超额影响力（有时被称为"差额"；43.13%-23.06%=20.07%），以确保现金流通过控制链通道，最终向金字塔顶端集中。在实践中，这意味着家族可迫使集团内某家企业以高于市场的公允价格购买家族持有较高现金流权的其他企业。例如，冠城大通可能不得不从韩国龙持有 80% 股权的信景国际有限公司采购商品。相似地，家族可利用其影响力在集团范围内进行支付或融资。例如，Starlex Ltd. 可能会以优惠条件向福建丰榕投资有限公司提供贷款。

> 再次，尽管这些结构缺乏透明度，而且最终会导致管理低效，但对于那些与家族共同持有某些企业股份的非家族股东来说，问题会更为严重。这些小股东不仅控制权有限，而且还冒着资金被家族大股东转移到金字塔顶端的风险。
>
> 最后，有人认为，在薄弱的制度环境下（通常在新兴市场国家），企业集团可以弥补资本市场和劳动力市场的不利影响。因此，家族企业集团应该特别有助于填补"制度空白"，因为组成该集团的多个家族企业在资金、人才和中间产品上能够相互支持。此外，家族大股东天然具有利益一致性，致力于维护集团的财务稳定和业绩，尤其是确保家族财富以及企业/家族声誉。
>
> 当然，家族大股东也可能会施加使所有股东都受益（即控制权的共享收益）的积极影响。然而，对家族企业集团的大量实证研究却支持了更为消极的观点——家族企业往往会利用其在家族企业集团中的强大地位来牟取私人收益，来榨取处于金字塔较低层级的公司以及非家族小股东的利益。

5.2 家族企业的典型治理模式

我们目前已经明确，即使是在家族企业中——家族纽带自然地联结了家族成员、股东、董事和管理团队——实施某种形式的治理机制也是必要的。我们看到，关于大股东的某些传统假设并不适用于家族大股东，许多传统的治理机制在家族企业中很难发挥作用，而且家族企业存在着较为独特的治理问题。

我们必须首先承认，家族企业的治理挑战在不同的家族企业中大不相同，并且受到家族、股权和管理结构的发展阶段和复杂程度的影响。我们可以先考虑治理复杂程度的两个极端情况：在复杂程度最低的一端，单个股东-经理人可以在没有董事会、其他高管或股东存在的情况下控制一家公司；而在复杂程度最高的另一端，一个家族的多位成员可能同时控制着一家多元化的大型企业集团。

鉴于家族、股权和企业结构的异质性，事实上并不存在解决家族企业治理问题的万全解决方案。在实践中，我们归纳出四种典型的治理模式。表5.3描述了这些模式及其主要挑战和治理需求。

在股东管理阶段，家族企业主要关注于公司治理。除了对公司的全面审视，获得外部/独立的专业知识也尤为重要。该阶段的关键挑战是获取和接受外部建议及传承规划。

表 5.3 家族企业的四种典型治理模式

	股东管理	兄弟合伙	表亲联营	家族企业
定义	股权和管理权掌控在一位家族成员手中	股权和管理权由兄弟姐妹共有	姑表亲作为股东	扩大家族掌控多元化的企业组合
典型企业结构和阶段	通常为创始阶段的小型企业	通常为中型企业	通常为大中型企业	通常为大型企业，包含多个业务的投资组合
家族构成	单一家族成员（通常为第一代创始人）	来自同一家族分支的兄弟姐妹（通常为第二代）	来自两个或两个以上家族分支的始表亲（通常为第三代及后代）	在不同家和企业治理实体中，担任不同角色的创始家族后代
股权构成	单一家族股东；也有可能存在一些无控制权的股东	兄弟姐妹共有公司；通常有2~3位股东	表亲共有公司；通常3~7位股东	通常有8位以上股东，非家族股东也会加入
管理构成	股东-经理人	兄弟姐妹作为联合管理者	家族成员/非家族经理人	通常授权给非家族职业经理人
主要优点	对企业的强有力掌控，迅速决策，高效治理	兄弟姐妹之间信任关系、共同的价值观和目标	专注，耐心的家族股东，股权结构的复杂程度有限	家族作为企业家型及耐心型投资者，收购、创办并退出企业
主要挑战	外部专业建议的获取和采纳，权力滥用，对股东-经理人的依赖，传承问题	兄弟竞争，任职资格，互补的能力要求，责任分配，股权锁定	兄弟竞争的延续，耐心和相关资质，角色和相互认同，家族中的决策、身份认同和睦、创业精神	企业家和投资者角色的身份认同，家族中的决策，家族中的角色和资质，角色也复杂性和业务复杂性
典型治理活动	董事会，传承规划	董事会，股东协议，聘任政策，绩效薪酬，决策制定的公平程序	董事会，股东协议，培养职业股东，培育对企业的情感纽带，建立共同愿景，养业企业家精神	董事会，股东协议，家族会议和家族协议，培养职业股东，家族委员会，家族基金会，家族办公室，建立共同愿景，培育家族企业家精神

第5章 家族企业治理 | 057

进入兄弟姐妹合伙（为表达便利，以下称"兄弟合伙"）和姑表亲联营（以下称"表亲联营"）阶段后，就要开始考虑在家族层面和股权层面上进行治理。在股权层面，股东协议定义家族股权（股权治理）的进入、转让和退出。在家族层面，家族定义对企业的共同价值观和愿景，制定家族成员的聘任政策，培养与企业的情感联结和认同感，教育下一代股东，尝试给越来越远离企业经营的股东灌输企业家精神。

在家族企业阶段，公司治理、股权治理和家族治理日益复杂。此时家族的一个特殊挑战是从"家族企业"理念（一个家族控制着一家传承数代的企业）转变为"企业家族"理念（家族认为自己是投资家，既可以创办及收购企业，也可以退出企业）。这一模式使股东很难对企业产生认同感，因为此时的企业囊括了多种多样、持续变化的业务。通常，除了上述股权治理和家族治理工具之外，家族治理工具还包括家族委员会（由家族成员组成的次级组织，管理公司和股权事务）、家族办公室（管理家族财富）和家族基金会（从事慈善活动）等。

在代际传承中，家族企业往往会经历上述四个阶段中的多个阶段。然而，根据公司业务和控股家族的增长状况，家族企业也可能会保持于同一阶段。例如，一家企业可能会维持较小规模，从一个股东－经理人传承给下一个股东－经理人。但随着业务规模的扩大，通常会出现包含多个业务单元的多元化家族企业集团。与此同时，家族股东数量不断增加，最终将企业推向更为复杂的治理结构。这种动态视图如图5.6所示。

图5.6表明，没有一套放之四海而皆准的治理方案能够适合所有的家族企业。根据治理模式的不同，治理活动可能会很复杂，也可能会很简单。家族企业治理主要是为了实现以下三大目标。

（1）能力。家族成员作为企业的最终所有者和决策者，应当确保具备相应的能力。拥有相关业务能力，对于做出符合利益相关者特别是家族自身利益的决策至关重要。

（2）和睦。一个由多位家族成员个体组成的群体，其社会和经济力量在很大程度上取决于个体之间的和睦性和一致性。只有一致的、和睦的家族群体才能保持团结，引领企业向既定的战略方向前进。

（3）控制。治理活动有助于股东行使控制权，例如，通过监督管理层来实现。家族决不能放弃控制权。授权给非家族经理人是企业业绩增长的先决条件，但作为企业最终的所有者，家族不应将控制权完全委托出去。

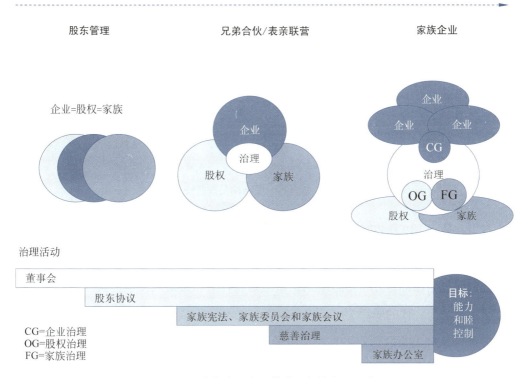

图 5.6 家族企业治理模式及相关治理活动

5.3 治理模式对业绩的影响

上一节重点介绍了家族企业在股东管理、兄弟合伙、表亲联营和家族企业这四种模式中面临的特殊挑战。通常,家族企业股东对于什么是"最好的"模式有着强烈意见。实证研究表明,家族治理模式(由家族股东人数来表征)与财务业绩之间呈现 U 型关系(见图 5.7)。兄弟合伙与表亲联营(程度要小些)模式最容易受到治理冲突的影响,进而导致业绩不良。

企业家通常认为股东管理是最优的治理模式,因为这种模式实现了股东和经理人两者利益的一致。这种模式可以迅速做出决策,兄弟竞争和家族冲突在这种模式下都是最小或者根本不存在的。在许多情况下,这些优点确实能够带来显著的业绩优势。然而,这些优势也可能受其他潜在的治理问题所制约,例如,过于依赖股东-经理人的

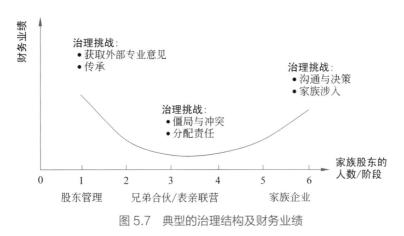

图 5.7 典型的治理结构及财务业绩

个人智力和体力,以及如何获得(和接受)独立的外部专业建议。此外,公司对股东-经理人的严重依赖可能会使传承成为至关重要的问题。传承挑战可能来自股东-经理人(他们根据自己的喜好来塑造组织,不愿意放权)和接班人(他们犹豫是否"接班"父辈,承担起上一代的职责)。

兄弟合伙和表亲联营似乎是特别脆弱的治理模式。这两类模式面临的问题是家族成员的管理角色分配不清,以及强势家族股东之间的关系僵局。兄弟合伙通常由同代的 2~3 位家族成员组成,所有家族成员都承担管理角色。不幸的是,这些角色往往没有明确的定义或描述,从而导致误解、较量以及最终的冲突。紧张局势也往往发生在股权层面,50/50 僵局或 33/33/33 僵持将会导致战略惰性和绩效下降。

在这两类模式中,家族成员有时会面对忠诚度挑战:他们究竟是应该更关注自己的核心小家庭或所在家族分支的利益,还是更应该关注整个家族的利益以及企业的整体成功?在大多数情况下,控股家族并不是统一的整体,而是目标各异、组织松散的多个次级群体联盟。家族倾向于过度关注家系(family tree)中的利益纵向分布,即各个家族分支的不同利益。但是,大型家族企业往往会朝着横向思维的方向发展,即朝着建立一个团结的家族股东群体方向发展,这也被称为"横向社会联结"(horizontal social compact)(Hughes,2004)。

如果家族企业希望创造持久的价值,那么就要克服家族企业中的关系松散,有时甚至是敌对的次级群体的不同目标,最终走向家族企业阶段(在此阶段,家族成为统一的创业主体及大股东),而这一历程可能是家族企业面临的最大挑战之一。

大多数家族企业在家族企业阶段的业绩比在兄弟合伙/表亲联营阶段要好。在家族企业阶段，股权僵局的可能性降低，因为家族股权的稀释程度更高。在这一阶段，治理挑战已转变为如何在数量众多的家族成员之间构建起沟通与决策机制。为了解决这个问题，许多家族成立了由一定数量家族成员组成的家族委员会。这个阶段极为重要的是制定规则，规定不同的家族成员应当何时以及如何在企业内担任不同的治理角色。

尽管兄弟合伙/表亲联营阶段似乎比股东管理阶段或家族企业阶段更为苛刻，尤其是考虑到它们对业绩的负面影响；但实际上，我们观察到许多家族企业在中间阶段也表现良好。因此，我们不能简单地断定究竟哪个阶段才是最佳阶段。相反，如果能够认识到特定治理阶段的治理挑战和补救措施，企业就有可能达到最佳状态。

5.4 公司治理、股权治理、家族治理和财富治理

我们对家族企业典型治理模式的讨论表明，并非所有的家族企业都需要复杂的治理工具和治理活动。然而，在兄弟合伙、表亲联营和家族企业这三个阶段，家族企业必须构建涵盖以下四个领域的治理结构，即公司治理、股权治理、家族治理和财富治理。如表 5.4 所示，这些是各不相同的治理领域，有着特定的目标、话题、治理群体和会议载体等。请记住，并不是所有的企业都需要进行所有类型的治理安排。与社会体系的复杂性相似，治理的复杂性取决于企业和家族这两个组织的复杂性。希望我们在本章讨论的方法能够帮助你在自身、家族企业或客户有关问题上做出明智选择。

表 5.4 公司、股权、家族和财富治理

	公司治理	股权治理	家族治理	财富治理
目标	股东、董事会和高管的有效合作	家族股东之间的有效合作	家族与企业之间的有效合作；承诺和身份认同	家族财富的有效管理
探讨话题	高管的遴选、监督和建议，企业战略指导	股东的进入和退出，股权权益的执行	家族涉入董事会、管理层和股权，新的创业活动，慈善	财富管理的组织架构，集中/分散的财富管理，财富获取与分配，家族偏好的多样化

续表

	公司治理	股权治理	家族治理	财富治理
治理群体	董事会	股东会	家族委员会	家族委员会/投资委员会
会议载体	董事会会议	股东大会	家族大会	投资委员会
领导者及角色	董事会主席：家族企业管家	发言人：家族股权管家	家族委员会主席：家族价值观管家	家族财富管理人：家族财富管家
指引工具	董事会监管规则与战略指引	股东协议	家族宪法	家族宪法，财富治理规则

与非家族企业相比，家族企业治理的独特之处在于增加了家族治理和财富治理这两个治理领域。因此我们将在以下章节中深入探讨家族治理和财富治理。在本章后续内容中，我们将集中探讨家族治理、财富治理、股权治理和公司治理相结合的整合框架。

5.5 公司治理

公司治理涉及董事会、经理人和股东之间的高效合作。鉴于公司治理文献汗牛充栋，我们将重点讨论家族企业中最核心的公司治理问题。

当今世界的公司治理体系大致分为两类，即单层董事会制度和双层董事会制度。在单层董事会中，董事会成员（有时也被称为治理董事会或监事会）可以同时担任执行董事（公司高管）和董事会成员这两种职务。相反，双层董事会则包含一个执行董事会（也称为管理董事会，由执行董事组成）和一个治理委员会（由非执行董事构成）。美国、英国、加拿大、日本、澳大利亚等国实行单层董事会制度，德国、荷兰等国实行双层董事会制度[3]。我国实行的是单层董事会制度。

股东、董事会和管理层之间权力和角色的分配对于确保高效合作极为重要。股东任命董事会，董事会任命、建议、监督并解聘高管团队（尤其是CEO）。这种角色和职责的分配如图5.8所示。

尽管公司治理金字塔在不同角色之间划分了明确界限，但通常在家族企业实践中的界限往往是模糊的。家族成员可能会同时担任多个角色——例如，家族股东可能担任董事，同时又担任高管，而非家族成员则担任CEO。个体同时存在于公司治理金字塔的

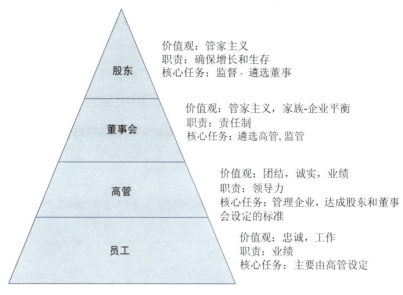

图 5.8　公司治理角色

来源：Joe Astrachorn

多个层级中，这可能会导致很多成员身份混淆，不清楚谁该说什么、做什么。这种结构可能会破坏权力和控制的明确分配，因而明确的职权对于高效的公司治理至关重要。

在家族企业中，角色模糊性这一问题更加严重，因为家族成员通常拥有正式权力和非正式权力，能够给金字塔各层人员下达指令。虽然家族涉入是表征关心、引领和认同的积极表现，但违反预先设定的治理角色很容易引发挫败感。试想，如果非家族CEO对员工发出指令，但另一位家族股东（如前任家族CEO或强势家族股东）经常向员工发出相反的指令，前者的权威就会被削弱。家族还应该认识到，联络公司员工的主要角色应该是CEO而不是股东。

如果涉入股权的家族股东人数较多，并非所有家族成员都应与CEO保持密切联系。家族应当遵守公司治理原则，通过成立家族委员会，与公司不同层级的有关人员进行专业沟通。

5.5.1　选任适合的董事人选

在大型家族企业中，家族成员可能不会担任管理职位。在这种情况下，家族主要是通过董事会席位行使对公司的控制权。家族成员将家族观点带到董事会，确保家族、股权和公司利益的一致性，而非家族董事则侧重于贡献商业智慧和行业知识。

不少家族股东希望任命家族的会计师或律师担任董事。毕竟，这些人对家族和企业情况有着较为详细的理解。但是，他们可能与家族或企业存在利益冲突——例如，这些专业人士希望维系他们自身与股东或股东次级群体之间的商业合作关系。在某些情况下，他们可能没有足够的独立性，或者不愿意对家族成员进行批评。以下的标准可以帮助家族企业判定某位董事候选人能否胜任。

- 此人是否具备完成董事会工作的技能、知识及时间？
- 此人能否与管理层平等沟通？
- 此人是否具备必要的管理技能？
- 此人是否了解家族动力学与公司挑战？
- 此人为什么愿意成为董事？在理想情况下，此人的主要动机不应是金钱或地位。

5.5.2 董事会的角色和参与

在大多数国家，董事会负责如下事项。

- 基于股东指示，为管理层设定战略指引：
  - 董事会和高管的行为准则；
  - 增长目标；
  - 融资（杠杆/估值），公司上市；
  - 薪酬体系。
- 任命、监督和解雇高管团队（包括 CEO）。
- 执行股东大会决议。
- 确定股息政策（关于分红金额和稳定性）。
- 与高管共同审定业务战略。

下述示例可作为定义家族企业董事会角色和责任的参考。在公司章程中进行规定，且须遵循当地法律。需要注意的是，商法的法律效力位阶要高于公司章程，例如，董事会和高管的职责。因此，家族需要遵守法律，而不能自由制定公司章程。

对于董事会的高效运作而言，与高管进行合作至关重要。董事会必须控制高管层，而不是被后者反制。因此，董事会与高管层之间的关系不应过于密切。然而，与此同时，这种关系并不意味着彼此不信任或畏惧，否则可能会导致高管层隐瞒关键信息，不向董事会汇报及征求意见。高效董事会应当在合理范围内保证密切关系，但不能过于接近。

董事会治理

1. 董事会的使命

（1）按照定义，董事会是一个以达成共识为目标、审议各项事宜的机构。

（2）本文件所阐明的原则适用于集团内各分、子公司的董事会。

2. 组成和结构

（1）董事会由符合本集团协议条款及公司章程的××人组成。

（2）在签署本章程时，董事会应包括创一代的所有家庭成员和创始人的配偶。

（3）各家族分支在集团董事会中始终拥有席位。在签署本章程时，已故董事××的家族分支由该创始人的配偶作为董事代表。如董事会席位有空缺，以致没有适当的家族分支代表，那么应选举该家族分支的代表进入董事会。在提名家族成员进入董事会时，应考虑到个人对家族的投入及为整个家族增加价值的能力。

（4）董事会成员的任期为5年，任期届满后有资格再次参选。

（5）退休年龄为65周岁。

（6）董事会应从董事中选举一名主席。主席任期为3年。

（7）董事会可选举或任命一名秘书，最好从青年委员会（Junior Committee）中选任。

（8）如果董事会没有履行对家族的使命和责任，股东可以投票解散董事会，并以超过××%的多数投票书面表决重新选举新一届董事会。

3. 董事会会议

（1）董事会应每季度召开一次会议，履行如下职责。

① 讨论并做出有关投资、撤资和新设公司的重大决策。

②讨论公司的战略规划并做出决议。

（2）为了更好地召开董事会会议：

① 会议议程应由董事会主席制定，并在会议召开两周前发给董事会成员。董事可向主席提交希望列入议程的议题。这些议题最迟应在会前18日发给主席，以便将其纳入议程。

② 董事会主席应准备好财务简报，并在会议前连同会议通知和议程一并提交给所有董事会成员传阅。

（3）所有董事会会议都应当制作会议记录。主席和秘书对会议记录负责。所有协议要点将与商定的行动要点、截止日期和所有负责执行的董事姓名一同记录下来。会议记录应由全体董事进行签署，以免疑义。

4. 董事会的职权

（1）董事会有权以其认为合适的方式经营集团内各个公司。

（2）除公司章程另有规定外，董事会以简单多数票决的方式通过决议。

5. 董事会主席的作用

董事会主席应负责：

（1）董事会会议的组织工作。

（2）准备会议议程。

（3）制作会议记录，并分发给所有董事会成员。

（4）保管由全体董事签字的董事会会议记录副本。

（5）管理董事会会议。

（6）与股东进行沟通。

董事会秘书将协助主席履行董事会会议的行政和程序职能。

5.5.3　董事会涉入公司战略制定

公司战略制定流程体现了董事会与管理层之间的合作质量。在一些企业中，董事会制定战略，管理层执行战略；在另一些企业中，管理层可能在不征求董事会意见的情况下自行制定战略。以上两种方法都不理想。在第一种情况下，董事会可能会遗漏有助于制定战略的运营信息，而管理层在执行战略时可能不会全力以赴。最重要的是，过度涉入公司战略制定的董事会可能会失去纠正战略失败的能力，因此无法有效监督管理层，保护股东权益。在第二种情况下，董事会被排除在决策流程之外，无法发挥指导作用。在这两种方法之间存在"中间道路"，如图5.9所示。

图5.9 董事会和管理层在公司战略制定中的合作

有效的董事会不应该只扮演静态角色，而应根据实际情况动态调整涉入运营管理的程度。光谱的一端是活动、参与和职责都受限的被动董事会。董事会的主要职能只是正式批准管理层的决策，这种情况下的CEO通常都非常强势。光谱的另一端是董事会决策、管理层执行，后者提供专业知识以完善决策。

5.6 股权治理

股权治理在法律上定义了公司的股权事宜。我们将在下一节"家族治理"中再来详细讨论家族涉入股权的一般性原则——整体股权战略（例如，对公司的控制程度、是否上市发行股票等），以及家族成员何时能够成为股东。很多家族都需要一份具有法律约束力的股东协议（Ward和Aronoff，2010）。股东协议将一般性股权原则（由股东定义）转变为具有法律约束力的文件。股东协议通常包括以下主题（更详细内容请参阅Chemla、Habib和Ljungqvist，2007）。

1. 行使表决权

表决权条款通常是股东协议的核心内容。家族成员可以集中行使表决权，以控制股东大会的投票结果（例如，选举董事会成员）。家族股东群体可以包括不同家族分支的代表。每个家族分支（有时独立于其股份比例）可以委派某位代表进入董事会。另一种选择是，家族股东将自己视为家族整体的股东群体，遴选最合适的代表担任董事会成员，而不用考虑自身代表的是哪个家族分支。

2. 股份转让

股东协议应对股份转让进行规定。

> 家族成员何时有权利或有义务出售股份？"随售"（tag along）条款确保，如果收购方向大股东发出股份收购要约，小股东可以决定以相同的条款将股份出售给该收购方。"拖售"（drag along）条款确保，如有大股东欲向收购方出售股份，可强制小股东按相同条款将股份出售给该收购方。
> 家族股东出售股份时，谁有优先购买权？是按以下顺序执行吗？首先是该股东的核心家庭，其次是该股东的家族分支，最后才是其他家族分支按当前的股份比例进行分配。
> 在何种情况下公司有权回购股份（例如，股东死亡）？
> 如果拥有优先购买权的公司/受益人没有能力赎回股东有意出售的股份怎么办？
> 如果股东想要出售股份，必须提前多长时间通知其他股东？其他股东使用优先购买权的截止日期是什么？
> 股份估值的公式是什么？是否存在家族折扣（family discount；家族折扣定义为：家族进行内部股份转让时，股价与市场公允价格相比的折扣）？

3. 僵局

股东协议应当包括冲突情况下的收购协议。股东之间的冲突可以通过第三方价值评估或其他条款来解决。例如，强制性条款（shotgun clause）允许股东A为股东B提供具体的每股价格，股东B要么以该要约价格将股份出售给股东A，要么以该价格购买股东A的股份❹。

4. 股东协议的解除

在满足哪些触发条件下可以解除股东协议（例如，家族股东的通过率、到期日）？

当某位家族股东死亡时，股东协议会发生什么变化？

如上所述，股东协议是具有法律约束力的文件。鉴于各国法律和股权结构的异质性，上述内容应被视为一般性准则。在不同司法辖区，家族应与法律专家合作进行调整和规范。

5.7　家族治理

在深入研究家族治理的细节之前，我们应该知悉，复杂的家族治理机制并不同等适用于股东管理、兄弟合伙、表亲联营和家族企业这四种模式，如本章 5.2 节所示。以下关于家族治理的讨论主要适用于已经或即将进入兄弟合伙、表亲联营或家族企业这三个阶段的家族。在本节中，我们将探讨各种家族治理工具（更多内容请参见 Koeberle Schmid、Kenyon Rouvinez 和 Poza，2014）。

5.7.1　家族治理的目标和主题

家族治理的全局性目标是，确保家族在公司事务中实现高效运作。与其他类型的治理规章相似，家族治理定义了一个组织或社会团体内部的首选合作方式。然而，家族治理还涉及一个更基本的问题，即家族价值观与核心理念。家族价值观是制定家族治理规章的基础（例如，家族涉入企业）。这主要是出于两个原因：一是它给家族成员提供了强有力的团结在一起的理由；二是它提供了家族治理的执行细节。

从广义上看，家族治理涉及以下主题：家族的基本价值观和目标；家族涉入董事会、管理层和股权；家族对创业活动的态度；公益慈善事业。并非所有的企业和家族都要涵盖以上所有内容。一般来说，家族价值观和家族涉入管理层、董事会和股权是重点。根据家族和企业之规模与复杂性的不同，其他内容或多或少有所涉及。

图 5.10 展示了家族治理的主题，我们将在下一节中进行说明。

图 5.10　家族治理的主题

5.7.2　家族价值观和目标

在设计复杂的治理结构之前，家族应该反思自己的核心价值观。建立一整套规范非常重要，因为它有助于随后制定与之匹配的治理规则。例如，家族应当考虑以下主题。

- **核心价值观**：我们家族特有的核心价值观是什么？我们认同什么价值观？反对什么价值观？
- **使命**：我们家族的全局性目标是什么？家族应当阐明对集体主义与个人主义的态度，家族控制企业的重要性，以及家族涉入企业的重要性。
- **我们是谁**：家族作为社会群体，应当要考虑界定家族的边界。谁是家族的一部分？谁不是？我们希望在哪些方面共同合作？在哪些方面作为独立个体？
- **企业价值观**：从广义上讲，家族在企业增长、风险承担和创业创新等方面的目标是什么？即使在讨论的早期阶段，家族也应当表明自身对企业的立场。

如上所述，通过共同讨论确立的价值观可以作为后续家族治理的大致指导方针。同样重要的是，阐明价值观能够让家族成员为实现共同的事业目标产生凝聚力。

5.7.3 家族涉入管理

家族治理应当明确家族如何涉入公司管理。例如，家族要解决如下问题。

> 是否应允许家族成员在家族企业中工作？

某些家族允许甚至鼓励家族成员涉入企业管理，而另一些家族则试图通过禁止聘任家族成员来避免可能造成的混乱。

> 如果能够任职，家族成员可以担任什么职位？需要哪些资质？

家族可能希望阐明家族任职的金字塔层级/职位以及相应的资质要求。某些家族坚持以下理念：只要家族成员采用与非家族成员同样的流程申请职位，就应允许家族成员在企业中工作。最终标准应是家族成员是否能胜任该职位所需的资质。而另一些家族只允许家族成员担任公司高管，以确保家族控制公司运营，同时避免在基层任职的家族成员与职位更高的非家族经理人之间发生冲突。

> 如果家族成员能够在企业任职，职业发展路径如何？

有些人认为，为了深入了解企业，家族成员应该从基层进入企业。然而，一旦家族成员进入公司，就必然会被视为控股家族的一分子，非家族高管或员工可能不会将其视为普通员工。身处基层的家族成员可能不会获得真实的反馈，仅仅由于亲缘关系而被晋升（或不被晋升）。如果家族成员在企业的任职层级较低，也可能会陷入内部的权力斗争，即非家族高管试图通过游说他们控制的家族成员来谋取自身利益。

家族成员担任公司高管无疑具有重大影响力，因为他们代表着控股家族的意见。虽然下一代家族成员更容易进入管理层，但他们可能要更加努力工作，才能获得长期在企业任职的非家族高管的认可。家族成员可能会很快晋升到高管职位，而非家族成员则很难晋升到同等职位，这可能会激发怨恨和不公平感。此外，对于在企业内部（或外部）经验有限的家族成员，非家族高管可能会质疑其任职的合法性。

解决该困境的折中方法是，让下一代家族成员从"侧翼"进入。在这种模式下，家族成员首先在家族企业之外积累大量管理经验，然后，一旦家族企业出现高管职位空缺，这个家族成员就可以通过一系列在各部门轮岗的管培职位进入公司。这个阶段可能会持续几个月到几年。最后，家族成员正式晋升为高管职位。我们将在本书第7章关于传承的讨论中对此进行回顾。

> 如何给家族成员制定薪酬标准？

家族治理应该包括薪酬体系。可以参考与岗位职责相匹配的市场薪酬（有关家族企业薪酬的更多详细信息，可参阅 Aronoff、McClure 和 Ward，1993）。

家族聘任政策示例

以下政策摘自一部家族宪法。

家族聘任政策

家族和睦是我们的首要目标。家族企业中最常见的家族冲突主要是在家族成员的聘任方面，这在学术研究中得以充分证明。为了尽可能地减少潜在的冲突点，同时提供就业机会，聘任家族成员应遵循以下规则。

（1）我们的理念是，鼓励所有的家族成员以任何合适的方式，为家族财富的增长做出贡献。他们涉入家族企业是一段积极的经历，有助于个人、企业和家族关系的发展。

（2）我们鼓励李氏家族的直系后代在符合任职标准，且有合适职位空缺的情况下进入家族企业工作。李氏集团和我们家族的所有其他企业，不会向姻亲提供就业机会。我们珍视与姻亲之间的亲密关系，我们选择将姻亲排除在家族企业的工作岗位之外，就是为了维持良好的家族关系。本规则不适用于本家族宪法签署之前就已任职于本集团的姻亲成员。

（3）符合以下条件的家族成员才有资格在家族企业中工作。

① 在家族企业之外工作 2～3 年；

② 从基层职位做起，职位与其接受的教育培训相匹配；

③ 持有大学本科学位；

④ 全职工作，签署具有法律约束力的聘任合同，经董事会批准，在特殊情况下可以例外；

⑤ 薪酬符合市场标准。

（4）对于在本集团工作的家族成员，应根据聘任合同的工作角色和要求进行业绩评估。

（5）在任何情况下，家族雇员都不应该直接向父母汇报。

（6）欢迎并鼓励创始人的所有直系后代在中学/大学假期到家族企业实习。

来源：瑞银家族咨询服务（UBS Family Advisory）

> 如果业绩不佳，家族成员的聘任关系应该如何终止？

家族治理还应考虑当家族雇员未能达到企业的业绩标准时应如何做。对于高管职位，传统的公司治理规则是交由董事会（包括家族成员及非家族成员）决定。对于其他职位，家族股东应将决定权交给该家族成员的直接上级。

5.7.4 家族涉入股权

家族治理还应明确家族的股权战略。但请注意，作为家族治理组成部分的股权声明，需要与股东协议中具有法律约束力的条款保持一致。例如，家族治理中的家族涉入股权部分，应当具体说明家族（目前和将来）希望持有的股份比例、家族对公司上市的态度、下一代家族成员如何获得股份，以及股份如何在家族内部转让。

许多家族的首要目标是让家族股权得以永续传承。我们建议家族股东应不时重新审视股权战略。例如，传承完成后的下一代家族股东-经理人，可能希望巩固自己的股权地位，逐渐收购其他家族股东手中的股份（我们将此过程称为"修剪家族树"）；再如，家族可能会抓住好的时机出售公司股权；又如，家族可能希望通过上市来实现部分家族成员的变现退出，或者为公司增长注入新的资金。

为了在家族内部转让股份，家族企业通常会奉行家族分支优先的政策，这意味着出售的股份必须首先在同一家族分支内部进行交易，之后按当前的股权比例分配给其他家族分支。

家族治理规章（例如，家族宪法）定义了家族涉入股权的一般性原则。虽然家族宪法试图在家族成员之间建立承诺和责任，但由于其细化执行程度较低，大多仅具有情感约束力❺。股东协议将家族宪法的股权治理原则落地为具有法律约束力的条款，明确定义了家族股东如何在股东大会上行使股东权利。关于股东协议的更多详情请参见本章5.6节。

综上所述，家族治理应解决以下股权问题。

> 当前和未来的股权战略如何？
> 家族成员何时以及如何成为股东？
> 家族成员必须满足某些先决条件才能成为股东吗？
> 姻亲能成为股东吗？
> 非家族高管是否可以拥有股份？
> CEO应当拥有的股份比例是多少？
> 家族整体应拥有的股份比例是多少？
> 初婚和二婚的子女在股权上应如何规定？
> 家族信托能否持有股份？
> 是否存在家族内部资本市场？如果有，应当如何组织这一市场？

家族涉入股权示例

以下内容摘自一部家族宪法。

1. 一般性原则

（1）以下条款对家族控股公司中的股权有效。金融资产等其他资产不受本条款约束。

（2）公司设立协议、企业内部章程以及家族股东协议中的规定同样适用。

（3）股东协议应确保每个家族分支拥有相同的股份，并且在可能的情况下，此类股份应持续由该家族分支持有。在家族分支内部实行简单多数票决制。

（4）我们鼓励家族成员在家族控股（集团）公司中持有股权。直系后代应通过各自家族分支赠予的股份成为股东。我们承认配偶是正式的家族成员，我们也欢迎配偶成为股东。

（5）所有股东将签署股东协议，以确保家族对企业的持续控制。

2. 股份的转让与处置

股权转让与处置受家族股东协议、公司设立协议和公司章程的约束。公司发生分立时，适用于股东协议的规定。

（1）每位股东均受股东协议的约束，该协议将在收购或赠予股份时签署。所有现任股东将在正式仪式上签署股东协议，以正式启动家族宪法。

（2）股东协议规定每个家族分支的股份应仍保留在该家族分支之中。

5.7.5 家族涉入新的创业活动

家族治理可以决定支持下一代家族成员进行创业活动的方式。上一代家族成员经常会发现，下一代在传承家族企业方面不尽如人意。反过来，希望在家族庇护下创办新企业的下一代家族成员，也可能会发现自己的计划很难实施（Au 和 Cheng，2011）。

有些家族通过设立家族创投基金来支持下一代的创业活动，从而解决了这一困境。如果想要获得资助，家族成员必须向非家族成员提交一份初创企业的商业计划书（例如，提交给董事会中的非家族成员等），对商业可行性以及新企业与家族企业的协同性进行审查。家族宪法定义了评估流程与标准、融资条件与最大融资额，从而建立起机构化的家族创业投资基金。

家族创投基金的意义非常重大，能够让家族成员有机会作为创业家进行尝试，同时又不会损失大笔金钱或者影响家族企业的正常发展。

案例研究

香港莫氏家族的家族创投基金[6]

香港莫氏家族创办了一个设计精巧的家族创投基金。莫博士（John Mok）设计了家族孵化分拆计划，使下一代家族成员在与家族企业维系纽带的同时，能够开始新的创业。该计划并不是吸引下一代创办新企业一劳永逸的工具。相反，它是一个由学习型文化、代际领导力发展计划、家族天使计划和专业管理构成的系统。该系统能够实现自我可持续发展，无须家族的持续投入（见图5.11）。

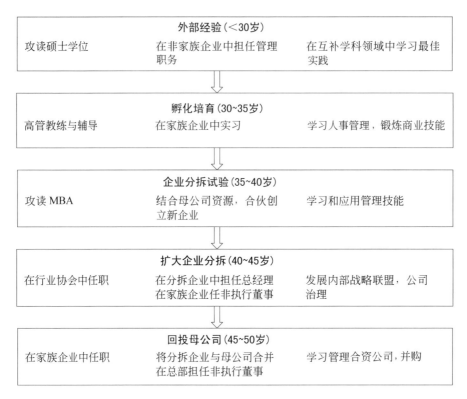

图 5.11　香港莫氏家族的家族创业投资计划

来源：改编自 Au 和 Cheng（2001）

以上的家族创投计划设计非常精巧，能够支持下一代家族成员进行新的创业，帮助那些难以在家族企业之外获取资金、人脉和知识的青年家族成员（例如，在发展中国家）。当下一代成员比较容易在家族企业之外获得这些资源时，家族创投计划的必要性就没那么强，这种机会相对来说就没有那么大的吸引力（例如，在发达国家）。

5.7.6　家族涉入公益慈善

家族治理可以定义家族如何参与慈善事业。为此，家族可以阐明从事慈善活动的一般性目的。家族治理还可以阐明如何帮助有需要的家族成员。与此相关的是，家族可以通过制定系统的教育规划来支持家族成员的教育。

家族企业股东倾向于高度关注家族与企业的社会影响力，我们将在本书第6章家族企业的战略管理中详细论述。因此，家族企业参与公益慈善不足为奇。公益慈善具有直接、积极的社会影响，同时通常有税收优惠，对家族而言具有不可低估的声誉塑造效应。对于没有参与公司经营的家族股东而言，公益慈善活动可能是他们投身于家族事业的另一种选择。因此，公益慈善也可以发挥治理的作用。

5.8 财富治理

家族企业的第四大治理支柱——财富治理，至今尚未在治理领域中获得应有的重视。表面上看，家族财富管理似乎是财富管理的一个分支，属于财富顾问、资产规划师和私人银行的领域。然而，如果我们仔细推敲就会发现，家族财富治理对家族创造财富和长期保有财富具有直接影响。因此，家族财富治理与家族如何有效组织和监督财富管理有关，以实现长期保有和增长家族财富的目标（Zellweger 和 Kammerlander，2015）。

我们对家族财富治理的反思始于一个重要观察：家族企业治理理论大多暗含以下假设，即家族企业是由团结一致的家族控制的单一企业。对于历时尚短、规模较小的家族企业而言，这一假设可能是成立的。但随着家族和企业的不断成长，这一假设就显得过于简化了，不适用于家族企业的后续发展阶段。

将家族视为一个团结一致的单一角色，就会忽略个体家族成员之间存在彼此相异的兴趣、目标和偏好这一事实。在一个看似团结的家族背后，不同家族成员的个体利益可能会出现分歧，例如，时间尺度、流动性需求、风险规避、公司情感连接，以及如何处理家族财富等多个方面。

同等重要的是，那种认为家族只控制一项单一资产（即"家族企业"）的假设，也需要仔细推敲。事实上，"老钱"家族通常拥有更为复杂的财富结构，远远超出一家公司的边界。这种业务多元化在很多学术文献中都有讨论，包括家族企业集团（例如，Carney 和 Child，2013），代际创业（例如，Zellweger、Nason 和 Nordqvist，2012），以及家族财富管理和资产规划（例如，Amit 等，2008；Rosplock，2013），往往涉及家族从本业延展开来的复杂资产结构。然而，多元化资产视角并不仅是超高净值家族独有的现象和挑战。即使对于控制小型公司的家族而言，家族通常也持有公司资产以外的财富（超出家族持有的公司股份），例如，拥有房地产和其他流动性资产。

家族企业股东利益的异质性，造成了家族财富管理的挑战。家族股东往往控制着家族企业股权以外的其他财富，这造成了不同家族企业股东之间利益的不一致。第一个解决方法是起草股东协议，规定家族企业股权的获取和转让规则。但是，这种合同性质的协议不能处理公司股权之外的财富。为了协调家族成员或多或少的复杂资产及利益，越来越多的家族采用了更为机构化的解决方案来管理财富（Carney、Gedajlovic 和 Strike，2014），例如，通过设立家族办公室或家族信托等（Rosplock，2013）。

家族选择的财富管理结构存在差异，而差异的程度则取决于家族成员与家族财富的分离程度。我们后续将详细阐述，家族成员与家族财富的分离程度越高，家族获得财富的机会就越有限，家族成员之间对财富进行破坏性内讧的概率也就越小。从这个角度来看，许多财富创造者（如企业的一代创始人）会选择运用家族信托等工具进行财富管理，以限制家族成员直接接触家族财富，从而降低家族成员（如子女）之间因利益不同而爆发冲突的可能性。

对于将家族成员与家族财富分离的家族而言，他们需要听取财富管理专家的意见。复杂而庞大的财富规模创造了更为迫切的需求，即将公司的控制结构正式化，把财富监管和整合职能委托给专家和专业人士（即某种类型的受托人），由受托人履行家族财富的管理职责。在这种关系中，既存在专业人士管理家族资产的直接成本（例如，聘任费等），也存在由于家族财富的所有权和管理权相分离而产生的委托–代理成本。如果家族成员有能力担任受托人，那么可以部分降低这些成本。然而，大多数情况下受托人都不是家族成员，受托人作为资产所有者（家族）和资产管理人（各种资产的管理人，如家族企业）之间的中介，事实上处于特别强势的地位。当资产所有者委托中介机构——例如，受托顾问或治理实体（如家族办公室和信托机构）进行管理时，他们就在自己和资产的二级管理人之间又插入了一个一级代理人，这样就加剧了所有权和控制权的分离。

设立家族信托，将家族财富委托给专业人士（一级代理人）是一种较为常见的规划安排。这种设计具备一定的优势，主要是基于以下理念：受到激励的专家将会监管及监督各种专业人士（二级代理人）的行为。但是，当所有者让一级代理人去监管一群二级代理人时，问题就出现了——一级代理人可能开始充当所有者。盲目信任、严格保密氛围、家族股东缺乏能力，以及限制家族成员对资产酌情决定权的法律架构（如普通法国家的信托，或大多数大陆法国家的基金会）等因素，都为受托人的自利活动创造了条件。通常，受托人只要与少数家族成员建立信任关系，确保获得授权，就可以开始像所有者一样行动了（Zellweger 和 Kammerlander，2015）[7]。

受托人可以利用委托人授予的权力，将自身置于有利地位，通过使自身利益与二级服务提供商利益相一致的方式，来榨取而不是保护委托人的利益。诚然，受托人可以通过中立的、不掺杂个人利益的方式运用自身影响力，致力于维护家族社会系统（Strike，2013）。但是，由于受托人通常在监管相对较弱的情形下工作[8]，处于与多位专业人士签订合同的关系网络中心，因此这些受托人有大量机会，默许二级代理人从签订合约的服务中收取回扣，随心所欲地违背委托人的利益。缓解双重代理冲突对所有者来说代价高昂，因为他们必须与不同层面的代理人打交道，而这些代理人在各种情形下与委托人的利益都不一致（Zellweger 和 Kammerlander，2015）。

家族财富面临着被家族成员（尤其是后代）分割的风险，他们通常对财富持有不同看法。集中财富使家族成员利益一致的常用策略是将家族成员与家族财富相分离，但这种做法代价高昂。家族不但要承担聘请中介机构管理家族资产的直接成本，还要承担双重代理成本，即作为一级代理人的专家监管者来监督二级代理人。因此，家族财富治理面临权衡：要么解决家族成员之间的利益分歧，要么家族将自己从资产中分离出来。但在家族和资产之间设置一级代理人（例如，中间人或受托人），又会导致双重代理成本。

在实践中，家族通常要在以下四种财富治理模式中进行选择。这些模式将家族与财富进行不同程度的分离，借以消除家族利益分歧带来的消极影响。家族与资产的分离程度越高，双重代理成本就越大（见图5.12）。下面我们将详细分析这四种治理模式[9]。

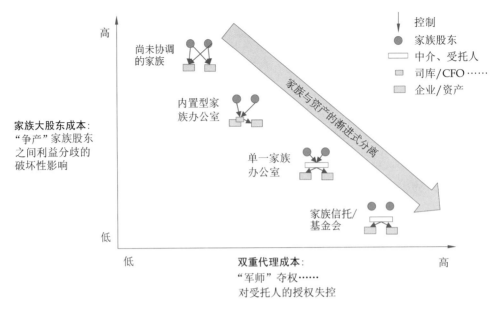

图 5.12 四类财富治理模式

来源：Zellweger 和 Kammerlander（2015）

5.8.1 尚未协调的家族（uncoordinated family）

尚未协调的家族定义为以下特征的治理模式：家族财富管理的控制权掌握在家族手中，但尚未协调不同家族成员之间的利益。因此，家族和资产没有分离。这种情况下，不需要协调家族利益的分歧，每个家族股东都可以在法律范围内（例如，婚姻法、传承法和遗嘱法；传承协议等）获取家族资产。这一模式可能普遍存在于具有权威族长的家族中，或者是那些家族和资产复杂度不高的家族中，此时协调不同家族股东的利益显得并不必要。因此，这种治理模式在第一代和第二代中较为普遍。然而，拥有复杂股权结构的后代也可能出于某些原因无法或不愿将家族与资产分离，例如，为了使财富管理系统的费用最低，以及保护隐私（Zellweger 和 Kammerlander，2015）。

然而，缺乏协调可能会给家族带来巨大的不利影响。最重要的是，缺乏协调机制将很容易滋生家族冲突。家族成员的利益各异、获得财富的机会不同，这使得他们有动机抢在其他亲属之前侵占资源。表现形式包括公开内讧、争夺家产，或者更微妙的形式——竞相挥霍、奢侈浪费。因此，利益分歧导致了对家族资产的恶性争夺；对于许多家族成员来说，为了权力和金钱而进行内部斗争似乎是理性的。

因此，尽管尚未协调的家族治理模式有利于减少费用、保护隐私，特别是有利于消除双重代理成本（由于没有中间人），但该模式对于解决家族冲突而言是不可靠的。此外，这种模式由于放弃了规模经济和知识优势，从而导致了家族的福利受损，而这些优势原本可以造福于全体家族成员，当然前提条件是尊重专业人士和家族成员的协调行动，特别是在财富管理和行使监督权/控制权等方面。

综上所述，尚未协调的家族呈现出一种非常脆弱的治理模式。从长远来看，可能会导致家族财富被分割，以及家族作为财富共有者的衰落（Colli，2003；Franks等，2012）。尚未协调家族的脆弱性可能会由于强势家族成员的介入而暂时缓解，例如，家族财富的创造者，或拥有绝对权威的家族族长。遗嘱也可以防止家族成员的越界行为，阻止其毫无节制地获取家族财富。但是，一旦这些限制被解除（例如，创始人或家族族长过世），推动家族成员竞相争夺家产的破坏性力量就会开始产生。同样，不良的资产管理业绩也会给尚未协调的家族带来更大的压力。只要业绩令人满意，家族成员就有动机维持现状，并让个人利益服从家族利益。然而，业绩下降可能会直接导致利益分化，个别家族成员有动机竞相退出企业。我们将在以下 U-Haul 案例中进行阐释。

案例研究

家族不和，U-Haul衰败

1990 年 8 月 6 日凌晨，科罗拉多州特莱瑞德（Telluride）小镇，44 岁的伊娃·伯格·肖恩（Eva Berg Shoen）在豪华木屋家中熟睡时被枪杀。这位漂亮的金发女郎出生于挪威，她和家人因为喜欢小镇氛围搬到此处。谁会杀了她呢？她的公公伦纳德·塞缪尔·肖恩（L.S Shoen）将此事称为"刺杀"。1945 年，伦纳德创建了 U-Haul 这个卡车和拖车租赁帝国。伦纳德向当局报告，这一刺杀事件可能与长期以来家族争夺公司控制权有关。此时 U-Haul 的年销售额接近 10 亿美元。

伊娃的丈夫萨姆·肖恩（Sam Shoen）博士在谋杀发生当晚恰好不在家。萨姆卷入了家族纠纷，3 年前辞去了 U-Haul 总裁一职。镇上有些人想知道杀手是否本来打算谋杀萨姆，而不是伊娃。激烈的家族纷争使兄弟姐妹反目成仇——12个兄弟姐妹来自3个不同的母亲——其中一些子女反对古怪的父亲。近年来，双方在董事会和法庭都进行了激烈争斗。去年年会上，兄弟中甚至有人大打出手。

事实上，这起谋杀案发生时，U-Haul及其母公司Amerco正在向法院提起诉讼，声称父亲伦纳德、儿子萨姆、女儿玛丽·安娜（Mary Anna）和儿子迈克尔对外泄露了公司非公开的保密财务信息。这起诉讼还宣称，以上几人正在策划一次秘密收购，其动机是通过对外泄密来诽谤企业，进而导致信用评级下调。诉讼的赔偿金高达3 000万美元。伊娃并不是Amerco的股东，也没有主动涉身其中。

多年前，这场关于金钱、权力和自负的斗争便已埋下伏笔。伦纳德的第一任妻子去世后，留下6个孩子。随后伦纳德娶了23岁的邻居女儿，生下5个孩子。伦纳德第二次离婚后，再次结婚并生了1个孩子。伦纳德考虑到子女们最终将共同经营这家企业，便开始把母公司股票交给7个儿子和5个女儿。12位子女最终持有95%的股份，而伦纳德只给自己留下2%的股份。这种安排导致了后来的家族内斗。

20世纪70年代中期，4个儿子萨姆、迈克、乔和马克之间开始爆发冲突。那时他们任职于公司的最高管理层。橙白相间的U-Haul汽车曾经是北美自助搬家的代名词，最近却节节败退，让位给竞争对手，例如，总部位于迈阿密的Ryder System。1979年，乔和马克围绕公司发展方向发生了激烈的争执，双双辞去职务。

马克回忆说，他和有些兄弟姐妹对从未收到分红很不满意。"我们只是名义上的百万富翁"，现任U-Haul总裁的马克说，"我们表面上很富有，但其实甚至没钱买车"。1980年，马克陷入财务困境时，曾要求父亲和弟弟萨姆收购自己的股份，但遭到拒绝。父亲曾说，马克和乔在兄弟姐妹之中争取支持，以便从父亲手中夺取控制权，因为马克和乔不认同父亲的管理风格。

4年前，他们成功地让父亲伦纳德退任董事长。但是父亲没有放弃，坚持认为互为竞争对手的子女能够在公司中共同工作。但是，这项安排一败涂地。1988年，在一些摇摆不定的亲戚支持下，父亲伦纳德和儿子萨姆试图卷土重来。但乔向5位非家族高管出售了8 099股股份，挫败了这一企图，巩固了自己的控制权。随后，父亲伦纳德在亚利桑那州一家法院提起诉讼，声称出售股份是非法的，此案被驳回，伦纳德仍然坚持上诉。

1989年年初，母公司Amerco的时任董事长乔开始停发父亲伦纳德的退休金。"基本上，我破产了"，父亲伦纳德最近说，"也许还没到破产的地步"，但被迫卖掉了在拉斯维加斯的大房子。乔和马克牢固掌握控制权后，立刻采取了"归核"战略：剥离旗下多元化公司并大量裁员，同时投资12亿美元以升级由6.6万辆卡车和10万辆拖车组成的车队。

肖恩家族不和原本就已非常明显，而随着伊娃的死，肖恩家族的争斗更是达到了高潮。仅仅暗示家族成员与谋杀案有关，就激怒了 U-Haul 的内部人。他们的回击让人想起了 J.R. 和 Bobby Ewing 在电视连续剧《达拉斯》中的恩怨纠葛。

伊娃是一位极富魅力的女士，她热爱教育，积极做义工，喜欢滑雪和养狗。谋杀事件后，她的丈夫萨姆（一名不再执业的医生）发布了 25 万美元悬赏令，希望获取犯罪嫌疑人信息。他还筹划了一次追悼会，但不准敌对的兄弟姐妹（U-Haul 的"内部人"）参加。

思考题

❶ 针对公司控制权的家族冲突，其内在原因是什么？

❷ 家族冲突对企业有什么影响？

❸ 在这一案例中，你看到哪些类型的代理问题？

❹ 为了避免冲突，我们应该做些什么？

❺ 对于其他家族企业，可以观察到这种极端案例中的哪些要素？

❻ 针对 U-Haul：如今的家族如何控制公司？

来源：1990 年 9 月 4 日《洛杉矶时报》Martha Groves 的文章

5.8.2　内置型家族办公室（embedded family office）

在内置型家族办公室中，家族在现有资产结构中遴选一位受托人来管理家族财富。例如，实践中较为常见的做法是，家族可能会安排家族企业的总会计师、司库或 CFO 来管理家族财富。在此过程中，家族将部分家族事务的管理权委托给一位非家族成员，但保持在现有结构中进行。除了完成公司的运营工作外，内置型家族办公室还负责管理家族的流动性资产和房地产，同时负责个人记账和税务申报等相关服务。因此，在内置型家族办公室中，家族与资产的分离程度较低（Zellweger 和 Kammerlander，2015）。

这种治理结构对满足如下条件的家族特别有吸引力：家族企业中存在值得家族信赖的管理者，家族试图寻求便利且划算的解决方案来应对家族财富治理问题。这种结构可能是在核心家族企业的发展及家族财富积累的过程中逐渐演化而成的。

虽然内置型家族办公室将家族成员的财富管理活动捆绑在一起，但对于如何处理家族成员各自不同的利益所能提供的指导却较为有限。此外，内置型家族办公室往往会使家族股东有动机——甚至使没有股权的家族成员也有动机——从家族办公室的补贴服务中谋取私利，特别是在提供免费或低于市场价的服务时。

然而，与此同时，内置型家族办公室将获得对股东及其最私密财务信息的优先知情权，从而成为极具影响力的信息和权力中间人。内置型家族办公室的负责人可能会利用这一有利地位，引导决策向有利于自己的方向倾斜，扩展自己的影响范围，进而削弱家族企业 CEO 的地位。如果通过内置型家族办公室来管理家族财富的主体部分，这种双重代理成本可能就会特别显著（Zellweger 和 Kammerlander，2015）。

关于进一步的成本，还必须考虑到内置型受托人同时服务于两个委托人，即家族和企业，而这两者之间有时又存在利益冲突。面对利益冲突，受托人可能会陷入两难境地。例如，公司资助家族成员进行高风险的私人投资。再如，家族成员选择保护股东利益而损害公司利益的税收结构；又如，公司需要额外的股本注入时家族却要求增加分红。考虑到家族的影响力，内置型受托人很难反对家族。这种治理结构的效率通常较为低下，对公司的小股东、债权人和其他家族股东来说代价高昂。

此外，内置型受托人同时向家族企业 CEO 和家族股东双线汇报，而家族企业 CEO 身处夹心层，即受托人既是 CEO 的下属，但同时也是深受家族信任的顾问。CEO 在某些事项上需要向家族及其顾问进行汇报。这种复杂层级的混乱结构与明确有效的控制结构形成了鲜明的对比。最终结果是，资源的分配是根据家族的政治标准，而不是根据公司的效率标准——这进一步加剧了与小股东、债权人和任何无法获得内部顾问服务的家族股东等利益主体之间的利益冲突（Zellweger 和 Kammerlander，2015）。

内置型家族办公室的额外成本不仅在于内置型受托人的机会主义行为，还在于受托人在完成某些任务（例如，家族财富的资产管理决策）时能力不足，因为这些受托人可能缺乏专业知识或经验。总之，内置型家族办公室尽管实现了不同家族成员利益的有限协同，但同时会导致某种程度的双重代理成本。内置型家族办公室还会带来大股东-小股东代理成本以及股东-债权人代理成本，部分来源于家族与公司的多重任务，部分来源于内置型受托人自身所处的复杂层级。

内置型家族办公室

Rosplock(2013)指出了内置型家族办公室的普遍性。她认为,美国有9 000个单一家族办公室,以及1.2万~1.8万个内置型家族办公室。内置型家族办公室在其他国家也扮演着管理家族财富的角色。例如,瑞士信贷(Credit Suisse)和瑞士圣加伦大学的一项研究发现,德国中型家族企业的CFO平均管理着控股家族60%的私人财富。

家族办公室交流协会(Family Office Exchange)Flanagan与同事(2011)在一项将家族财富与家族企业隔离的重要倡议中指出,在公司内部管理家族财富可能会带来与税收相关的法律风险。根据美国法律,个人或家族不能对其在公司内部管理的个人事务实现税收减免。此外,内置型家族办公室可能要作为注册投资顾问而接受监管,这给公司带来了额外的监管负担。最重要的是,家族成员可能在通过公司持有或管理个人财富的过程中,使公司面临内部家族纠纷和家族成员行为带来的外部诉讼风险,从而面临或有负债。

5.8.3 单一家族办公室(single family office)

超高净值家族通常会将家族财富集中起来,委托给家族办公室进行管理。单一家族办公室只为一个家族进行管理(即家族治理和财富治理),而联合家族办公室(multi-family office)则为多个家族提供服务。单一家族办公室是一个独特的组织实体,是个体家族成员利益和家族资产之间的中介组织。设立单一家族办公室的动机包括以下几方面。

➢ 独立于第三方,尤其是银行;

➢ 隐私保护;

➢ 对资产的更强控制力和对投资的更好掌控;

➢ 相对于巨额财富而言的成本优势;

➢ 税收优化;

> 针对家族和财富复杂性的专业化管理；
> 父母担心下一代缺乏管理家族财富的能力；
> 父母希望对家族成员个体直接涉入财富进行限制，认为直接涉入财富会损害家族成员的主动性、自尊心和人际关系。

总体而言，单一家族办公室往往涵盖以下服务：资产管理、投资规划、内部控制、会计报告、税务筹划、房地产管理、传承规划、资产分配、家族治理、私募股权、公司金融和慈善事业。⑩单一家族办公室的服务内容主要取决于家族财富的规模和复杂性，以及该家族的服务需求。

最后，家族还应当评估家族办公室的收益和成本。部分收益具有非经济属性，例如，防止年轻家族成员的生活奢侈，或协调家族成员涉入财富的方式，由此可以减弱家族争端的可能性。考虑到这些非经济属性，评估将很有挑战性。对某一特定家族而言，单一家族办公室能否作为合适的财富治理工具，主要取决于以下多项因素：①家族财富的规模；②家族财富的复杂程度；③家族对保密的需要；④服务的范围；⑤服务的排他性；⑥是否需要个性化服务；⑦执行特殊项目的能力。以上需求越明显，就越有必要设立单一家族办公室。否则，更合理的解决方案是，外包给金融机构和其他服务商。

家族办公室的一项核心功能在于，家族办公室能够成为家族团结的力量——防止家族内部的离心力、代际的疏离以及由此带来的财富稀释，从而避免时间对家族凝聚力的侵蚀。单一家族办公室并没有增加损害小股东和债权人的代理成本。相比之下，在内置型家族办公室模式中，至少有部分成本被转嫁给小股东和债权人，而在单一家族办公室模式中则是家族自己埋单。

但这些优势也带来了巨额成本。例如，在现有资产结构之外设立和运营家族办公室的直接成本。尽管单一家族办公室规模往往较小（美国单一家族办公室的平均员工人数大约为5~8名），但是如果考虑到相关比率，人力成本、办公成本和IT基础设施等方面的投入往往是相当大的。例如，2019年瑞银/Campden Wealth全球家族办公室调查报告估计，单一家族办公室的年度运营成本约为572万美元。有学者估计，单一家族办公室年度运营成本约为管理资产规模的0.70%~1.50%⑪。因此，在欧美，只有当所管理的流动性资产达到数亿美元后，设立单一家族办公室才是划算的⑫。以上数据也解释了为什么随着时间的推移许多单一家族办公室转变成了联合家族办公室。

家族办公室的整体效率是家族关注的重要问题，因此，家族股东应当仔细监控家族办公室人员的成本意识。由于家族有强烈的动机来监控成本效率及确保家族办公室人员的责任，因此家族与家族办公室之间的代理成本相对容易得到控制。

然而，与此同时，单一家族办公室很容易产生双重代理成本。家族负责人很难监督和约束家族办公室高管与各种服务商（例如，由家族办公室高管遴选的资产管理人等）之间的关系。因为家族负责人对家族办公室高管与服务商之间的来往和了解有限，家族办公室高管有大量机会来谋取私利。例如，服务商和资产管理人可能会向家族办公室高管行贿以换取对方购买服务，最终得以管理家族财富。二级代理人能够利用自身明显的信息优势，以及家族成员洞察力的局限性，与一级代理人相勾结以追求自身利益，最终的代价是损害家族利益。

诚然，如果家族信赖的顾问能够秉持完全理性、毫不利己、管家主义的原则，我们就不用担心这类双重代理成本。但从总体上而言，单一家族办公室很容易产生运营管理的直接成本，以及聘请高管人员带来的双重代理成本。

案例研究

雅各布斯（Jacobs）家族

雅各布斯家族创业的本业是咖啡贸易，历经数代，多次进行收购和分拆。截至2013年，该家族的公司组合和财富组合由以下治理结构组成（见图5.13）。

雅各布斯控股（Jacobs Holding）是家族投资控股公司，负责管理家族的主要实业资产（如世界最大的巧克力制造商 Barry Callebaut）。家族办公室（Niantic Holding）管理着家族大部分流动性资产和小型的家族投资公司。

雅各布斯控股90%的表决权由家族直接持有，另外10%的表决权由雅各布斯基金会持有。雅各布斯基金会持有雅各布斯控股100%的股份，是控股公司的主要财务受益人。雅各布斯基

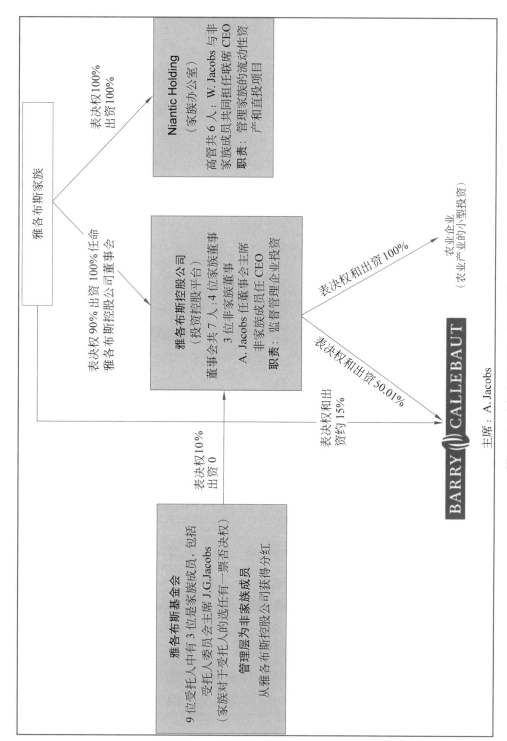

图 5.13 雅各布斯家族的财富治理

金会是由家族创办的、促进儿童和青少年创新的公益组织。家族还通过这个基金会大力资助了位于家乡德国不来梅的雅各布斯大学。多位家族成员在基金会受托人委员会中任职，包括基金会主席一职，但在理事会中家族成员只占据少数席位。

如组织结构图所示，雅各布斯家族通过控股公司在 Barry Callebaut 公司中持股 50.01%，家族成员直接持股 15%，拥有控制权。家族族长安德烈亚斯·雅各布斯（Andreas Jacobs）担任 Barny Callebatu 董事会主席。农业公司则持有其他小规模资产，包括马匹饲养服务商 Newsells。

> **思考题**
>
> ❶ 雅各布斯家族是如何控制各类资产的？各类董事会/组织实体各自的职责是什么？
>
> ❷ 这一治理结构如何缓解家族成员之间的利益冲突？
>
> ❸ 对于复杂的资产和家族结构而言，容易产生的股东-经理人及双重代理成本，雅各布斯家族是如何应对的？

5.8.4 家族信托/家族基金会

家族也可以选择以极强力度将控制权委托给中间人的财富治理模式。在美国、英国、日本、苏格兰、以色列和部分拉美国家等普通法国家，这一模式的表现形式为家族信托。在大陆法系国家，包括多数欧洲大陆国家，存在类似信托关系的法律安排，如家族基金会。它们的共同点是，设立人（在信托中是委托人）将财富转让给信托或基金会的受让人（受益人）。为此，设立人任命一名管理人（受托人），该管理人承诺为受益人的利益来管理财富，并遵守设立人的事前指示（Sitkoff，2004）。

受益人放弃了信托财产的所有权，同时对受托人的监督能力较为有限。受托人（而不是受益人）对信托财产行使所有权。受益人对受托人形成了较强的依赖关系，且自身对信托细节的了解程度较低，这些因素都使得受托人成为强势的"看门人"。受托人行使信托权力，而受益人承担全部风险。

在家族企业情境下，家族信托是结构化处理家族事务的常用工具，因为信托具有某些显著优势（Zellweger 和 Kammerlander，2015）。家族可能出于税务原因设立信托，例如，在美国，信托可以免除家族的联邦遗产税和隔代转移税。在大多数情况下，信托是父母为子女设立的。父母这样做的原因是为了限制子女直接接触财富，因为父母担心子女会摧毁财富（如家族企业），或者相反，财富会毁掉子女（例如，过量财富使子女沉溺于奢侈生活，不思进取）。信托通常被视为避免家族股东之间冲突的一种方式，而家族冲突对资产和家族都不利。在很大程度上，信托也使委托人得以保持现状，定格自身的终身成就，从而满足对基业长青和人生不朽的渴望。总而言之，信托提供了如下优势。

- 保护企业免受家族纷争和不称职家族成员的影响；
- 避免家族挥霍财富，奢侈度日；
- 安全控制：限制退出机会，防止财富分散；
- 实现家族股东利益的一致性；
- 税收优惠；
- 隐私保护；
- 集中资产，实现规模经济；
- 家族传承，如家族教育、生活设施或慈善事业。

尽管存在严格的法律规范，但在多数情况下，法律并不能替代对受托人的监控。受益人实际上无法控制受托人的行为，也很难移除受托人对资产的控制，退出信托关系。例如，在美国法律中，并不存在适当的监控机制来保护受益人（例如，法院监管，或上市公司股价等市场机制）。换言之，信托无法像企业那样运用各种内部及外部治理机制来监督和惩处管理人。

因此，家族信托中存在三类控制成本。第一，任命一位或多位受托人管理家族财富，可能会导致财富管理的官僚化，从而带来更大的直接成本。受托人需要具备资产管理的专业知识，才能管理多元化的投资组合，因此很自然地要配以相应的薪酬待遇。

第二，如上所述，信托带来了高昂的委托－代理成本；更准确地说，信托带来了"委托人－受托人"和"受益人－受托人"两类代理成本。前者是指受托人没有遵守委托人设立信托的事前指示；后者是指受托人可能缺乏对受益人的忠诚、审慎、勤勉而以权谋私。这两类委托－代理成本难以通过监督与合同激励等传统方式来解决。事实上，作为一种特别有效的激励机制——管理层持股在信托中也不适用。此外，私人信托份额也不存在有效市场，无法提供价格信号，从而无法成为衡量受托人业绩的基准。在某种程度上说，受托人成了没有股东的经理人。

第三，信托还可能会导致严重的双重代理问题。在缺乏严密监控的情况下，委任受托人并给予他们广泛的自由裁量权时，很难保证二级代理人与受益人之间利益的一致性。受托人倾向于慷信托本金之慨，给二级代理人超额管理费，与资产管理人进行秘密交易。换言之，由于一级代理人已经在谋取私利方面掌握了很多机会，二级代理人不太可能与受益人的利益保持一致，并可能与受托人串通从而损害受益人的利益。这种双重代理问题还预示，家族在设立信托时需要牢记：受托人必须秉持审慎原则管理信托财产。例如，根据美国信托法，审慎义务要求保守地管理信托财产，但与此同时，这种义务可能会与家族信托对非上市公司的投资发生冲突，因为对于非上市公司而言，股权的流动性很差，难以交易。创业投资顾名思义就是高风险的。因此，家族信托要求受托人规避风险，实现财富多元化，这与创业投资带来的固有风险存在矛盾。因此，信托本质上是为了确保家族股东对资产的控制权。信托可能是管理流动性资产的合适法律形式，例如，为公益慈善活动提供资金。但从宏观经济视角来看，家族信托是否会偏离创富、创业的资本再投资目标，从而导致次优投资，还有待商榷（详情请参阅 Zellweger 和 Kammerlander，2015；Sitkoff，2004）。总之，通过家族信托/家族基金会控制企业，具有如下重大问题。

管理成本高昂；

受托人对委托人和受益人缺乏忠诚审慎义务；

受托人的机会主义行为，对信托财产鸠占鹊巢；

由于缺乏外部监督和压力等约束条件，信托财产的管理缺乏效率；

受托人担心赔偿责任，不愿承担企业经营风险，进而消极怠惰。

5.8.5 哪种财富治理模式是最好的

财富家族由多位成员组成，拥有错综复杂的金融利益，这使得家族必须仔细权衡各种财富治理模式的利弊。一方面，财富治理模式可能会受到股东利益分歧及家族冲突的影响（尚未协调的家族、内置型家族办公室会受此影响）。这些冲突会削弱家族联合起来行使权力的能力，破坏家族财富的保有，导致财富随时间推移而迅速消散。另一方面，如果家族办公室高管或家族信托受托人把自己当成财富的真正所有者，财富治理模式就可能会产生双重代理成本。在这些情况下，虽然能够享有集中管理家族财富的好处，但对家族而言治理成本却会过于高昂。

如果家族企业股东希望财富能够代代相传，那么尚未协调的家族这种治理模式就会很有问题，因为它无法激励不同家族成员之间协调行动。对于拥有众多成员和巨额资产的家族而言，这个挑战尤其突出。

鉴于大多数家族企业都希望财富能够世代传承，我们还应考虑四种财富治理模式的稳定性，以及在各种治理模式下，家族财富随着时间推移而消散的程度。在尚未协调的家族模式中，每个家族成员个体都有强烈的动机去争夺财富份额，家族财富可能会迅速消散，由不同的家族成员瓜分。在内置型家族办公室模式中，家族财富能够得以保有，但仍然存在风险，受到家族政治的左右，而非遵循效率标准。单一家族办公室应该也能保有财富，但要承担高昂的管理和治理成本。最后，家族信托能够保有家族财富，实现风险规避风格的财富管理，但同时会带来高昂的代理成本，而随着时间的推移，这些代理成本可能会逐渐消耗家族财富。

这四种治理模式并不是管理家族财富的全部方式，它们彼此之间也不是互斥的。例如，某些家族可能希望将部分财富和治理外包给联合家族办公室（multi-family office），同时自身承担部分工作。家族也可以同时采用多种治理模式，例如，家族可以设立单一家族办公室来管理流动性资产，同时设立家族信托/家族基金会管理慈善活动。

在实践中，不少家族企业采取以下发展路径：从尚未协调的家族模式先转向内置型家族办公室模式，再转向单一家族办公室模式。在任何阶段，家族都需要仔细评估特定治理模式的优缺点，制定家族成员和非家族高管的行为准则，建立适当的监督机制，以应对预期的治理问题。在内置型家族办公室和单一家族办公室模式中（特别是后者），家族还必须监督家族办公室高管与二级代理人之间的交易。从雅各布斯家族案例中我们可以看到，长期成功的家族通过建立精密平衡的治理结构，能够更好地控制双重代理成本。

5.9 治理文件：行为准则和家族宪法

我们在分别阐述了四大治理领域（家族治理、股权治理、公司治理和财富治理）之后，将对以上四大领域进行整合。建立家族治理结构并成文的一种有效方法是制定家族宪法。

5.9.1 家族宪法

家族宪法是家族企业最常用的治理工具之一（Montemerlo 和 Ward，2010）[13]。如前所述，家族宪法不具有法律约束力，但它能够在情感上约束家族成员，实现公司、股权、家族和财富的联合及协调治理。取决于不同家族及公司运营的复杂性，家族宪法在细节和复杂度上有所不同。基于前文对四种治理模式的讨论，家族宪法可以包含以下要素。

家族宪法的结构和内容范例

1. 家族宪法的目标
2. 家族价值观
3. 公司治理（请参见本章 5.5 节）
   （1）董事会的角色；
   （2）董事会的任命；
   （3）高管层的任命。
4. 股权治理（请参见本章 5.6 节）
   （1）表决权的执行；
   （2）股份转让；
   （3）僵局；
   （4）股东协议的解除。
5. 家族治理（请参见本章 5.7 节）
   （1）家族涉入管理/董事会；

（2）家族涉入股权；

（3）家族涉入初创企业；

（4）家族涉入慈善事业；

（5）家族大会/家族委员会。

6. 财富治理（请参见本章5.8节）

（1）家族共同管理财富的意愿；

（2）家族偏好的财富治理模式；

（3）家族成员涉入财富管理的任职资格。

7. 家族的社会活动

根据家族需要定制。

8. 治理文件

（1）家族宪法：文件的制定和修改；

（2）其他文件：文件的制定和修改。

9. 签署

10. 附录

（1）家谱；

（2）法律文件：婚姻协议，传承/赠与协议。

对于许多家族企业而言，尤其是那些家族成员彼此日渐疏远的家族，向家族成员明确家族价值观尤为重要。讨论和提炼家族价值观是家族企业治理的重要基石。将家族价值观落笔成文无疑是家族治理制度化建设中的关键一步。价值观成文的过程也是家族成员创造凝聚力、参照点和认同点的过程。此外，价值观还可以作为指导原则应对各种深层问题，例如，传承与公司战略。在明确价值观的过程中，家族能够阐明家族价值观和企业价值观，实现不同家族成员之间的一致性。例如，阐明家族作为一个整体的重要性，以及家族与企业愿景、道德标准、财富增长、风险承担、创业精神等。

有些家族进一步定义了行为准则。与家族宪法不同，行为准则不仅界定了对家族而言重要的价值观，而且还试图落地执行这些价值观。为了真正"践行"家族价值观，家族希望维护某些传统，如家族聚会，它象征着家族价值观的传递，尤其是从上一代向下一代的传递。这些价值观是通过举办家族聚会或其他活动（如家族慈善）来体现的。有些家族甚至会检查家族成员是否遵守了行为准则。如果没有管理家族成员的其他方式，那么行为准则可能会有助于审查家族成员对家族规范和价值观的遵守情况。例如，行为准则有助于规范家族成员如何与媒体打交道，以及如何代表企业与公众互动。同样，家族也有必要经常审查这些行为准则和价值观。价值观和行为准则在某一时期可能是合理的，但也可能会过时，建议定期（每隔几年）根据企业和家族当前面临的挑战和实际情况进行审查。

示例 1：行为准则

（1）互相尊重；

（2）不要在公共场合发表关于家族的负面言论；

（3）每年家族联合举办一项活动；

（4）会议/沟通原则：提前充分准备，注重倾听理解而不打断他人，每人依次发言，拒绝人身攻击，保持信心，致力于不断改进。

示例 2：行为准则——Mogi 家族

第 1 项：家族成员应认识到，和谐是最重要的……促进彼此尊重……允许家族成员聚焦于家族企业繁荣和家族财富长青；

……

第 7 项：每位员工都应被没有偏见的对待，唯才是举，注重业绩……

……

第 14 项：创办新公司时，应与家族成员协商；

……

第 16 项：将个人收入尽可能多地捐赠给社会。

来源：Yates（1998）

上述家族宪法示例涵盖了一般性主题。如前所述，家族宪法所涵盖的主题及其详细程度应当因地制宜。总体来看，此类文件的目标是为了确保家族的凝聚力、胜任力和控制力得以实现。

5.10　治理主体：家族大会和家族委员会

在公司治理、股权治理、家族治理和财富治理这四者结合的过程中，规模较大的家族有时会采用特定的治理主体，例如，家族大会和家族委员会。

家族大会由一定年龄以上（如年满18岁）的所有家族成员组成。在许多家族中，家族大会成员同时也是家族股东。然而，有时不持股的家族成员也可以成为家族大会的成员。

如果家族股东/家族成员的人数较多，家族大会可以进一步选举产生人数更少的家族委员会。家族委员会是家族大会的常设治理机构，负责家族企业和财务事项的日常管理。家族委员会的具体职能包括：

➢ 家族大会的执行委员会；
➢ 代表家族大会制定和修改家族宪法；
➢ 确保遵守家族宪法规定的治理准则；
➢ 确保实现家族的凝聚力、胜任力和控制力（例如，组织家族会议、下一代聚会）；
➢ 基于家族价值观和目标指导家族股东和公司高管。

通常，家族委员会成员有资格成为家族企业董事，图5.14展示了各种治理机构的组合。治理组合在很大程度上与家族复杂性（家族越复杂，家族内部的协调需求就越高，也就越需要设立家族委员会）和公司复杂性（公司越复杂，董事会对非家族专业人士参与的需求就越高）相一致。

图5.15是美国一家家族上市公司的治理结构示例。第三代中大约有30名家族股东，其中4人在家族委员会任职，2人在董事会任职（其中1人在家族委员会任职）。因为是上市公司，董事会中除了2位家族董事以外，还有3位非家族董事。

汉尼尔（Haniel）是德国一家非上市大型企业集团，大约有600名家族股东。由图5.16可见，该家族采用了复杂的治理结构来实现对企业的控制。家族股东大会任命

30名家族成员组成家族委员会，家族委员会任命部分家族成员及非家族成员担任公司董事。在家族治理中，汉尼尔家族规定不允许家族成员在企业内工作。根据德国法律，汉尼尔公司董事会中股东委派的董事席位与员工代表的董事席位必须相等。

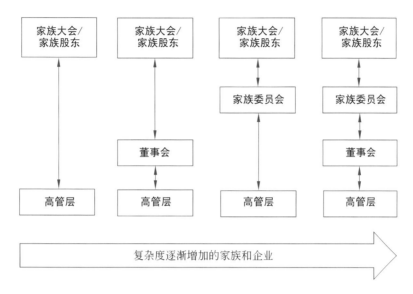

图5.14　治理主体的应用

来源：改编自Kormann（2008）

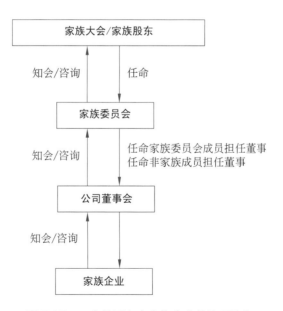

图5.15　一家美国上市家族企业的治理结构

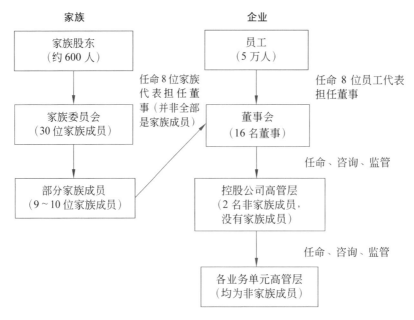

图 5.16　汉尼尔家族（Haniel）家族的整合治理

5.11　家族企业的整合治理

我们在以上分别讲解了四大治理领域（公司、股权、家族和财富）。有效的治理应确保四大治理领域是协同的，从而形成整合治理系统。

我们将以家族治理为出发点——家族治理包含家族价值观和全局性目标。在这个治理领域中，家族为其成员规定了涉入公司管理和股权的规则。这些规则为股权治理确立了指导方针，例如，形成了股东协议的基础。家族治理也奠定了公司治理的基础，例如，确定董事和高管的遴选标准，或者确定分红标准。家族治理最终还会影响财富治理，从而协调家族成员之间的财富管理和治理。

家族宪法是家族治理的指导性文件，系统阐述了家族治理、公司治理、股权治理和财富治理的核心原则。图 5.17 描述了治理的整合视角。

要想建立整合的治理系统，首先就要从家族的全局性价值观入手。如上文所述，这些价值观将指导公司治理、股权治理、家族治理和财富治理，进而制定更详细的规则。

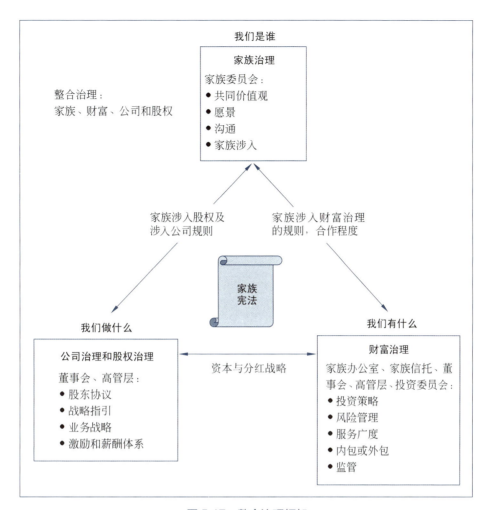

图 5.17　整合治理框架

在制定这四大领域的治理规则时，需要确保它们的一致性和互补性。例如，如果家族宪法在家族治理范畴内规定了内部股权转让的规则，那么这些规则也应当同时反映在股权治理范畴的股东协议中。股东协议是具有法律约束力的文件，因此，任何其他治理规则（如家族宪法）都必须与股东协议保持一致。

家族和股权的基本原则也为公司治理和财富治理制定了适当的指导方针。在这些指导方针中，家族成员涉入公司治理和财富治理的规则特别值得关注。在公司治理方面，董事会在形式、组成、决策和职权等方面的规则尤为重要。大型公司和上市公司通常会在董事会章程中纳入这些规则。当然，家族在制定公司治理规则方面并不是随心所欲的，必须与当地法律保持一致。

在财富治理方面，家族成员必须明确他们是否愿意集中管理财富，如果愿意，将采用哪种治理模式（例如，内置型家族办公室、单一家族办公室、家族信托或其他组合）。

综上所述，这种程序化方法能够发展出与控股家族的全局性价值观、信念和目标相一致的整合治理结构。在最终阶段，对于控制许多公司和家族资产的大型家族而言，家族通常会发展出一种双层治理结构，包括控制公司资产的控股公司和控制家族资产的家族办公室。双层结构通过家族治理、公司治理、股权治理和财富治理规则联结在一起（更多详情请参见图 5.18）。

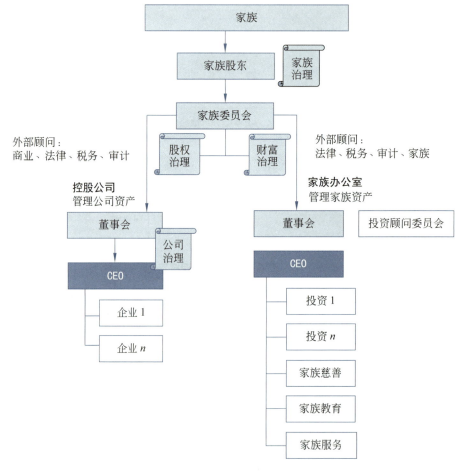

图 5.18 整合治理示例

贝雷蒂控股公司（Beretti Holdings）
——不仅是退休决定

贝雷蒂控股是贝雷蒂家族控制的一家上市公司，由彼得·贝雷蒂（Peter Beretti）创办于 1920 年。多年来发展迅速，现已成为一家多元化控股公司，年营业收入约 9 亿美元。主营业务涵盖屋顶瓦片、液体涂层、工业冷却设备以及生产设备出租。家族目前控制着 60% 的股份，其余股份由公众股东持有。

在过去 20 年间，贝雷蒂控股的成功在很大程度上归功于 CEO 马库斯·曼德尔（Marcus Mandell）的管理才能，以及董事会主席罗伯特·贝雷蒂（Robert Beretti）的商业头脑。马库斯是非家族成员，而罗伯特则是第三代家族成员。他们均已年过六旬。另一位家族成员——45 岁的托马斯·布伦南（Thomas Brennan）负责工业冷却部门，年营收约为 1.5 亿美元。董事会成员包括罗伯特、托马斯和 3 名非家族成员。公司目前的治理结构如图 5.19 所示。

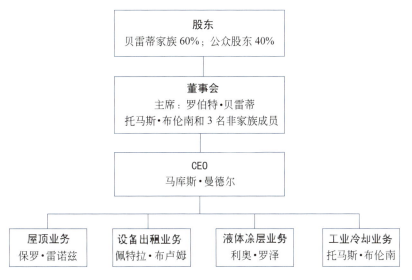

图 5.19　贝雷蒂控股的治理结构

家族股东受控股公司股东协议的约束，该协议规定了优先购买权，特别是股份转让的估价原则。优先购买权规定家族股东持有的股份应当在家族内部流动。在股份转让时，原股东的核心家庭成员有优先购买权，当核心家庭成员放弃优先购买权后，股份将分配给同一家族分支的其他家族成员，最后才分配给其他家族分支。贝雷蒂家族的结构如图 5.20 所示。

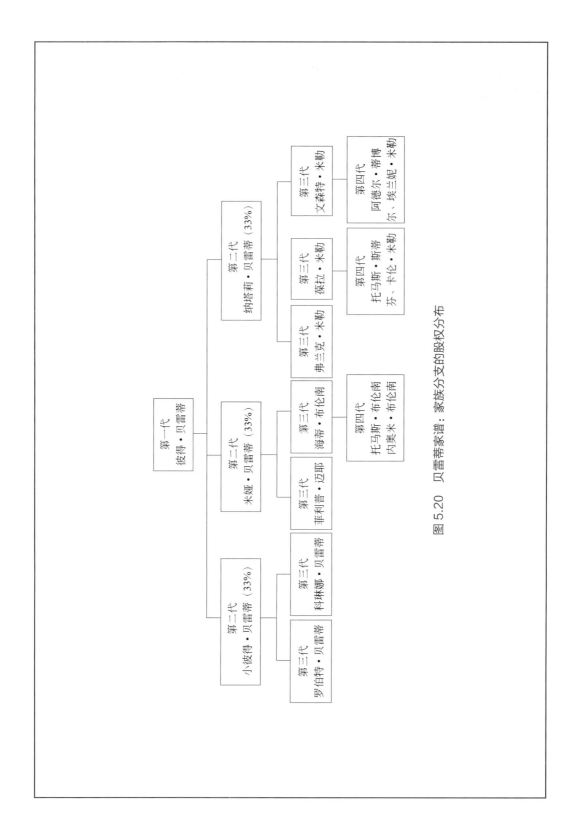

图5.20 贝雷蒂家谱:家族分支的股权分布

罗伯特在上一年董事会会议上宣布将于第二年退休，而现任CEO马库斯宣布将于下一年年底退休。随后，贝雷蒂家族在接任这两大职位的人选问题上产生了分歧。直到此时，家族股东仍然习惯性地追随罗伯特的领导。

近年来，公司的股权结构发生了巨大变化。以前是3位第二代家族股东各自拥有33%股权，现在则是18位第三代、第四代乃至第五代家族股东。家族目前共有约40名家族成员，包括不持有股权的配偶和子女。这种复杂性对于决策非常不利。事实上，家族股东群体似乎瘫痪了，无法做出决定。

关于董事会主席人选，家族股东分为两大阵营：第一阵营主要由米娅·贝雷蒂（Mia）和纳塔莉·贝雷蒂（Nathalie Beretti）的家族分支代表组成，他们倾向于每个家族分支各自委任一名家族代表进入董事会；第二阵营主要由彼得·贝雷蒂的家族分支组成，他们建议建立一个家族股东人才池，从中为董事会遴选若干独立于所在家族分支的代表。

家族对于CEO的人选同样存在争议。部分家族成员主张托马斯·布伦南接任CEO。他们认为："托马斯很了解公司。他已经担任了董事，为什么不让他担任CEO呢？他是这个家族的一员。"他们补充说："托马斯将全力以赴担任CEO，因为他知道自己如果不能很好地履职，就很可能会同时失去家族和工作。"而其他家族成员则提出了一个不同的计划："我们应该聘请一位非家族CEO，他能在没有任何家族偏见或包袱的情况下管理公司。托马斯作为工业冷却部门的主管做得很好，但我们认为他不适合担任CEO。"

家族股东之间的沟通效果不佳。一方面，向23位家族股东征求意见的电子邮件篇幅冗长、结构不清；另一方面，部分家族股东私下会面，提出自认为是终局的、对全体股东都有约束力的解决方案。其他家族成员对这些情况深感失望，他们提议建立治理机构，以便能够进行结构化的讨论、协商及最终决策。但问题是，应该采用哪种治理主体？

当家族最终决定由一名家族代表接替罗伯特·贝雷蒂担任董事会主席时，家族面临的挑战开始凸显出来。两位候选人：第一位是罗伯特·贝雷蒂的妻子朱莉娅（Julia），时年50岁的人力资源咨询师，她与罗伯特没有孩子。第二位是蒂博尔·米勒（Tibor Mueller），第四代家族成员，PE基金从业者。家族聘请了一家高级猎头公司来评估哪位候选人最适合担任董事会主席，猎头公司认为朱莉娅是最有竞争力的人选。但不幸的是，米娅和纳塔莉家族分支不愿意支持朱莉娅。他们认为："其他两个家族分支也应该涉入公司治理之中。"最终，蒂博尔当选为董事会主席。

假设罗伯特·贝雷蒂邀请你帮忙处理家族事务。在与罗伯特和一位非家族董事长时间交谈后，你决定首先要回答以下问题：

① 董事会的选举流程应该是怎样的？具体而言，你觉得两大阵营的建议如何？
② 关于选举CEO，你有什么建议？谁应该成为CEO？请评估你提出方案的优缺点。
③ 需要哪些治理主体？它们各自的职责分别是什么？
④ 家族应当如何设计建立治理结构的流程，以确保最终结果能够获得家族股东的支持？

案例研究

哥伦比亚的家族创业基金

哥伦比亚一家大型多元化企业的控股家族决定设立"种子基金"。设立该基金的两个原因，一是为既有公司注入新的创业理念；二是帮助下一代家族成员开始创业生涯。家族为种子基金确立了以下目标。

（1）推动家族成员开创独立的新企业；

（2）在家族、员工、客户、供应商和其他利益相关方中树立下一代的创业声誉；

（3）树立创业家的威信；

（4）培养技能和经验。

种子基金的法律结构是不可撤销的家族信托。信托的管理权交给由3位非家族投资银行家组成的委员会，他们在家族或公司治理中没有其他角色。家族成员有权向种子基金委员会提出商业计划书，最高可获得7万美元贷款。委员会决定是否批准贷款，一旦获批，贷款利率将比市场利率低50%。种子基金仅支持商业计划，不支持家族成员的教育或任何其他非商业活动。

贷款业绩由1家银行和3位受托人监督。家族委员会每年与受托人委员会召开一次会议。受托人委员会在会上向家族委员会提交信托总体报告，但不包含单笔贷款或公司的详细信息。

多年来，该种子基金资助了零售、餐饮、农业、工业生产和汽车修理等多个行业的创业公司，所有这些公司都是由家族成员控制的。

思考题

❶ 设立种子基金有什么利弊？

❷ 为什么种子基金不是由家族委员会直接监督的？

❸ 在哪种法律和文化条件下，家族种子基金才能取得成功？

思考题

❶ 家族企业中的四种典型代理问题分别是什么？

❷ 家族治理、股权治理、公司治理和财富治理的核心领域分别是什么？

③ 请从家族企业顺利完成以下四个公司治理阶段的角度入手,解释家族企业治理规则的动态演变:股东-经理人、兄弟合伙、表亲联盟和家族企业。

④ 举例说明家族治理问题如何渗透到股权层,从而最终影响管理层。

⑤ 有些家族企业在决策时采用家族分支结构,例如,在选择家族成员担任董事时,给予每个家族分支任命一位董事会成员的机会。这种结构的潜在利弊分别是什么?

⑥ 下一代进入家族企业从基层做起,有哪些利弊?下一代进入家族企业时从高管做起,又有哪些利弊?

⑦ 姻亲是应该拥有股权,还是应该被排除在外?为什么?

⑧ 家族财富置于信托或基金会中的利弊是什么?

⑨ 在过去几年里,一家非上市制造业公司获得了长足发展,非家族 CEO 和 CFO 就设立非家族高管股权激励计划的可能性与家族股东进行了沟通。作为家族股东,你认为这项计划有哪些优点和缺点?

⑩ 制定家族宪法的首要目标是什么?

⑪ 请描述家族宪法的基本结构。

⑫ 假设你是家族治理专家,现在有一个拥有多位家族成员、数家公司和复杂资产组合的家族希望寻求你的帮助。在制定家族宪法时,你需要向家族提出建议。你将如何承接这项任务?请列出流程模型,并说明你将如何与家族一起完成家族宪法。家族宪法要解决的问题是什么?

注释

① 这些例子来自加拿大英属哥伦比亚大学(UBC)的 David Bentall。

② 百分比指标是指现金流权,在这一案例中等同于投票权。更多信息请参考 Amit 等(2015)。

③ 德国的双层董事会制度要求股东和员工在董事会中具有对等的席位。例如,可参见本章 5.10 节中关于汉尼尔家族的讨论。

④ 为了便于讨论强制性条款的缺点,请参见维基百科中关于"强制性条款(Shotgun Clause)"条目(2014年12月19日访问)。

⑤ 虽然家族宪法不具备法律效力，但法庭将对此如何判定，仍是一个值得关注的有趣问题。

⑥ 这一例子来源于 Au and Cheng（2011）。

⑦ 例如，想想电影《教父》里那个不可靠的委托人。

⑧ 例如，根据美国《多德－弗兰克华尔街改革和消费者保护法》（*Dodd-Frank Wall Street Reform and Consumer Protection Act*），家族办公室不适用于银行和其他资产管理人承担的各种报告和监管义务 [1940 年美国《投资顾问法》（*U.S. Investment Advisers Act*）所称的"私人顾问豁免（Private Adviser Exemption）"]。

⑨ 以下四类治理模式的描述出自 Zellweger 和 Kammedander（2015）。

⑩ 这些服务按照与欧洲单一家族办公室的相关性从高到低排序。在美国，慈善的优先级往往更高，而在许多亚洲家族办公室中，慈善职能还在发展过程中。

⑪ 然而，请注意，这些估算数据不包括直接向家族成员收取的资产管理费和其他费用。

⑫ 关于家族办公室的成本结构，请参见 Rosplock（2013）、波士顿咨询公司（2013）和瑞银集团（2019）的研究。

⑬ 本书中"家族宪法"（Family Constitution）和"家族宪章"（Family Charter）的含义相同。

 背景阅读

Amit, R., Y. Ding, B. Villalonga and H. Zhang (2015). The role of institutional development in the prevalence and performance of entrepreneur and family-controlled firms. *Journal of Corporate Finance*, 31: 284-305.

Amit, R., H. Liechtenstein, M. J. Prats, T. Millay and L. P. Pendleton (2008). *Single Family Offices: Private Wealth Management in the Family Context.* Research report. Philadelphia, PA: Wharton School.

Au, K., and C. Y. J. Cheng (2011). Creating "the new" through portfolio entrepreneurship. In P. Sieger, R. Nason, P. Sharma and T. Zellweger (Eds.), *The Global STEP Booklet. Volume 1: Evidence-based,*

Practical Insights for Enterprising Families. Babson College, 17-21.

Bertrand, M., S. Johnson, K. Samphantharak, and A. Schoar (2003). Mixing family with business: A study of Thai business groups and the families behind them. *Journal of Financial Economics*, 88 (3), 466-498.

Carlock, R. S., and J. L. Ward (2010). *When Family Businesses Are Best: The Parallel Planning Process for Family Harmony and Business Success.* Basingstoke, UK: Palgrave Macmillan.

Carney, M., E. R. Gedajlovic, P. Heugens, M. Van Essen and J. Van Oosterhout (2011). Business group affiliation, performance, context, and strategy: A meta-analysis. *Academy of Management Journal*, 54 (3): 437- 460.

Carney, M., E. Gedajlovic and V. Strike (2014). Dead money: Inheritance law and the longevity of family firms. *Entrepreneurship Theory and Practice*, 38 (6): 1261-1283.

Carney, R. W., and T. B. Child (2013). Changes to the ownership and control of East Asian corporations between 1996 and 2008: The primacy of politics. *Journal of Financial Economics*, 107(2): 494-513.

Claessens, S., S. Djankov, J. P. H. Fan and L. H. P. Lang (2002). Disentangling the incentive and entrenchment effects of large shareholdings. *Journal of Finance*, LVII (6): 2741-2771.

Colli, A. (2003). *The History of Family Business*, 1850-2000. Cambridge: Cambridge University Press.

Flanagan, J., S. Hamilton, D. Lincoln, A. Nichols, L. Ottum and J. Weber (2011). *Taking Care of Business: Case Examples of Separating Personal Wealth Management from the Family Business.* London: Family Office Exchange (FOX).

Franks, J., C. Mayer, P. Volpin and H. F. Wagner (2012). The life cycle of family ownership: International evidence. *Review of Financial Studies*, 25 (6): 1675-1712.

Hughes, J. E. (2004). *Family Wealth:Keeping It in the Family*. New York: Bloomberg Press.

Koeberle-Schmid, A., D. Kenyon-Rouvinez and E. J. Poza (2014). *Governance in Family Enterprises.* New York: Palgrave Macmillan.

Montemerlo, D., and J. Ward (2010). *The Family Constitution: Agreements to Secure and Perpetuate Your Family and Your Business.* New York: Palgrave Macmillan.

Morck, R., and B. Yeung (2003). Agency problems in large family business groups. *Entrepreneurship Theory and Practice*, 27 (4): 367-382.

Rosplock, K. (2013). The Complete Family Office Handbook: *A Guide for Affluent Families and the Advisors Who Serve Them*. New York: Bloomberg Financial.

Schulze, W., M. Lubatkin, R. Dino and A. Buchholtz (2001). Agency relationships in family firms: Theory and evidence. *Organization Science*, 12 (2): 99-116.

Schulze, W., and T. Zellweger (2016). On the agency costs of owner management: The problem of holdup. Working paper, University of Utah and University of St. Gallen.

Sitkoff, R. H. (2004). An agency costs theory of trust law. *Cornell Law Review*, 69: 621-684.

Strike, V. M. (2013). The most trusted advisor and the subtle advice process in family firms. *Family Business Review*, 26 (3): 293-313.

Ward, J., and C. Aronoff (2010). *Family Business Governance: Maximizing Family and Business Potential*. New York: Palgrave Macmillan.

Zellweger, T., and N. Kammerlander (2015). Family, wealth, and governance: An agency account. *Entrepreneurship Theory and Practice*, 39 (6): 1281-1303.

第6章

家族企业的战略管理

家族企业的战略管理究竟有多重要？或者说，战略管理是否为家族企业领域中需要特别关注的重要问题？为了解答这个问题，我们试图先回答以下两个问题：第一，家族企业的战略决策制定是否与非家族企业有所不同；第二，家族企业是否在本质和竞争优势上都与非家族企业有所不同。我们将在本章阐述这两个问题。

我们首先从家族企业的战略决策制定开始。本章第一部分将解释控股家族的特定目标如何影响家族企业的战略决策，第二部分将引入多个概念来解释家族企业竞争优势及竞争劣势的来源。

6.1 家族企业的战略决策制定

许多家族企业经营者和研究者的核心观察是，家族企业在追求财务目标的同时也在追求非财务目标。事实上，这一独特属性被认为是定义家族企业的核心要素（Chua、Chrisman 和 Sharma，1999）。然而，学术界对企业的非财务目标究竟是什么仍然存在争议。同时,尽管很多人认为这些目标对于战略决策十分重要,进而对公司的最终成功有着重要影响,但是我们更应关注这些非财务目标如何影响战略决策的制定。

6.1.1 社会情感财富(Socioemotional Wealth,SEW)

多年来,许多学者试图揭开家族企业非财务目标的本质。如今,"社会情感财富"被广泛用作一个伞型术语,用以描述家族企业非财务目标这一现象。社会情感财富被定义为家族对企业施加影响的总量(Gomez-Mejia,2007)。这最终归结为家族对企业的情感联结,类似于"情感价值"的概念(Zellweger 和 Astrachan,2008)。

社会情感财富分为四个不同的维度,每个维度描述了家族企业股东从控制公司中获得的非财务价值的某一特定方面(见图 6.1)。

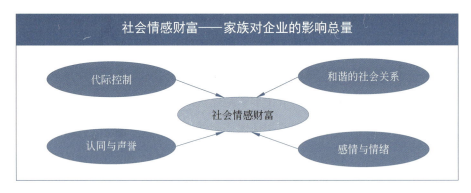

图 6.1 社会情感财富的维度

1. 代际控制

代际控制体现了家族将企业控制权传给下一代的效用。这首先意味着当前的家族股东重视将企业传给后代这一机会。然而,对于延续多代的家族企业而言,情感联结也可能源自控股家族的创业传统。代际控制使家族企业股东得以将宝贵的资产留存在家族手中,从而建立家族遗产。需要注意的是,代际控制与自身长期控制是不同的。虽然代际控制暗含了长期视角,但正是这种家族跨越代际的长期控制,才使之成为一种独有的特征以及价值感的来源。

2. 和谐的社会关系

和谐的社会关系体现了控股家族成员对人际关系的重视,这种关系的特点是善意、互相支持、仁爱和忠诚。和谐的社会关系体现了一种善意的人际互动方式,与之对立的是冷冰冰的契约逻辑,后者建立在短期物质回报的基础之上(Berrone、Cruz 和 Gomez-Mejia,2012)。和谐的社会关系强调长期、互相引介、互相支持的重要性。培养和谐社会关系的个体不一定是无私的,也并不是纯粹的利他主义,但其倾向于认为只要大家互相支持,从长期来看,对参与各方而言(包括自身)结果一定是最好的——即使一方在短期内会面临一些不利因素,例如,付出无法立即得到回报。和谐的社会关系通常伴随着家族内部的健康关系,但也可能超出家族范围,例如,与长期员工、客户、供应商以及其他商业伙伴保持良好关系。

3. 认同与声誉

作为社会情感财富第三个维度的认同与声誉,是指控股家族认同或被认同为家族企业身份的程度。例如,如果某人的身份是当地某家大型企业的控股家族成员,那么此人的社会地位就会大幅提高。如果这个家族企业支持了当地的社会或慈善活动,或者提供了大量就业,那么这种效应就会更强。随着时间的推移,控股家族能够从家族企业的声誉中获益,在当地举足轻重、备受尊敬。当然,家族身份与企业身份交织在一起也是一把双刃剑。例如,如果企业被指控财务造假或者道德不端时,家族声誉也会随之受损;但当企业声誉卓著时,家族也会因此受益。如果企业以家族的名字命名,那么这种效应将更加显著。

我们应该注意到,声誉带来的正面或负面影响,不仅是社会情感财富的来源,也是迫使家族企业遵循某些道德标准的惩罚及约束机制。我们将在下文家族企业竞争优势的章节中详细探讨这个问题。

4. 感情与情绪

家族企业股东因与企业的联系而产生愉悦的情绪或感情,并从中获得非财务价值。例如,当家族股东看到企业由于自己的努力而茁壮成长时,就会产生深深的满足感。

这种与企业的联系也会带来很多令人自豪和幸福的时刻。家族股东在与企业以及家族创业活动的联系中所产生的情感，往往是非家族股东感受不到的。从这个意义上说，家族企业是一种可贵的拥有，让股东倾注了深厚的感情。

社会情感财富的四个维度并不是彼此完全独立的，例如，正面的声誉与积极的情绪相关。但同时，我们也可以想象，某个家族很重视代际控制，但缺乏和谐的社会关系（例如，该公司不得不裁减本地员工）。这也进一步说明，同时拥有四个维度可能会产生一些问题。尽管学术界对社会情感财富这一概念仍有批评性讨论（例如，Schulze 和 Kellermanns，2015；Chua、Chrisman 和 De Massis，2015；Miller 和 Le Breton Miller，2014❶），但就目前阶段而言，社会情感财富仍是一个有用的伞型概念，能够帮助我们理解家族企业的战略偏好及其背后的根源。

保护社会情感财富是家族企业的核心关切点。这一事实对于我们理解家族企业的战略决策制定而言非常重要。用经济学术语来说，社会情感财富是家族股东的主要参考点之一，仅次于家族股东对金融财富的关切。而社会情感财富也是企业进行战略决策的主要参考点之一。某项决策的吸引力，在一定程度上取决于它对社会情感财富的影响：在其他条件相同的情况下，对社会情感财富的负面影响越大，这项决策对家族及家族企业的吸引力就越小。只有在以下情况发生时，家族企业才有可能接受社会情感财富的损失，做出有损社会情感财富的行动。

（1）企业/股东在社会情感财富的损失上得到某种补偿，例如，某项决策从财务视角来看非常有吸引力。

（2）该行动是拯救企业的必选动作，而企业本身是社会情感财富和金融财富的来源。

我们通常可以认为，追求社会情感财富这样的非财务目标通常会损害财务目标，因此，家族企业在追求金融财富与社会情感财富这两者之间要有所取舍❶。

6.1.2　财务视角与社会情感视角的区别

学术研究表明，家族企业往往同时关注财务目标（金融财富最大化）和社会情感目标（保护社会情感财富）。但是，当家族企业必须选择其中之一时，社会情感目标往往会胜过财务目标（Gomez-Mejia 等，2007）。为了理解家族企业战略决策制定的特点，我们必须明确区分财务目标和社会情感目标。

从纯粹的财务视角来看,企业应该努力实现股东财富最大化,从而提升企业地位。当经理人在评估是否应当采取某项行动时,要考虑此项决定对股东未来金融财富的影响。在评估过程中,经理人应当获取所有的相关信息,完全理性地进行决策,即他们应当聚焦于在给定风险水平下实现预期收益的最大化。从这个角度来看,承担风险是可取的,因为风险获得了收益的补偿。

社会情感目标与财务目标在本质上是不同的。采纳社会情感视角的经理人追求的是保护家族当前的社会情感财富,而不是实现金融财富的最大化。只要企业能够达到所期望的财务业绩水平就足够了(Cyert 和 March,1963)。这个期望的财务业绩水平可能只是为了确保能够长期维系社会情感财富,企业所需要达到的最低财务业绩标准。家族企业的股东和经理人可能会问:为了保护家族当前的社会情感财富(例如,确保企业未来仍由家族控制),我们需要达到什么样的业绩水平?不是根据未来(不确定)的财务回报预期来行动,而是根据自己的经验和努力来保持现状。

值得注意的是,财务视角和社会情感视角都是重要的。优先考虑社会情感财富的经营者认为,社会情感财富取决于企业的长期生存,进而取决于财务业绩。优先考虑财务目标的经营者认为,财务业绩是输出;而优先考虑社会情感财富的经营者认为,财务业绩是输入。经营者把财务业绩看作是一个指标,用以判断企业活动是否能够保证实现非财务目标。经营者对财务业绩的看法与其风险偏好有关:在财务目标主导之下通常风险偏好较高(高风险带来高回报);而在社会情感财富目标主导之下风险偏好往往较低。因为在相同情况下,风险会威胁到现有的社会情感财富。表6.1总结了这两种对立的观点。

表 6.1　财务视角和社会情感视角的指导原则

	财 务 视 角	社 会 情 感 视 角
行动模式	提高地位	保持地位
财富聚焦于	未来的金融财富	当前的社会情感财富
财务业绩是	输出	输入
选择标准	最大化	满足最低要求
理性程度	理性	有限理性
选择的相关维度	给定风险下实现业绩	维持业绩现状
决策基础	未来机会的预期	过去获得的经验
风险承担激励	高	低

上述观点为个人或家族层面的决策制定带来了启示，战略偏好在企业层面具有重大意义。以人力资源为例，财务视角会倾向于纯粹基于技能来选择候选人，而不考虑候选人是否为家族成员或内部员工。社会情感视角则强调候选人在企业中的资历和经验，以及社会关系人脉，因此倾向于内部候选人。从这个角度来看，内部候选人具有更大的价值，因为他更了解这家企业，适应企业文化，而且赢得了他人信任。随着时间推移，他获得了更多的信任、经验和优势，进而得以在企业中步步高升。社会情感财富导向型企业支付给经理人的薪酬水平会更加固定和平均，会考虑到个人业绩与集体业绩的平衡。社会情感财富导向型企业的决策风格也有所不同。例如，重视社会情感财富的经营者更容易妥协、更在乎"面子"，倾向于保持和谐而不是进行对抗。

社会情感财富视角对公司层面战略有重要启示。多元化被认为会对社会情感财富造成伤害，因为它淡化了企业的形象和声誉，影响了家族成员的身份认同感，经理人不再像过去那样重视紧密的人际关系，而家族企业需要更为多元化的专业知识，这使得公司起家的单一业务及家族企业内与之相关的知识储备失去了价值。类似的逻辑也适用于国际化，因为这松动了企业在当地的根基，而且通常牵涉到并不熟悉的地域和人群。通常而言，在社会情感财富视角之下，人们一般会"不离本行"。

6.1.3　社会情感财富如何影响战略决策制定：一个框架

综上所述，我们可以得出以下结论，社会情感财富所反映出来的非财务目标对家族企业的战略决策有重大影响。在一个典型的决策制定流程中，我们认为社会情感财富侧重于确定战略选项的优先顺序，执行并监督行动，以及反思这些行动带来的业绩（见图6.2）。

因此，社会情感财富机制至少从三条路径上改变了战略选项的优先次序：第一，它倾向于选择保护社会情感财富的选项，哪怕这意味着可能无法实现金融财富的最大化。第二，社会情感财富导向可能会改变执行和监督的方式，它更偏好于渐进式及微调式的变革,密切监控着行动结果。第三,一旦业绩明朗，经营者将对比目标和业绩之间的差异。对于决策流程而言，社会情感财富的目标是使经营者对最低财务目标满意。这意味着，只要财务结果能够长期保护社会情感财富就足够了。如果企业业绩未能满足期望值，家族企业就会进行变革；但如果实际业绩超出预期，那么企业就没有必要采取新的措施了。

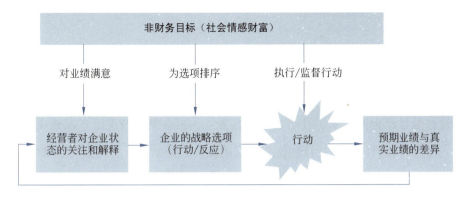

图 6.2　社会情感财富如何影响战略决策制定的流程

来源：改编自 Kammerlander 和 Ganter（2015）及 Ocasio（1997）

6.1.4　社会情感财富影响家族企业行为的证据

家族企业真的是按照社会情感财富框架的预测来运行的吗？基于上市及非上市家族企业的多项研究表明，在其他条件相同的情况下，社会情感财富确实是家族企业的一个重要参考点。例如，学者们发现：

> 与非家族企业相比，家族企业的多元化程度更低，尽管多元化能够使股东实现分散投资，进而降低财富高度集中于一家企业的投资组合风险（Anderson 和 Reeb，2003a）。
> 家族持股比例与研发投入呈负相关关系，尽管家族企业通常会从研发投资中受益（Chrisman 和 Patel，2012）。
> 家族企业不太可能撤资，尽管这样能从可预期的正向业绩中获益（Feldman、Amit 和 Villalonga，2016）。
> 家族企业更愿意保持独立，尽管选择其他的组织形式（如加入合作社等）能够降低商业风险（Gomez-Mejia 等，2007）。
> 家族股东将企业传给下一代时，往往会高估企业的财务价值（Zellweger 等，2012）。

总之，多项学术研究表明，家族企业认为社会情感财富是其决策的主要参考点，对企业的战略管理具有重大影响。

6.1.5 脆弱性下的偏好反转

尽管目前已经普遍接受了社会情感财富观点，但在某些情况下，家族企业可能更愿意优先考虑财务目标，接受社会情感财富的损失。例如，上文提到的学术研究发现，当家族企业及其股东遇到困境时，股东可能倾向于进行多元化，进行研发投资和资产剥离，并改变企业的组织形式。家族企业在面临困境时会改变固有偏好，转而追求更标准化的经济性战略。家族企业的脆弱性本质有多种表现形式，例如：

> 业绩下降，威胁到企业的整体生存；
> 企业拥有的冗余资源有限，不足以抵御业务风险；
> 公众压力（如媒体压力等）要求企业采取更标准化的经济决策标准。

在上述情况下，家族企业可能不得不进行变革以面对经济现实，通过承担巨大的风险来改善自身处境。图 6.3 展示了在上述脆弱性（业绩下降）影响下带来的偏好反转。我们发现，当企业业绩超出期望水平时（通常指当前公司与自己过去或竞争对手相比的业绩差异），家族企业股东几乎没有改变战略偏好的意愿。当企业业绩能够达到预期水平时，社会情感财富就是安全的。但是当企业业绩开始恶化时，家族的紧迫感就会增强，因为此时社会情感财富会受到威胁。家族企业在面临困境威胁时，倾向于做出改变、承担风险。由于担心倾家荡产，此时家族企业往往愿意承担重大风险，以扭转当下糟糕的局面。

但是如果认为家族企业通常是风险规避的，那就过于简单化了。的确，家族企业在发展良好时不太愿意承担风险，例如，当业绩超出预期值时，家族企业倾向于维持现状，因为承担风险会损害社会情感财富。当业绩超出预期值时（图 6.3 中 A 点的右侧），风险承担行为会让企业失去的多、得到的少；但是当企业受到威胁时（图 6.3 中 A 点的左侧），战略偏好实现反转，变成了以财务导向为主，此时企业失去的少、得到的多。由此，面临威胁的家族企业将切换到承担高风险的应激模式。

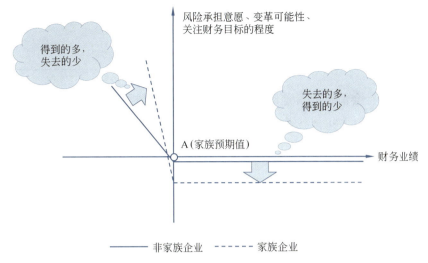

图6.3 家族企业面临威胁时的偏好反转

案例研究

汉高的根廷工厂

汉高是一家创办于1876年的德国上市家族企业。公司业务遍及全球,在三个领域拥有领先的品牌和技术优势:洗涤及家用护理、个护美妆、黏合剂技术。汉高拥有全球领先的市场地位,旗下个人消费及工业领域的品牌包括宝莹(Persil)、施华蔻(Schwarzkopf)、乐泰(Loctite)等。公司总部设在杜塞尔多夫,在全球拥有约4.7万名员工。

在汉高的发展史上,根廷(Genthin)工厂一直有着特殊的地位。公司创始人弗里茨·汉高(Fritz Henkel)在1921—1922年间建造了这家工厂。1923年,第一瓶宝莹洗涤剂下线,这是汉高旗下的顶尖消费者品牌。1944年产能达到16万吨/年。然而,1945年工厂被苏联军队没收,1949年成为德意志民主共和国(东德)控制下的国有企业。东西德统一后,汉高1990年收回了根廷工厂。收回工厂时,汉高家族成员非常清楚根廷工厂的历史意义,他们甚至发现了现场仍有刻着弗里茨·汉高名字的家具。随后几年里,汉高投入了大量资金更新生产设备,努力实现公司盈利。尽管汉高家族一直努力提高生产效率,但该计划还是失败了。在经历了多年巨额亏损后,该工厂于2009年关闭,剩下的资产最终也被出售。

> **思考题**
>
> 在汉高的根廷工厂案例中，你能从哪些地方看到社会情感财富的影响？

综上所述，社会情感财富是概括控股家族非财务目标的伞型术语。社会情感财富是家族企业股东的一个决策参考点，由四个维度组成，即代际控制、和谐的社会关系、认同与声誉，以及感情与情绪。一般来说，家族企业都希望保护现有的社会情感财富，即使这可能在一定程度上降低财务业绩。从战略层面上看，对社会情感财富的保护使家族企业在制定战略时，倾向于规避可能威胁到社会情感财富的行为，例如，多元化、撤资及裁员等。对社会情感财富的追求通常会使企业规避风险。然而，当家族企业受到威胁时，家族股东愿意承担巨大的风险来拯救企业，因为企业是一切金融财富和社会情感财富的最终来源。

6.2 家族企业的竞争优势

社会情感财富视角无疑有助于解释家族企业的战略偏好，尤其是解释看似非理性的行为。但至少到目前为止，这个视角还没有很好地解释家族企业在竞争优势、竞争劣势，以及最终业绩上的差异。多项实证研究发现，不同的家族企业在业绩上存在着巨大的差异（Carney 等，2015；Gedajlovic 等，2011）。例如，Anderson 和 Reeb（2003b）发现，在美国上市公司中，家族企业的业绩通常优于非家族企业。之后的研究发现，只有当创始人担任 CEO，或创始人担任董事长同时聘任外部 CEO 时，上市家族企业的业绩才会显著优于非家族企业（Villalonga 和 Amit，2006）。其他研究表明，影响家族企业业绩的重要因素包括创始人是否必须与其他家族成员打交道，在很多情况下，创始人企业（founder firm）的业绩更优秀（Miller 等，2007）。

针对家族企业业绩的多项研究发现，家族企业不仅业绩良好，而且明显优于非家族企业（家族企业业绩的研究综述参见 Amit 和 Villalonga，2013）。然而，对家族治理的研究则普遍不够正面。有观点认为，家族企业股东和经理人通常由于职位稳固而不再努力，或者，他们倾向于利用控制权的私人收益，剥削其他利益相关者的利益（如小股东等)。还有观点认为,家族企业的资源有限(如获取金融资本等),这阻碍了家族企业的发展。

总体而言,家族影响与企业业绩之间的关系仍不清晰。我们暂且从直接比较家族企业和非家族企业中抽身,转而探讨以下问题,或许会有所帮助。

> 家族影响在多大程度上对企业业绩是好的?(程度视角)
> 在哪些条件下,家族对企业业绩有正面作用?(权变视角)
> 哪些组织流程驱动着家族企业业绩?(流程视角)

程度视角假定家族影响本身是中性的。此视角假设,家族影响在一定水平之下是正面的,但超出某一程度,负面影响就会出现,从而伤害企业业绩。此视角的支持者认为,在家族影响水平较低时,企业业绩会受到负面影响,因为家族要么无法监督自利的经理人,要么不愿为企业提供有价值的资源。然而,当家族影响超过一定水平时,企业业绩也会受到负面影响,因为家族限制了外部资本和专业知识的获取,同时家族不一定将企业视为财富创造的引擎,而是实现家族财务目标和非财务目标的工具。

相比之下,权变视角关注的是,在哪些条件下家族企业的业绩会更好?这个视角侧重于情境因素和组织因素,这些因素会加强或削弱家族影响与企业业绩的关系。例如,我们可能会考察社会层面的制度变量,如小股东保护、金融资本和人力资本的易得性、法律执行及整体经济发展等。权变视角假设,家族企业在某些制度环境下会更成功,例如,在薄弱的制度环境中,家族企业能够填补制度空白(Khanna 和 Palepu,2000)。除了这些社会层面的权变变量,在组织层面,我们也可以考虑企业是否设置了加强控制权的机制(如双重股权或金字塔结构等)、董事会的独立性、创始人的存在与否等。

最后,流程视角试图打开家族影响和企业业绩之间的黑箱,探究家族企业使用哪些特定的组织流程来参与竞争。一个著名的理论是资源基础论。该理论认为,基于与家族的互动,家族企业拥有一整套独特的资源和能力(Habbershon 和 Williams,1999;Sirmod 和 Hit,2003)。家族影响驱动企业业绩的另一个路径是制定"不随大流"的战略,因为家族控制为企业提供了更宽广的行动空间,例如,家族企业追求的是长期目标而不是短期目标(Carney,2005;Zellweger,2007)。还有学者认为,家族企业的竞争力在于它们能够包容并利用看似相互竞争的力量,例如,家族与企业、传统与创新、开发与探索（Schuman、Stutz 和 Ward，2010；Stewart 和 Hitt，2010）。此外，流程视角还包括把身份认同和品牌建设作为企业长远的竞争优势。如果家族成员与非家族成员（例如，长期员工、利益相关者及客户等）之间具有高度的认同感，那么家族企业就能获得业绩优势（Dyer 和 Whetten，2006；Miller 和 Le Breton-Miller，2005；Zellweger、Eddleston 和 Kellermanns，2010）。流程视角还包括以下观点：一是家族企业可能在创新上具有某些特定优势；二是家族企业可能在组织流程或生产流程上具有较多的显性知识和隐性知识（特别是后者）；三是家族企业比非家族企业更乐于拥抱创新。一旦就创新达成一致意见，家族企业将会更迅速且更持久地行动（Koenig、Kammerlander 和 Enders，2013）。

我们将在接下来的章节中聚焦于其中最突出的视角，进一步阐明家族影响和竞争优势之间的关系。我们将聚焦于代理理论、资源基础观、组织认同理论、制度理论和悖论等管理论点。

6.3 代理视角（agency perspective）

代理视角是解释家族企业竞争力最常用的理论方法之一。事实上，家族企业文献既积极地运用了代理理论，也推动了代理理论的发展。代理理论的主要关注点是企业的有效治理，尤其是在股东与经理人之间。"委托-代理成本"是指股东为确保经理人按照股东利益行事所产生的成本。代理理论已逐步扩展到其他类型的治理关系，尤其是大股东与小股东以及股东和债权人之间的关系。我们接下来将运用代理理论逐一梳理家族企业中不同主体之间的有效治理。

6.3.1 家族股东与家族经理人的利益一致

传统上，我们倾向于认为家族企业的委托-代理成本较低。该论点基于两点假设：首先，在许多家族企业中，股东同时也是经理人，即股东经营着家族企业，股东和经理人的利益自然是一致的。拥有企业的人同时也在管理企业，因此不需要昂贵的监督机制和激励机制。其次,即使股东和经理人不是同一个人,但当他们属于同一个家族时(例如,父母是股东,子女是经理人),家族关系中特有的信任、和谐和信息交换等特征也能让家族成员实现利益一致,因此无须引入控制系统和激励系统。

考虑到以上两种机制,由家族成员持股并管理的家族企业具有天然的竞争优势。家族企业的业绩应当优于非家族企业,因为家族节省了用于监督和激励经理人的昂贵费用。因此,在这种家族企业中,寻求提高业绩的经营者应该提出以下问题:

> 家族企业是否存在信任环境,能够确保家族成员在股权和管理权上实现利益一致?

6.3.2　家族股东与家族经理人的利益不一致

有学者进一步研究了家族关系的本质,对以上观点提出了质疑。Schulze等(2001)认为,在标准的代理理论假设下,当股东和经理人都是家族成员时,家族企业会受到利他主义引发的代理问题困扰。利他主义可能会破坏涉入股权和管理的家族成员之间进行合作的有效性。首先,利他主义会驱使父母关照孩子(或其他亲属)。但就算是利他主义培养了信任和相互支持,受益于(父母)利他主义的子女(或其他亲属)也有激励搭便车并逃避责任。而这种搭便车和逃避责任的行为之所以会发生,是因为父母对子女(或其他亲属)不端行为的监督和惩罚犹豫不决,如降薪或解雇["我不能解雇我的孩子(或其他亲属)"]。因为这样做会损害父母与子女(或其他亲属)之间的家庭关系。

利他主义会使父母产生偏见("我的孩子工作很努力!"或"我的孩子太聪明了!"),家族成员可能会出于家族关系而非基于业绩的客观标准获任高管职位,这种现象被称为逆向选择。

这种观点挑战了标准的代理理论。代理理论认为,家族股东管理的企业业绩应该更好。但正相反,家族企业业绩可能会受到利他主义带来的代理成本影响。因此,即使在家族企业中,也有必要在家族股东和可能会抑制企业业绩的家族代理人之间建立监督机制和激励机制。

因此,当家族成员同时拥有股权和管理权时,寻求提高公司业绩的经营者应该提出以下问题:

- 虽然利他主义是家族关系的重要内容，但它是否会破坏在企业中工作的家族成员之间的专业工作关系？
- 子女是否会因父母的善意而"搭便车"？
- 父母是否会因子女的善意而"搭便车"？
- 我们任命经理人究竟是基于他们自身的能力和业绩，还是基于家族关系？
- 我们是否必须为在企业中工作的家族成员建立某种监督和奖励制度（例如，绩效薪酬、持股计划等）？

6.3.3　家族股东损害非家族经理人

正如我们在第 5 章家族企业治理中所说，家族企业在聘用、保留和激励非家族经理人方面如果出现问题，就会影响企业的经营效益。这是因为，非家族经理人迟早会明白，这家企业最终由家族掌控，控股家族对如何经营企业拥有完全的自主权。事实上，由于只有股东才有控制权，控股家族完全可以根据自己的偏好自由地经营企业，而他们的经营方式可能是非常独特的，甚至是不专业的。无论非家族经理人签订合同的时间是在雇佣之前还是之后，他们都会逐渐明白，家族企业仍然是一个两级组织（至少在某种程度上）。非家族经理人将永远受到家族成员的支配。家族股东如果发现非家族经理人利用企业做了个人投资，例如，花时间去提升对企业价值不大的技能，或是在雇主家附近买了一栋房子，那么家族股东可能会随时改变想法、打破过去做出的承诺，或者剥削经理人。这种股东套牢并不总是出于股东剥削外部经理人的机会主义，也可能是因为对模糊信息的解读存在分歧（Schulze 和 Zellweger，2016）。

股东套牢带来的结果是，企业很难吸引和留住高技能的职业经理人，也很难激励员工做出额外的努力和承诺。解决这些问题并不容易，因为家族股东必须限制自己的自由裁量权。在实务中，家族股东在很多时候会感到束手束脚，例如：

（1）任命强大的董事会，将董事的个人声誉与企业联结在一起；
（2）公开承诺特定的价值体系、文化信仰或管理风格；
（3）不得不支付高昂的固定工资来吸引和留住顶尖人才。

因此，考虑到股东套牢会对非家族经理人的招聘、留任和激励产生不利影响，经营者为了提高公司业绩，应该提出以下问题：

> 我们是否运用了专业的管理方法来经营家族企业？
> 我们对员工信守承诺了吗？
> 如何确保外部经理人能在家族企业中获得职业生涯发展？
> 如何做才能让家族企业成为最佳雇主？

6.3.4　家族股东监督非家族经理人

家族倾向于掌握企业的控股权，严格控制旗下的所有公司。在许多情况下，持股比例即使不是100%，家族也往往拥有控制权。在上市公司中，低于50%的持股比例也可能足以决定公司命运。在大多数情况下，家族在公司的持股构成了家族财富的绝大部分。因此，家族股东（公司大股东）的个人财富尚未获得分散配置。因此，家族股东既有权力也有财务动机来约束职业经理人的利己行为——所谓的"监督就位"。

因此，当家族拥有控股权但不涉入管理时，为寻求提高企业业绩，经营者应提出如下问题：

> 家族对公司的控制有多紧？
> 我们能获得企业的所有信息吗？
> 作为股东，我们是否有能力挑战管理层的观点，解雇不满意的经理人？
> 作为股东，我们是否有能力评估企业的战略决策？
> 如何激励职业经理人？
> 如何避免职业经理人进行过度冒险？

6.3.5　家族股东剥削非家族小股东

家族大股东并不总是追求所有股东的财富最大化。事实上，他们可能会以各种方式剥削非家族小股东。家族大股东可能会从企业中获取私人收益，例如，让企业为家族成员支付个人开支。他们可能会迫使公司开展满足家族财务利益的经济活动，例如，当家族企业与控股子公司进行交易时，如果家族不是子公司的唯一股东，就会采取不利于子公司的转移价格。家族可能会采用双重股权制度，限制非家族股东的影响力。同样，企业也可能会被迫参与家族青睐的项目，有助于提高家族的社会地位，但却会降低企业的财务业绩。所有这些做法的共同之处在于，它们对家族股东都很有价值，但对非家族股东来说却代价高昂。鉴于家族对企业的高度控制，家族大股东劫持了非家族股东作为"人质"。这些代理冲突被称为委托人－委托人冲突（principle-principle conflict），或者大股东与小股东之间的代理冲突，这种冲突会显著降低企业价值（Claessens 等，2002）。这种代理冲突表明，集中的家族持股对企业业绩不利。

显然，控制权的私人收益将不利于非家族股东及其他利益相关者（例如，债权人等）。然而，这些非家族利益相关者也可能会接受家族从控制权中获得某种程度的私人收益，以换取家族股东对（非家族）经理人的适当监督。

因此，致力于提高企业业绩的经营者应该提出如下问题：

➢ 家族行使权力是为了所有股东和利益相关者的利益，还是只为自身利益？
➢ 我们通过控制权获取私人收益的方式是什么？程度如何？
➢ 鉴于我们企业的成功、企业规模以及与竞争对手的比较，能否接受这些情况？
➢ 从控制权中获取私人收益，最终的好处以及短期／长期的坏处分别是什么？

6.3.6 家族股东之间的冲突

家族大股东并不总是以统一的方式行事。家族大股东之间的冲突体现了大股东之间（即家族股东之间）的利益不一致。在上文讨论大股东与小股东之间的代理冲突时，个体小股东面临一致行动的问题，因为小股东要付出高昂成本（例如，监督等），但是他们的持股比例很低，从监督中的获益非常有限。因此，小股东几乎没有激励对抗家族大股东对他们的剥削。

相比之下，存在冲突的家族大股东掌控的股权比例高，而且他们将大量的个人财富投资于企业，因此他们有权力和激励影响关键的战略决策，从而实施个人偏好。例如，尽管家族股东都希望增加股份价值，但他们在重要的战略问题上仍可能会表现出不同偏好，如风险承担、分红、多元化、聘任家族成员等（Zellweger 和 Kammerlander，2015）。

当权的家族大股东可以利用他们相对于其他家族大股东的优势，对企业实施强制管控。例如，他们可以罢免不喜欢的董事，制定有利于自身的公司章程，强制进行有利于自身利益的改革。由于牵涉重大利益，因此大股东有升级冲突的激励，这样一来缓和冲突的成本就会变得非常高。

家族大股东之间的冲突对企业业绩有很大的负面影响，因为当权大股东有大量机会以牺牲其他大股东的利益为代价来获取自身的私人收益。家族大股东之间的冲突，也可能会导致董事会成员和非家族经理人的忠诚度冲突，因为他们不知道应该追随哪位大股东。更重要的是，家族大股东之间的冲突制造了一种不信任和不确定的氛围，导致战略决策迟缓，损害企业的敏捷性和竞争力。此外，家族大股东内部的冲突对家族本身而言也是代价高昂的，因为冲突削弱了家族权力的统一行使，从而削弱了对非家族经理人的有力监督。家族股东的内部分化也会使企业更容易成为收购目标，因为某些家族成员可能会得出这样的结论：最好的选择是出售企业，而且如果可能的话，出售给家族之外的买家会更好。最后，家族内部的离心力大于向心力，家族对企业的持续控制将遭到破坏。

因此，在面对多个家族大股东时，寻求提高企业业绩的经营者应该提出以下问题：

- 不同家族大股东之间的利益及观点的一致性如何？
- 阻碍家族大股东统一行动的障碍是什么？他们是怎么想的？
- 应该建立哪种家族治理和股权治理机制，来协同所有家族股东的利益？

6.3.7　总结：从代理视角看家族企业竞争力

综上所述，代理视角表明，家族企业的竞争优势取决于公司治理，即取决于股东和经理人之间的有效合作，以及股东群体之间的合作（见图6.4）。

我们结合上述讨论可以得出如下结论，家族控制在一定程度上能够带来业绩优势，因为它减少了经典的代理冲突，家族大股东还可以有力地监督经理人。但是，家族控制也会带来负面影响（见图6.5）。

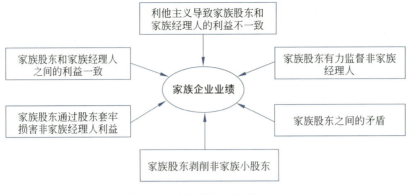

图 6.4　家族企业的代理成本

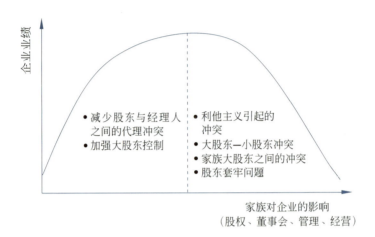

图 6.5　整合的代理视角

多项学术研究探究了股权集中度对公司财务业绩的影响。总体而言，上市公司的最佳投票权范围是 30%~50%。

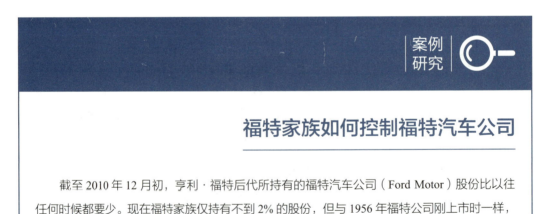

福特家族如何控制福特汽车公司

截至 2010 年 12 月初，亨利·福特后代所持有的福特汽车公司（Ford Motor）股份比以往任何时候都要少。现在福特家族仅持有不到 2% 的股份，但与 1956 年福特公司刚上市时一样，家族通过特殊股权安排仍然牢牢控制着40%的投票权。

这部分股份的价值与2008年金融危机时相比增长了10倍，而家族对企业的影响力仍一如既往强大。福特家族持有的股份比例已大幅降低，尤其在过去几年间。福特公司通过发行新的普通股进行融资，从而在这次数十年间最严重的汽车行业危机中成功地确保了流动性。

这是件坏事吗？通用汽车（GM）和克莱斯勒（Chrysler）都在金融危机中倒下了，福特家族希望能够保护企业，这种信念使福特公司在2009年金融危机中免于破产。在竞争对手忙于应对政府救助之际，福特把市场占有率提高了2%，并开始恢复盈利，修复其高杠杆的资产负债表。所有股东都从中受益，福特股价从2009年2月汽车行业危机最严重之时的每股1.58美元一路攀升，2010年达到每股16.5美元。截至2010年12月初，福特公司市值已在不到两年时间内从48亿美元增至570亿美元。从2009年年初到2010年间，福特家族持股的市值也从1.33亿美元增长到12亿美元。

但每当引入双重股权时，监管机构都会担心。他们特别担心像福特这样的创始家族以如此小的股份比例拥有如此大的影响力。"只有2%股权，凭什么发号施令？"特拉华大学公司治理中心主任埃尔森（Charles M. Elson）说："考虑到福特家族目前的经济利益，他们为什么会站在其他98%股东那一边？"专门研究公司治理问题的公司图书馆（Corporate Library）联合创始人米诺（Nell Minow）补充道："这就像是用君主制取代了民主制。"后来她承认，福特公司最近的发展似乎一切顺利，福特公司董事长小威廉·福特（William C. Ford Jr.）2006年辞去福特CEO一职，任命外部经理人艾伦·穆拉利（Alan Mulally）担任新任CEO。"但我想说的是，双重股权在这家企业中并不总是奏效的。"

福特公司对此拒绝置评，但当提到此前针对股东提议取消双重股权结构时发表如下声明："福特家族对福特公司的贡献极大地造福了所有股东，福特家族对公司的深度参与一直是福特最大的优势之一。"

福特家族为什么今天只有2%的股份了呢？最初，股权的稀释是逐渐发生的，但在过去10年间加速。就在2000年比尔·福特（Bill Ford）成为董事长后不久，公司经历了一次复杂的资本重组，包括100亿美元的特别分红，并增发了约6亿股普通股。此举将福特家族的持股比例从5.9%稀释到3.9%，但并没有减少拥有超级投票权的B类股，从而保持了家族对企业的控制权。

2006年，福特公司在试图扭转颓势时进行了一系列融资，包括发行可转换债券、普通股和认股权证。福特印刷股票的速度比美国政府印刷钞票的速度还要快：2007年发行2.86亿新股，2008年发行2.17亿股，2009年发行9.25亿股。2010年发行2.74亿普通股，作为19亿美元债务转换计划的一部分。随着流通股数量的增加，家族的持股比例持续下降。

2010年，86位福特家族成员持有全部7 100万股B类股，外加少量普通股。福特在外发行的普通股总额（包括 B 类股）约为 38 亿美元。有了额外的流动性，福特得以减债 128 亿美元，年度利息费用降低了近 10 亿美元。健康的资产负债表反过来又推高了股价。

鉴于通用汽车破产时股东的悲惨遭遇，投资者可能会忽略自己股份的稀释以及福特家族牢牢掌握控股权的事实，机构股东服务公司（Insititutional Shareholder Services，ISS）特别顾问麦古恩（Patrick McGurn）说道："随着时间推移，你的股权被稀释是一回事，而完全清零又是另一回事。"

> **思考题**
>
> ❶ 福特家族是如何控制和影响企业的？
> ❷ 你从中看到哪些代理问题？
> ❸ 不同的代理问题是如何影响福特公司业绩的？
> ❹ 福特家族控制企业的优势和劣势分别是什么？
> ❺ 总体来看，福特家族的控制对福特公司是福还是祸？
> ❻ 你会买福特公司的股票吗？

6.4 资源基础视角（resource-based perspective）

资源基础观假设资源是企业持续竞争优势和业绩的基础（Barney，1991）。资源包括企业的有形资产和无形资产。为了产生可持续的竞争优势，企业必须拥有并整合有价值的（valuable）、稀缺的（rare）、不可模仿的（inimitable）和不可替代的（nonsubstitutble）资源（通常称为资源的 VRIN 标准）。这些属性的组合对企业的成功至关重要。

在试图运用资源建立可持续的竞争优势时，企业必须采取动态的方法。资源是可以创造、获得、再开发、交易和处置的。没有一家公司能够实现资源上完全的自给自足：至少在一定程度上，每家企业都依赖于外部资源（资源依赖）。随着时间推移，对资源的有效运用能够带来能力，最终形成核心竞争力。

6.4.1 家族性（familiness）

将资源基础观应用于家族企业，我们得到了对家族企业竞争优势的新见解。例如，有学者认为家族企业拥有独特的资源类型，这是家族与企业互动的结果。这种观点被称为家族性(Habbershon 和 Williams,1999)。

家族性的定义

由于家族与企业之间的互动而使企业具有的独特资源束。

最近的研究表明,家族对资源的贡献不仅对企业业绩很重要,对资源配置也举足轻重(Sirmon 和 Hitt,2003)。虽然企业的资源禀赋可能很重要,但这些资源只有通过适当的战略进行有效配置,才能获得竞争优势。

因此,家族在两个层次上介入资源管理流程。第一,家族为企业贡献某些资源,例如,金融资本、人脉网络或知识。第二,家族通过配置资源来介入资源管理流程,包括资源的选择、部署、整合、利用和剥离(Sirmon 和 Hitt,2003)。图6.6描述了家族在资源贡献和资源配置流程中的涉入情况。

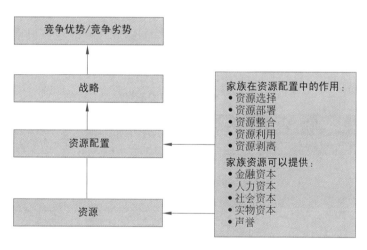

图6.6 家族涉入资源管理的流程

家族性这一概念预见性地指出,家族提供的资源是竞争优势和竞争劣势的潜在来源。例如,深层的隐性知识(如人力资本等)可能因为难以模仿而成为企业竞争优势的来源,但也可能因为难以推广而成为竞争劣势,阻碍企业的发展。同样,在稳定的当地市场中,强大的人脉网络是有价值的,但与此同时,人脉网络在企业进入新市场时(如国际市场等)则可能会失去价值,甚至可能会阻碍公司的发展,因为此时需要建立新的关系网络。因此,家族提供的资源既可以转化为积极的家族性因素,也可以转化为消极的家族性因素。此外,家族影响可能会阻碍某些关键资源的获得或开发,例如,快速获得资本或聘用顶尖人才等。

6.4.2 作为资源提供者的家族

家族通常会为企业提供一套独特的资源,包括金融资本、人力资本、社会资本、实物资本和声誉。

1. 金融资本

家族提供的金融资本对家族企业而言至关重要,而家族企业与非家族企业的区别恰恰在于,家族企业中家族股权是代际控制的。家族提供的资金包括多个维度,而不仅仅是账面出资。例如,金融资本的形式和"质量"不同,包括类型(股/债)、数额、可用性、成本和投资期限等。

除了以上特征外,家族资本还具有某些独特的家族性——这点很重要,因为它们与竞争优势和竞争劣势的来源直接相关。表 6.2 展示了这些家族性。

表 6.2 金融资本中的家族性

资源维度	家族企业中的典型特征	竞争优势的来源	竞争劣势的来源
数额	有限	节约、高效	有限的资金限制了增长
成本	更低	贷出方在经济回报上做出妥协,以换取社会情感回报,如出于家族性的利他主义	家族内部借款的利率低,借入方在业绩上没有压力
时间周期	长	耐心资本使创业活动得以承受不确定性和更长的回报期	有惰性,缺乏利润纪律
合同条款	不完全(例如从父母那里筹集资金创办企业)	允许逐步、灵活地适应环境	借入方可以"搭便车"
还款严格性	还款可以展期	临时停止还款的灵活性	借入方可以"搭便车"
权力规则	家族内部(不涉及资本市场和法律)	尽管没有足够明确的契约,但能够快速、有效地达成一致	家族冲突的升级,纷争不断,对父母的互惠性期待
可转移性	无法向家族外部转移	有价值的、不可替代的、不可模仿的融资优势	互相依赖,借入方利用贷出方的信任"搭便车"
重新谈判的可能性	存在	根据投资进度重新定义条件,从而获得灵活性优势	借入方可以"搭便车"

表 6.2 表明,家族企业的金融资本具有独特性。除非公司上市,否则家族作为企业

的主要资本来源所能提供的资金数额往往比较有限。这种资源限制通常被认为是家族企业的劣势。但与此同时，这种有限性又会鼓励股东更加高效、节约地使用资源。

家族成员愿意以低于市场回报率的成本提供资本，以换取社会情感财富，尤其是为了实现家族企业在家族手中延续这一目标。总之，在许多家族企业中（尤其是非上市公司），金融资本具有的诸多独特性既可能会转化为竞争优势（积极家族性），也可能会转化为竞争劣势（消极家族性）。

由于家族提供的资本倾向于拥有更长的投资期限（与非家族投资者相比，家族投资者愿意等待更长的时间），我们通常称其为"耐心资本"。耐心资本能够成为竞争优势，因为企业由此形成的长期战略难以模仿。当投资项目的回报期不确定时（如创新项目或创业项目等），这些长期战略是尤为有价值的。

当家族向其控股企业提供金融资本时，会表现出某些特殊的、通常贷出方和借入方关系所不具备的某些合同特征。例如，合同文本不会涵盖所有的细节和事项，包括利率和回收期等，还款同样没有严格规定，因此有可能会暂时展期还款。合同的执行遵循的是家族逻辑，亦即合同通常不是依照法律执行的，而是在家族内部处理的——这为争议解决提供了成本和效率上的优势。优先准入家族资本市场的资格仅限于家族成员，这使得该类资源不可转让而且难以复制。融资条件可以重新协商，这为家族借入方提供了灵活性优势。

2. 人力资本

人力资本代表了个人获得的知识、技能和能力，使其能够采取独特和创新的行动。家族企业为人力资本创造了独特情境（包括积极的和消极的）。有人认为，家族企业中人力资本的数量和质量是有限的。例如，如果股东出于家族关系任命能力不足的家族成员担任高管职位，就会损害企业人力资本的质量。另外，高技能的职业经理人也会出于各种原因避免加入家族企业，包括"玻璃天花板"、职业成长受限、缺乏专业性和参股限制等（Sirmon 和 Hitt，2003）。

虽然根据教育程度来衡量人力资本的质量时，家族企业的员工素质可能显得偏低，但家族企业人力资本的质量却同时会受益于长期任职的员工，尤其是那些经验丰富的员工（尽管不一定受过高等教育）。例如，家族企业员工可能对生产流程及客户需求有着深刻的理解,这往往能够弥补外部教育的不足。在家族企业中,工作经验、隐性知识,以及互相信任的氛围,都会促进知识迁移和互相学习,从而创造企业的竞争优势。

除员工外,家族成员本身也是重要而独特的人力资本来源,尤其是当长期任职且忠诚的家族 CEO(从零开始学习,对企业、产品和客户了如指掌)执掌企业时。此外,出于对企业的个人身份认同,家族成员更愿意全力以赴(例如,如必要会主动加班等)。

3. 社会资本

社会资本根植于个人之间或组织之间的关系之中,定义为关系网络中嵌入的、通过关系网络获得的,以及来源于关系网络的实际资源与潜在资源的总和。社会资本能够影响诸多重要的企业活动,例如,资源交换、知识创造、学习、供应商互动、产品创新、市场准入、资源获取以及企业家精神等(Hitt 等,2001)。

社会资本由三个维度构成,即结构维度、认知维度和关系维度。结构维度基于网络关系和网络结构(谁认识谁);认知维度基于共同的语言和经历;关系维度基于信任、认同和义务。每个维度都内嵌于家族内部,以及家族企业与利益相关者的关系之中(Sirmon 和 Hitt,2003)。例如,多年来,家族在行业内和行业间都建立了强大关系网(例如,与其他家族)。由于家族成员之间有着共同的语言和生活经历,因此他们往往能够很好地互相理解。此外,由于家族内部具有信任和共同价值观,家族的社会资本往往是很强大的。家族成员人数的不断增加及与合作伙伴长期关系的不断深化,有利于家族企业创造更多的社会资本。

家族特别善于创造社会资本,并能利用这种资源优势使家族企业受益。例如,家族企业能够与客户、供应商和银行建立起卓有成效的长期关系,从而使企业从关系网络中获取资源。因此,家族企业在获取关系网络回报方面特别有效(Sirmon 和 Hitt,2003)。

上述观点表明,社会资本是积极家族性的一个强大来源。然而,我们会发现,在某些条件下,竞争优势的来源也可能会变成竞争劣势的来源。例如,社会资本可能会随着时间推移而"过时",失去影响力、能量和价值。此外,关系网络在环境稳定时才最有价值。在快速变化的环境中,长期关系往往不那么有价值,甚至对公司是不利的,家族和企业需要建立新的联系和纽带。从本质上讲,关系网络可能会变得盲目袒护。封闭的、信任的关系网络曾经是企业成功的基础,现在却有可能让企业停滞不前、消极怠工，从而转变为消极家族性。

4. 实物资本

实物资本包括有形资源，如物业、工厂和设备等，形式上可能是特定的地理位置，也可能是生产线、商店或建筑物等。基于地理位置的实物资产具备独有的内在价值，因为难以模仿。例如，位于市中心的商场，其长期竞争优势在于客流量。同样，工厂所处的地理位置好，就能确保获得其他位置无法获得的生产资料（例如，矿石、能源或土地等）。实物资产也可以通过更低的采购成本和生产成本而带来竞争优势。

基于历史根源，许多老牌家族企业拥有独特的实物资产。这些资产可能是地理位置优越的房地产（例如，位于独特历史地段的老式酒店，或位于国际运输沿线的物流设施）。很多家族企业在漫长的发展历程中建立了难以复制的生产设备和生产能力。然而，这些实物资产的价值取决于行业和地区，价值也可能会随着时间推移而耗尽。由于经济、政治或环境的发展和变化，过去有吸引力的地理位置未来可能会变得不那么有价值。如果股东没有及时认识到这种变化并进行调整，那么以前的资产也可能会变成负债。

5. 声誉

家族企业通常拥有独特的声誉和品牌（Miller 和 Le Breton-Miller，2005），例如，值得信赖、质量导向等。家族企业在市场及利益相关者群体中（如当地的意见领袖、供应商和竞争对手等）的信任（credibility）和可信任（trustworthiness），往往与家族成员在企业内部的参与度和可见度有关。有些家族企业以家族或创始人的名字命名，就是最明显的例证。

一方面，家族企业不一定能仅凭自身的知名度获取价格溢价。但是，客户看重家族成员对企业的长期承诺，从而能够实现更高的客户留存率和客户引荐率——这是一种难以复制的资源（Binz 等，2013）。另一方面也很重要：尽管家族企业以值得信赖和高质量而知名，但它们也可能意味着反对变革、停滞不前、流程过时。因此，关键问题不在于是否拥有家族企业这一声誉，而在于这种声誉和形象是积极家族性的来源，还是消极家族性的来源。

有学者提出一种值得注意的资本类型，即生存性资本（survivability capital），是指家族成员愿意为家族企业借贷、贡献或分享而集中的个人资源总和（Sirmon 和 Hitt，2003）。生存性资本的表现形式可以是自由劳工、借用劳工、额外股本或货币贷款。生存性资本尤为重视持续成功，特别是企业的代际生存，因此生存性资本可以帮助企业安然度过经济危机。鉴于家族对企业的忠诚度，生存性资本就如同是一种安全网或保险机制，企业得以在面临财务危机时依靠。

以上所列的资源并不完整。其他资源（例如，企业文化、组织流程等）也很重要。限于篇幅，上述关于金融、人力、社会、实物和声誉资本的讨论对我们从资源基础视角理解家族企业有所帮助。

当然，并非所有的家族企业都具备上述的家族性特征。对于规模更大的家族企业，尤其对上市公司而言，与人力资本相关的家族性可能就没有那么大的影响。但即使是对于大型家族企业而言，家族对股权的控制以及提供的金融资本也是家族企业竞争优势的来源之一。值得一提的是，家族性特征并不总是表现为竞争优势。如表 6.3 所示，家族性也可能成为竞争劣势的来源。

表 6.3 不同资源类型的家族性

资源类型	定义	积极的家族性	消极的家族性
金融资本	耐心资本，不受短期流动性影响	长期忠诚的投资，效率压力，不受短期利润压力影响，企业家精神	家族资本金额有限，员工不能参与股权激励
人力资本	员工具备的知识、技能和经验	深入的、难以复制的、企业特有的知识和长期经验	缺乏正式训练和高学历的员工
社会资本	通过关系网络获得的、嵌入关系网络的资源	知识获取、创新和新业务	过时、封闭的关系网络
实物资本	物业、工厂、设备	优越的地理位置，实物资源的可得性，成本优势	过时的建筑和设备
声誉资本	可靠的、值得信赖的企业形象	紧密的客户关系，信息获取，以及客户忠诚度和转介	不愿变革、停滞不前、流程过时

来源：改编自 Sirmon 和 Hitt（2003）

6.4.3 作为资源管理者的家族

如上所述，家族不仅是资源的提供者，也是资源的配置者。家族在配置资源时应考虑到，企业业绩不仅取决于可用资源的数量（如资金等），还取决于组织有效地利用这些资源的能力。根据 Sirmon 和 Hitt（2003）的分类，我们讨论以下资源配置要素。

1. 资源选择

家族企业倾向于谨慎地选择适合其组织文化和惯例的资源（例如，聘用适合企业文化及生产流程的员工等）。由于获取资源的资金有限，家族企业有激励确保自己选择了正确的资源——这意味着资源可以得到有效利用。因此，家族企业在选择资源的准确性方面是有优势的。然而，家族付出的代价是限制了资源的多样性，从而阻碍了企业的创造与创新。

2. 资源部署

资源部署是指在组织中采纳、展示和实施新资源。家族企业在资源部署上面临挑战，是因为家族企业长期以来形成的流程和决策模式阻碍了新资源和新能力的采纳。家族企业高管倾向于把新的做事方式视为一种对既有秩序的侵略，将其视为决策者不再相信他们能力的一种信号。此外，路径依赖（path dependence）会导致他们过于坚持以往的做事方法，而这些方法曾经有效但终将过时。

3. 资源整合

资源整合是指资源的创造性（再次）组合，尤其是指企业内部的可用资源。家族企业拥有亲密和信任的关系，组织成员的坚定承诺，以及员工之间的社区意识，这些都促进了知识和创意在不同层级间的转移，从而形成对企业内部事务深入、共同的理解。家族企业经营者非常了解组织内部哪些人具有什么技能和专业知识。众所周知，家族企业的高管和员工拥有许多特有的隐性知识，这些知识是他们在组织内长期任职过程中积累起来的。隐性知识对于资源配置和资源整合也很重要，能够提高家族企业的创新性（Koenig、Kammerlander 和 Enders，2013）。

4. 资源利用

家族企业擅于对资源进行有效利用。家族企业能够基于核心竞争力，评估资源价值，有效利用资源，以有利于企业竞争优势的方式进行资源配置。家族企业的资源配置一般基于节俭规则，有利于实现高效运作。资源约束以及家族维持企业最终控制权的意愿，使得家族企业能够审慎地运用资源。家族企业以较低的治理成本（例如，家族股东监督高管、灵活性高、没有官僚作风等）进一步促进了资源的有效利用（Duran 等，2016）。

5. 资源剥离

由于存在情感纽带、怀旧情绪，以及对最初资源提供方的承诺升级（escalation of commitment），家族企业在剥离既有资源时往往会非常犹豫。如果这些资源不能产生收益，这种犹豫就会带来很高的成本。此外，企业经营者如果不愿意将宝贵的资源给予那些能够更有效利用这些资源的人，就可能会导致公司坐失创造价值的良机。

综合来看，家族企业似乎在资源选择、资源整合和资源利用这三方面具有优势，而在部署新资源和剥离既有资源这两方面处于不利地位。

6.4.4 家族性与公司战略

资源基础观在家族企业的理论和实践中得到了广泛应用。这个视角能够帮助我们理解公司战略如何将家族资源与竞争优势相连接。图 6.7 提供了三个基于积极家族性的公司战略示例。

	家族资源	公司战略	竞争优势
案例一	深入的市场知识	战略市场拓展	在萧条市场中保持增长
案例二	当地关系网络	与政府和客户的独有关系	快速开发房地产项目
案例三	耐心金融资本	早期进入新的市场	先发优势

图 6.7　积极家族性与竞争优势

第一个案例是总部位于列支敦士登的喜利得（Hilti）公司，制造钻机和建筑设备，年销售收入约为 40 亿美元。喜利得家族通过马丁·喜利得（Martin Hilti）家族信托控制着公司。喜利得及其控股家族一直强调与客户的密切关系，这在直销活动、直营店和大客户管理系统中体现得尤为明显。喜利得专注于客户，有能力满足客户复杂的施工需求，包括钻机等机械的完整解决方案。即使当建筑业及建筑设备业面临衰退时，喜利得也能凭借优势，实现市场份额的持续增长。

文特雷斯卡父子公司（Ventresca & Sons）是另一家通过积极家族性建立竞争优势的企业。该公司位于希腊乡镇，是一家拥有25名员工的小型建筑企业，对当地房地产市场有独到的理解。由于与地方政府和房地产经纪关系密切，该公司在房地产开发方面取得了巨大成功，开发效率和项目位置都是竞争对手无法匹敌的。

第三个案例是德国家族企业Remondis公司，自20世纪50年代创办以来发展迅速，从事废物处理和可再生能源业务，2012年销售收入约为68亿欧元。作为一家非上市公司，家族愿意向企业投入耐心金融资本，过去20年里将利润再投资，收购了1 000多家公司，实现了惊人的增长速度。家族对资源的高效利用使企业扩张迅速，率先进入新市场，特别是东欧等国市场（见图6.7）。

尽管家族可以成为企业独特优势的来源，但也可能会成为竞争劣势的来源。图6.8中的第一个案例中，竞争劣势源于公司的长期停滞。家族股东不愿放权，所有决策都必须经过老板本人同意。随着时间的推移，这种决策流程已经威胁到企业的发展。当那些最具能力和企业家精神的经理人决定离开时，这家企业的竞争劣势就变得非常明显了。

图6.8 消极家族性与竞争劣势

第二个案例是一家高度专制的家族企业。例如，控股家族毫不掩饰自己的管理理念：我们永远不会收购另一家公司。然而，该家族不愿退出业已衰退的业务，也不愿通过收购抓住新的业务机会。随着时间的推移，这家企业惨遭市场淘汰。

第三个案例讲述了一个不愿聘任非家族成员高管的家族企业。尽管该企业设立了管理委员会，书面规定由非家族成员组成。然而，这个委员会从未主动参与过公司管理。虽然我们不应把家族管理与非专业管理画等号，但在本案例的特定情境下，该公司显然不具备胜任的高管团队。

对经营者评估一家企业的家族性来说，一个有效的方法就是分析这家企业的资源基础，同时寻找积极家族性和消极家族性的来源。当然，家族性可能不会对企业的所有资源都产生影响，对于大型企业而言尤其如此。

下面我们将描述一家食品行业家族企业的家族性。我们发现该企业在长期融资、客户忠诚度和企业文化等方面呈现出积极家族性。与此同时，这家企业的消极家族性表现为两位兄弟股东之间的紧张关系、疲倦的团队、陈旧的设备等方面。图 6.9 展示了家族性从消极到积极的不同维度。

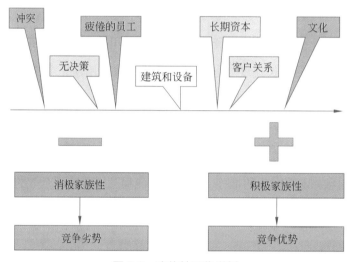

图 6.9　家族性画像举例

这一评估能够帮助这家企业及其股东开始讨论未来的发展。在积极家族性方面，家族成员讨论的焦点是如何进一步巩固积极的特质，如强大的企业文化等。在消极家族性方面，家族成员讨论了阻碍企业发展的具体问题。他们还讨论了如何消除消极家族性，以及在此过程中存在的障碍。

6.4.5　总结：从资源基础观看家族企业竞争力

综上所述，资源基础观解释了家族企业之间的业绩差异。该理论认为不同的家族企业在不同程度上具备有价值的、稀缺的、不可模仿和不可替代的资源（VRIN 资源）。积极家族性是指家族对企业资源基础的积极影响，通常表现为耐心金融资本、深层隐性知识、经验丰富的员工、强大的人脉网络、独有的实物资产和声誉资本。但是，成功的关键不仅包含资源禀赋，还包含配置资源的能力，包括资源的选择、整合和利用。

家族企业通常具备这方面的优势。但是，家族企业通常在部署新资源和剥离旧资源上处于劣势。通过实施资源优化配置的公司战略，家族性与企业的竞争优势紧密相连。

如果经营者希望从资源视角解释或建立业绩优势，应该提出以下问题：

> 企业现在和未来的关键资源是什么？
> 家族如何影响这些资源？在哪些方面体现了积极、中性及消极的家族性？
> 我们如何利用积极家族性？我们可以采用什么策略将积极家族性转化为竞争优势？我们面临哪些障碍？
> 我们如何克服消极家族性？面临哪些障碍？我们可以通过外部合作获得新的资源吗？

家族企业的家族性分析

请你以一个家族企业为例分析其家族性特征，你可以选择自己的家族企业进行分析。分析过程中请考虑以下问题，这些问题有助于你把企业的家族性与战略目标联系起来。

> 企业的核心战略目标是什么？
> 实现这一目标需要哪些资源？
> 家族性如何影响这些资源——积极家族性、中性家族性或消极家族性？为企业进行家族性画像分析（见图6.9）。
> 如何确保或加强积极家族性？
> 如何克服消极家族性？潜在的障碍有哪些？

6.5　组织认同视角（organizational identity perspective）

资源基础观探寻的是，企业如何通过特定的资源及其配置获得竞争优势。相反，组织认同视角则聚焦于组织代表什么以及人们如何看待它。组织认同是指一个组织中的成员认为自己所在的组织具有核心性、独特性、持久性等方面的特征（Albert 和 Whetten，1985）。它描述了家族企业的集体行为和身份认同，为企业提供延续性和独特性。组织认同存在于组织的发展历史和价值观中，并通过企业的内部互动以及与外部参与者之间的互动进行表达。组织认同塑造了企业战略，而反过来，企业战略也塑造了组织认同。

除了明确组织内部成员的身份认同（而不是组织外部的参与者）之外，组织认同还决定了企业成员应该如何表现，以及外部人员应该如何理解他们。当员工认同企业时，他们会对组织产生归属感。换句话说，组织是员工自身象征性的延伸（详细了解组织认同的基本概念，请参阅 Albert 和 Whetten，1985；Ashforth 和 Mael，1996；Ravasi 和 Schulz，2006）。为了理解组织认同和企业竞争力之间的关系，我们必须研究企业认同（及其形象和声誉）是如何推动企业业绩的。

6.5.1 家族认同与企业认同的交织

许多企业，包括某些大型企业，都在积极宣传自己的家族企业形象。例如，世界各地的很多酒庄和餐馆自豪地标榜自己是"家族酒庄"或"家族餐馆"。但为什么像庄臣（SC Johnson）或玛氏（Mars）这样的大型跨国公司，也在积极宣传自己是家族企业呢？家族企业认同（即家族企业向利益相关者展示自身的家族企业形象）和企业成功之间是否有正相关关系？在回答这些问题之前，我们要后退一步，首先问一问：为什么组织认同在家族企业中特别重要？然后，我们再把观察结果与家族企业行为联系起来。

1. 家族企业中认同（identity）与认同感（identification）的特殊相关性

控股家族倾向于强烈认同他们的企业，从而将家族认同与企业认同联系起来。下面，我们来分析一下这种认同连接产生的原因。

家族历史往往与企业历史紧密相连，家族与企业的形象和声誉也因此紧密地联系在一起。如果企业与家族同名，这一点将会更加强烈。在这种情况下，家族和企业的认同变得相互交织，客户、供应商和社会大众会直接将控股家族与家族企业联系起来；反之亦然。

许多家族企业是在当地社区中土生土长发展起来的，这进一步促进了家族认同和企业认同的交织。例如，与遥远的、机构化的养老基金等机构股东相比，家族股东更容易被识别出来，作为企业人格化的象征。因此，家族能够对企业的行为负责。

家族成员也会强烈地认同企业，因为要让他们无论是离开家族还是离开企业都是很困难及不情愿的。即使对于那些没有主动涉入企业管理的家族成员来说，他们也会由于家族关系而与企业联系在一起。当家族成员直接涉入企业管理时，离开企业往往会带来严重的个人损失，包括股份出售的不利条件、家族企业外部没有同等的工作条件，甚至还会破坏家族关系。

当家族成员将自身身份认同与企业身份认同联系起来时，他们就可能会从企业声誉中受益。身为成功家族企业的一员，在某种程度上会增强家族成员的荣誉感。因此，家族企业身份认同会成为非金融财富（社会情感财富）的来源。当然，这种影响是双向的：正面的家族企业身份认同对家族有益，而负面的家族企业身份认同则会损害家族。

虽然家族企业股东对企业的整体认同感往往会强于非家族成员对企业的认同感，但并非所有的家族企业都会宣传自身的家族企业形象，有的家族企业甚至会将其隐藏起来。但有些家族企业（包括庄臣公司，以及许多以"我们的家族为您的家族服务几代人"为口号的小型企业）则非常重视自身的家族企业身份认同。

下面我们将列举一些案例，这些家族企业在公司网站上都重点强调了自身的家族企业身份认同（Binz 和 Schmid，2012）。

> 庄臣（SC Johnson）："我们理解家族，因为我们就是家族。不是那种坐在汽车后座上争吵的家庭（嗯，通常不是），而是'在一起很开心'的家族。所以我们理解你每天感受到的快乐和压力。"
>
> 柏克德（Bechtel）："建立在跨越百年的家族传统之上，我们将继续保持不上市，积极管理公司事务，坚守企业价值观。"
>
> 玛氏（Mars）："作为一家拥有百年历史的家族企业，我们遵循五项原则：质量、责任、互惠、效率和自由。"

> **沃尔玛（Walmart）**："沃尔玛的核心在于山姆·沃尔顿（Sam Walton）先生所建立的独特企业文化。他的商业理念简而言之就是'客户至上'。他相信，客户需求第一，同时服务于员工、股东、社区和其他利益相关者。"
>
> **科氏工业（Koch Industries）**："科氏工业是以费列德·科赫（Fred C. Koch）名字命名的，他在1927年发明了将重油转化为汽油的改良方法。他的创业精神为这家美国最大的非上市公司奠定了根基。"

2. 将家族企业身份认同与企业声誉相连

认同企业的家族成员必然会关心企业声誉。家族与企业之间的历史联系、家族在当地的根基、家族退出成本增加，以及担心企业损害家族声誉，这些因素都会促使家族非常关心公众如何看待企业、产品和战略决策。由于广泛存在的利益相关者（包括客户、员工、供应商及媒体）塑造了企业，同时，也塑造了家族的声誉，因此家族有意愿创造良好的企业声誉，从而对"自己是谁和做什么事感觉良好"（Deephouse 和 Jaskiewicz，2013）。这种家族引发的企业声誉关切在企业层面有两个显著结果：首先，家族企业倾向于履行企业社会责任（corporate social responsibility，CSR），以回应有助于促进建立企业声誉的利益相关者（Zellweger 等，2013）；其次，家族对建立和推广品牌感兴趣。我们将在下面探讨这两个层面的影响。

6.5.2 家族企业的企业社会责任（CSR）

家族对企业的认同感增强，并由此对家族和企业声誉产生关切，其结果之一就是，家族企业将努力被视为"良好的企业公民"。因此，家族企业有激励投资于CSR。事实上，Dyer 和 Whetten（2006）发现，与非家族企业相比，家族企业更有社会责任感，在CSR多个维度上的表现超出非家族企业。类似地，Berrone 等（2010）认为，家族企业的环保投入超过非家族企业，尽管耗资巨大。出于在当地社区保持良好声誉的愿望，家族企业特别有激励采取社会责任行为。

关于家族企业CSR的最新文献并不局限于研究CSR活动的水平，还探索家族企业通过何种方法履行社会责任，从而实现其自身的合法性。例如，在巧克力、咖啡和茶叶等行业，制造商面临着重大的社会关切和环境关切，如不负责任的劳工行为（如雇佣童工等），或者生态上不可持续的生产方式（如过度开发自然资源、砍伐森林等）。在这种背景下，给企业贴上遵守CSR国际标准的标签，已成为大多数制造商向其客户及社会大众表明社会责任行为的首选方式。

但是，如果我们仔细研究巧克力、咖啡和茶叶等行业的家族企业，就会发现它们有相当一部分并没有采用这种贴标签的方式（Richards、Zellweger和Gond，2016）。事实上，有些家族企业主动反对这种贴标签的方式，它们选择了其他与家族形象有关的合法性战略。例如，瑞士中型巧克力生产商莱德瑞（Laederach）就以"莱德瑞——巧克力家族"为口号来进行推广。当被问及这一口号的背景时，该家族股东表示，他们的生产链条从农民到消费者，都是基于信任、责任和相互尊重等价值观连接在一起的，就像一个大家族。公司网站宣称："我们了解国内外合作伙伴，重视他们的工作。亲密、专业和责任是真正伙伴关系的基石，这种伙伴关系以社会、生态和经济为导向。"莱德瑞公司采用另一种方式来表明企业值得信赖，而不是采用传统的贴标签战略（至少不是主要的）。这家企业试图通过其作为家族企业这一地位来获得合法性。将家族企业形象翻译成具体的价值观和行为，至少与瑞士莲（Lindt）和雀巢（Nestle）等竞争对手采用的贴标签战略同样可信，而且与传统的贴标签战略不同，因为这种独特的家族企业形象是不可复制的。

6.5.3　家族企业的品牌

家族对企业的认同不仅体现在CSR行为上，还体现在企业的品牌建设上。对企业的高度认同、跨越代际长期稳定的治理结构，以及对可持续、一致性和可信形象的关切，共同为家族企业品牌的发展创造了基础（Miller和Le Breton-Miller，2005）。虽然每个家族和家族企业的认同在一定程度上都是独一无二的，但有必要了解从整体上而言，家族企业唤起了什么（例如，面向客户等）；当客户从家族企业手中购买产品时，他们期望得到什么。

1. 家族企业形象：具有关系品质的特殊角色

学术研究表明，家族企业会带来某些特定的关系品质（Binz 等，2013）。例如，有人认为，家族企业为了维持声誉，会提供优质的客户服务。客户和企业长期员工之间的持续互动创造了一种值得信赖的氛围，促进了人际关系。家族企业通常被认为是值得信赖、支持公益和关注环境的好雇主（Craig、Dibbrell 和 Davis，2008）。这些"软性"特征对客户的偏好有正向影响。

家族企业正向影响客户偏好的关系品质

与非家族企业相比，家族企业在以下方面表现突出。
- 共情
- 可信
- 个人化
- 可靠
- 值得信赖

有趣的是，家族企业在创新和整体业绩方面不如非家族企业。Binz（2013）认为，关系品质（如共情、可靠、值得信赖和以客户为中心等）远比商业品质（如创新或吸引高水平员工等）更能提升家族企业在客户心目中的声誉。与非家族企业等竞争对手相比，建立在这些关系品质之上的家族企业能够在市场上独树一帜。

2. 作为品牌建设者的家族企业

在利用关系品质时，家族企业可以根据如下品牌元素，勾勒出自己独特的品牌特征。

（1）传统

Underberg 是一家助消化草药饮料生产商，在产品的传统基础上建立了独特品牌。自 1846 年以来，公司一直向客户宣称"不忘初心"，坚守传统的生产流程。尽管事实上，公司的生产流程已经进行了重大变革和现代化。但其产品仍然得益于传统的光环。在我国，王老吉、黄振龙等凉茶也是秉承传统的品牌代表。

（2）诚实、信任和可靠

里昂·比恩公司（L.L.Bean）是一家总部位于美国的服装和五金零售商，向客户承诺 100% 的终生满意度，这有助于树立公司诚实、信任和可靠的形象。该家族企业独具特色地塑造了这种形象。里昂·比恩公司的可信形象和品牌可以追溯到创始人里昂·比恩（Leon Bean），他曾说："客户把我们的产品用坏时仍然是满意的，这时销售才算是真正完成了。"

（3）质量

喜宝公司（HiPP）是一家婴儿食品生产商，高度重视信任和质量。哪家父母不想给孩子提供最好的食品呢？喜宝公司的质量承诺简单却令人信服。克劳斯·希普（Claus Hipp）是家族股东，他把自己的照片印在每一款产品上，同时标注"100% 有机——我以个人名义担保"。该家族非常注重个人化的品质承诺，从而使得喜宝从雀巢等竞争对手中脱颖而出。

（4）人际关系

对大多数人来说，物质财富的安全是极为重要的。私人银行满足了这种微妙需求，世界上最成功的私人银行大多是由家族控制的。例如，瑞士萨夫拉银行（J. Safra Bank）作为家族控股的私人银行，最早起源于黎巴嫩，旨在与客户建立非常长期的私人关系。要成为家族的银行家，前提条件是获得客户信任，只有与客户建立长期的私人关系之后，才能得到回报。家族及非家族员工的长期稳定任职有助于维护与客户的私人关系。

（5）品牌一致性

家族企业注重在家族和企业两个层面上维护声誉，有激励塑造一致的品牌战略，避免品牌承诺被稀释。例如，家族控股的化妆品公司雅诗兰黛（Estee Lauder）有一本长达 150 页的手册，指导员工如何在全球范围内以一致性的方式销售产品。

（6）品牌保护

企业为保持一致性的形象和声誉，应该确保品牌的真实性。新产品只有在经过广泛测试后才能以家族品牌的方式出现。家族品牌往往与一个细分产品或利基市场相关，而在这个利基市场中，它们往往具有标志性的地位。新市场和新产品的品牌延伸乍看起来可能颇具吸引力，但家族企业更愿意保护核心品牌。这种战略选择可能会限制规模的增长，但却能确保核心市场的渗透率。

（7）保密

紧密的人际网络更有利于保护市场知识、销售数据和生产配方（尤其对于小型非上市家族企业而言）。家族产品和品牌往往不能轻易复制，家族企业因此受益于这种独特性和排他性。例如，赛发公司（Sefar）是由家族控制及管理的过滤纺织品制造商，它在申请专利方面非常谨慎。家族CEO解释说：

> 如果我们为新技术申请专利，竞争对手肯定会抄袭。我们更希望将最关键的生产技术严格保密。作为一家非上市的、本土化的家族企业，我们在这方面具备一定的优势。很明显，我们的产品和品牌得益于这种排他性的卓越产品。

（8）价值观灌输

维护品牌，就需要不断地强调品牌一贯的承诺和价值观。家族成员的个人参与，能够确保品牌的承诺和价值观不是空话。理想情况下，家族成员是企业行为和价值观的榜样。家族企业也会认真遴选符合企业文化和价值体系的员工。因此，家族企业在激励员工坚持价值体系、履行品牌承诺方面具有优势。

奢侈品行业中的家族企业

我们在Millward和Brown（2013）编制的2013年度最具价值奢侈品牌榜单中发现，十大最具价值的品牌中有7个是由家族控制的，如路易威登（Louis Vuitton）、爱马仕（Hermes）、古驰（Gucci）、普拉达（Prada）、劳力士（Rolex）以及香奈儿（Chanel）等。它们中大多数已不再掌握在创始家族手中，而是由路威酩轩集团（LVMH）或历峰集团（Richemont）等大型跨国家族企业所有。

在奢侈品行业中建立强大的品牌需要特殊能力。为了给奢侈品设定更高的价格（相对于那些定价较低的竞争产品），企业必须树立技艺精湛、卓尔不群的独特形象，这种形象反映在产品的卓越品质上。在理想上，这种卓越性应来自独特的家族传承。

然而，奢侈品必须只在特定地点才能购买。它需要通过确保一定程度的稀缺性达到独特地位。此外，奢侈品必须传递出独特个性，以体现某种社会地位。

> 家族企业在进入奢侈品行业时处于有利地位，它们建立品牌（通过关注传统、诚信、品质和个人参与）和保持品牌（通过个人参与、一致性、保护、保密和灌输价值观）的能力完全符合这个行业特殊的情境。

6.5.4 家族企业形象如何促进财务业绩

家族企业对于声誉的关注，促使我们不禁发问：这种关注能否在财务业绩上获得回报？事实上，家族身份和声誉会通过各种外部及内部流程提升企业业绩（更多细节请参考 Zellweger、Eddleston 和 Kellermanns，2010）。

1. 客户聚焦

家族企业能够通过在共情、信任、可靠等方面的优势，创造出难以复制的形象和声誉。因为每个家族在某种程度上都是独一无二的，即使是其他家族企业也无法复制出特定的家族企业形象。这个形象是极为宝贵的资源，因为它能够提高客户的满意度、忠诚度和购买量。与客户建立起来的持续、可信的关系，使家族企业能以更低的成本引入新产品和新服务。以家族为基础的品牌能使企业说服关注卖家特征的客户做出购买决定（Craig、Dribbell 和 Davis，2008）。然而，家族企业在创新、增长和国际化等方面的可信度较低，限制了企业利用控股家族身份获取溢价的能力。家族企业首先树立形象，进而聚焦于客户（而不是产品），最终实现企业业绩（见图 6.10）。

图 6.10　家族企业形象、客户聚焦与财务业绩

2. 利益相关者大家庭和内嵌优势

家族对企业的认同感，以及家族和企业对可持续经营的渴求，建立了"利益相关

者大家庭",这些利益相关者共同支持企业原则(例如,忠诚、公平和尊重等)。这给企业带来了重要的内嵌优势,例如,客户转介绍和新的业务机会。然而,考虑到家族企业在当地的关系和声誉,它们也可能会获得有待开发的、无关多元化的商业机会(例如,与其他家族企业成立合资公司或收购另一家公司等)。这种内嵌优势在经济危机时也会为家族和企业提供支持,这主要是通过家族企业与当地社区建立的互惠性交换来实现的。

3. 资源优先获取

家族全力以赴地运营着持续发展、跨越代际的企业;家族关注声誉;家族促进企业内部的和谐关系——以上这些特征使家族企业能够吸引到独特的资源。

例如,以上特征能使家族企业认真管理财务资源,履行对银行的财务承诺。银行通常会很清楚家族企业重视确保未来的融资机会,家族企业违约的可能性较低,因此银行愿意以优惠利率放贷。事实上,Anderson、Mansi 和 Reeb(2003)在对美国标准普尔 500 公司的研究中发现,家族企业的债务成本比非家族企业低约 0.40%。

家族企业还有一项尚未充分发掘的优势,则是与雇主形象有关。对于那些重视忠诚、持续性和信任的员工而言,在家族企业中工作特别有吸引力。家族企业形象意味着一种个人化的工作环境,个人绩效与人际关系、团队绩效与经营持续性受到同等重视。对于寻求长期雇佣关系的员工来说,有人情味的家族企业是一个很好的选择。

4. 家族经理人和股东的业绩激励

个人、家族和企业的声誉交织在一起,在家族成员之间形成了一种共同的非物质激励,促使他们注重个人贡献和集体贡献,以确保实现企业业绩。这在经济危机时尤为重要,此时家族成员有更强的激励坚持下去,从而使家族企业更有韧性。

5. 家族经理人和家族股东的一致观点

认同企业并躬身其中的家族经理人和家族股东往往具有一致的观点,进而能形成更强的凝聚力、战略共识和快速决策能力。

6. 非家族经理人的管家主义行为和目标协同

当整个组织（尤其是企业员工）接受家族的价值观和目标时，企业就能通过管家主义行为和企业家精神实现独特的优势。此外，员工的家族企业认同确保了家族和非家族经理人在理念、目标和能力等方面相互融合、协同一致。

6.5.5 家族企业认同的阴暗面

家族企业形象并不总是正面的。当家族认同与企业认同融合在一起时，家族和企业也可能会面临严峻的挑战。

1. 创新、变革、成长和国际化能力较低

家族企业形象带来的并不都是积极因素。在大多数情况下，家族企业会被认为是真实可信的。但与非家族企业相比，家族企业在创新、变革和增长等方面就不那么有优势了。家族企业往往被视为规模较小的本地组织，不利于在规模、创新和增长驱动的产品市场开拓发展。因此，家族企业形象并不总是正面的。

2. 企业的从众压力

鉴于家族企业通常具有的高知名度，家族股东很可能要承受从众压力（conformity pressure）。作为重要雇主、纳税人和意见领袖，家族企业及其股东可能会受到媒体和政府的压力，从而必须符合外界的要求。在经济繁荣时期，媒体可能会认可家族治理的合法性。然而在经济危机时期，媒体和公众可能不再相信涉入企业管理的家族和家族成员，质疑他们管理企业的合法性及决策的正确性（Berrone 等，2010）。这种从众压力可能会使企业在采用非同寻常的大胆战略时犹豫不决，从而退回到保守战略，以维护理想的公众形象。

3. 家族的从众压力

研究表明，家族控制及家族企业认同会让接班人感到自己被锁定，过于依赖企业。如果接班人加入家族企业后感到压力巨大（尽管他们之前是自主决定进入企业的），他们可能就会对自己过于依赖企业、缺乏自主权的现实愤愤不平。特别是那些出身于显赫家族的下一代，他们可能会因自己涉入家族和企业而感到窒息，觉得企业如同束缚他们独立发展的"家族手铐"。

4. 经理人的群体思维（groupthinking）

对企业和家族的高度认同会导致经理人形成群体思维，希望群体（企业和家族）和谐一致，这种群体思维可能导致他们做出次优决策。在这种情况下，经理人将自己与外界隔离，试图把冲突降到最低，忽略其他意见，以求达成共识。群体思维还意味着个体创造力和独立思考能力的丧失。这种"内群体（in-group）"的失调会产生一种"无所不能的错觉"，从而高估决策的正确性。企业"内群体"成员（包括家族经理人及长期任职的非家族经理人）会显著高估自己的决策能力，而显著低估"外群体（out-group）"的能力和观点。群体思维会产生一种错觉，经理人会把他们自己的主观假设与外部的客观世界相混淆。

5. 剥削非家族利益相关者

媒体既会报道家族企业的正面行为，也会报道家族企业损害非家族利益相关者的负面行为。研究表明，强烈的家族认同感会创造出一种"我们－他们"的心态，从而导致家族将自身需求置于非家族利益相关者的需求之上。这种强烈的家族认同感会使家族成员对欺瞒非家族利益相关者的行为熟视无睹，甚至将其合理化。尽管社会纽带通常不支持这种负面行为，但高度的群体凝聚力事实上却会激发这种异常行为。具体而言，紧密的纽带关系有时会产生与普世标准（社会标准）相冲突的行为规范，因此，家族成员有遵从企业规范的压力，即使企业规范有悖于普世规范。家族企业规范的力量往往非常强大，家族成员秉承"家族优先"原则，而家族企业规范往往是他们的首要参考点。事实上，不当规范是家族企业欺瞒行为和家族丑闻的根源（Kellermanns、Eddleston 和 Zellweger，2012）。并非所有认同企业的家族都希望有利于外部利益相关者，实际上有些人就在谋取私利。

6. 家族经理人的角色模糊

除了上述企业层面的劣势，强大的家族企业认同感也可能导致家族层面的劣势。

Sundaramurthy 和 Kreiner（2008）的研究表明，家族企业面临的一个突出问题就是"家族优先"还是"企业优先"，亦即究竟是家族为企业而存在，还是企业为家族而存在。这个问题会导致诸多的模糊和冲突，角色模糊问题使人际关系愈发紧张，从而可能会引发分裂、压制和否认等防御机制。分裂是指企业内部行为两极分化，形成不同的次级群体；而否认则是指成员忽视矛盾，假装这种冲突并不存在。

7. 家族成员的安全问题

大型企业的控股家族成员通常是当地极为富有的个人。在极端情况下，尤其是在不安全的制度环境下，控股家族成员可能会成为勒索、抢劫甚至绑架的对象。例如，一个印度家族把公司股份出售给一家纽约证券交易所上市公司之后，家族成员姓名和个人获益金额等信息都能在纽交所网站上查到。出于安全考虑，这家人决定用化名为孩子在幼儿园登记入读。

6.5.6 实证研究：家族企业形象与业绩的关系

学术研究结果有助于证实我们对家族企业形象利弊的观点。显然，如上所述，家族企业的竞争优势之一来自有利的企业形象。然而，我们同样不能忽视家族企业形象带来的不利影响。我们在研究瑞士非上市家族企业时发现，企业业绩（以增长来衡量）最高的家族企业不仅重视自己的家族企业形象，同时也愿意承担创业风险。因此，家族企业存在着双重业绩机制：一个是基于企业的过去，也就是家族企业形象；另一个是基于企业的未来，也就是企业家的冒险精神。家族企业的形象路径对企业绩效的影响没有创业路径大。控股家族希望能够成功管理企业的愿望加强了双重增长路径。

6.5.7 总结：从组织认同视角看家族企业竞争力

组织认同视角解释了家族之间的业绩差异，它认为家族与企业之间不可分割的认同联结形成了家族企业的成功基础。家族的企业认同感会在家族和企业两个层面引发对声誉的高度关切。这样不仅会带来品牌和 CSR 方面的努力，还会带来切实的企业业绩。

通过更强的客户聚焦、利益相关者大家庭、资源优先获取、家族经理人的业绩激励、管家主义行为、非家族经理人目标的一致性与参与性决策，家族企业将从家族企业认同中获益。

但并非所有闪光的都是金子：家族企业形象（被视为家族企业）也有缺点。对于企业来说，其缺点包括：从众压力、创新、变革和增长能力较低、群体思维以及剥削非家族利益相关者。总之，家族企业形象能够促进企业业绩，但前提是企业具备承担创业风险的强烈意愿。这个观点如图 6.11 所示。

图 6.11　家族企业认同的优势与劣势

如果经营者希望从家族企业认同视角解释或建立竞争优势，应该提出以下问题：

➢ 在外界看来，我们是家族企业吗？
➢ 家族企业形象的优势和劣势是什么？
➢ 我们怎样才能把企业品质（如共情、个人化、可靠、可信、真实等）转化为竞争优势？
➢ 我们在多大程度上运用了家族企业的认同优势？
  - 谁是我们最重要的利益相关者，我们是否确保了他们的利益？
  - 在就业市场上，如何彰显我们作为家族企业的优势？
  - 我们是否在家族内部和企业内部形成了一致的观点，即企业形象代表什么？我们希望实现什么？
  - 我们是否激励管家主义行为？
  - 我们是否让每个人分享自己的观点、发挥创造力，进而改进决策方式并从中获益？
➢ 如何避免家族企业形象的负面影响，例如：
  - 被认为具有较低的创新、变革、增长和国际化能力
  - 群体思维：错误地认为我们对外部环境的看法总是正确的
  - 剥削非家族利益相关者

> 我们如何把对自我身份和历史根基的关注,与对创新、变革及冒险的重视结合起来?

案例研究

喜宝公司的品牌与CSR

以下截图来自喜宝公司网站 www.hipp.com。喜宝公司是一家全球运营的德国企业,由希普(Hipp)家族100%控股,主要生产婴儿食品及儿童产品(见图6.12),生产100%有机产品。

图 6.12 HiPP 网站截图

第四代家族成员克劳斯·希普(Claus Hipp)在公司网站上说:

> 60多年来,我们喜宝公司一直倡导有机成分的自然益处。喜宝有机产品成立于1956年,创始人乔治·希普(Georg HiPP)将家庭农场改造成为当时欧洲最早的有机农场之一。当其他人开始进入集约化农业生产时,乔治一直坚守自己的信念。他想为婴

儿创造最好的食物，只用最好的有机原料精心制作而成。美味可口的食物可以让孩子健康快乐成长。

关于有机食品和企业社会责任，喜宝公司网站上称：

> 我们比欧盟有机标准更严格：喜宝有机保证代表着最纯净的品质。婴幼儿是高度敏感的，所以有机食品是他们饮食的理想选择。然而，仅凭有机质量标志并不能保证原料真正不受污染。因此，我们对产品进行了极其严格的测试，采用的标准超出了有机食品的法律规范。原材料送达后，我们的工作人员进行第一次检验。只要检查员有一丝质疑，货物就不会被接受。我们的目标是只用最纯净的原料，为此我们会分析超过1 000种不同的物质成分。只有通过全面检测体系的产品才能获得喜宝有机认证，最终进入包装罐。

克劳斯·希普在网站上承诺：

> 现在公司已经传承到家族第四代，我们对未来负有特殊的责任。我们希望子孙后代生活在一个值得生活、值得热爱的世界——这个目标在过去50多年间一直激励着我们。

> 谈论"可持续发展"是一回事，把它作为企业经营中每天的核心责任则是另一回事。每当我们开发新产品时，我们要做的第一件事就是问：它们会对明天的世界产生什么影响？我们企业的理念是保护自然，尊重宝贵资源、保护生物多样性。我们的产品是为那些希望孩子吃得健康、拥有美好未来的父母而设计的。在过去数十年里，我们尽最大努力帮助这些父母实现这一目标。但是我们同时还要关照供应商、员工和他们的家人。因为我们从经验中知道，长期的成功需要强大的道德价值观作为基础——包括对天地万物的责任。

思考题

❶ 喜宝公司试图向市场展示什么形象？

❷ 你觉得这样的企业形象可信吗？为什么？

❸ 你愿意为喜宝产品支付更高的价格吗？如果愿意，原因是什么？

❹ 喜宝没有采用或仅有部分采用了国际安全食品标签，你认为是否有问题？

❺ 从客户角度来看，让家族成员积极参与公司的品牌建设有什么好处？

❻ 对于其他利益相关者（如员工），看到家族如此亲力亲为地涉入企业，有什么积极作用？

❼ 由于家族对企业的公开涉入（如他们对产品质量的个人承诺），喜宝家族会面临怎样的机遇和挑战？

6.6 制度视角（institutional perspective）

Berle 和 Means（1932）在名著《现代公司与私有产权》（*The Modern Corporation and Private Property*）中假设，伴随着企业的成长，集中的（家族）股权将会被所有权与控制权的分离所取代。股权分散、委托专业人士管理这一趋势将不可避免。这个观点得到了 Fama 和 Jensen（1983）的赞同。换句话说，所有权和控制权都集中在家族手中不利于企业业绩，最终将导致这类组织的衰落和消失（Morck、Wolfenzon 和 Yeung, 2005）。

然而 Peng 和 Jiang（2010）指出，这种演变迄今还没有变成现实，至少没有达到预期的那种程度。事实上，即使在美国也有大约 20% 的上市公司是由家族控制的。在北美、欧洲、亚洲和拉美的上市公司中，家族企业约占 30%（Peng 和 Jiang, 2010）。La Porta、Lopez-De-Silanes 和 Shleifer（1999）指出，在全球范围内，所有权和控制权的分离实际上是特例而不是常态；事实上，公司通常是由家族控制的。与此同时，这些学者发现，就家族企业的存在数量及最终成功而言，不同国家之间存在着显著差异。例如，虽然所有墨西哥上市公司都是由家族控制的，但在英国这一比例却为 0（关于东亚和欧洲的比较分析请参考 Claessens、Djankov 和 Lang, 2000；Faccio 和 Lang, 2002）。

制度视角已成为解释不同制度环境下家族企业在存在数量和最终成功等方面差异的重要视角。制度观点的支持者认为，不同的制度既能促进也能约束组织行为，无论我们是用正式还是非正式的"游戏规则"来定义制度（North, 1990；Scott, 1995）。对于新制度经济学家而言（例如，North, 1990；Williamson, 1985），制度之所以重要，是因为它们降低了交易成本和不确定性。组织社会学的新制度主义学派（例如，DiMaggio 和 Powell, 1983；Meyer 和 Rowan, 1977）认为，遵守制度规则使企业获得合法性，而缺乏合法性将导致利益相关者撤回支持。因此，不具有合法性的企业获得的资源逐渐减少，最终导致业绩变差。

制度视角基于这样一种观点，即当企业能够适应其所处的制度环境时，业绩表现就是最佳的。例如，制度视角认为，如果家族企业在特定的社会环境中遵守商业运作和企业运营的社会公认规范，那么它们的业绩就应该是最好的。也就是说，如果企业遵守公认的"游戏规则"，它们就会表现卓越。

这个论述还可以延伸至微观层面（单个企业的战略选择与行业内普遍接受的战略选择）和宏观层面（国家经济体制下存在或缺少某类企业）。下面我们详细讨论这两个层面的观点。

6.6.1 微观视角：家族企业的战略趋同（strategic conformity）

制度理论的微观视角认为，治理结构决定了企业在做决策时是依据战略原理还是制度原理。在家族企业中，战略原理意味着企业在做决策时不遵从传统规范。例如，家族企业不受公众股东的短期主义影响，根据控股家族独特而强大的影响采取独特的战略（Carney，2005）。许多关于家族性的文献都指出，家族企业的独特资源反映了这种战略思维（Arregle 等，2007）。

相反，制度原理认为，家族企业为了具备更大的合法性，应当遵从规范（Miller、Le Breton-Miller 和 Lester，2013）。家族企业在何种程度上采用趋同战略，即遵从企业运营环境（如行业等）的现行准则——取决于该企业是否上市。与上市公司相比，非上市公司可能更容易采取不寻常的战略，因为它们面临的公众监督较少，尤其是来自媒体和外部投资者的监督。相比之下，上市公司的行为通常受到公认商业规范的严格审查（如任命外部董事、采用国际会计准则、透明度规则、高管薪酬计划、通过并购或剥离以优化投资组合等）。外部利益相关方（例如，媒体和证券分析师等）倾向于对家族企业持怀疑态度，因为家族企业经常不遵从上市公司应秉持的规范标准。家族企业偏好于维持家族控制、任命家族高管及追求社会情感财富，因此非家族利益相关者对家族企业的合法性往往心存疑虑。当家族企业上市时，它的利益相关者可能会面临家族逻辑与商业逻辑相交织的困境。

家族企业可能会担心难以获得外部支持（例如，融资、高素质人才、媒体和证券分析师青睐等）。根据制度视角，家族企业有很强的激励来弥补其看似非正统的治理结构，努力让自身看起来更具合法性，从而采用趋同战略（Miller、Le Breton-Miller 和 Lester，2013）。

然而，家族企业追求趋同战略并非仅仅是为了弥补自身合法性的缺失，这种缺失源自家族企业不同寻常的治理结构。企业遵守普遍接受的准则（例如，环保等）能够建立起良好的声誉和社会情感财富，从而使家族受益。

最后，制度理论认为，趋同能够带来正向结果，包括获取更优质的资源、获得利益相关者的更多支持以及更好的业绩。在验证这些假设的研究中，Miller、Le Breton-Miller 和 Lester（2013）发现，家族企业确实更有可能趋同于行业规范，以及更广泛的外部环境规范。随着家族影响的增强，企业的资本密集度、研发/销售比率、广告/销售比率、财务杠杆和股利政策将更接近各自行业的中位数。这些趋同战略最终会带来更高的总资产回报率。然而，有趣的是，这些战略并未对公司的股价产生影响。

更广泛地说，微观层面的制度理论认为，由于公众的监督和质疑，以及家族股东保持合法性的动机，家族企业有激励采取遵从规范的趋同战略，从而改善企业的资源获取能力并获得利益相关者的支持，提高企业业绩（见图 6.13）。

图 6.13 趋同压力与家族企业业绩

来源：改编自 Miller、Le Breton-Miller 和 Lester（2013）

6.6.2 宏观视角：不同制度环境下的家族企业

除了上述的微观视角外，制度理论也可以用来解释宏观层面的差异，尤其是世界某些国家及地区家族企业的普遍性。我们常用宏观视角来分析新兴市场国家（特别是亚洲和拉美）的家族企业。新兴市场国家的特点往往是制度薄弱，例如，产权保护（中小股东及知识产权保护）不足、执法不足以及金融市场与劳动力市场不发达等（见本章有关代理问题的部分）。

代理理论认为，这种制度环境是当地精英滥用权力的理想温床，他们可能会剥削公司的利益相关者，尤其是小股东。代理视角强调，家族股东可能会权钱交易、滥用权力及谋取控制权的私人收益，进而损害其他利益相关者。代理视角将新兴市场中的家族企业视为"寄生虫"（Morck、Wolfenzon 和 Yeung，2005）。

制度理论则对制度薄弱环境下的家族企业持乐观态度。制度视角将家族企业视为"典范"，能够弥补制度缺失环境下的空白（Khanna 和 Yafeh，2007）。在宏观层面上，制度视角的核心是家族企业的行为可以弥补制度缺失，以抵消企业在薄弱制度环境下开展业务时所面临的劣势。这些弥补方式主要有如下几种形式。

1. 社会网络

当正式制度（如法院、证券交易所、银行系统和劳动力市场等）缺失或不可靠时，社会网络尤其是非正式关系网络就变得至关重要。在缺乏有效要素市场的情况之下，能够结识对的人并获得他们的支持就显得非常关键。对转型经济中家族企业与非家族企业的研究表明，家族企业拥有更强的社会资本，能够更好地利用私人的、非正式的关系（Miller 等，2009）。

2. 基于信任的关系

家族企业通常擅于建立并维系值得信赖的长期关系。当合同难以执行时，这种关系尤其具有价值（Gedajlovic 和 Carney，2010）。事实上，当正式的法律和监管制度失灵时，创始家族最好是直接经营自己的企业。在低信任度环境下，如果将管理权授予非家族职业经理人，那么家族企业将可能会面临滥权或夺权等问题。家族关系纽带能够提供非正式规范，如相互信任、相互支持、尊重家族权威和利他主义等。在正式的市场制度缺失时，这些非正式规范在降低交易成本方面非常有效（Banalieva、Eddleston 和 Zellweger，2015）。

3. 通过中介资源自助

在薄弱的制度环境中，企业必须依靠"自助"来代替缺失的制度功能。在这种环境中，家族影响就成为这样的关键资源，因为家族更愿意动用资源来支持企业（Gedajlovic 等，2011）。家族会向企业提供内部和外部融资、中间产品、人力资本和知识，从而尽量减少制度空白和资源匮乏带来的问题。此时小股东能够认识到家族在确保企业生存方面发挥的重要作用。

4. 声誉

在缺乏有效监管保护时，潜在投资者可能只愿意将资金投向那些他们认识、尊重和信任的股东。企业在寻求资源、拓展贸易伙伴时，声誉就显得至关重要。控股家族的声誉促进了合作行为，有助于维系贸易伙伴之间互利互惠的长期互动。因此，在正式制度（如商法等）薄弱或缺失的环境中，家族影响和家族声誉可以成为推动合同签署和执行的可靠机制（Aguilera 和 Crespi-Cladera，2012）。

5. 紧密和稳定的控制

长期任职使家族经理人与外部利益相关者之间建立起持久的关系。外部合作伙伴倾向于将家族经理人和家族股东视为企业长期稳定的代表，因为他们具有做出承诺的影响力和履行承诺的能力（Verbeke 和 Kano，2010）。

总之，在制度薄弱和外部机制对公司治理几乎失效的环境中，家族股权至关重要，是企业创造价值的关键要素。

需要注意的是，代理视角和制度视角都预测，在欠发达的制度环境中，家族企业的存在比例较高。代理视角认为，这种高比例现象是由于家族股东有机会剥削非家族利益相关者，特别是非家族投资者，但导致企业的业绩下降。相反，制度视角将家族企业的普遍存在归因于家族企业在制度薄弱环境中具备的内在优势。制度视角认为，家族涉入对利益相关者而言是有利的，能够带来更好的企业业绩（见图6.14）。这两种观点都有实证研究的支持。然而，总体而言，越来越多的证据表明，家族企业在制度薄弱环境中的表现更为出色。

图6.14　家族企业属性、弥补制度空缺与家族企业业绩

6.6.3　家族企业集团：制度视角

家族企业集团在许多国家普遍存在的直接原因是有利的制度环境。企业集团是指在法律上彼此独立，通过一系列正式和非正式的纽带形成一体，通常采取一致行动的多家企业（Khanna 和 Rivkin，2001）。企业集团在很多国家和地区都普遍存在，例如，日本的"经联会（keiretsus）"和"财阀（zaibatsu）"，韩国的"财团（chaebols）"，拉丁

美洲的"grupos"、中国香港的"hongs"、印度的"商行（business houses）"、中国台湾的"关系企业"、俄罗斯的"寡头（oligarchs）"和中国内地的"企业集团"（Carney 等，2011）。虽然多元化企业和多部门企业也是相当复杂的、相互关联的组织，但企业集团的不同之处在于，它展示了一个更为复杂的协调机制网络，例如，高管之间存在的多重及互惠的股权、债务和业务关系。

许多人将企业集团的优势归因于市场失灵和低效的法律和监管制度。根据这种观点，在没有可靠的商业伙伴或法律来保障非关联企业之间交易的情况下，企业集团会将交易内部化。一般来说，企业集团在薄弱的制度环境下更有优势，因为企业集团可以作为中介组织，通过规模经济和范围经济弥补不完全市场。例如，企业集团可以向子公司提供信用审核、内部交易和资源集中等功能。Carney 等（2011）在针对企业集团业绩的重要研究中指出，集团附属公司往往在劳动力和金融市场制度等"软件"缺失的环境中业绩较好；但在基础设施（如交通和电信等）等"硬件"缺失的环境中，集团并未增加附属公司的价值，在法制不够健全的情况下甚至会损害附属公司的业绩。

家族企业集团内部领导层之间的家族关系可以增强集团的中介作用，为集团的业绩做出贡献。事实上，家族企业集团的内部核心圈往往由具有家族纽带或其他纽带的人主导（例如，同乡等），这种关系创造了相互交换与支持的氛围（Luo 和 Chung，2005）。集团高管之间的亲属关系使公司更容易集中财力和人力资源，交换专业知识和信息。因此，当一个社会缺乏金融、法律和劳动力市场制度，不利于贸易伙伴之间的产品和服务交易，从而导致某些商业活动无法进行时，家族企业集团就能够很好地将这些商业活动内部化。在这种背景下，家族企业集团纽带缓解了制度空缺带来的问题，在出现财务问题时发挥保险作用，提供非附属公司无法获得的资源（Carney 等，2011）。从制度视角来看，从属于家族企业集团给附属公司带来了显著的优势，这些优势在大型企业集团中往往更加显著。

尽管如此，我们也要承认，作为企业集团的附属公司也有某种劣势。附属企业可能背负着沉重的集团负担。在多元化集团公司中，官僚作风和控制成本往往特别突出。附属企业的成本也呈现出金字塔型，即通过有限的资本投资，按照母子公司的金字塔层级，最终控制大量公司（有关详细信息，请参阅本书第5章中有关家族企业集团控制权问题的内容）。正如 Masulis、Kien Pham 和 Zein（2011）所说，位于金字塔底部的小型企业从企业集团的内部资本市场和声誉中获益最多。相比之下，位于金字塔中层的企业处境最糟糕，因为它们作为中介机构，经常被要求支持其他子公司。另外，控股股东倾向于将资产和利润从外围公司转移到他们持股比例更高的核心公司，这种隧道行为（tunnelling）也带来了高昂的成本。与独立公司相比，附属公司往往杠杆率更高、更加多元化，更加本地导向，这也解释了为什么许多附属公司业绩会出现一定程度的折扣。

6.6.4 国际比较

基于上述对各种制度下家族企业的讨论，有学者研究家族企业的存在比例是如何随时间发生变化的。Carney 和 Childs（2013）对 1996—2008 年东亚上市家族企业的研究表明，家族控制虽然略有下降，但仍然是最主要的股权形式（见图 6.15）。家族企业在东亚上市公司中的比例从 1996 年的 51.6% 下降到 2008 年的 46.1%（Carney 和 Child，2013）。这项研究结果进一步表明，越来越多的上市公司如今是国有企业。

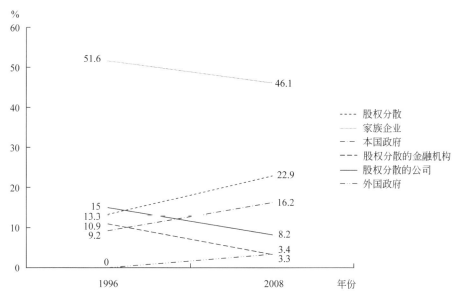

图 6.15　1996—2008 年东亚家族企业占上市公司的比例❸

来源：Carnev 和 Child（2013）

尽管总体趋势如此，但不同国家和地区之间仍然存在着显著差异，如图 6.16 所示。

中国台湾和泰国的家族企业比例下降幅度最大,而菲律宾的家族企业占比在上升。有趣的是,即使在制度完善的日本,家族企业的占比也呈现出上升趋势。

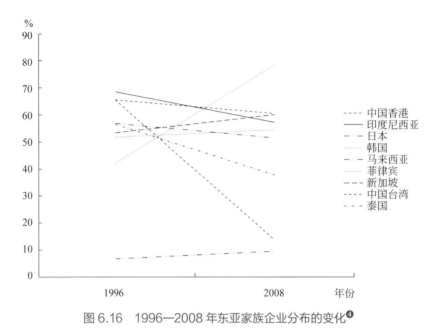

图 6.16　1996—2008 年东亚家族企业分布的变化❹

来源：Carney 和 Child（2013）

6.6.5　总结：从制度视角看家族企业竞争力

制度视角表明,家族企业业绩取决于企业遵从及适应所处制度环境的能力。换言之,企业业绩取决于企业有效地处理"游戏规则"的能力。

制度理论的微观视角表明,家族企业有激励向利益相关者证明其自身的合法性——它们遵循行业标准及公认的商业经营准则（如行业规范、对标、质量认证、会计准则等）。作为上市公司的家族企业遵守规范,既出于应对公众监督和质疑的需求,也出于对声誉的关切（例如,希望以遵纪守法和声誉良好的身份出现）。追求合法性能够使企业获得更多的资源和社会支持,从而提高业绩。

制度理论的宏观视角强调,家族企业尤其擅长弥补制度缺失,如产权保护不足、劳动力和资本市场失调等。通过社会网络、基于信任的关系、自助、提供中介资源、声誉,以及紧密而稳定的控制,家族企业能够弥补薄弱制度环境的不足。在制度薄弱的环境下，家族企业往往是以企业集团形式存在的。当某一社会的制度薄弱，影响贸易伙伴之间的产品和服务交换，从而导致某些商业活动无法进行时，家族企业集团能够很好地将这些商业活动内部化。

如果经营者希望从制度视角解释或建立竞争优势，应该提出以下问题：

微观制度视角：

- 我们在多大程度上遵循行业标准和公认的商业准则？我们如何从这种战略中获益？
- 作为家族企业，我们如何才能提高企业的合法性？
- 通过趋同行为，我们可以获得哪些资源？
- 我们还缺乏哪些必要资源？
- 如果我们遵循公认的商业准则，而不是自寻独特战略，将会面临什么威胁以及错失什么机会？

宏观制度视角：

- 在以下方面，我们面临的制度背景完善程度如何：产权保护、小股东保护、法律执行、资本市场（股权/债权）、劳动力市场、交通和电信？
- 我们如何通过家族企业的如下优势来弥补外部制度缺失？
  - 社会网络
  - 基于信任的关系
  - 自助
  - 提供中介资源
  - 声誉
  - 紧密而稳定的控制
- 我们的治理结构是否符合制度环境？作为企业集团的利弊分别是什么？

案例研究

三星集团（Samsung Group）

图 6.17 是 2010 年三星集团的股权结构，2014 年简化为更传统的股权结构。

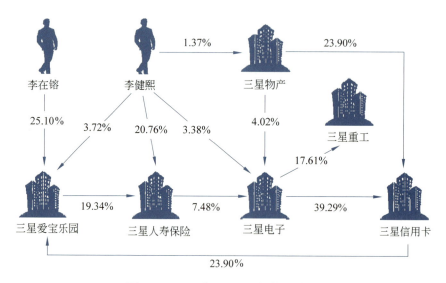

图 6.17　三星集团 2010 年持股情况

思考题

❶ 你认为在这种股权结构下，家族股东会面临哪些问题和机遇？

❷ 对于三星集团旗下的附属公司来说，其优势和劣势是什么？

❸ 假设你是三星电子的非家族小股东，你对投资三星电子有什么顾虑和期望？

6.7　悖论视角（paradox perspective）

尽管许多学者试图研究家族涉入和企业业绩的因果关系，但结果却呈现出惊人的不一致。诚然，不一致的实证结果在社会科学中并不少见，原因可能是多方面的，包括变量定义、测量问题、样本构成,以及情境因素。然而,家族企业理论和实务中最令人困扰的问题是,以往文献在控股家族如何促进企业业绩上的概念和理论不一致。

有趣的是截至目前,我们讨论的所有解释家族影响和业绩之间关系的概念,既包含了积极效应,也包含了消极效应。例如,在代理理论中,家族股东和经理人的利益一致应该会带来更高业绩,但是利他主义问题会破坏这些优势。类似地,家族企业受益于积极家族性,但是企业的资源基础可能会受到消极家族性的影响。同样,组织认同视角也解释了家族影响的积极面和消极面,例如,家族对企业认同感越强,企业就越抗拒变革,也就越容易受到群体思维的影响。

无论对家族影响持有的是积极观点还是消极观点,我们都必须承认,家族影响与企业业绩之间的关系并不像预期中那样简单。积极观点和消极观点都有实证证据支持,体现在简洁的理论推理和广泛的实证检验上。鉴于这种复杂性,我们不妨后退一步,回顾我们最初分析的家族影响与家族企业竞争优势之间可能存在的关系。

在本书第 2 章中,我们回顾了家族企业的各种定义,指出家族和企业在某种程度上是互不相容的社会系统。按照普遍接受的观点,把重视传统、无条件忠诚与支持的家族系统引入企业系统就会破坏企业的有效运作。结果是,家族导向降低了企业业绩。

我们接下来将介绍悖论视角,试图克服家族企业的取舍视角和权变视角之间的张力(tension)。悖论观点认为,家族企业的取舍观点和权变观点倾向于线性一致性。如果把家族和企业视为同时并存且相互排斥的两股力量,就可能会忽略两者之间的内在协同效应,以及两者在解决张力、矛盾和不一致等问题时所带来的益处(关于管理中的矛盾和张力,请参考 Smith 和 Lewis,2011;Sundaramurthy 和 Lewis,2003)。

6.7.1 悖论是什么

悖论视角假设,在不断演化的企业系统中,张力持续存在,而这些张力能够以有助于提高组织效率的方式加以利用。权变理论聚焦于识别组织在何种条件下更易受到特定因素的影响(例如,家族利益或企业利益等),而悖论视角则探究企业如何同时应对这些彼此竞争的因素。

悖论观点不仅认为不相容的多个维度完全是可以同时存在的,而且认为人们应该在这些看似不相容的维度之间寻求协同效应，并利用这种复杂性中的效率优势（Zellweger，2013）。Smith 和 Lewis（2011）将悖论定义为：

> 相互矛盾但又相互关联的元素，它们同时存在且随着时间推移而持续存在。这一定义突出了悖论的两个要素：（1）张力——不同元素看似都符合逻辑，但放在一起时则相互矛盾甚至是荒谬的；（2）管理者和企业试图从看似对立的力量中实现协同效应。

悖论视角指出，我们经常面临的管理挑战既相互矛盾又相互补充，一种力量可以促成及形成另一种力量（例如，中国哲学中讨论的阴阳等）。

6.7.2 家族企业情境中的张力与悖论

对家族企业和非家族企业的经理人来说，应对张力是一项核心挑战。例如，短期或长期、集权或分权、内部或外部采购、本地化或国际化、探索或利用等都会带来张力。鉴于家族和企业之间存在着不可分割的内在联系，悖论视角似乎在某种程度上是强加给家族企业研究的。家族领域的特征是无条件的爱、长期视角和稳定性，而企业领域的特征则是任人唯贤、短期视角和适应性（Stewart 和 Hitt，2010）。如图 6.18 所示，家族企业面临的特殊挑战是，如何最好地统筹家族和企业，实现两个系统之间的协同效应。

需要注意的是，图 6.18 的列表并不完整，而且任何对立一方都并非只属于家族系统或企业系统。

在应对家族企业的张力时，我们会倾向于寻找简单、线性及单向的解决方案，因为我们相信这种方案能够最好地解决复杂问题。这种方案具有便捷性：告诉我们在特定情况下简单、可行的做法。这种方案似乎来自管理的经验主义，使用的是自然科学方法，而非社会科学方法。例如，成本效益分析、净现值评估、目标绩效比较和标杆分析等定量方法。这些方案能够找出输入和输出之间的单向因果关系，明确规定某一问题存在唯一的正确答案，使用定量方法就能（最优地）找到答案，而且推导过程所需的信息都能通过货币单位进行量化表达。我们很自然地遵循着以下的推理思路，即逻辑性、一致性和准确性，最终评判答案的对与错。

图 6.18 家族和企业结合导致的悖论及张力

然而，应对图 6.18 中所述的张力以及日常管理中的固有挑战，这种简单的逻辑推理方式并不可行。

6.7.3 从悖论视角看家族企业管理

有一种解决图 6.18 列出张力的方法，即忽略左边，只关注右边。我们很容易将左侧的属性分配给家族，认为这些非理性、功能失调的特征会影响企业运营所需的理性决策，因此会倾向于避免这些属性。但是，我们如果这样做，就会忽视相反的力量，简单地选择另一个极端作为主导范式。这种"非此即彼"的方法暗含了如下观点：你必须在家族与企业之间做出选择，决定你的家族企业是"家族优先"还是"企业优先"。

这种"非此即彼"的方法将会导致次优的、失调的解决方案。而悖论方法则试图利用企业和家族之间的协同效应，这对于家族企业管理似乎更加有效，原因如下（Zellweger，2013）：

首先，家族系统和企业系统之间有一个易被忽视的共同点。虽然某些社会规则和规范（例如，支持、承诺、凝聚力和相互依赖等）在家族中特别明显，但是这些规范也在企业中切实存在，并不妨碍企业的有效运作。事实上，符合这些规范的关系通常对企业也是有利的。同样重要的是，某些企业特质（例如，有效利用资源等）也存在于家族规范之中（例如，节俭等）。

很多家族企业研究都被家族和企业之间非此即彼的假设所破坏，因为它们一开始就将一个系统定义为另一个系统的对立面。这类研究往往认为家族是消极的、懈怠的。然而，即使是与家族有关的稳定系统，也能在推进组织变革上发挥关键作用（Feldman 和 Pentland，2003）。尤其是，家族可以在促成和采纳变革方面发挥作用。在很大程度上，家族系统和企业系统在各自社会规范上的不兼容性被夸大了。

其次，家族企业在全球经济中普遍存在，这也挑战了家族与企业目标之间排他性的取舍视角。如果世界上大多数家族企业都只是在追求家族层面的社会情感目标（如代际控制、和谐关系、积极情感和声誉等），那么这些非经济目标带来的结果就不可能只是降低财务业绩，否则家族企业这种组织形式早就应该消失了。

再次，家族不太可能一味地剥夺企业的必要资源。家族性文献指出，家族经常为企业提供独特的资源，例如，耐心资本、生存性资本和隐性知识等，而这些都是企业竞争优势的基础。此外，由于家族企业股东不仅关心金钱，还关心声誉和社会资本等资源，因此家族和企业不会系统性地争夺同一资源。因此，家族应被视为关键性资源的提供者，而不是系统性资源的攫取者。

最后，从更广泛的意义上看，家族企业管理的简化论方法忽略了整合家族和企业的机会，而这些机会有助于避免运营不当、降低企业效率。事实上，组织理论学者（如 Bateson，1972；Cameron，1986）提出，如果没有组织中同时存在的、对立面之间的张力，就会产生无序状态。也就是说,在不断自我强化的过程中,组织的某一属性会一直存在,直到走向极端、最终失效。效能不是通过对立面之间的相互排斥来实现的,而是通过对立面引发的创造性飞跃、灵活性和统一性来实现的。因此,如果消除组织中同时存在的冲突,追求逻辑上的一致性,就会消除悖论带来的创造性张力,从而可能抑制企业业绩。

考虑到以上因素,我们建议家族企业所谓的"专业"管理应该从家族控制的取舍视角或一致性视角转变为悖论视角(见图 6.19)。

图 6.19　从取舍视角到悖论视角

6.7.4　处理张力的管理方法

基于以上视角,我们得出以下四种基本方法来处理家族系统和企业系统之间的冲突性观点(见表 6.4)。

表 6.4　处理家族系统和企业系统的四种战略

战略	定义	策略	机遇	威胁	举例
规避	避免与另一种观点发生冲突	隐藏,忽略	(暂时)秉持简化的观点	其他观点会以预想不到的方式重新出现	家族声称自身在企业中没有发言权
采纳	采纳另一方观点	效仿,让步	避免冲突	缺乏批判性和创造性,无序状态(主导的观点将走向极端和失调)	家族企业隐藏了家族特征,强调"家族优先"或"企业优先"
妥协	部分采纳另一方观点,部分趋同	协商,衡量,缓解,分割	涉入多个观点	多个观点之间的冲突,实现妥协所需的财务成本和时间成本	家族成员的任职政策
整合	通过整合两种不同观点,试图形成新观点	允许看似对立的观点存在,寻求共同的特点和目标	理解不同的观点,把两个观点以最佳形式结合起来	证实新的整合观点具有合法性	为家族成员支付绩效薪酬,家族企业上市

来源:改编自 Thornton、Ocasio 和 Lounsbury(2012)

第一种方法是完全规避对立面的逻辑（即隐藏和忽略）。声明自己是"家族优先型家族企业"或者"企业优先型家族企业"就属于这种方式。很多家族会选择这种激进的选择性战略，因为这种战略显示出家族企业的领导权是简单而理性的。这或许是一种暂时性解决方案，但其他方案迟早会出现，而且拖延时间越长，就越难以适应。

第二种方法是采纳对立面的观点。例如，家族关系可以转变为契约关系，遵循冷冰冰的经济学原理，而不是家族成员之间通常呈现出来的温暖和共情。或者，企业可以模仿家族规范，例如，避免承担责任与拒绝绩效导向。然而，这种方法没有体现出两种视角之间的协同效应。在实际应用中，这种方法也会走向极端，最终失效。

第三种方法是决策者寻求妥协，将双方问题最小化，并在一定程度上做出让步。寻求妥协的家族企业股东认识到，家族对企业的影响是不可避免的，于是他们力求限制家族的负面影响，同时最大化家族的正面影响。相似地，家族企业股东也会寻求降低家族的影响力，无论是通过延时性方式（例如，推迟新增家族成员的涉入时间等）还是组织性方式（例如，把家族成员安置在无害的职位上等）（Schuman、Stutz 和 Ward，2010）。制定家族成员任职政策就是这种方法的一个例子。

第四种方法是整合家族和企业的观点，形成一种全新的、综合的战略。采用这种战略的企业会重视家族和企业的共同点和目标（例如，两个系统都追求长期成功等），培养对不同观点的共同理解，通过综合视角把两者的优势结合起来。例如，遵循整合战略的经营者会把企业系统中的聚焦绩效和分配权责，与家族系统中的相互支持和长期主义相结合。整合战略不易实施，因为它需要经营者认可并重视两种世界观，而两种世界观如果单独拿出来看的话只能部分兼容。但是，在这种艰难尝试中取得成功的企业，最终将形成难以模仿的企业文化和经营方式。例如，上市家族企业可以将资本市场的要求与家族股东的稳定性结合起来。实现家族与企业一体化的家族企业能够避免"家族优先"或"企业优先"，最终实现"家族企业优先"。

规避战略和采纳战略是处理家族和企业之间张力的选择性方法，而妥协战略和整合战略则是整合性方法。家族企业管理的悖论视角方法，基于以下前提。

（1）家族企业本质上是悖论型组织。考虑到家族与企业相互交织的特点，家族企业必须同时应对这两股看似竞争的力量。

（2）然而，家族和企业不一定是相互竞争的关系。事实上，通过将二者联系起来，可以实现协同效应。

（3）鉴于家族和企业是相互交织的，而且它们之间存在着创造协同效应的机会，家族企业应该认真考虑，如何利用企业中的家族特征。

（4）将家族与企业以协同方式联结起来，最终将增强企业的竞争优势。

处理悖论：以家族任职政策为例

家族企业面临着一种特殊困境，即究竟应该任命家族成员还是非家族成员担任高管。应对这一挑战的决策者有以下选择。

（1）回避/选择。决策者在两者中选择其一（家族或企业）。例如，不允许家族成员在企业工作。

（2）采纳。家族成员被允许自己在企业中选择工作。

（3）妥协。例如，家族成员在外部工作两年后，才能在家族企业中工作。某个家族的每个分支允许有且仅有两名成员在企业中工作。

（4）整合。决策者不再在规则和无规则之间进行选择，而是寻求家族与企业在任职政策上的协同效应。家族成员没有被明确排除在企业之外，但是他们的加入必须实现协同性，也即能够提高企业的整体效率。例如，家族成员可以在企业中工作，但必须自行申请招聘岗位。申请高管职位时，家族成员必须评估自身的优势和劣势，并提出自己的职业规划。任何想在企业里工作的家族成员都必须理解其中的好处和坏处，以及希望达到何种效果（例如，树立榜样等）。

来源：改编自 Schuman、Stutz 和 Ward（2010）

6.7.5 悖论管理如何驱动企业业绩

战略管理领域中研究最多的悖论之一是探索（exploration）和利用（exploitation）。这个领域的研究既包括管理创新、彻底变革及寻找远期解决方案，也包括效率提升、边际优化及寻找近期解决方案（March，1991）。只专注于探索是危险的，因为企业可能会进入试错的恶性循环，短期内无法获得足够的资金来支撑不断的实验。同样，仅专注于利用也是危险的，因为它将导致企业固守当前的经营方式，错过面向未来的新技术和新模式（这种战略类似于重新排列泰坦尼克号甲板上的椅子）。同时具备探索与利用的能力被称为"双元性（ambidexterity）"，据信能为企业带来卓越业绩。

双元性论点适用于所有类型的企业，家族企业尤其擅长管理探索/开拓这一悖论。事实上，我们对约100家瑞士中小型未上市家族企业的研究证实了这一假设。该研究发现，与非家族企业领导者相比，家族企业领导者更能认识到企业管理中存在的内在张力,同时更乐观地认为这些张力能够得以解决。这种态度对企业的双元性有积极影响，因此也有利于同时进行探索与利用。因为家族企业更倾向于拥抱这些内在张力，因此能够获得更高的利润。

在传统和创新之间也存在着类似的悖论关系。许多家族企业似乎能够利用这种悖论关系，它们从传统中汲取智慧，同时又能与时俱进、拥抱未来。就像双元性概念一样，传统/创新悖论假设，传统和创新在一定程度上是彼此对立的力量。最优秀的家族企业则会意识到，这种张力问题是无法彻底解决的但可以对此进行管理。因此，它们可以同时从事创新与传统并行的经营活动。这种悖论战略使家族企业能够利用自身的内在优势取得成功，而同时竞争对手又难以模仿。图6.20展示了传统与创新之间的取舍。

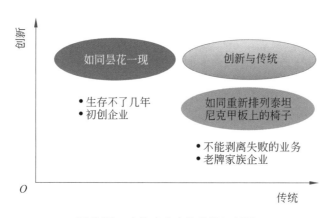

图 6.20　家族企业中的传统与创新

6.7.6　悖论的应用：家族企业创新

在研究家族影响的悖论时，一个特别有趣的领域是家族企业创新。一方面，家族企业倾向于规避风险，避免在研发和创新上进行风险投资；但另一方面，这种保守观念似乎并没有损害业绩——总体而言，（非上市）家族企业的业绩似乎优于非家族企业（Carney 等，2015）。问题在于，家族企业如何处理它们在创新投资上的保守态度，以及市场生存中必须进行创新这两者之间的张力？

这就要求企业具有管理传统和创新之间张力的能力。在这方面，创始于1526年的伯莱塔（Beretta）公司特别有趣，因为它的座右铭"谨慎和大胆"实际上就包含了这种张力。"谨慎"意味着小心审慎的心态，而"大胆"则强调无畏和冒险。2013年，伯莱塔的销售额约为5亿欧元，它精心处理着各种张力，例如生产流程中的手工工艺与自动化制造之间的张力，以及在意大利本土发展与全球扩张之间的张力。在伯莱塔，问题并不是在创新和传统之间二选一，相反，创新就是一种传统。

追寻先辈的足迹——通过传统实现创新

究竟是什么能够帮助家族企业实现突破性创新？Alfredo De Massis 和 Josip Kotlar 在回答这个重要问题时发现，最好的创新模式就是超越惯有思维对创新的认知。他们提出，惯有的创新方法是面向未来的，鼓励管理者忽略过去，正如这两位学者2014年在英国兰卡斯特大学提到的"忘掉过去、创造未来"。但他们在研究中发现，企业的历史传统可以成为创新的源泉。他们研究了多家高度创新的家族企业，包括伯莱塔公司（1526年创办的意大利枪械制造商）和巍跋然公司（Vibram，1937年创办的橡胶鞋底和橡胶制造商），发现这些企业通过四种不同的方法来利用传统推动创新。

1. 历史故事

企业的历史和传统不但要在外部广为流传，而且更重要的是要在家族内部延续。我们可以通过网站、书籍、历史档案、多媒体和其他技术来追溯过去，这样唤起的记忆让企业员工和经理人如同家族成员一样感同身受。例如，伯莱塔公司将最古老的房产设立为企业博物馆。Kotlar说："我们的意图很明显：为了让公司中的内部创新者了解历史，解读并运用传统，他们应当在文化上亲近这些历史元素。"

2. 先辈的足迹

家族历史上的重要人物是在家族企业中的可视化存在。De Massis 解释道："这些企业往往会赞美自己的先辈，在创新者心中延续历史传统。他们会讲述前辈的故事，在工厂里挂上创始人的画像。因此下一代所有家族成员都有共同愿景。他们很擅长把先辈塑造成神话人物。"

3. 激发情感

历史事件和经验分享可以用于灌输传统感，确保成为下一代生活方式的一部分，产生强烈的情感联结。在巍跋然公司，家族成员有一起徒步登山的传统，共同登上先辈曾征服过的高山。有些家族成员想要赤足登山，由此产生了五趾鞋这一灵感——五趾鞋现在已成为该公司销量最大的拳头产品。在伯莱塔公司，家族成员每年盛夏会在家族别墅避暑，在那里传递家族传统的价值观。每一代人十五六岁时会由家人带着一起打猎，这几乎成为一种成年礼。两位学者认为，这些习惯是为了激发家族成员的情感，创造对习惯的依恋，使下一代能够持续参与到企业未来的成功之中。

4. 公司治理

除了公司治理，家族治理也是家族企业创新性的重要因素。换言之，这些做法是为了维护家族价值观和认同感，保持与过去的联系。这两个家族似乎已经建立了制度化流程，进行战略性思考：他们是谁、他们意味着什么、他们在做什么。这种流程在家族和企业中是并行发生的。

其他企业能学习以上案例吗？作为可持续竞争优势的来源，传统之美在于不易模仿——传统是一家公司特有的。但 De Massis 说，其他企业的创新管理者仍然可以学习背后的原则。"只要企业本身或所在地区具有某种传统，创新管理者就可以效仿以上做法。"

伯莱塔和巍跋然这两家公司的案例表明，家族企业似乎有着独特的创新方法，同时超越了创新的标准假设。标准假设认为，实现创新的理想方式是增加研发投资。最大化研发投资似乎并不是家族企业的首选路径，但有些家族企业确实具有很强的创新能力。为了解开这个谜题，我们区分了创新投入和创新产出，对家族企业的创新性进行深入研究（Duran 等，2016）。

家族股东的风险规避导致创新投入降低……

关于组织创新行为的很多研究都集中在创新投入上，创新投入被定义为投入探索和开发新机会的资源（如资金和人力等）。创新投入的相对规模（例如，研发投入在销售收入中的占比等）主要取决于关键决策者的风险倾向。尽管创新投入对企业的长期可持续发展是必要的，但它常常被视为一种风险投资。

家族企业决策者一般都是风险规避的，因为家族成员往往将个人的大部分财富都投资于企业之中，导致个人的资产组合不够多元化，因此，家族企业倾向于进行风险较小的资本支出，如机器设备和建筑（Anderson、Duru 和 Reeb，2012）。此外，由于研发项目经常需要从外部融资（例如，增加银行贷款，任命外部经理人等），家族成员认为这些做法可能会导致家族失去控制权，从而威胁社会情感财富。虽然不进行研发投资可能会使企业的长期可持续发展面临风险，但进行研发投资则会立即对家族产生直接的负面影响。因此，我们对家族企业的创新投入低于非家族企业并不感到惊讶。

……但集约型资源编排会带来更高的创新产出

虽然创新投入通常会有利于创新产出的提升（例如，专利或新产品的数量等），但是将创新投入转化为创新产出的能力则因企业而异。有些企业在配置和利用研发投资方面特别高效，这一过程被称为资源编排（resource orchestration）（Sirmon 等，2011）。在研究中我们发现，家族企业将创新投入转化为创新产出的效率特别高，主要有以下几个原因（Duran 等，2016）。

首先，家族企业特有的人力资本和知识体系有利于资源的有效利用。众所周知，家族企业的员工和经理人拥有大量的隐性知识，这些知识是他们在长期任职期间积累起来的。家族企业的其他典型特征（例如，基于信任的文化、组织成员的坚定承诺及社区意识等）也促进了知识和思想在不同层级之间的转移，从而推动了创新行为。虽然较长的任期和较强的承诺可能会阻碍突破式创新，但它们对渐进式创新却有积极效应。

其次，家族企业的外部关系网络使它们特别适合创新活动。家族企业的非财务目标，包括与外部利益相关者（如供应商和客户等）保持紧密联系，有助于它们建立强大的社会资本。反过来，社会资本可以帮助公司将研发资源转化为创新产出。例如，知识渊博的合作伙伴可以帮助企业识别有前景的发展方向，在开发过程中提供有价值的反馈意见。这种支持能够降低复杂性和开发成本，加快开发周期（例如，大客户优先试用、测试早期创新版本以及转介绍新的供应商和客户等）。

最后，家族企业的资源投资和配置通常遵循集约性原则（Carney，2005），因此效率会更高。家族企业的决策者谨慎而有效地使用资源，部分原因是资源受限以及希望控制企业的资源部署。降低治理成本的根本方法是家族股东密切监督高管，以及更高的灵活性和更少的官僚作风。较低的治理成本能够进一步提高对创新资源的有效利用。

综上所述，家族企业具有的人力资本（隐性知识）、社会资本及集约性原则，使得家族企业的创新产出高于非家族企业（Duran 等，2016）。

家族企业能够将较低的创新投入转化为较高的创新产出，这一现象本身就是一个有趣的悖论。显然，家族企业面临着创新投入较少的制约条件。但是，家族企业并没有受困于这种明显的劣势，而是通过发达的资源管理技能将其转化为优势（见图 6.21）。家族和企业这两个看似对立的力量完全可以整合成为一种竞争优势。

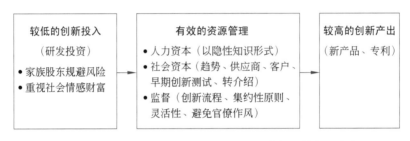

图 6.21　家族企业将较低的创新投入转化为较高的创新产出

6.7.7　管理悖论所需要的集体正念

我们从小就被教育：当问题出现时我们就要努力解决问题，让问题消失。然而，图 6.18 所示的悖论状态表现的挑战是，我们并不能解决悖论，而只能管理悖论。如果要"解决"悖论，我们就不得不在冲突中选择一方，从而放弃另一方的好处以及两者之间的协同效应。而有效管理悖论的能力则需要家族具有"集体正念"（collective mindfulness），即控股家族利用悖论视角寻求家族和企业之间协同效应的能力（Zellweger，2013）。以下行为和态度展现了控股家族的正念。

> 认识到家族涉入具有双元性；
> 不愿在"家族优先"和"企业优先"中二选一；
> 接受甚至赞赏悖论；

- 容忍模糊性：无法迅速解决悖论；
- 愿意参与建设性讨论；
- 拒绝简单化；
- 对偏见保持警惕；
- 避免基于规则的假设，如事项清单（checklist）；
- 优先考虑弹性、可靠性和可承受的损失；
- 股东的责任感。

6.7.8 总结：从悖论视角看家族企业竞争力

综上所述，悖论观点并没有否认家族系统和企业系统在某些逻辑上存在矛盾。相反，悖论视角认为，张力不仅广泛存在于家族与企业之间，也存在于企业内部相矛盾的不同方面之间。悖论视角鼓励从看似相互竞争的力量中获得协同效应。

因此，如果经营者希望从悖论视角解释或建立竞争优势，应该提出以下问题：

- 我们可以从哪些方面发现家族和企业之间的协同效应？
- 我们应该秉持哪种理念："家族优先"，"企业优先"，还是"家族企业优先"？
- 我们如何才能将传统与创新最好地结合起来？
- 我们是否同时关注企业的长期生存和短期变革？
- 在考虑到最大可承受损失的情况下，我们是否能承担风险？
- 我们接受甚至赞赏悖论的存在吗？
- 在不寻求快速解决的情况下，我们能在多大程度上容忍模糊性？我们的家族和企业是否愿意进行建设性讨论？
- 我们拒绝简化问题吗？
- 我们是否避免了基于规则的假设（如事项清单等）？

> **案例研究**

管理悖论

Simon 等（2005）认为，家族企业面临着以下七个悖论：

（1）家族影响对企业而言既是一种资源，也是一种威胁。

（2）忠诚于核心小家庭，还是忠诚于大家族。

（3）整合投资者的短期利益与家族企业的长期生存。

（4）遵循家族规范，满足家族成员对平等待遇的期望；还是遵循企业规范，根据个人业绩设定差异薪酬。

（5）保证增长性，还是保证独立性。

（6）确保企业情境的适应性，还是确保家族传统的延续性。

（7）家族成员在家族情境下受到保护，但在企业情境下要求个人绩效和独立表现。

思考题

在面对和处理这些悖论时，家族企业股东和经理人需要考虑以下问题：

❶ 对于每一对悖论，选择冲突的一方而忽视另一方，在解决矛盾时面临的威胁是什么？

❷ 你将如何管理每一对悖论？

6.8 家族企业的通用战略

纵观家族企业的异质性以及解释其竞争优势的各种视角，我们似乎很难总结出适用于不同家族企业的通用竞争战略。但是，上述各种理论都指出了某些共同主题。例如，我们讨论了社会情感财富和家族企业对声誉、品牌和 CSR 的关注，这些都指向了家族企业身份和形象的相关性，这一特性可以运用于竞争战略。

同样，我们分析了家族企业的独特资源（例如，隐性知识、社会资本、人力资本、耐心金融资本等），这些家族企业管理资源的独特方式，以及运用传统开发新产品的能力，都表明家族企业在创新方面具有优势。

最后，家族企业股东尤其关注保持和延续家族控制权，不愿意接受外部投资者，因此获取外部资源的渠道有限。这些都表明家族企业应该特别关注效率。

基于以上考虑，我们提出成功家族企业采用的三种通用竞争战略（见表 6.5）。

表 6.5 家族企业的三种通用战略

类型	家族特征	举例
可信品牌	家族身份和企业身份交织在一起 关注家族和企业的声誉 渴望家族的代际控制 家庭成员的个人参与 家族对企业的投资尚未分散化	时尚、豪华住宅、酒店/餐厅、酒庄
创新冠军	对生产流程的知识与经验 与客户、供应商、意见领袖的关系网络 耐心金融资本，允许进行长期创新投资 以创新的方式运用传统 资源约束、节俭和风险规避，有效利用投资进行创新	德国中小企业
效率至上	获得金融资本的渠道有限 家族控制力强，管理自有资金 对分红的再投资 节俭型股东 代代相传，股权资本成本低	连锁商超,如欧尚、宜家、沃尔玛等

6.9 家族企业的战略管理工具

上述章节为制定家族企业战略提供了丰富内容。我们已经详细讨论了家族企业应采取什么样的战略，但我们还没有解决如何制定战略这一问题，亦即家族为企业制定战略的流程。我们接下来将聚焦于家族企业如何制定战略。

其中一个关键问题是，家族应在何时涉入战略制定流程。由于家族在大多数情况下都是控股股东，承担着企业的最终风险与责任，因此家族在定义企业战略方面发挥着至关重要的作用。因此，家族不应推迟到战略执行时刻才介入，而是应该尽早开始，以便家族指导战略制定流程。理想情况下，家族为战略制定流程提供输入和动力，家族和企业展开同步并行且相互启发的合作。

1. 从家族价值观到企业使命

首先，家族定义价值观。接下来，家族提出使命声明，并可写入家族宪法，对于企业使命的输入至关重要。例如，如果家族没有设定指导方针，那么企业对未来业务的设想可能就会与股东的价值观不符。

2. 从家族控制权的指导方针到企业的愿景与战略

家族一旦制定好规范性准则，就可以逐步将价值观转化为家族、财富和企业等多个层面的战略指引。在家族层面，家族股东需要针对当前和未来的治理模式做出声明（例如，股东管理、兄弟合伙、表亲联营或家族企业，有关治理的详细内容请参阅本书第5章）；在财富层面，家族要决定企业创造的财富是家族集中管理，还是个人单独管理；在企业层面，家族可以制定在增长、风险承担、国际化和外部融资等方面的战略指导方针。这些在家族、财富和企业层面设定的方针能够推动企业愿景和战略的形成（例如，关于增长、投资、开创或投资新企业、剥离或退出旧企业等）。

3. 从家族治理、财富治理与股权治理到公司治理

家族还必须确定自身在各种治理机构以及在运营管理中的立场和影响力水平（请参阅本书第5章家族企业治理）。因此，所有家族成员（包括控股家族股东以及过去、现在或未来在企业中工作的家族成员）都要确定当前及未来在企业中的角色。不仅要重视家族对企业的统一立场，还要重视家族成员个人对涉入企业的看法，以及围绕着这个话题展开的讨论。

根据家族财富管理的目标，家族需要具备财富管理的专业知识和结构（如内置型家族办公室或家族信托等，请参阅本书第5章关于家族财富管理的讨论）。股权治理反过来又会决定家族股东之间的关系、表决权以及股份的获得和转让。它还定义了家族涉入公司的治理主体，特别是家族股东与董事会的关系（请参阅本书第5章关于股权治理的讨论）。

这些指导方针为专业的公司治理奠定了基础。公司治理主要关注于股东、董事会和高管之间的合作,以确保企业的高效运作。

4. 从家族涉入运营执行

根据前面流程中确定的指导方针,家族涉入(特别是下一代涉入)往往发生在执行和运营层面。在企业方面,重点是财务规划、市场营销、生产计划及其战略执行。这些职能部门将公司的总体战略目标分解成不同且可操作的落地方案。

最后,这种整合方法的目标是使各方达成一致,包括控股家族的价值观和目标、股东预期以及企业愿景与战略(见图6.22)。在理想情况下,家族治理和股权治理可以帮助家族和股东建立相互认可的价值观和目标。

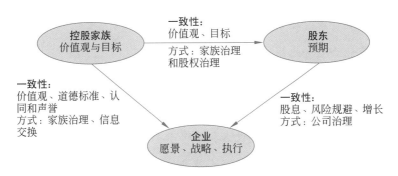

图6.22 控股家族、股东和企业目标的一致性

在股东与企业的关系中,我们希望看到在股息分派、风险规避、增长意愿和整体战略方面的一致性。专业的公司治理,特别是称职的董事会和高管团队之间的合作,有助于实现这一目标。

虽然家族和企业之间的关联是通过家族治理、股权治理和公司治理来实现的,但加强家族和企业之间的非正式关联也会有所帮助。非正式关联往往发生在规模较小的家族企业中。在这些企业中,股东和员工都是家族成员。然而,对于规模更大的家族企业来说,这些非正式关联则会成为一个突出问题,因为家族和企业的价值观、道德标准、身份认同和目标不再一致。而这种一致性对于保持家族与企业的一致性,以及二者具有共同的价值观而言非常重要。

思考题

1. 什么是社会情感财富？
2. 家族企业何时会优先考虑社会情感财富而不是金融财富？这些偏好何时会发生变化？
3. 家族企业是否比非家族企业更倾向于规避风险？
4. 家族性是什么？
5. 请讨论家族企业典型的资源优势和劣势。
6. 请讨论家族性促进或阻碍家族企业竞争力的例子。
7. 家族企业的金融资本供给有哪些独特之处？
8. 家族企业在资源管理方面有哪些独特之处？
9. 为什么家族企业如此关注企业社会责任？
10. 家族企业在市场上的形象如何？
11. 如果你是家族企业股东，你将如何利用家族企业这一形象开拓市场？
12. 请描述家族企业作为品牌建设者和品牌守护者的独特战略。
13. 遵守公认的商业经营原则对提高企业业绩有哪些帮助？为什么家族企业在遵守这些规范方面特别有利？
14. 为什么家族企业特别善于弥补制度缺失（如低效的劳动力和资本市场、法律执行、产权保护等）？
15. 为什么家族企业集团在新兴市场中占比更高？
16. 在家族企业管理中，哪些张力特别普遍？
17. 为什么家族企业特别擅长处理这些张力？
18. 家族企业中常见的悖论有哪些？
19. 为什么以非整合方式解决悖论是存在问题的（例如，规避矛盾或者采纳悖论的某一方面）？
20. "我们是一家企业优先的家族企业"，这种说法的问题是什么？
21. 家族企业如何运用传统来进行创新？
22. 家族企业在创新方面的优势和劣势是什么？

㉓ 家族企业的通用经营战略是什么?这些战略建立在家族企业哪些特有的属性之上?

㉔ 假设你要为一个家族企业制定统筹家族、股权和企业的综合战略。你将如何完成这项任务?通过什么方式能够达成这一战略?

注释

❶ 这些文献都选自《创业理论和实践》(*Entrepreneurship Theory and Practice*)。

❷ 稍后我们将忽略取舍假设,但是它能够帮助我们明确社会情感财富的核心特性。

❸ 中国香港、印度尼西亚、日本、韩国、马来西亚、菲律宾、新加坡、中国台湾、泰国(Camey 和 Child,2013)家族企业在上市公司中的比例。

❹ 同前注 3。

背景阅读

Aguilera, R., and R. Crespi-Cladera (2012). Firm family firms: Current debates of corporate governance in family firms. *Journal of Family Business Strategy*, 3 (2): 63-69.

Amit, R., and B. Villalonga (2013). Financial performance of family firms. In L. Melin, M. Nordqvist, and P. Sharma (Eds), *The Sage Handbook of Family Business*. London: Sage, 157-179.

Anderson, R., and D. Reeb (2003a). Founding-family ownership, corporate diversification, and firm leverage. *Journal of Law and Economics*, 46: 653-684.

Anderson, R. C., and D. M. Reeb (2003b). Founding-family ownership and firm performance: Evidence from the S&P 500. *Journal of Finance*, 58 (3): 1301-1328.

Anderson, R. C., A. Duru and D. M. Reeb (2012). Investment policy in family controlled firms. *Journal of Banking & Finance*, 36 (6): 1744-1758.

Arregle, J. L., M. A. Hitt, D. G. Sirmon and P. Very (2007). The development of organizational social capital: Attributes of family firms. *Journal of Management Studies*, 44 (1): 73-95.

Banalieva, E., K. Eddleston and T. Zellweger (2015). When do family firms have an advantage in transitioning economies? Toward a dynamic institution-based view. *Strategic Management Journal*, 36 (9), 1358-1377.

Berrone, P., C. C. Cruz and L. R. Gomez-Mejia (2012). Socioemotional wealth in family firms: A review and agenda for future research. *Family Business Review*, 25 (3): 258-257.

Berrone, P., C. Cruz, L. R. Gomez-Mejia and M. Larraza-Kintana (2010). Socioemotional wealth and corporate responses to institutional pressures: Do family-controlled firms pollute less? *Administrative Science Quarterly*, 55 (1), 82-113.

Binz, C., J. Hair, T. Pieper and A. Baldauf (2013). Exploring the effect of distinct family firm reputation on consumers' preferences. *Journal of Family Business Strategy*, 4 (1), 3-11.

Carney, M. (2005). Corporate governance and competitive advantage in family-controlled firms. *Entrepreneurship Theory and Practice*, 29 (3): 249-265.

Carney, M., M. Van Essen, E. Gedajlovic and P. Heugens (2015). What do we know about private family firms: A meta-analytic review. *Entrepreneurship Theory and Practice*, 39 (3):513-544.

Carney, R. W., and T. B. Child (2013). Changes to the ownership and control of East Asian corporations between 1996 and 2008: The primacy of politics. *Journal of Financial Economics*, 107(2): 494-513.

Chrisman, J., and P. Patel (2012). Variations in R&D investments of family and nonfamily firms: Behavioral agency and myopic loss aversion perspectives. *Academy of Management Journal*, 55(4): 976-997.

Chua, J. H., J. J. Chrisman and P. Sharma (1999). Defining the family business by behavior. *Entrepreneurship Theory and Practice*, 23 (4): 19-39.

Claessens, S., S. Djankov, J. P. H. Fan and L. H. P. Lang (2002). Disentangling the incentive and entrenchment effects of large shareholdings. *Journal of Finance*, LVII (6): 2741-2771.

Claessens, S., S. Djankov and L. H. P. Lang (2000). The separation of ownership and control in East Asian corporations. *Journal of Financial Economics*, 58: 81-112.

Craig, J. Dibbrell and P. S. Davis (2008). Leveraging family-based brand identity to enhance firm competitiveness and performance in family businesses. *Journal of Small Business Management*, 46 (3): 351-371.

Deephouse, D. L., and P. Jaskiewicz (2013). Do family firms have better reputations than non-family firms? An integration of socioemotional wealth and social identity theories. *Journal of Management Studies*, 50 (3): 337-360.

Duran, P., N. Kammerlander, M. Van Essen and T. Zellweger (2016). Doing more with less Innovation input and output in family firms. *Academy of Management Journal*, 59 (4): 1224-1264.

Dyer, W., and D. Whetten (2006). Family firms and social responsibility: Preliminary evidence from the S&P 500. *Entrepreneurship Theory and Practice*, 30 (6): 785-802.

Faccio, M., and L. Lang (2002). The ultimate ownership of Western European corporations. *Journal of Financial Economics*, 65 (3): 365-395.

Feldman, E. R., R. R. Amit and B. Villalonga (2016). Corporate divestitures and family control. *Strategic Management Journal*, 37 (3): 429-446.

Feldman, M. S., and B. T. Pentland (2003). Reconceptualizing organizational routines as a source of flexibility and change. *Administrative Science Quarterly*, 48 (1): 94-118.

Gedajlovic, E. R., and M. Carney (2010). Markets, hierachies and families: Toward a transaction cost theory of the family firm. *Entrepreneurship Theory and Practice*, 34 (6): 1145-1172.

Gedajlovic, E., M Carney, J. Chrisman and F. Kellermanns (2011). The adolescence of family firm research: Taking stock and planning for the future. *Journal of Management*, 38 (4): 1010-1037.

Gomez-Mejia, L. R., K. T. Haynes, M. Nunez-Nickel, K. J. L. Jacobson and J. Moyano-Fuentes (2007). Socioemotional wealth and business risks in family-controlled firms: Evidence from: Spanish olive oil mills. *Administrative Science Quarterly*, 52 (1): 106-137.

Habbershon, T. G., and M. L. Williams (1999). A resource-based framework for assessing the strategic advantages of family firms. *Family Business Review*, 12 (1): 1-25.

Kellermanns, F., K. Eddleston and T. Zellweger (2012). Extending the socioemotional wealth perspective: A look at the dark side. *Entrepreneurship Theory and Practice*, 36 (6): 1175-1182.

Khanna, T., and K. Palepu (2000). Is group affiliation profitable in emerging markets? An analysis of diversified Indian business groups. *Journal of Finance*, 55: 867-891.

Khanna, T., and Y, Yafeh (2007). Business groups in emerging markets: Paragons or parasites? *Journal of Economic Literature*, 45 (2): 331-372.

Koenig, A., N. Kammerlander and A. Enders (2013). The family innovator's dilemma: How family influence affects the adoption of discontinuous technologies by incumbent firms. *Academy of Management Review*, 38 (3): 418-441.

Luo, X., and C. N. Chung (2005). Keeping it all in the family: The role of particularistic relationships in business group performance during institutional transition. *Administrative Science Quarterly*, 50 (3): 404-439.

March, J. G. (1991). Exploration and exploitation in organizational learning. *Organization Science*, 1 (1): 71-87.

Masulis, R., P. Kien Pham and J. Zein (2011). Family business groups around the world: Financing advantages, control motivations, and organizational choices. *Review of Financial Studies*, 24 (1): 3556-3600.

Miller, D., and I. Le Breton-Miller (2005). *Managing for the Long Run: Lessons in Competitive Advantage from Great Family Businesses.* Boston, MA: Harvard Business School Press.

Miller, D., I. Le Breton-Miller and R. H. Lester (2013). Family firm governance, strategic conformity and performance: Institutional versus strategic perspectives. *Organization Science*, 24 (1): 189-209.

Miller, D., I. Le Breton-Miller, R. H. Lester and A. A. Cannella (2007). Are family firms really superior performers? *Journal of Corporate Finance*, 13: 829-858.

Miller, D., J. Lee, S. Chang and I. Le Breton-Miller (2009). Filling the institutional void: The social behavior and performance of family versus non-family technology firms in emerging markets. *Journal of International Business Studies*, 40 (5): 802-817.

Morck, R. K., D. Wolfenzon and B. Yeung (2005). Corporate governance, economic entrenchment, and growth. *Journal of Economic Literature*, 43 (3): 655-720.

Peng, M. W., and Y. Jiang (2010). Institutions behind family ownership and control in large firms. *Journal of Management Studies*, 47 (2): 253-273.

Schulze, W., and T. Zellweger (2016). On the agency costs of owner management: The problem of holdup. Working paper, University of Utah and University of St. Gallen.

Schulze, W., M. Lubatkin, R. Dino and A. Buchholtz (2001). Agency relationships in family firms: Theory and evidence. *Organization Science*, 12 (2): 99-116.

Schuman, S., S. Stutz and J. Ward (2010). *Family Business as Paradox*. New York: Palgrave Macmillan.

Sciascia, S., and P. Mazzola (2008). Family involvement in ownership and management: Exploring nonlinear effects on performance. *Family Business Review*, 21: 331-345.

Scott, R. W. (1995). *Institutions and Organizations*. Thousand Oaks, CA: Sage,

Sirmon, D. G., and M. A Hitt (2003). Managing resources: Linking unique resources, management, and wealth creation in family firms. *Entrepreneurship Theory and Practice*, 27 (4): 339-358.

Sirmon, D. G., M. A. Hitt, R. D. Ireland and B. A. Gilbert (2011). Resource orchestration to create competitive advantage breadth, depth, and life cycle effects. *Journal of Management*, 37 (5): 1390-1412.

Smith, W. K., and M. W. Lewis (2011). Toward a theory of paradox: A dynamic equilibrium model of organizing. *Academy of Management Review*, 36 (2): 381- 403.

Stewart, A., and M. A. Hitt (2010). The yin and yang of kinship and business: Complementary or contradictory forces? (And can we really say?) *Advances in Entrepreneurship, Firm Emergence and Growth*, 12: 243-276.

Sundaramurthy, C., and G. E. Kreiner (2008). Governing by managing identity boundaries: The case of family business. *Entrepreneurship Theory and Practice*, 32(3): 415-436.

Verbeke, A., and L. Kano (2010). Transaction cost economics (TCE) and the family firm. *Entrepreneurship Theory and Practice*, 34 (6): 1173-1182.

Villalonga, B., and R. Amit (2006). How do family ownership, control and management affect firm value? *Journal of Financial Economics*, 80 (2): 385-417.

Whiteside, M. F., and F. H. Brown (1991). Drawbacks of a dual systems approach to family firms: Can we expand our thinking? *Family Business Review*, 4 (4): 383-395.

Zellweger, T. M. (2007). Time horizon, costs of equity capital, and generic investment strategies of firms. *Family Business Review*, 20 (1): 1-15.

Zellweger, T., (2013). Toward a paradox perspective of family firms: The moderating role of collective mindfulness of controlling families. In L. Melin, M. Nordqvist and P. Sharma (Eds.), *The SAGE Handbook of Family Business*. Thousand Oaks, CA: SAGE Publications, 648-655.

Zellweger, T., K. Eddleston and F. W. Kellermanns (2010). Exploring the concept of familiness: Introducing family firm identity. *Journal of Family Business Strategy*, 1 (1): 54-63.

Zellweger, T., F. Kellermanns, J. Chrisman and J. Chua (2012). Family control and family firm valuation by family CEOs: The importance of intentions for transgenerational control. *Organization Science*, 23 (3): 851-868.

Zellweger, T., R. Nason, M. Nordqvist and C. Brush (2013). Why do family firms strive for nonfinancial goals? An organizational identity perspective. *Entrepreneurship Theory and Practice*, 37 (2): 229-248.

第7章

家族企业传承

传承是家族企业理论与实践的核心主题。家族企业的基本特征之一就是跨代控制企业，具有将企业传承给下一代的意愿。甚至有学者认为，代际观念是家族企业区别于其他类型企业的主要特征（Chua、Chrisman 和 Sharma，1999）。事实上对任何类型的企业来说，转移企业的控制权都是一个重大的管理挑战——无论是给下一代家族成员，还是其他类型的控制主体。这一挑战对许多第一代创业家来说意义极为重大，这不仅是因为传承是创业家一生中只会经历一次的重大事件，还因为传承需要综合考虑一系列问题，包括财务、战略、法律、税收和社会情感等。因此，应对传承挑战需要具备多种能力，而企业家本人很少能够完全具备这些能力。即使是专业的传承顾问，也往往缺乏完备的专业知识去指导家族股东顺利完成整个传承流程。

由于个人、企业与家族具有独特性，每一个企业的传承从某种程度上来看都是独一无二的。没有放之四海而皆准的统一模式。更重要的是，转移家族企业控制权并不像出售上市公司股票那样简单，单纯是买卖双方进行的交易。在很多家族企业中，传承会影响到更为广泛的利益相关者，包括员工、客户、股东、银行等。这些利益相关者可能会对传承有着不同的期望和要求。最后，传承在本质上是企业控制权的转移，在很多情况下，这个过程是违背纯粹的财务逻辑的。当然，从某种意义上来看，传承是一项财务交易。但是，代际传承的家族企业是一项复杂资产，许多家族股东从中获得了超越财务价值的意义。许多家族企业股东在进入传承流程时都为企业和自身设定了具体目标。在这种情境下，感情和情绪等因素都可能会扭曲决策制定。

从实践的角度来看，家族企业传承是一个极富挑战性的过程。本章旨在阐明其复杂性的根源，并就如何管理这种复杂性提供切实、系统的指导。

7.1 传承选项（succession options）

为了全面把握传承流程的复杂性，我们必须首先考虑各种传承选项。家族企业学者和经营者往往把传承等同于上一代将股权和管理权同时转移给下一代。在许多国家和地区，这种做法仍然是优先选项，通常认为这种方法能够保留现任股东对企业的愿景，也能让家族财富世代永续。例如，波兰约有87%的家族企业就是采用这种方式进行传承的。然而，在西欧和美国，采用这种方式的家族企业占比较低，大约在30%~50%。

尽管这种方法普遍存在，但家族股权和管理权的同步转移只是传承选项之一。我们可以使用一个二维矩阵来区分股权和管理权的转移，以及区分控制权的转移是发生在家族内部还是外部。考虑到家族和非家族的混合管理权和混合股权，我们识别出以下的传承选项（见图7.1）。

充分考虑到不同的传承选项是扩展现任者（incumbent）与继任者（succesor）可行选择的关键一步。除了典型的家族内部传承选项，我们还识别了多种外部退出选项，例如，将控制权转让给员工、出售给现有管理层（管理层收购，management buyout，MBO），出售给新的管理层（外部管理层收购/管理层换购，management buy-in，MBI），出售给财务投资者（如PE基金等）或战略投资者（如竞争对手等）。现任股东也可以将股份出售给公司的其他既有股东，这些股东可能是家族成员，也可能是非家族成员。

		管理权		
		家族内部	混合	家族外部
股权	家族内部	家族继承	混合管理	职业管理
	混合	合伙人或PE基金	混合的管理权和股权（如上市家族企业等）	金融投资
	家族外部	传承后持续的家族涉入		转移给员工，管理层收购，出售给其他股东、财务投资者或战略投资者，清算

图 7.1　传承选项

除了以上选择之外，在管理层和股东层面上，还有多种家族涉入和非家族涉入的组合。例如，股权可以保留在家族成员手中，但管理权可以分享给或完全移交给非家族管理层。现任股东也可以考虑开放股权。其他家族、机构投资者或 PE 基金等财务投资者可以获得部分股权。或者，家族企业可以考虑上市，从而出售部分股权，或者设立信托 / 基金会以服务家族受益人。

通常，当部分家族成员（例如，某个家族分支等）想要把自己持有的股权份额变现时，选择出售部分股权或公开上市是一个可行的传承选项。这些选项主要是从传承与治理等动机出发的，以简化股权结构。

这些选项的可行性取决于公司本身、相关方的兴趣与制度环境。对小型企业而言，家族内部转让、转让给员工或是出售给其他股东可能是仅有的选择。随着企业规模的扩大，将全部股权转移给家族接班人可能会越来越困难。在这种情形下，股权可以在下一代子女之间进行分割，或者向外部投资者（部分）开放。管理权可以保留给家族成员，也可以交给非家族经理人，这主要取决于谁拥有更适合企业的管理专业知识。但是就退出选项而言，企业规模并不是唯一的限制因素，盈利能力也很重要。例如，亏损的企业很难找到继任者，无论是在家族内部还是外部。在这种情形下，清算可能是最好的选择。

退出选项的可行性也取决于相关方的利益。例如，现任股东可能会希望交出全部股权、管理权及相关责任。或者，现任股东也可能会希望保留部分股权，成为小股东。再或者，现任股东也可能会对几个传承选项进行优先排序。

最后，退出选项的可行性取决于制度环境，特别是法律工具和外部资本的有效性（Carney、Gedajlovic 和 Strike，2014）。在资本供应不足的制度环境中（例如，银行业不发达、股权市场不活跃等），将企业转让给非家族买方将会更加困难，因为企业不易获得资本。同样，在缺乏高质量人力资本（即缺少受过良好训练且经验丰富的非家族经理人）的情况下，家族成员将是最有效的接班人选，因为家族成员对企业有一定的了解，而且与现任股东和其他家族成员之间相互信任。

案例研究

爱马仕的上市动机

2010 年年底，举世闻名的两大奢侈品巨头——路威酩轩集团（LVMH）与爱马仕集团（Hermès）展开了控股权之争，不仅在行业中卷起了滔天巨浪，也引起了全世界的瞩目。防守一方是已传承到第六代、气质高贵典雅的爱马仕家族；进攻一方则是当时仅有 27 年历史的路威酩轩集团，其掌门人是以"掠食者"闻名的伯纳德·阿尔诺（Bernard Arnault）。

LVMH 成功避开法国关于上市公司股权变动信息披露的监管规定，2010 年 10 月突然宣布持有爱马仕 14.2% 股权，而且不顾爱马仕的强烈反对，几个月内迅速增持至 21.4%，令人错愕震惊。危机之中，爱马仕家族团结一致、迅速行动，以超乎寻常的家族凝聚力成立一家新的家族控股公司以集中股权，并在法庭起诉 LVMH 集团。爱马仕家族第五代掌门人贝特朗·皮埃奇（Bertrand Puech）在股东大会上掷地有声地说："我再次强调，我们有强烈意愿对这家融合诗意的企业保持家族控制。"

爱马仕 1837 年由蒂埃里·爱马仕（Thierry Hermès）创建，总部设于巴黎著名的福宝大道（Rue Foubourg Saint Honoré）。最初，爱马仕为贵族生产马鞍、缰绳等马具，如今已发展成为全球奢侈品行业的领军品牌，在皮具、服饰、香水、手表等细分领域独领风骚。LVMH 是诞生于 1987 年的世界最大奢侈品集团，源于三家企业酩悦（Moët）、轩尼诗（Hennessy）与路易·威登（Louis Vuitton）的合并，拥有 60 多个世界级品牌。

表 7.1 对比了爱马仕和 LVMH 两家公司。以销售收入计算，LVMH 是爱马仕的 8 倍；以员工人数而言，LVMH 是爱马仕的 10 倍。但是爱马仕的营业利润率是 LVMH 的 1.5 倍，而市值的差距远小于营收规模和员工人数的差距。

表 7.1 股权争夺战双方对比

对比项目		爱马仕集团	LVMH 集团
公司概要	创办时间	1837 年	1987 年
	员工人数	1.1 万人	10.6 万人
	员工平均年龄	39 岁	33 岁
	全球店铺	323 家	3204 家
财务数据	年度销售收入	35 亿欧元	281 亿欧元
	营业利润率	32%	21%
	公司市值	239 亿欧元	750 亿欧元
经营特征	品牌战略	单品牌战略	多品牌战略
	增长模式	有机增长	兼并收购
	投资来源	留存收益	留存收益 + 债权融资
家族特征	控股家族	爱马仕家族	阿尔诺家族
	家族人数	72 人（第五、六、七代）	6 人（第二、三代）
	掌权世代	第六代	第二代
	家族持股	63% 股权，72% 投票权	46% 股权，63% 投票权

来源：公司年报，数据截至 2012 年底

LVMH 何以有敌意并购的可乘之机？这要从爱马仕上市后的股权结构说起。

随着代际传承的进行，爱马仕家族成员人数越来越多，与其他历史悠久的家族一样，不同家族成员股权变现的压力与日俱增。1993 年，爱马仕在巴黎交易所上市，出售 25% 股份给公众。上市为家族股东提供了退出通道，家族成员将非上市公司封闭的股权转换为上市公司具备高度流动性的股票，进而可以轻易出售变现。上市也实现了对股权的价值发现功能，为家族成员之间的股权交易、对外出售提供了价格基准。

截至 2010 年年底，爱马仕家族分支的多个控股公司、家族控股公司埃米尔·爱马仕有限公司合伙人及 72 名成年家族成员合计持有爱马仕 63% 的股权及 72% 的投票权，但是家族持股是通过多个公司实体实现的，这导致家族的持股结构非常分散（见表 7.2：2010 年爱马仕主要股东持股比例）。第一大家族持股实体 SAS SDH 的股份比例也不过只有 9.05%。

面对咄咄逼人的入侵者，爱马仕家族成员同仇敌忾，在巴黎上诉法院的支持下，2011 年 12 月紧急创建一家新的家族控股公司 H51 SAS，将不同持股实体持有的上市公司 50.2% 股份集中起来（见表 7.3：2012 年爱马仕主要股东持股比例）。家族成员在集中股权的同时达成协议，如果没有获得 75% 以上家族成员的绝对多数批准，新的控股公司 H51 SAS 不得向外出售爱马仕上市公司股份。另外，H51 SAS 对家族直接持有爱马仕 12.3% 的股份享有优先认购权，无须向其他小股东提出公开收购要约。新的家族控股公司结构搭建完成后，72 名成年爱马仕家族成

员向爱马仕员工发表署名公开信,将阿尔诺对爱马仕的投资定性为"恶意的",并称爱马仕家族对成立锁定控股权的股份托管机构感到"高兴"。

表 7.2 2010 年爱马仕主要股东持股比例

股　东	股权 /%	投票权 /%
SAS SDH	9.05	1.69
SAS POLLUX & CONSORTS	6.25	7.46
SC FLECHES	5.56	7.18
SAS FALAISES	5.27	6.83
SC AXAM	5.27	6.82
SA JAKYVAL	5.06	3.28
SC THEODULE	5.01	3.96
其他爱马仕家族成员	21.32	24.25
LVMH	20.21	13.08
其他股东	16.61	15.46
库存股	0.39	

注：SAS SDH，SAS POLLUX & CONSORTS，SC FLECHES，SAS FALAISES，SC AXAM，SA JAKYVAL，SC THEODULE 等公司都属于爱马仕后代。

来源：爱马仕年报

表 7.3 2012 年爱马仕主要股东持股比例

股　东	股权 /%	投票权 /%
H51 SAS	50.20	57.07
H2 SAS	5.87	5.16
其他爱马仕家族成员	6.80	6.01
LVMH	22.64	16.74
公众股东	7.33	10.77
Nicolas Puech	5.76	4.26
库存股	1.40	

来源：爱马仕年报

爱马仕如何看待当年的上市决策？爱马仕第六代家族成员、董事总经理纪尧姆·德塞恩斯（Guillaume de Seynes）曾对本书作者推心置腹地说，如果今天还有机会重新选择一次，那么答案将是"决不上市"！因为爱马仕的利润率高、现金流好、收入增长快，无须通过股权或者债权融资进行扩张（事实上，多年来爱马仕的负债一直是零）；而家族成员的变现需求，也可以通过其他的替代方式来实现（详见本章后续内容）。正是由于 1993 年上市发行了股票，才给

> LVMH 的突袭提供了可乘之机。与绝大多数上市公司股东希望股价节节攀升截然相反,纪尧姆希望公司股价能够更低,这样的话家族就能回购更多的流通股,以加强家族的控制权。
>
> 尽管这场敌意并购暂时偃旗息鼓,但未来的竞争或许将在爱马仕家族第七代与阿尔诺家族第三代之间展开。根据既往的记录,"天才掠夺者"阿尔诺大概不会轻言放弃,正如他最信赖的首席顾问皮埃尔·哥德(Pierre Godé)所说:"LVMH 愿意为拿下爱马仕等待 100 年,甚至 200 年。"而爱马仕也将毫无疑问地继续秉承家族理念,一如悠悠走过的 180 多年。纪尧姆说:"现在家族上下正在为 2037 年爱马仕成立 200 周年做战略规划及产品设计。" 2014 年年初,已经接任爱马仕执行董事长(即 CEO)的家族第六代接班人埃克塞尔(Axel Dumas)说:"与 LVMH 的对决将是属于我们这一代人的战斗。"这是一场旷日持久的拉力赛,比的是两个家族下一代继承人的意志、能力、智慧和耐力,更是两个家族的价值观和文化。
>
> 未来何去何从?我们拭目以待。
>
> 更详细的案例版本请参阅:高皓和叶嘉伟(2014)

7.2　传承选项的机会与挑战

图 7.1 展示的各种传承选项具有不同的机会与挑战。我们在表 7.4 中总结了这些特征。

对于许多股东而言,公司清算(例如,逐步出售资产、停止招聘及减少商业活动)被视为一种失败。但从利益相关者的角度来看(特别是员工与客户),及时有序地清算比被迫持续经营更负责任。尤其是对于那些处于衰退期的企业来说更是如此。不管怎样,对于许多小型企业而言,当创始股东已到退休年龄,同时缺少对接管企业感兴趣的继任者时,通过清算来及时退出也许是最合理的选择。

正如上面列出的各种传承选项所示,从管理权和股权的家族内部转让转变为非家族涉入,在大多数情况下对家族来说都是有代价的。虽然从财务角度来看,引入非家族经理人或股东是合理的,但从社会情感财富的角度来看,这类选项将会带来损失。家族股东可以从企业获得社会情感财富,例如,希望将代际控制权掌握在家族手中。企业声誉与家族声誉的关联,股东之间的和谐关系,或者家族对企业的情感依赖等——家族股东可能很难接受非家族股东或非家族经理人。因此,从财务角度看起来有利的传承选项,从社会情感角度来看可能是有害的。考虑到家族在企业中的社会情感财富

表 7.4 传承选项的机会与挑战

类型	机会	挑战
家族股权-家族管理权	• 不需要寻找继任者 • 传承家族遗产 • 保护企业的独立性和工作 • 愿意任售价上妥协以利于融资 • 从现任者到继任者的知识转移 • 信息不对称程度较低 • 家族企业传承的无缝对接	• 不一定能保证继任者的意愿和能力 • 需要长期规划 • 由于下一代（职责和待遇）的不均等而引发冲突，特别是某一继任者获得优待时 • 上一代与下一代之间的冲突
混合管理权-家族股权	• 家族保持控制权并设定战略目标 • 使家族从经营责任中解脱出来 • 获得更广泛的人才 • 下一代年岁尚轻，无法全面接管时的过渡性方案	• 遴选经理人 • 家族经理人和非家族经理人之间的不信任 • 管理团队的身份认同和目标不同 • 对于家族而言，影响降低风险但没有同比降低
非家族管理权-家族股权	• 保留家族控制权 • 经理人的专业知识不受家族的影响 • 降低家族的经营压力 • 能够独立地解决（家族）股权问题，不受管理权的影响	• 家族股东的洞察力和影响力有限 • 股东和经理人之间潜在的不信任 • 在风险承担、目标和激励措施方面，股东和经理人之间存在代理问题 • 家族企业文化受到威胁，短期主义 • 家族丧失管理能力 • 非家族经理人对企业的承诺和认同不足
家族管理权-混合股权	• "修剪家族树"：与短期或长期投资者合作，为部分家族成员退出而融资 • 资本流入为增长融资，增加流动性 • 分摊投资风险 • 增加财务结构的稳健性	• 家族股东与非家族股东之间的利益分歧 • 与家族股东相比，非家族股东的回报预期存在差异（更高） • 投资者操纵管理决策 • 非家族股东的退出
混合管理权-混合股权	• 资本流入为增长融资 • 更新管理动力和专业知识	• 家族失去影响 • 股东与经理人的优先排序存在分歧，由此带来潜在冲突 • 不同股东的优先排序存在分歧，由此带来潜在冲突

第7章 家族企业传承 | 195

续表

类型	机会	挑战
非家族管理权 – 混合股权	• 资本流入为增长融资 • 更新管理动力和专业知识 • 整合资源，提升竞争地位	• 家族失去影响 • 经理人的激励和控制问题 • 如果仅出售少量股权，收益有限 • 分红和控制权的减少
转让给员工，或管理层收购	• 企业独立生存，管理层与现任股东拥有共同的价值观和愿景 • 稳定的利益相关者（如员工和客户） • 管理层了解企业及其挑战：信息不对称程度较低 • 经理人转为股东，业绩改善	• 通常只有在卖方融资时才可行（例如，卖方贷款等） • 出售价格未能实现最大化：对经理人的忠诚度折价，融资主要来自企业自身现金流 • 老股东与新股东之间存在冲突：谈判过程中存在冲突；交易完成后存在冲突，因为买卖方都身处管理层中；交易完成后存在冲突，因为角色发生变更
出售给财务投资者或战略投资者	• 存在大量潜在的买方 • 有机会实现出售价格最大化 • 股东可以自由开启新的创业 • 利用变现收入创办新企业	• 丧失家族企业遗产 • 准备出售过程中的隐私问题 • 公众关注和对家族声誉的最终威胁 • 几乎没有办法再次回归家族控制
出售公司的其他既有股东	• 只有公司存在其他股东时才可行：即存在潜在的买家 • 通常需要提前进行估值，这是买卖协议的一部分 • 简化股权结构，"修剪家族树"	• 其他股东是否有充足资金支付给现任股东
首次公开发行（IPO）	• 资本流入 • 公司的专业化 • 家族退出机会，"修剪家族树" • 股票的可交易性，包括对于没有变现的家族股东而言也是如此	• 融资 • 发行成本 • 企业和家族信息的公开曝光 • 证券分析师对短期业绩的压力 • 家族企业文化的改变
清算	• 有秩序地结束经营，尤其在业绩不佳时	• 失去企业和工作，最终失去资产

水平，家族可能更倾向于选择保留家族控制权的传承选项，尽管非家族成员的涉入最终会带来经济收益。

在许多案例中，传承选项会随着时间的推移而改变，这通常是企业成长的自然结果。第一代家族企业往往在家族内部传承，随着企业规模和复杂性的逐渐增加，管理权通常会分享给非家族经理人，最终完全移交给非家族经理人。随着企业对资金需求的增加，股权会逐渐对非家族投资者开放，最终以企业出售和家族退出而告终。随着时间的推移，财务上的考虑会逐渐占据上风，而基于核心实业企业的社会情感财富则会逐渐消退。

7.3　传承选项的重要性

不同传承选项的重要性因国家而异，也因制度体系而异。如上所述，波兰经济社会转型后，在第一代传承给第二代的过程中，87%的股权和管理权传承发生在家族内部。而这一比例在其他欧洲国家则较低，例如，德国为43%，瑞典和瑞士为40%，丹麦为33%（数据来源请参阅Bennedsen等，2007；Wennberg等，2012）。

"全球大学创业精神学生调查"（Global University Entrepreneurial Spirit Students' Survey，GUESS）收集了26个国家和地区的数据，进一步阐明了全球范围内的家族内部传承情况。这一国际数据库表明，这些国家和地区的GDP与潜在继任者之间的接班意愿强度呈正"U"形曲线关系（见图7.2；Zellweger、Siegerand和Englisch，2012）。有趣的是，我们发现在巴基斯坦、罗马尼亚和智利等经济欠发达国家，下一代更愿意接班家族企业。在新加坡和卢森堡等富裕国家，接班意愿也相对较高。然而，人均GDP处于中等的国家，下一代的接班意愿相对较低。

在较为贫穷的国家，接班家业与其他职业生涯相比更有吸引力。这些国家中潜在接班人面临的选择包括：加入家族企业；在不发达的劳动力市场就业；在银行体系薄弱、资本市场欠发达、产权保护薄弱的环境下创业。与之相反，在英国、德国、法国、荷兰和美国等发达国家，潜在接班人通常会找到相对于接班家族企业而言更有吸引力的工作。因此，在人均GDP处于中等水平的国家，接班意愿相对较弱。最后，在非常富裕的国家，潜在接班人更倾向于接管家族企业，原因并不仅在于财务方面（如创造

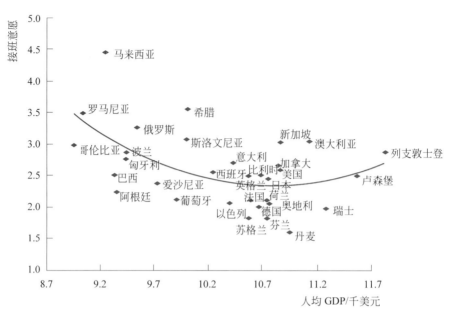

图 7.2　家族企业背景学生的接班意愿强度

来源：Zellweger, Sieger 和 Englisch（2012）

遗产等），还包括传承可以让接班人拥有创业般的职业生涯，但无须承受财务压力。这些非常富裕的国家往往国土面积较小（尤其是卢森堡和列支敦士登），劳动力市场的规模也较小，接班家业的职业选择也因此更有吸引力。

7.4　家族内部传承意愿的下降

家族传承的先决条件是存在愿意传承的接班人。尽管存在着国际差异，但我们对各国的调查发现，下一代在整体上并没有表现出接班企业的强烈意愿（Zellweger、Siegerand 和 Englisch，2012）。正如图 7.3 所示，在拥有家族企业的全球学生样本中，只有 22.7% 的学生考虑过接班家族企业，而 47.9% 的学生从未将接班家族企业视为自己的职业发展选择。我们询问了所有拥有家族企业背景的学生毕业后打算做什么，在他们毕业 5 年后我们又问同样的问题，结果发现只有 6.9% 的应届生打算毕业后直接接班，而毕业 5 年后这个比例上升到 12.8%。

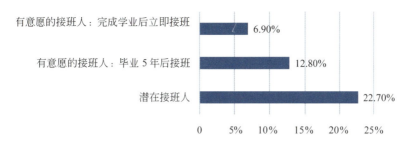

图 7.3 毕业后立即接班和毕业 5 年后接班的意愿

注：潜在接班人指的是拥有家族企业背景的学生中视自己为家族企业接班人，或已经开始接管父母企业的学生。该调查样本包括来自 26 个国家的 5 363 名受访者，这些受访者均有家族企业背景（受访者平均年龄为 23.5 岁）。企业平均规模为 31 名员工，标准差为 96 名员工。

来源：Zellweger、Sieger 和 Englisch（2012）

潜在接班人传承家族企业的意愿相对较弱，这一点也值得从动态视角来探讨。的确，一些发达经济体中的家族企业存在以下 5 点发展趋势，导致潜在的家族接班人日益远离家族内部传承之路。

1. 家庭规模减小

家族内部传承的下降可能与发达国家生育率下降的人口变化趋势有关。2012 年，经济合作与发展组织（经合组织，以下简称 OECD）成员国的平均生育率为每名女性生育 1.76 个孩子，而 1970 年的平均生育率为 3.04 个孩子。OECD 国家生育率下降的直接结果是，直系家族接班人的数量一直在下降。

2. 家庭结构改变

在大多数发达经济体结婚率下降的同时，离婚率却显著上升。例如，自 20 世纪 50 年代以来，美国离婚率翻了一番。与此同时，非婚生子女的数量也在增加。例如，2010 年欧盟国家有约 38.3% 的儿童是非婚生子女，而 1990 年只有 17.4%。离婚率上升的结果是，非传统家庭数量急剧增加。

这并非意味着家庭作为社会的基本单元变得不再重要，但它确实表明，社会网络在人的一生中会发生变化。在企业传承情境中，非传统家庭的"接班人"可能会更模糊。在这些家庭中，企业可能更多地被视为一种功利性资产，而不是可以在家族内部代际相传的遗产。

3. 社会中的个人主义

随着经济的不断发展，社会更趋向于个人主义。在个人主义社会中，个体之间的联结更加松散，强调独立。相反，在集体主义社会中，像大家族这样强大而富有凝聚力的群体占主导地位；而这些群体尤为强调不可置疑的忠诚和严格的权力结构。在最近一项关于传承倾向的研究中我们发现，在个人主义社会中长大的学生更倾向于不接班（见图7.4）。进入家族企业意味着（至少在某种程度上）接受家族所建立的结构和规范，这与个人主义社会中珍视的独立生活理想背道而驰。

个人主义的后果之一就是不愿承担社会群体的责任。传承家族企业通常意味着接班人需要将企业继续经营下去，尊重家族的成就。因此，秉持个人主义的潜在接班人可能会避免传承企业，而选择在家族企业之外工作，或创办自己的企业（Zellweger、Sieger 和 Halter，2011）。

4. 多元选择的社会

正如当代社会学所强调的，个人主义社会伴随着更多的选择性或可能性。这种多元选择在人们寻找职业道路时体现得十分明显——职业生涯不再是线性的，而是难以预测的。人在一生中渴望因时而变、自我实现，因此拥有多种职业选择的年轻人不太可能终生从事同一份工作。这一社会学趋势与家族企业接班人的职业生涯背道而驰：在家族企业中，接班人的角色通常被期望一直工作到退休。

5. 人口趋势

老龄化也导致了接班企业这一职业生涯的吸引力下降。现在，平均寿命增加，工作年限也变得更长，因此下一代在毕业后从事第一份工作时，家族企业中的长辈们可能还不愿意退休。当上一代人让出领导角色时，下一代很可能已经开始了自己的职业生涯，此时再转行进入家族企业的成本就会显著增加。

在某种程度上，伴随着接班过程中男性和女性后代的待遇日益平等，上述趋势也被抵消了。虽然在前几代中，许多家族企业遵循着不成文的长子传承制（由长子传承家族企业），但幸运的是，性别和出生顺序差别的影响在近年来已经显著下降。

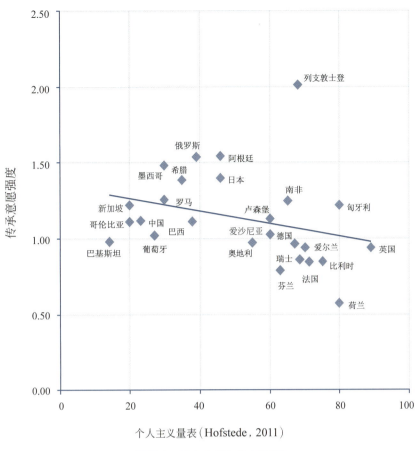

图7.4 个人主义与传承意愿

来源：Zellweger、Sieger 和 Englisch（2012）

值得注意的是，家族内部传承意愿的下降并不一定导致家族企业的衰落和倒闭。相反，家族内部传承的普遍下降会带来混合传承选项和外部传承选项。这一现象在许多发达经济体中，以出售企业、管理层收购（MBO）和外部管理层收购（MBI）等形式出现。这些发达经济体的制度环境特点是资本市场和劳动力市场运转良好，从而能够实现资源的有效配置。有趣的是，瑞典一项大规模纵向研究表明，转让给外部股东的企业比家族内部转让的企业业绩更好，但家族内部转让的企业存续率更高（Wennberg 等，2012）。这些业绩差异要归因于家族企业传承给下一代的韧性，以及创业动力和非家族收购者的能力。在发达的劳动力市场及资本市场中，资源配置更为有效，潜在接班人的能力与家族企业之外的工作或创业机会之间能够实现更好的匹配。与此同时，有效的资本市场使家族企业更有可能找到杠杆收购的买家。

7.5 家族企业传承复杂性的来源

与出售或者收购上市公司较为严格的金融属性不同的是，企业传承具有高度的社会属性。例如，买方与卖方、交班者与接班者，往往是相互依存、相互了解的。企业转让，特别是家族内部传承，是包括双方"交"与"接"的交换。这使得传承过程极具复杂性。下面我们就来探讨造成这种复杂性的诸多原因。

1. 主张各不相同的多个利益相关者

因为大多数传承涉及大量股权甚至是整个企业的转让，各个利益相关者都可能会受到传承的影响，希望表达自己的诉求。可能受到影响的利益相关者包括个人股东、现任股东家族、企业和社会。

在个人层面上，现任股东通常希望在转让中维护公司的独立性。与此同时，他们希望把自己持有的股份变现，用来承担自身的养老费用等。现任股东家族通常强调内部和谐和公平对待下一代。公司经理人关注的则是薪酬、级别及岗位。员工、客户、供应商和银行关注的是职位、持续供应、及时支付和持续偿债。此外，社会层面的利益相关者可能会关心企业的合法性，对传承流程施加压力。例如，媒体想了解企业是如何进行传承的，什么时刻传承，以及传承给谁。类似地，政府会关心传承中产生的税收以及传承的外部性（如最终失业率等）。

家族企业传承的复杂性源于多个利益相关者各自具有不同的主张。值得注意的是，这些主张并不仅仅是财务上的。例如，家族的目标可能是保持企业的独立性，而金钱无法确保这些利益相关者总是满意的。

2. 角色的复杂性

更重要的是，传承流程具有复杂性是因为现任企业家作为决策者，同时扮演着多个角色：股东、经理人、家族成员和社会公民。企业家与许多专业顾问不同，顾问往往只会考虑传承挑战的某一特定专业领域（例如，估值、税务等），而现任企业家则要考虑多个主张，这些主张往往是彼此相互矛盾的。例如，现任者在选择接班人时可能会在家族逻辑和企业逻辑之间左右为难：作为父母的现任者可能更倾向于任人唯亲，选择自己的子女作为接班人，但与此同时，作为 CEO 的现任者可能更倾向于任人唯贤，但最合适的人选更有可能存在于人数众多的非家族经理人之中。在这种情况下，现任者通常不得不只能从中选择一个身份。换言之，身处特定的决策环境中，现任者究竟应该遵循哪种逻辑——是家族逻辑，还是企业逻辑？

3. 不是一元传承，而是多元传承：股权传承、董事会传承、管理权传承和财富传承

传承不仅意味着企业作为非个人的法人实体的转让，还意味着角色的转换，特别是股权、管理权和董事会角色的转换。虽然这些角色转换可以按部就班地进行，但是家族股东往往会忽视角色转换对于个人财富的影响。对大多数家族股东来说，企业是他们个人财富中最大的组成部分，因此，将企业传给接班人将会立即对个人及家族财富产生重大影响。这种影响有两种表现形式：第一，转让价格会影响他们的财富总量（例如，用于现任者的养老等），同时也会影响每位家族成员分得的财富；第二，家族内部可能存在着公平问题，即下一代将获得家族总财富的多少份额。对于有多个子女的家庭而言，将企业传给其中一个子女，将会导致其他子女在经济利益上处于极大的劣势。

4. 技术复杂性

与许多其他类型的企业决策不同，传承涉及多学科的专业性和技术性问题。传承流程的参与者需要处理人际关系和治理问题，以及当前和未来的企业战略定位。金融、法律和税务等问题也会影响传承流程。现任者及其家族面临着跨学科决策情境的挑战，在这种情境中，个人很难具备所有必要的专业知识。因此，许多上一代及下一代股东都不得不依赖专业第三方来应对这种复杂局面。

5. 不完美的资本市场

非上市家族企业进行股权转让的流动性和透明度都不够完善。家族企业股权通常完全缺乏流动性，或者高度缺乏流动性。许多非上市公司的信息是非公开的，用来评

估企业财务健康状况的数据也往往是不完整及有误的。此外，对于非上市公司而言，买方和卖方通常需要通过专业代理或顾问进行交易。因此，对非上市家族企业进行估值或多或少要基于合理的假设条件。如何评估家族涉入的溢价/折价，将使得企业估值和转让进一步复杂化。

6. 信息不对称

显著存在的信息不对称也使家族企业的权力转移复杂化。一方面，买方/继任者在企业质量方面存在着严重的信息不对称（Dehlen等，2012）。继任者通常不够了解企业的财务细节。继任者接管企业后，还面临着现任股东在交易后带来的道德风险。例如，现任股东可能会在退出后创办一家新的竞争性企业，并试图从原来的企业中挖走最好的经理人。

另一方面，大多数非上市公司的卖方/现任者都关心自己企业（"他们的孩子"）的成功延续及独立运营（Graebner和Eisenhardt，2004），他们面临着信息不对称问题。例如，对于新的股东-经理人能否成功经营企业这一问题，现任者面临着较大的不确定性。

如果是在家族内部进行股权和管理权的转移，那么这些信息不对称问题往往不是很严重。但是，由于向家族外部转让的企业数量越来越多，情况就会变得越来越复杂。例如，继任者必须清晰地发送自己能力的信号，而现任者必须在完成交易前以某种方式筛选继任者。与此同时，还需要协商合同条款，如"或有对价支付机制"（earn-out）与惩罚条款，从而协调现任者和继任者的交易后行为。

7. 传承时间长，安排不确定

传承通常不是简单的一次性事件，而是一个跨越数年的长期过程。在大多数情况下，结果和完成日期都不确定。寻找、遴选及培训潜在的继任者，为现任者的退休做准备，谈判合同以及传承中的其他要素可能要花费数年时间才能完成。有时传承过程会经历反复及后退，如果继任者退出，就会将时间线拉得更长。当然，传承过程也可能会在较短时间内完成；诸多必要步骤可以同步执行，向财务投资者或战略投资者出售企业可能会在相对较短时间内（如几个月）完成。但对于家族内部传承、管理层收购（MBO）

和外部管理层收购（MBI）而言，现任股东预期要花 5～10 年时间才能有条不紊地完成整个传承过程。我们将在随后的 7.9 节中进行阐述。例如，一项基于欧洲企业传承的实证研究发现，家族内部传承的平均年限是 6.5 年，转让给员工为 3.3 年，出售企业为 1.6 年。大多数企业传承都涉及一系列交易事项，管理权和股权的转让需要耗费相当长的时间，通常是几年。考虑到这一点，企业传承需要花这么多时间也就毫不意外了。通常而言，出售企业是耗时最短的传承方式。传承过程长的主要原因并不是合同谈判，而是寻找继任者、现任者退出以及继任者接管公司，这些原因导致企业完成传承流程往往需要花费多年时间。

7.6　构建传承流程：传承框架

在上述章节讨论完传承复杂性的来源之后，我们离家族企业传承的结构化方法就更近一步了。各种传承选项的机会和挑战表明，我们有必要在传承流程的早期阶段就确定传承选项，因为不同的选项将对其后的实施步骤产生影响，例如，融资、税务和法律等。因此，任何结构化方法都需要首先考虑一系列基本问题，明确相关方的价值观、偏好和边界条件。这些初步思考能够引导我们去思考战略层面和执行层面的问题。

基于以上考虑，图 7.5 中的传承框架告诉我们，在传承过程中需要处理什么以及何时处理。这一传承框架建立在既往传承研究的基础之上，包括 De Massis、Chua 和 Chrisman（2008）关于阻碍家族内部传承因素的研究，Le Breton-Miller、Miller 和 Steier（2004）的整合型传承模型，Chua、Chrisman 和 Sharma（2003）关于家族企业传承问题的研究，以及 Halter 和 Schroeder（2010）关于传承框架的研究。

在如图 7.5 中所示的六步流程中，前两步通常是最耗时的，但也是最重要的，能使相关决策流程得以顺利（或延迟）进行。例如，如果现任者改变传承选项，那么整个传承流程将会大大延迟。如上所述，传承流程涉及的议题差异也很明显，从一开始非常个人化的问题到最终非常技术性的问题。

在实践中经常存在着舍本逐末的误区：很多传承流程会受到法律和税收等因素的影响。但实际上，税收、法律和金融等技术细节是由选定的传承选项决定的。因此，

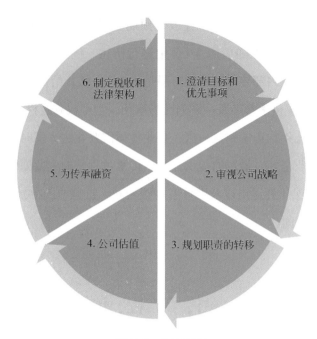

图 7.5　传承框架

我们首先要思考并选择合意的传承选项，再展开传承流程——只有这样，参与主体才能顺利地聚焦于战略和治理等根本性问题，最终落地执行。接下来，我们将更详细地讨论这六个步骤，从规范标准到战略制定，最后到落地执行。

7.7　澄清目标和优先事项

有效传承流程的关键步骤首先是通盘考虑各种传承选项，特别是家族内部传承以外的其他选项。每种传承选项都有特定的机遇和挑战（详见表 7.4）。每种选项也取决于企业是否满足某些先决条件，例如，内部传承要求家族内部存在能够胜任且愿意传承的子女。现任者和继任者的动力和偏好可能因传承选项的不同而差异巨大，某些选择对一方的吸引力要比对另一方大得多。此外，传承选项会影响股权和管理权转让的时长和流程，也会影响股权的转让价格以及相关融资。表 7.5 详细描述了各种传承选项，包括家族内部传承，控股权转让给员工，出售给现有管理层（MBO），出售给外部管理层（MBI），出售给财务投资者（如 PE 基金）或战略投资者（如竞争对手）。

表 7.5 不同传承选项的前提、动机、时间、价格和融资

	家族内部传承	转让给员工	出售给其他股东或外部人士	出售给战略投资者或财务投资者
类型描述	转让给下一代家族成员	转让给非家族员工	转让给原先未参与企业运营的其他股东或者非家族经理人	转让给战略投资者（如竞争对手）或财务投资者（如 PE 基金）
前提条件	・有能力且有意愿传承的子女 ・和谐的家族关系 ・上一代和下一代明确职责分工	・有能力且感兴趣的经理人 ・可提供给员工的资金 ・现任者愿意提供融资支持	・买家-卖家匹配（能找到合适的买家） ・拥有充足的资金 ・企业的战略和财务匹配	・企业的战略和财务匹配 ・现任者愿意迅速放手
现任者的动机	・确保企业的独立性 ・家族传统 ・个人遗产	・确保企业的独立性 ・认可管理层的忠诚 ・确保就业	・确保企业的独立性 ・简化股权结构	・抓住有利的退出机会 ・出售价格最大化
继任者的动机	・传统 ・个人遗产 ・创业职业生涯	・创业职业生涯 ・实现自我价值	・增加控制权（共同股东） ・创业生涯（外部管理层收购）	・抓住有利的投资机会
时间	・大约 5~10 年	・大约 2~5 年	・大约 1~2 年	・大约 1 年
价格	・赠予、继承（这种情况下无须融资） ・价格 =0* ・其他情况：=市场价值 - 家族折扣	・=市场价值 - 忠诚折扣	・=市场价值 - 情感折扣	・=市场价值
融资	・其他方式：股权融资、债权融资、卖方贷款	・股权融资 ・债权融资 ・卖方贷款	・股权融资 ・债权融资	・收购企业的股权/股票 ・债权融资

* 如果所在国征收遗产税或赠与税，企业就不能简单地赠予子女，因为这意味着避税。但是，即使法律规定要征收这类税，家族内部转让也往往十分慷慨，不会追求转让价格的最大化。

第7章 家族企业传承 | 207

7.7.1 确定传承选项

对于现任者来说，面对退出企业的复杂性，深思熟虑地确定传承选项的一个方法就是扪心自问两个重要问题："我在财务上准备好放手了吗？"以及"我在心理上准备好放手了吗？"

第一个问题背后的逻辑是，不同的传承选项为现任者提供了截然不同的财务方案。一个极端是，如果现任者将企业无偿赠与子女或置入信托，就无法获得任何财务补偿，现任者收到的财务回报是零或者很少。另一个极端是，战略投资者看到企业中存在的巨大协同效应，进而提出收购要约，那么现任者就会获得相当高的溢价。

第二个问题背后的逻辑是，就心理而言，企业家将自己与企业区分开来的能力和意愿大不相同。毕竟，对许多企业家来说，企业就是他们的孩子。例如，某些现任者非常乐意放手，因为他们希望在为企业奉献多年之后，把更多的时间留给自己。但是，对于其他现任者而言，企业就是他们的全部生命，很难想象企业家从企业退出后生活会变成什么样。

从以上两个角度来看，各种传承选项的吸引力完全不同（如图7.6所示）。在心理上和财务上都没有准备好放手的现任者就可能会留下来，带领企业继续增长，为后续退出做准备。如果现任者过去已经从企业中获取了大量财富，或者期望在离任时实现

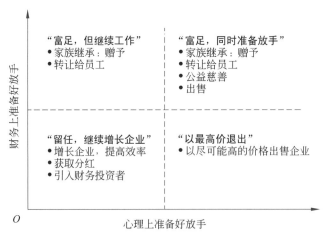

图7.6 退出企业的矩阵模型

来源：Leonetti（2008）

巨额财务回报，那么他们就可能已经准备好在财务上放手了。然而，现任者可能仍然希望与企业保持某种联系，进而抵制妨碍他们继续以某种方式涉入企业的传承选项（例如，把企业出售给外部第三方等）。这类现任者倾向于家族内部传承或转让给员工，因为这些选项允许现任者继续涉入企业，即使这些选项无法实现出售价格的最大化。

当现任者已做好离开企业的心理准备，但又想从出售中获得最大的财务利益时，退出选项就会与上述情况大不相同。在这些情况下，现任者希望以最高价格出售企业，而不考虑买方是谁，即使意味着现任者会完全、迅速地失去控制权。

最后，心理及财务上都做好放手准备的现任者拥有最多的传承选择。在这种情况下，现任者的目标不一定是从退出中获得最大利益。同样，现任者可能愿意将控制权全部交给下一代的股东（们），但如果继任者有需要，他们仍可继续提供帮助。图7.6描述了这四种选项。

无论财务或心理上准备得如何，现任者在考虑退出选项时，他们心中都会有优先排序。如果现任者能够完全自由选择，他们更愿意选择家族内部传承。排在家族内部传承选项之后的第二优先级是，许多小型企业更愿意将企业股权转让给共同股东、联合创始人或其他家族成员。接下来偏好的选项通常是转让给员工。员工对企业有着深入的了解，因此他们知道将接管的具体工作内容；他们也可能是唯一的买方，因为很少有人会愿意接手一家小型企业。另外，现任者可能决定把企业出售给战略投资者或财务投资者。当然，现任者偏好的传承选项不一定具有可行性。但是，对现任者而言，还是需要考虑自身关于传承选项的优先排序。

鉴于现任者不确定自己偏好的传承选项是否可行，他们必须考虑各种退出选项，并按时间表进行排序。例如，如图7.7所示，一位现任企业家希望在未来两年内完成家族内部传承。为了实现这一目标，现任者和继任者必须同步执行多项重要任务。例如，继任者在进入家族企业之前必须完成学业，在外部企业工作以获得相关的行业经验。现任者可能要进一步提升高管层的职业化程度，在企业内设置第二级管理层，将经营性资产与非经营性资产分开，建立管理会计制度。值得注意的是，即使各方同意切换为另一种退出选项，之前所做的所有准备工作也是大有裨益的。

如果上述行动能够在两年内完成，家族内部传承的进程将继续推进。如果这些目标没有实现，那么现任者将会选择下一个优先传承选项——转让给员工。

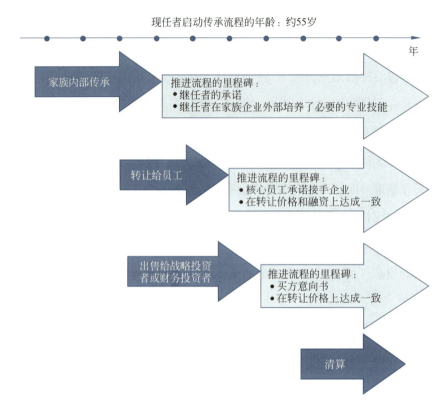

图 7.7 传承方案示例

在下一节的传承之旅中,我们将集中关注几个经典案例,包括企业从上一任股东-经理人转让给下一任股东-经理人(例如,家族内部传承等)、转让给员工、管理层收购(MBO)、外部管理层收购(MBI)或出售给既有股东。我们关注这些特定的传承选项,因为它们涵盖了家族企业的大部分传承方式。这些方案在中小型家族企业中尤其常见,而中小型企业占所有家族企业数量的 90% 以上。

当然,还有其他传承选项,包括家族和非家族的混合涉入、直接出售企业、上市和清算。本章 7.1 节详细讨论了与这些传承选项相关的挑战和机遇(见图 7.1 和表 7.4)。企业出售和并购也在财务和并购文献中得以广泛讨论。

7.7.2 现任者和继任者的目标

家族企业传承往往不符合传统企业控制权转让的典型假设,尤其对家族内部传承而言:现任者(卖方)和继任者(买方)彼此非常了解;他们通常是相互依赖的,两者的关系不仅仅在传承交易上。双方既要考虑财务因素，又要考虑非财务因素。认识到这一特殊的二元结构非常重要，因为现任者和继任者的考虑往往是截然相反的。表 7.6 总结了现任者和继任者的考虑因素。

表 7.6　现任者和继任者在传承方面的考虑因素

现任者的考虑因素	继任者的考虑因素
• 倾向于以面向过去的方式思考和行动	• 倾向于以面向未来的方式思考和行动
• 辛苦工作多年后已经十分疲惫	• 充满能量和创意
• 认为企业是自己一生的成就，因此主要考虑企业面临的威胁；倾向于维持现状	• 主要考虑企业面临的风险和机会；倾向于锐意变革
• 年龄大	• 年龄小
• 有丰富的企业管理经验	• 管理企业经验较为有限
• 丧失控制权和责任	• 获得控制权并承担责任
• 传承后，社会地位下降	• 传承后，社会地位上升
• 与企业有着深厚的感情联结	• 与企业几乎没有感情联结
• 根据过去的个人成就和付出评估企业价值	• 根据未来的财务机会和风险评估企业价值

虽然在交易市场中，卖家追求的是最高售价，但是与售价相比，许多非上市公司股东更希望交给合适的继任者。现任者通常希望继任者拥有与自己相一致的价值观、偏好和性格。此外，在许多情况下，只存在单一的交易对手有兴趣传承企业（即家族内部传承选项中的子女，或转让给员工选项中的经理人）。因此，现任者与继任者是相互依存的；双方都需要了解对方的目标和担忧。如果现任者不能理解潜在继任者的担忧，他们就很可能会失去继任者，此时另外寻找继任者将会导致成本增加。但与此同时，继任者也需要理解现任者的担忧。如果继任者做不到，他们就可能会失去一个很好的创业机会。

因此，企业传承需要澄清与阐明双方的目标、考虑和担忧。如果缺乏这样的互相理解，想要达到交易双方都满意的状态，即使不是完全不可能的，也是非常困难的。如果不能互相理解，最好的结局是，双方沮丧且困惑地离开谈判桌，但通常此前已经花费了大量的时间和金钱聘请财务或法律方面的专业人士。最差的结局是，双方达成协议后才意识到这是一个错误。在这种情况下，他们可能会相互约束，比如，现任者要求保留股权、担任顾问或在背后操纵，或者传承完成后才发现继任者能力不足。

7.7.3 现任者和继任者如何确定转让价格

如果调查上一代传承到下一代可接受的企业售价,我们会惊奇地发现,个人的目标、偏好和价值观等因素会影响技术层面的事项,企业售价是由现任者和继任者各自主观决定的。

1. 现任者视角:情感价值(emotional value)

在德国和瑞士进行的一项调研中,我们询问了现任股东对自身企业的可接受出售价格[1](Zellweger 等,2012),结果发现他们的主观估值比公允市值高出 30% 左右。这一溢价来自于现任股东对企业的情感价值(Zellweger 和 Astrachan,2008),由股东的一系列价值和补偿心理驱动。

值得注意的是,当现任股东将企业出售给家族以外的买家时,他们希望补偿因出售而失去的主观收益,特别是延续家族遗产的机会。在上述实证研究中我们发现,将企业传给家族后代的意愿将会大大增加情感价值。也就是说,如果股东有机会把企业传给下一代,他们就会大大高估企业的价值。而与此同时,现任者也想要放手,降低自己的价值预期,以避免产生与企业相关的生理压力与心理压力等负面效应。这两种效应都会依预期方向发挥作用:社会情感优势(例如,有机会在家族内部传承企业等)增加了情感价值,而社会情感劣势(例如,压力等)则降低了情感价值。

然而值得注意的是,在某些情况下,现任者的社会情感劣势会使企业的情感价值更高而不是更低。例如,如果家族股东之间存在严重冲突,那么现任者就会希望补偿在此过程中产生的"成本",即补偿冲突引发的不适和愤怒。他们对这部分情感成本的计算也包含了对沉没成本的补偿。举例来说,某家小型企业的财务状况不佳——过去 5 年里持续亏损——但是现任股东对企业的可接受转让价格仍有非常明确的想法。他在访谈中这样说道:

> 虽然我的企业这几年一直在亏损,但它并非毫无价值。你要考虑以下事实:我的企业是本地最后一家生存下来并保持独立的企业——我以前的竞争对手要么破产了,要么被大型跨国企业收购了。同时你知道,我周末一直在努力工作、

加班加点，大部分个人生活都奉献给了企业。别告诉我这些一文不值。

相反，有些股东可能愿意为保留社会情感优势而降低企业估值。例如，市场营销研究表明，在存在情感依恋的情况下，如果股东认为自己能把珍爱的财产交到正确之人手中时，他们愿意以一个较低的价格出售这项财产。对美国初创企业股权转让的研究也有类似发现（Graebner 和 Eisenhardt，2004）。我们对欧洲现任股东的研究发现，如果继任者是下一代家族成员，他们愿意折价 20%~30% 出售给家族买家。另外，在管理层收购（MBO）的传承选项中，对于有意接管企业的长期员工，现任股东也会认可他们忠诚度的价值。在这种情况下，企业的转让价格通常包含忠诚折价。表 7.7 描述了这些驱动情感价值的认知机制。

表 7.7 现任股东情感价值的驱动因素[2]

	对情感价值的影响	
	正面影响	负面影响
社会情感优势	对出售企业失去利益的补偿 例如，社会地位、控制权、家族遗产	仁爱及利他主义 例如，"把企业交到正确的人手中"；"有机会在家族内部将企业传承下去，对我来说意义重大"
社会情感劣势	对沉没成本的补偿 例如，不断升级的冲突	避免 例如，责任、压力

这里需要特别注意的是，个人的目标和偏好（即"行为偏好"）似乎仅影响财务考量。股东本身无法将高水平的情感价值资本化。然而，他们对企业估值的认知偏差，确实会影响他们的谈判地位和找到继任者的可能性。

2. 继任者视角：家族折扣（family discount）

如果我们询问潜在的接班人，他们愿意为从父母手中接管企业支付多少钱时，问题就没有那么简单了。有些人会说："为什么要付钱呢？子女继承企业是天经地义的，因此不用支付任何费用！"其他人可能会说："虽说涉及亲子关系，但我们谈论的是企业，是一项可能具有重大价值的资产。因此，子女不应该占父母的便宜。父母工作很努力，应该从传承中得到经济补偿。"就情感价值而言，当考虑可接受的转让价格时，下一代家族接班人确实表现出了特定的偏好和偏见。在近期一项针对 20 个国家 4 500 名潜在接班人的调查研究中我们发现，与家族之外的买家相比，潜在接班人在收购父母企业时平均期望获得57%的价格折扣（Zellweger、Sieger和Englisch，2012）。图7.8展示了家族折扣预期的国际比较[3]。

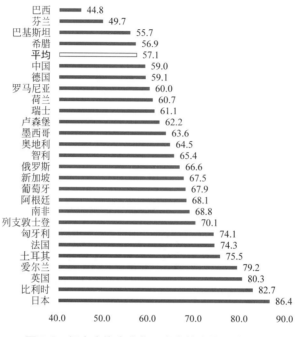

图7.8 拥有家族企业背景学生的家族折价预期

来源：Zellweger、Sleger和Englisch（2012）

这些折扣预期普遍呈现出较高水平。例如，日本、比利时、英国、爱尔兰等国的平均家族折扣预期较高，表明在这些国家中下一代只是希望传承家族企业，而不希望向现任者支付任何经济补偿。在德国和瑞士进行的一项后续研究表明，图7.8中的折扣预期并非仅是潜在下一代股东的想象。事实上，我们发现，在德国和瑞士中小家族企业代际转让的真实交易中，家族折扣约为60%。这一数据与上述研究中的两国折扣预期相一致。

以上我们总结了现任者视角的情感价值和继任者视角的家族折扣，列举了理论研究和实证证据。这些都表明，行为偏差对家族企业控制权的代际转让具有显著影响。当然，税收监管将会限制代际转让价格偏离企业市值的程度[4]。尽管如此，仍然有很多非上市公司是在家族内部由父母传给子女的，而且根据多国法律，将财富转移给直系后代是免税的。因此，这些研究能够准确地解释许多企业的股权转让行为。它们表明，我们应当理解并认真对待不同主体的行为偏差和偏好，因为它们不符合价格至上和利己主义等既有观点。

7.7.4 哪些因素激励/阻碍下一代接班人进入企业

许多家族企业传承研究的焦点集中在现任股东身上，例如，探究股东的传承目标。然而，这种关注具有片面性。大多数企业传承（特别是家族内部转让）都具有二元性，涉及两个相互依赖的主体。因此，我们需要更详细地研究接班人的动机，理解哪些因素激励接班人加入家族企业，哪些因素阻碍接班人加入家族企业。

近期的研究探索了选择家族内部传承选项的原因，发现了一系列涵盖个人、企业、家族和社会等多个层面的广泛标准，这些标准影响了拥有家族企业背景之学生的传承意愿（Zellweger等，2012）。

在个人层面，我们发现，潜在接班人对自己的创业潜力越有信心，接班意愿就越低。同样，内控观（internal locus of control）越强的学生（即那些越相信命运是掌握在自己手中而不是他人手中或运气的学生）接班意愿就越低。这两项研究结果表明，一方面，那些通常被认为更加适合创业的人，更有可能不选择加入家族企业；另一方面，与我们预期相符的是，对企业的感情越强烈，父母对子女创业的态度越积极，学生的接班意愿就越强。

在家族层面，家族背景会进一步区分下一代接班意愿的强弱。个人的家族传统经历对接班意愿有正向影响，而高凝聚力的家族往往会使下一代不愿加入企业。这是因为家族可能会强迫后代加入企业，从而引发他们怨恨自己对企业和家族的依赖。简而言之，高凝聚力家族的阴影可能会让某些下一代对经营企业感到窒息。了解这种"家族手铐"很重要，因为许多企业家族都在努力维护家族凝聚力，很多家长认为更强的凝聚力会激励下一代追随自己的脚步。

此外，有证据表明，下一代潜在接班人的兄弟姐妹越多，接班意愿就越低。这一观点指出了出生顺序对传承的影响。与弟弟妹妹相比，年长的下一代（尤其是老大）更愿意遵循父母的意愿。此外，当老大做出职业选择时，家族企业中尚有较多的空缺职位，而轮到弟弟妹妹做选择时，企业中可能已经没有那么多空缺的重要职位了。因此，晚出生的下一代家族成员往往会在家族企业之外就业。

在企业层面，我们发现，企业的规模越大，家族控制的企业数量越多，对下一代家族成员而言，接班就越有吸引力。同样，这也表明了潜在接班人希望能有更大的行动范围和自主决定权——在父母的直接影响之外留下他们自己的印记。

在社会层面，我们发现，一个社会的不确定性规避（uncertainty avoidance）程度越高，就会有越多的下一代希望加入家族企业。不确定性规避可以定义为某个社会中的成员在面对不确定的或者未知的情况时感知威胁的程度（Hofstede 等，2010）。与其他职业生涯相比，加入家族企业是一个相对稳定的选择。这使得在厌恶不确定性的社会中（如德国、日本和法国等），下一代更愿意选择接班家族企业。此外，在个人主义社会中（如荷兰和英国等），下一代的接班意愿较低。表 7.8 总结了这些研究发现。

表 7.8 影响下一代接班意愿的因素

	对接班意愿的正向影响（+）	对接班意愿的负向影响（-）
个人层面	**对创业生涯的态度** 对创业生涯的态度越积极，接班意愿越高 **主观规范（父母的反应）** 父母对孩子创业意愿的反应越积极，接班意愿越高 **感情承诺** 与企业的情感关联越积极，接班意愿越高	**创业自我效能感** 创业自我效能感越高，接班意愿越低 **内控观** 内控观越强（即对自己命运掌握在自己手中的信念越强），接班意愿越低
家族层面	**家族传统** 家族传统对学生越重要，接班意愿越高	**家族凝聚力** 家族的凝聚力越强，接班意愿越低 **兄弟姐妹的数量** 下一代的兄弟姐妹越多，接班意愿越低
企业层面	**企业规模** 企业的规模越大，接班意愿越高 **企业组合** 家族控制的企业数量越多，接班意愿越高	
社会层面	**不确定性规避** 社会的不确定性规避程度越高，接班意愿越高	**个人主义** 社会的个人主义越强，接班意愿越低

来源：Zellweger、Sleger 和 Englisch（2012）

以上研究结果表明，父母是孩子的重要榜样。父母积极投身于创业会引导后代自己去设想这种职业选择。但父母也要为子女提供充分的自我生活控制权，以激励他们追随自己的脚步。有趣的是，强调家族凝聚力将会实质上阻止下一代家族成员加入企业。父母影响子女加入企业的另一种方式是，扩大企业规模及提高多元化程度。对于下一代家族成员来说，规模更大、子公司数量更多的家族企业集团比小型的、单一业务的家族企业更有吸引力。

7.7.5 接班人的意愿和能力

在上一节对下一代加入家族企业意愿的讨论中，我们发现了影响下一代加入家族企业意愿的不同机制。潜在接班人的接班意愿存在着显著差异。但仅有意愿仍不足以成功经营一家企业；能力也是同样重要的，甚至更为重要。因此在考虑"正确的"接班人选时，我们有必要同时考虑接班人的意愿和能力。

1. 接班人的意愿：重要的是承诺类型

初看之下，接班意愿似乎是评估接班人是否有资格在家族企业内任职的一种简单方法。当然，也需要在一定程度上激励接班人，从而推动家族内部传承的成功进行。但在简单的意愿之外，接班人意愿的质量和承诺类型对成功传承更为重要。事实上，潜在接班人加入企业的动机可能截然不同。探索这些动机很重要，因为加入家族企业的动机不同，下一代的行为和对家族企业的投入也会不同。

Sharma 和 Irving（2005）对此进行了一项有趣的研究，他们区分了下一代加入家族企业的四个基本动机，即情感承诺（affective commitment）、规范承诺（normative commitment）、计算承诺（calculative commitment）和强制承诺（imperative commitment）。

情感承诺是基于接班人对企业目标的坚定信念和认可，以及为此奉献的意愿和对自己能力的信心。从本质上讲，接班人"希望"追求这样的事业。当下一代家族成员的职业兴趣和身份认同与企业的机遇和身份相一致时，情感承诺的影响会更加明显。

规范承诺是基于接班人感到有义务在家族企业中追求自己的职业生涯。接班人试图以此和上一代建立及保持良好的关系。简单来说，具有高度规范承诺的接班人认为他们"应该"去追求这样的事业。浓厚的家族规范——例如，守护家族遗产、重视出生顺序（长子传承制）或者重视性别（男性接班人）等——会在下一代人中培养义务感。

计算承诺是基于接班人考虑到如果不在家族企业工作的话，他们可能承担的巨大机会成本，以及可能会损失的价值。具有高度计算承诺的接班人认为他们"必须"追求这样的事业。在家族企业之外工作可能薪酬会更低，由此会带来更高的机会成本。

强制承诺基于接班人怀疑自己是否有能力胜任家族企业之外的工作。具有高度强制承诺的人认为他们除了在家族企业工作之外别无选择。这种心态使接班人"需要"追求这样的事业。

Sharma 和 Irving（2005）认为，下一代加入家族企业的承诺类型会在很大程度上影响他们的自主行为，从而影响他们是否愿意在职责之外多做贡献（见图 7.9）。他们认为，具有强烈情感承诺的接班人会表现出更多的自主行为，因为他们个人的兴趣和企业相一致。由规范承诺和计算承诺驱动的接班人对企业的参与度相对较低，因为这两种承诺类型的接班人认为，虽然有理由加入企业，但是这些理由主要是由外部因素驱动的（例如，社会压力和经济压力等）。最后，强制承诺驱动的接班人没有其他选择，因此他们对提升企业效能的参与度是最低的，甚至是负向影响。

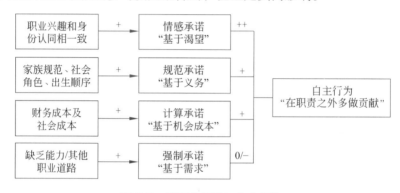

图 7.9　接班人承诺与自主行为

来源：Sharma 和 Irving（2005）

出于以上原因，我们应当关注下一代加入家族企业的动机。考虑到企业的未来，以及潜在接班人在家族企业中工作的感受，上一代和下一代应该开诚布公地讨论承诺类型。

2. 接班人的能力

同样地，我们也会自然发问：接班人是否具备管理家族企业的必要能力？管理企业所需要的能力因工作性质的不同而大异其趣。对于大型企业的 CEO 职位而言，管理技能和领导经验极为重要。相比之下，对于同一家企业的次级管理工作和行政工作而言，领导力可能就没那么重要了。相反，作为一家小型企业的唯一股东-经理人，专业技能可能特别重要。因此，在评估下一代的能力时，我们必须考察接班人是否具备他们即将接管的特定岗位所需的能力。

3. 意愿-能力矩阵

结合以上关于意愿和能力的讨论，我们可以通过提出以下问题来判断接班人是否适合在家族企业任职。

（1）意愿。接班人对家族企业的承诺强度如何？最佳评估方法是接班人是否发自内心地希望在企业内部追求职业生涯的发展。

（2）能力。接班人在多大程度上具备所需要的能力？最佳评估方法是考虑他们即将接管职位的能力要求。

意愿和能力的四种组合如图 7.10 所示。当然，理想的接班人是意愿和能力两者双高的，能够胜任公司的某个职位。对于这类接班人而言，明确进入企业的路径非常重要，这样他们的承诺和能力才能获得最有效的运用。但是，这种理想的接班人在家族内部往往是非常难得的，大多数情况下，接班人的意愿或能力可能至少有一项不尽如人意。

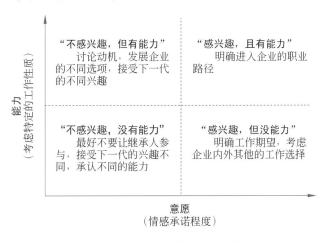

图 7.10 接班人的意愿与能力

对于那些有能力但不感兴趣的接班人，他们的个人兴趣和事业激情与家族企业的岗位并不匹配。例如，接班人可能对企业、产品或行业没有情感承诺。在大多数情况下，这类接班人在家族企业之外工作效果会更好。尽管如此，考虑到他们具备的能力，应当让这些潜在的接班人在年轻时接触企业，例如，兼职或短期实习等。这类接班人所在的家族还可以考虑担任企业内部的各种职位和治理角色，同时要考虑企业如何发展才能增加接班人在企业内工作的意愿。然而，最重要的是，上一代和下一代应该接受接班人对企业兴趣不大的现实,无条件地支持接班人在家族企业之外寻求事业发展。

感兴趣但能力不足的接班人也不是理想的接班人。对于这个群体,我们必须问接班人,他们是否有足够的能力在企业内部胜任某项工作。不难想象,上一代认为下一代不具备经营企业所需的能力;而下一代的能力可能确实差强人意,尤其对于高管职位而言。但父母的判断很容易有失偏颇:父母可能会低估孩子的资质,认为他们不能胜任企业内部的各种工作,或者不能与具备互补技能的管理团队进行高效合作。同时,父母也可能会出于爱而高估孩子的资质。在这种情况下,需要首先明确企业面临的挑战类型,以及成功应对这些挑战所需的技能是什么。下一步则是要客观地评估孩子的资质,评估他们是否具备必要的技能,如果有需要可以寻求专业人力资源顾问的帮助。

由于家族企业从上一代传到下一代之后,创业能力和激情可能都会衰减,大多数企业家将不得不与能力不足、意愿不强的接班人共事❺。"感兴趣但没有能力"和"不感兴趣但有能力"的接班人是最常见的类型。

确定接班人之后,我们会问:究竟是意愿不够的接班人对企业更糟,还是能力不足的接班人对企业更糟?想要回答这个难题,我们可以扪心自问,是培养对企业的接班意愿更容易,还是培养经营企业所必要的能力更容易?从现实生活中的许多例子中,我们可以得到的结论是,经营能力可以通过在管理层或董事会中聘请具有互补技能的人来学习获得。但是,接班意愿和承诺似乎更难建立。想想法国著名时装设计师卡尔·拉格斐(Karl Lagerfeld)拒绝加入家族企业或者王思聪是否愿意接班万达集团的例子吧。

卡尔·拉格斐(Karl Lagerfeld)的意愿和能力

对欧洲著名时装设计师卡尔·拉格斐的采访,有力地展示了接班人意愿/能力的两难困境。采访者问他:"你父亲的公司生产炼乳,你愿意接班吗?"卡尔·拉格斐的著名回答是:"炼乳不是我的爱好。"

案例研究

王思聪的意愿和能力

对于是否拒绝接班的问题,万达集团创始人王健林的独子王思聪在接受采访时说:"以后真的到了我该郑重想(接班)这个问题的时候,估计我的第一个想法是,如果我接,我是否有能力把它做得比职业经理人更好?如果我具备这个能力的话,我会选择接班;如果不具备,那我会选择做自己的事情。"

来源:https://v.qq.com/x/page/z07669k7t7l.html

意愿和能力是下一代接班企业的先决条件。如果意愿不够且能力不足的接班人最终接管了公司,那么即使是最成功的企业也注定会失败。

案例研究

加德纳面包店的接班

保罗·加德纳(Paul Gardner)21岁开始创业,当时他在美国中西部一个小镇开了第一家面包店:加德纳面包店(Gardner Bakers)。保罗很快就认识到,超市是他主要的竞争对手,如果他不能打造出独特的定位就会被逐出市场。他专注于烘焙产品的新鲜度、营造店铺以及创新产品,成功开办了15家烘焙店,总收入达到4 000万美元。现在,他已年满58岁,必须开始考虑退出了——不是立即退出,而是有计划、有步骤地退出。保罗说:"我已经实现了很多目标,对此我心存感激。现在是时候开始考虑移交控制权了,不是立即,而是逐步。如果我的一个甚至几个孩子能接手就好了。但三个孩子对经营企业都不感兴趣,而且让他们都进入企业可能是不明智的。"

保罗意识到要聘请专业人士协助自己完成这个充满挑战的传承流程,于是他联系了桑德拉·雷诺兹(Sandra Reynolds)。雷诺兹是一位资深顾问,在家族企业传承问题上有多年的咨询

第7章 家族企业传承 | 221

经验。保罗和桑德拉共同制定了传承的长期规划。规划流程首先是确定保罗偏好的传承方案。保罗表示:"我更希望孩子接班。但如果他们不感兴趣或没有能力,我希望把企业传给员工。这些员工是加德纳烘焙店历史和成功的重要组成部分,我非常感谢他们的忠诚和支持。"桑德拉和保罗为这两个传承方案制定了一个时间表。考虑到保罗更偏好家族传承,桑德拉计划与三个孩子单独讨论他们各自对接班的兴趣和能力。之后,她向保罗汇报对每个孩子的评估。

桑德拉和保罗共同为家族内部传承选项制定了里程碑。他的两个孩子在相关行业工作,并表示出传承的初步兴趣。在第一次共同讨论中,保罗、桑德拉和这两个感兴趣的接班人同意进入下一阶段,桑德拉总结道:"鉴于他们对接班有兴趣,我们明确了接下来的步骤:未来两年中他们都继续在家族企业外部工作。两年后他们进入企业,职位和角色有待确定。在这两年中,我们将评估他们的工作表现,以及接管企业的承诺。他们是因为缺乏其他有吸引力的职业前景,还是出于内心的真实热爱?在家族企业,必须有一个孩子担任 CEO。另一个最终可能会扮演其他角色,这将在稍后阶段确定。如果我们无法就责任的分配达成一致,我们同意由一位人力资源专家来评估这两个孩子的能力。评估结果也可能是,他们两人都没有能力经营这家企业。但现在重要的是,我们对接班方案有明确的优先排序,各方都有机会公开表达各自的目标和兴趣。设定时间表和目标计划有助于在接班流程的早期阶段明确责任,然后展开其他事项。"

保罗和桑德拉确立了一个从现在起两年内的首个里程碑。他们意识到如果家族内部传承不行的话,就必须要转换到下一个传承选项——移交给员工。事实上几个月前,两位高管都向保罗询问了企业前景,以及他们是否可能成为未来的股东-经理人。他们两人对企业都十分重要,保罗担心如果拒绝要求,他们将离开公司。他最初想通过授予股份把他们和企业捆绑起来。但在与桑德拉一起列出了传承选项中先要完成的步骤之后,他把时间表、目标计划以及传承方案的第一和第二优先选项都告诉了这两位高管。

思考题

以下思考题是针对现任者和继任者的,旨在明确传承的目标和优先事项。

给现任者的思考题:

❶ 我的传承目标是什么?

❷ 我对传承有什么恐惧?

❸ 按下传承键后我要做什么?

❹ 我有什么传承选项?相关的机遇和挑战是什么?

❺ 在时间、可接受出售价格和融资方面,不同的传承选项有什么影响?

❻ 不同的家族成员在不同的传承选项中扮演什么角色？
❼ 家族成员对传承有什么看法和兴趣？
❽ 我最倾向的传承选项是什么？如果第一个选项无法执行，我要尝试的下一个选项是什么？
❾ 需要达到哪些里程碑才能实现首选传承选项？第二优先传承选项有哪些里程碑？
❿ 哪些因素会影响我对可接受出售价格的计算？这些因素会受到情感偏见的影响吗？
⓫ 我完成传承的时间表是什么？
⓬ 什么是"成功的传承"？
⓭ 我和继任者谈过这些考虑因素了吗？
⓮ 谁能在传承流程中支持我，向我提供专业建议？

给继任者的思考题：
❶ 我的（职业）目标是什么？
❷ 我对传承有什么恐惧？
❸ 接管企业后，我将面临哪些挑战和机遇？
❹ 关于传承，我的家族成员有什么看法？
❺ 我如何平衡工作与生活？
❻ 我完成传承的时间表是什么？
❼ 谁能在传承过程中支持我，并向我提供专业建议？
❽ 什么是"成功的传承"？
❾ 我和现任者谈过这些考虑因素了吗？

现任者和继任者的共同视角：
❶ 在传承方面，我们看到了哪些挑战？
❷ 我们的共同目标是什么？
❸ 我们双方如何定义"成功的传承"？
❹ 我们是聘请一名专业顾问来帮助完成传承流程，还是各自聘请不同的顾问？
❺ 在这个流程中，我们需要哪些方面的帮助？

现任者和继任者可以先整理出各自的答案，然后通过讨论把彼此的观点结合起来。

给学生的思考题：
❶ 为什么发达国家中家族内部传承的比例在减少？
❷ 是什么导致了传承流程的复杂性？

③ 家族企业会因为下一代对传承家族企业的兴趣降低而消失吗?
④ 在家族企业传承的咨询问题中,为什么不应先从法律与税务问题着手?
⑤ 在传承情境下,专业顾问需要具备哪些关键能力?
⑥ 描述现任者和继任者在传承问题上的不同观点。
⑦ 除了继任者的类型不同,家族内部传承与转让给员工这两种传承选项有什么不同?
⑧ 在明确传承的目标和优先方案时,现任者应该考虑哪些问题?
⑨ 在明确传承的目标和优先方案时,继任者应该考虑哪些问题?
⑩ 哪些因素能让下一代家族成员对接班家族企业有兴趣?
⑪ 为什么家族凝聚力很强的下一代不太愿意加入家族企业?
⑫ 为什么现任者和继任者对企业的估值会有不同看法?
⑬ 描述继任者对家族企业的承诺类型,并阐述不同的承诺类型如何影响他们的投入程度。
⑭ 能力和意愿都是继任者的关键特征。一个意愿不够或能力不足的继任者进入企业后,可能会带来什么后果?

7.8 审视公司战略

传承框架的第二个步骤请见图 7.5,相关各方必须处理公司的当前战略和未来战略。各方需要审视公司战略,从管理角度为传承做好准备。第二步的目标是,无论在家族内部传承还是外部转让,公司都将成为有吸引力的标的。

在实践中,公司的战略定位不一定对继任者有吸引力。公司某些部门可能与主营业务没有太大关系,继任者对此也没什么兴趣。这些部门可能会保留、剥离或在传承前关闭。因此,审视公司战略能够澄清与现任者和继任者有关的三个重要问题。

> 公司目前的优势和劣势是什么?
> 公司未来的机遇和威胁是什么?
> 公司的哪些部分要传承下去?

与股东-经理人一样，公司通常也会经历生命周期，即初创期、成长期、成熟期及衰退期。在这一周期中，公司经常能够反映出现任者的目标、偏好、抱负和能力。进入传承流程的公司不一定符合继任者的目标和愿望。从战略角度来看，公司在进入传承阶段时面临着几个战略挑战。我们将在下面列出这些挑战。

7.8.1 业绩停滞不前

随着传承的推进和退休的临近，现任者几乎没有太大动力去新增投资以实现公司增长。如果公司最终由子女传承，这种情况会得到部分缓解，但从股东个人的角度来看，理性地问一问：如果现任者只能从回报中得到部分好处，他们是否仍会继续投资。此外，在一个充满活力的市场中，企业家创新和竞争的生理能力和心理能力可能也会随着时间的推移而下降。因此毫不奇怪的是，当公司进入传承阶段时，我们经常会观察到业绩停滞甚至下降。

7.8.2 领导力真空

在很多案例中，家族企业传承不仅影响 CEO，还会影响到人数众多的公司高管。许多"股东-经理人"模式的企业，无论规模大小，都严重依赖于（创始）企业家。企业家是公司最重要的资源，因为他们具有专业能力、客户关系、领导能力和社交技能。许多成功的企业家在退休时都将面临令人沮丧的讽刺性事实：由于他们自身是公司竞争优势的重要来源，所以当他们离开时，公司也将面临损失。在这种情况下，现任者和继任者必须讨论现任者如何继续对公司做出贡献：承担什么角色、延续多长时间以及在什么条件下。

但是，股东-经理人的退出并不是导致领导力真空的唯一原因，领导力真空也可能发生在传承期间或之后。许多股东-经理人未能建立起管理梯队，能够在他们离任时管理公司。在通常情况下，管理梯队要么不存在，要么不足以承担领导角色。即使存在有胜任力的管理梯队，他们也通常是临近退休年龄的"守旧派"，与现任者是一体的。这两种情况都将导致严重的领导力真空。

7.8.3 多元化产品/市场组合

多年来，许多公司从事相对广泛的业务活动，从而形成了多元化的产品和市场组合。理性来看，公司会削减那些客户人数少、吸引力较低的产品或市场。然而，现任者可能舍不得切断与这些产品或市场相关的长期客户关系，或者解雇忠诚的员工。因此，企业的产品和细分市场往往呈现出多元化特征，但某些在财务上看并不是有利的。

7.8.4 经营性资产与非经营性资产的交织

进入传承阶段的公司通常会呈现出经营性资产和非经营性资产相互交织的特征。股东-经理人将公司视为自身最主要的财富来源，往往难以区分哪些资产是服务于主营业务的，哪些资产本质上是属于个人私有而无须经营的。非经营性资产是指那些公司主营业务所不需要的流动性资产或不动产。

在传承情境下，非经营性资产的存在可能是接班的主要障碍。继任者可能不愿意（考虑到该资产与公司经营无关）或无法（考虑到继任者的财务资本有限）接管这些非经营性资产。从战略角度来看，非经营性资产在传承前应当从主营业务中剥离出来，以简化转让流程、精简企业，同时释放资源以满足未参与传承的其他家族成员的财务需要。这些家族成员需要在此过程中被重点考虑，因为他们可能在法律上有权——或者在情感上有权——获得与企业相关的部分家族财富。

7.8.5 作为现任者养老金的公司

由于股东-经理人对公司有很强的控制力，他们认为没有必要在公司财富及个人财富之间划清严格的界限。因此，他们经常把很大一部分个人财富投资于公司。对于家族企业股东而言，投资于公司的个人财富比例平均达到80%。家族企业股东也倾向于将利润再投资于公司，而不是转移到个人账户（例如，通过分红或提高薪酬来补充养老金）。我们可以观测到，资产负债表上存在大量权益，特别是多年来积累的资本公积和未分配利润。乍一看,这个问题似乎没那么严重,因为某些国家法律允许公司摊销大部分资产以降低税负,因此资产负债表上的资产和权益数额有限。确实,只要股东能够控制和经营企业,这种策略就能很好地发挥作用。

然而,随着公司传承的进行以及股东-经理人的退出,这些隐性财富可能会成为一个问题。股东-经理人希望能够从他们多年来对公司的(再)投资中获利。但事实表明,这种指望可能是行不通的,尤其是对小型企业而言。首先,可能不存在同时满足接班意愿及能力要求的继任者。如果企业只能勉强盈利,那么这个问题就会加剧。在这种情况下,基于利润的公司估值是低于净资产的,前者决定了继任者是否愿意花钱接管企业,而后者通常是现任者认可的公司估值(更多细节请参阅本章 7.10 节公司估值的部分)。此外,现任者通常希望能够利用公司资产负债表中的非公开储备。但在具体落地时,在大多数国家的税收制度下,这些储备会被课以重税。因此,尤其是在小型企业传承的情境下,公司财富的集中可能会成为一个不利因素。希望从出售公司/非公开资产中筹措养老金的股东往往会大失所望。

所有上述挑战都需要得到妥善解决,才能为传承做好准备。现任者需要承担大部分责任,考虑如何应对传承过程中的挑战,并排除障碍。但是继任者也应该考虑解决方案,从而应对接管企业后可能遇到的战略难题。表 7.9 能够给现任者和继任者提供帮助。

表 7.9 现任者和继任者在公司战略上的思考问题

战略挑战	评论	现任者的思考问题	继任者的思考问题
业绩停滞不前	过时的技术和设施导致业绩下降;创新不足,企业家精神下降	• 是什么使接管企业成为具有吸引力的选项? • 在传承之前,我们应该在哪些领域进行投资或创新?	• 公司的优势和劣势是什么? • 战略上的机遇和威胁是什么? • 我可以在哪些方面提高效率? • 我必须在哪些领域进行创新? • 我第一年的目标是什么? • 这些变革面临什么障碍?
领导力真空	现任者退出企业而导致领导力真空;缺乏有意愿及能力领导企业的管理梯队	• 当我离开时,公司面临的机遇和威胁是什么? • 领导团队是否有意愿和能力承担起协助传承的责任? • 我希望在传承后扮演什么角色?	• 当前的领导团队是否有能力做出必要的战略调整? • 哪些经理人将与我组成新的领导团队? • 现任者在哪些领域是企业的关键资源? • 现任者应以什么角色、多长时间以及在什么条件下保持企业涉入?

续表

战略挑战	评论	现任者的思考问题	继任者的思考问题
多元化产品/市场组合	产品和细分市场多元化,但部分表现欠佳	• 我们是否应该退出某些产品线或市场? • 我们是否由于情感原因舍不得退出某些业务,如长期的客户关系或员工关系,尽管这样做在经济上有好处?	• 公司现在如何赚钱,将来又将如何赚钱? • 公司里有我不感兴趣的部分吗? • 接班后,我想退出哪些业务? • 接班后,我应该投资哪些领域?相关成本是什么?
经营性资产与非经营性资产交织	公司资产负债表上存在对主营业务没有必要的流动性资产和不动产	• 我是否在公司中投资了非经营性资产? • 我怎样才能把这些非经营性资产从企业中分离出来? • 分离这些资产是否会简化传承流程,并满足未涉及传承的其他家族成员的财务需要? • 法律和税务对此有什么影响?	• 是否有非主营业务/非经营性活动的收入或成本影响了企业的实际经营业绩? • 分离经营性资产和非经营性资产会降低公司估值,并影响融资吗? • 是否存在部分非经营性资产对公司未来的成功很重要或有价值?
作为现任者养老金的公司	现任者财富结构单一;现任者希望在传承流程中筹措养老金	• 我如何筹措养老金? • 公司资产负债表上是否存在大量非公开储备? • 为推进公司传承及满足对养老金的需要,我们是否应该在传承前发放特别股息/薪酬? • 有什么税务影响? • 我必须区分个人财富和公司资产吗?	• 现任者的个人财富和公司资产是否相互交织? • 现任者是否隐瞒了公司的实际财务状况和关联交易? • 如果将现任者的个人事务与公司事务分离,财务状况将会如何变化? • 现任者是否希望实现售价最大化?

案例研究

软件有限公司的传承

软件有限公司(Software Ltd.)由路易斯·布伦纳(Louis Brenner)创办于 20 世纪 90 年代。路易斯意识到,小型企业需要成本低的软件解决方案来管理客户关系。多年来,这家公司已成为该细分市场的佼佼者。一开始,软件都安装在本地客户端,但是随着互联网的发展,产品转向基于云端的解决方案。软件有限公司把软件和客户的数据存放在自己的服务器上,这种模式的可扩展性较高。在公司运营最好的几年间,营业毛利润率高达 40%。但过去几年里市场份额逐渐下降，部分原因是路易斯无法更新安全系统并提高可靠性。此外，核心软件是 20 世纪 90 年代后期编写的——没有与时俱进地设计出令人愉悦的图形界面，并进行复杂分析。

公司去年的资产负债表如表 7.10 所示。去年销售额为 350 万美元，息税前利润（EBIT）为 50 万美元。目前有 10 名员工。当被问及公司资产负债表上的巨额不动产和现金时，路易斯表示："你说得对。我们公司不需要这么多不动产。但多年来，我总是决定把利润再投资到公司或不动产上——即使这些不动产与主营业务没有太大关系。考虑到风险，我把所有的钱都留在公司里是有道理的。没有什么比你控制自己的投资更好、更安全的了。"

表 7.10　软件有限公司的资产负债表（单位：美元）

资　　产		负　　债	
流动资产	4 500 000	短期借款	350 000
应收账款	250 000	银行债务（按揭）	1 500 000
IT 和办公基础设施	500 000	可分配收益	8 900 000
不动产	6 000 000	股本	500 000
总资产	11 250 000	总负债	11 250 000

路易斯·布伦纳认为他有三个传承选项。第一个传承选项是把企业传给四个孩子之一，而确实有一个孩子对接班感兴趣。然而，对接班不感兴趣的孩子们指出："那我们呢？总不能姐姐得到整个公司以及所有的现金和不动产。父亲的财富都放在公司里，这样是完全不公平的。"

路易斯的第二个传承选项是转让给一位对企业感兴趣的重要员工。然而，这位员工也看到："这家企业很有意思，但我也看到了两个重要问题。第一个问题与产品有关：产品不再是当下最新的软件；需要彻底改造，然后推出新产品。第二个问题则是在结构方面：实际上，这是一家'不动产公司'，只有一些规模较小的软件业务。我只对软件业务感兴趣，对不动产不感兴趣，也不熟悉——不管怎样，我也没有资金来接管不动产。"

路易斯还与一位战略投资者进行过谈判，这是一家规模更大的竞争对手，想要收购公司。这位竞争对手看过财务报告后说："路易斯，恭喜你创立了这家企业。但现在我们无法判断你的生意做得如何。50 万美元的息税前利润（EBIT）意味着什么？因为贵公司营业活动和非营业活动（不动产）是相互关联的，因此很难看出软件业务究竟是赚钱还是赔钱。我们只对软件、客户和工程师有兴趣。"

以上三个传承选项的反馈让路易斯很沮丧。他的公司利润可观，拥有不菲财富（起码在纸面上），但是没人想要通过接管这家企业来认可他的成功。当路易斯委托会计为公司估值时，问题就更加凸显了。会计说："很难对这家公司估价。如果资产按市场公允价值评估，资产净值约为 940 万美元（= 890 万美元未分配利润 +50 万美元股本）。但从息税前利润（EBIT）来看，

> 估值大约只有 250 万美元（=息税前利润 50 万美元 × 行业倍数 8－抵押贷款 150 万美元）。贵公司面临着一个重要问题，当你把公司交给一个只对软件感兴趣的人时，很难体现出不动产的价值。"路易斯意识到，在他退出企业之前，必须首先完成以下步骤。
>
> （1）增加公司的透明度：软件业务和不动产业务分设损益表。
> （2）将固定资产（主要是不动产）分配到两种业务之中。
> （3）分设两个法律实体，将软件业务和不动产业务剥离，尽量减少其中的税务影响。
> （4）启动创新流程，实现产品更新换代。
> （5）路易斯估计上述步骤将耗时两年，完成后他再与以上潜在继任者重新探讨。

7.9 规划职责转移

在确定当前和未来的战略定位之后，公司需要确定治理权（管理权、股权和董事会）和功能性角色如何从现任者转移给继任者。在许多情况下，特别是当传承在家族内部进行时，如果现任者和继任者都涉入公司，传承时间就会相对较长。许多公司的传承过程符合这一特征，在过渡期中，现任者、继任者、员工和其他利益相关者可能会对角色和责任产生误解、对谁在控制局面产生困惑，感到沮丧和愤怒。然而，这段时间的合作并不都是消极的。现任者和继任者的同步涉入也带来了独特的机会，上一代领导者可以将知识和人脉等有价值的资源传给下一任领导者。

在很多传承案例中，管理权和股权是按次序进行转让的。有些是管理权先于股权进行转让的，有些则是管理权和股权（至少是一部分股权）同时进行转让的。表 7.11 列出了瑞士公司的数据，进一步说明了股权和管理权转让的次序。

表 7.11 瑞士公司传承中的股权和管理权转让次序

传承类型	股权和管理权同时转让 %	先转让管理权再转让股权 %	先转让股权再转让管理权 %
家族内部传承	51	43	6
转让给员工	47	41	12
出售	66	28	6

来源：Christen 等（2013）

我们对各种传承选项的历时长短进行了研究，从最初开始讨论到管理权/股权的实际移交，不同传承选项的历时如下：家族内部传承平均为 6.5 年，转让给员工平均为 3.3 年，出售企业平均为 1.6 年。这是因为大多数传承都是按部就班的交易流程，转让管理权和股权需要花费很长时间，通常是几年。毫不奇怪，出售企业在所有传承选项中是耗时最短的。

7.9.1 传承选项路线图

传承流程耗时较长，控制权按次序转让会带来严重的后果。首先，在角色、职责和经济激励上可能会发生潜在冲突。为了避免这些冲突，在现任者打算退出公司前，需要提前做好传承规划。如果不能完成首选的传承选项，就必须选择另外一个选项，或者从头开始传承流程，这会导致问题恶化。传承流程中遭遇一次挫折就可能会大大延长传承的完成时间，也可能会给现任者带来人事和财务问题。

如果现任者和继任者在延长期同时涉入企业，企业中的角色和责任就可能会产生很多不确定性。如果继任者不清楚何时被任命为 CEO，就可能会感到沮丧，最终离开公司。再或者，如果继任者被任命为高管，但股权转让的时间仍不清楚，继任者可能会对自己夜以继日的辛勤付出感到后悔。换言之，继任者的辛勤工作会提高公司的盈利能力，从而增加市值。如果继任者以增值后的公司估值为基准购入股权，那么就会因为公司业绩的提升而使自身利益受损。

表 7.12 是一个详尽的传承路线图，其中包括了治理权转让次序和功能角色。一家法国中型制造商的现任者和继任者在传承流程刚启动时起草了这份路线图。路线图帮助他们解决了在传承完成前不可避免的治理挑战。

这一路线图确定了谁拥有什么决策权，明确了在整个传承流程中不断变化的角色和职责。它还详细说明了一方应在何时征求另一方的意见，以及何时向董事会提出问题。这个系统可以帮助现任者和继任者处理投资决策、撤资决策、聘用和解雇高管，以及其他对公司战略有重大影响的决策。

如表 7.12 所示，公司在治理权方面的传承通常会经历三个阶段：首先是"冻结"阶段，即现任者控制公司；其次是"解冻"阶段，即现任者和继任者应对战略挑战和治理结构的渐进式变化（在法国制造商案例中，第二阶段从 T+1 年持续到 T+5 年）；最后

表 7.12 传承路线图示例（一家法国中型制造商）

		第 T 年	第 T+1 年	第 T+2 年	第 T+3 年	第 T+4 年	第 T+5 年	第 T+6 年
年龄	现任者（Peter）	62	63	64	65	66	67	68
	继任者（Petra）	35	36	37	38	39	40	41
治理权转让								
股权 /%	现任者（Peter）	100	100	80	80	20	20	0
	继任者（Petra）	0	0	20	20	80	80	100
董事	现任者（Peter）	主席	主席	主席	成员	成员	成员	—
	继任者（Petra）	成员	成员	成员	成员	主席	主席	成员
	非家族成员				主席			主席
CEO/管理层	现任者（Peter）	CEO	CEO	CEO	CEO	顾问	顾问	顾问
	继任者（Petra）	管理层	管理层	管理层	管理层	CEO	CEO	CEO
职能转让								
人力资源		Peter	Peter	两人一起	两人一起	Petra	Petra	Petra
公司战略		Peter	Peter	两人一起	两人一起	Petra	Petra	Petra
营销		Peter	Peter	Petra	Petra	Petra	Petra	Petra
研发		Peter	Peter	Petra	Petra	Petra	Petra	Petra
其他过渡事宜								
私人开支	现任者（Peter）	车	车	车	车	汽油	汽油	—
	继任者（Petra）	—	车	车	车	车	车	车
分红		Peter 分得 10 万元	Peter 分得 5 万元	0	0	0	0	0

是"重新冻结"阶段，即继任者执掌企业。

毫无疑问，第二阶段对于传承流程至关重要，因为治理角色和功能职责是逐步地由现任者转移给继任者的。这一阶段对双方来说都有很多陷阱。例如，每一方的角色和责任都可能会缺乏明确的定义，现任者可能会对继任者指手画脚，从而影响继任者的决策。特别令人关注的是，股权转让中涉及的财务问题。如果股权像上述案例那样逐渐从上一代传到下一代，公司估值就会成为问题，特别是由于继任者的参与，股份价值发生变化（例如，增加）时。这可能会让继任者感到，他们因为自己的努力而使公司价值增长，但最终却导致了自身利益受损。

基于所有这些原因，以上传承选项是有帮助的，有助于减少企业在传承流程中遇到的不确定性。简要地说，传承路线图定义了传承流程中的以下问题：

> **谁**来负责；
> 现任者和继任者分别负责**什么**；
> 在移交全部控制权的过程中，**何时**转移职责；

第三个关于时间的问题非常关键。有人认为，切换时间越短，成功的可能性就越大。有充分论证支持这一假设：领导权真空应该被填补，控股股东和CEO的利益应该尽快重新达到一致。此外，长期处于试用期的继任者将不可避免地对这一漫长历程感到沮丧。考虑到他们职业生涯的机会成本，如此长的试用期会让最有能力的继任者付出巨大的代价（Dehlen等，2012）。因此，最好在合理的时间范围内将企业移交给继任者。

然而，在实践中大多数传承都需要耗时数年才能完成——但并不是所有的传承都是失败的。企业有理由避免在时机尚未成熟时移交权力。首先，现任者可能是企业的关键资源，而这种资源很容易在仓促进行的传承中丢失（Cabrera-Suarez、De Saa-Perez和Garcia-Almeida，2001）。其次，如果现任者和继任者能够很好地合作，老一辈的丰富经验与新一代的锐意创新相结合可能会"两全其美"。最后，为了确保业务的顺利延续和维持既定的企业文化，现任者至少应该以某种形式继续涉入企业。例如，老一辈股东可以在重要客户和金融机构面前代表企业，即使大部分经营职责已经转移完毕。因此，不应盲目地缩短现任者和继任者涉入企业的过渡时间，而应根据不同的传承选项因地制宜。

无论这个过渡期的最佳时间有多长，关键是要确定现任者的角色和责任，并确定双方进入和退出的时间表。如果这些问题能够得到妥善解决，那么过渡期的时间长短或许就不再是问题了。

7.9.2 继任者的进入路线

上述传承路线图为未来股东及现任股东明确了进入和退出企业的路线。一个经常提出的问题是，下一代进入企业究竟是应该先从基层做起，还是先从高层做起？我们下面就来分析这两种路线的利弊（见图7.11）。

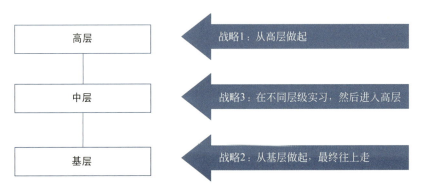

图7.11 家族继任者的进入路线

从基层做起的家族成员仍被视为控股家族的一部分，通常不会被视为普通员工。在这种情况下，接班人不太可能获得客观反馈，同时可能更容易获得提拔。更糟糕的是，下一代很可能会被公司不同的政治派别拉入权力游戏之中，因为公司内部存在的多个小团体希望借助接班人的影响力使自己受益。

另一方面，如果家族接班人从最高管理层开始做起，他们可能会无法获得资深非家族高管的尊重。对于那些在企业内部（有时也在企业外部）经验有限的接班人，非家族高管可能不愿意承认接班人的合法性。资深高管可能会认为接班人不配获得他们渴望得到的高管职位。在最坏的情况下，接班人可能会被视为"非家族升迁天花板"[有时也被称为"血缘天花板（blood ceiling）"]的化身，"非家族升迁天花板"是指当高管职位只预留给家族成员时，非家族成员面临的升迁限制；在最好的情况下，家族接班人进入企业显示了家族对企业的长期承诺，从而将传递连续性、就业保障和稳定战略前景的信号。

考虑到以上两种方法的缺陷，我们提出一种在实践中效果很好的折中方法，对于大中型企业尤为适用。第一阶段，接班人在企业外部工作，目的是尽可能多地获得管理经验，了解企业经营需要什么，并观察企业高管职位是否适合自己。当其随后进入企业时，这种外部经历能够向不同的利益相关者传递职业履历的信号。第二阶段，接班人接受企业及接班的内部专题培训，为承担领导角色做准备。在这一阶段，接班人在关键部门轮岗（例如，分别在财务、生产和销售等不同部门工作几个月），以熟悉企业、运营和关键人事等情况。第三阶段，接班人在家族企业中担任最高职位。此项任命将取决于职位空缺和其他高管的职业规划。如果接班人的表现令人满意，最终可被任命为 CEO。

7.9.3 为现任者和继任者调整角色

以上传承路线图将传承描述为一个相当专业性的流程。然而，传承过渡期的挑战在于，角色转变不仅意味着功能和职责的转变，还意味着相关人员需要调整自我定位，这超出了他们当前在企业内部的治理角色。根据 Handler（1990）的研究，现任者的角色从领导/首席转变为君主，到监督者/授权者，再到顾问（如图 7.12 所示）。相比之下，继任者从没有任何角色到协助者、管理者，以及最终成为新的领导/首席。

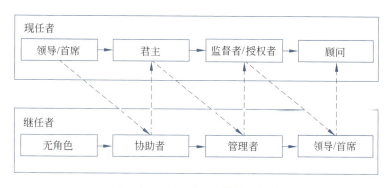

图 7.12　传承流程中的角色调整

来源：Hander（1992）

由于现任者在传承流程之初就有正式权力，他也是启动这一转换流程的人。现任者必须认识到企业需要新的管理人才。首先，继任者将发挥协助作用。这种协助角色意味着现任者应当适时授出某些正式权力，逐步过渡到君主的角色。继任者的支持让现任者有更多的安全感，使现任者更愿意让继任者站到前台成为管理者，也使现任者继续把更多职责授权出来，并转为监督者的角色。之后，现任者将转为顾问的被动角色，只在继任者寻求帮助时才提供建议。

7.9.4　培养继任者

在越来越多的家族企业中，尤其对于中小企业而言，不能想当然地认为继任者就是现任者的子女。即便对于规模更大、声望更高的企业而言，潜在的继任者在决定加入后，也往往难以认同企业及其产品，难以融入企业文化。尽管传承路线图和理解角色变化可能在某种程度上有所助益，但挑战往往出现在更为微妙的心理层面，例如，继任者没有获得必要的支持和培养，从而认同企业和自己的新角色。

这会导致一个重要的问题：是否有办法培养继任者，使他们从局外人转变成具有内在驱动力的领导者？这个问题的答案并不简单，因为它同时具有规范和职能两个视角。从规范视角来看，人们可能会问父母是否应该培养接班人。成为企业家或接班人难道不应该是下一代完全独立自主的选择吗？强迫传承对企业及各方而言都不会是令人满意的解决方案，反而可能会以戏剧化的不利结局收场。

然而，从职能视角来看，如果下一代家族成员最初表现出了一定的兴趣和能力，问题就会变成下一代如何才能最好地融入企业。这也是所有新员工在加入新雇主时面临的挑战。心理学家德西和瑞安（Deci 和 Ryan，2000）针对这种情况提出了自我决定理论（self-determination thoery），描述了个人面对新任务、新群体和新组织时的融入过程。这一概念模型刻画了，面临新情境的个体将如何从外部调节（external regulation）转到摄入调节（introjection，个体出于内疚、焦虑而行动，为了保持自我价值，或因为别人想要他们这样做），认同调节（identification，行动对个人来说很重要），融合调节（integration，行动与个人价值观保持一致），以及在理想情况下转到内在动机（intrinsic motivation，行动是内心愉悦的、令人满意的，以及与个人利益一致的）。在从外部调节到内在动机的过程中，个体受外部的控制越来越少，自我决定的程度越来越高。我们把以上模型应用到传承情境中，这意味着父母和其他外部因素可通过三种方式来促进接班人的融合和培养（见图 7.13）。

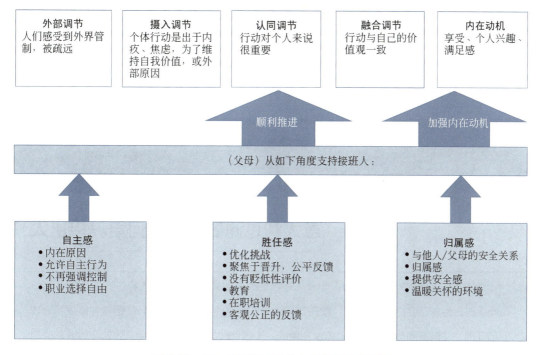

图 7.13　下一代家族成员的内部化和融合过程

1. 自主感（feeling of autonomy）

如果接班人认为他们的决定，（或者往大了说）生活和命运是由自己决定的，而不是由其他人特别是父母决定的，那么他们就更有可能认同企业并激发内在动机。接班人进入家族企业时，如果有选择的自由，同时没有受到太多控制，这种自主感就可能会被满足。

2. 胜任感（feeling of competence）

如果给接班人要求高但能解决的挑战，他们更有可能认同企业并激发内在动机。评价应当公平，并聚焦于晋升；上一代不应居高临下或包办一切。接班人应当在企业内外接受足够的培训，并获得客观性和支持性的反馈。

3. 归属感（feeling of relatedness/belonging）

如果接班人在友好的人际关系中工作，他们更容易产生认同感并激发内在动机。企业内部的同事可以帮助年轻的家族成员，以培养他们的归属感。但是，未来的接班人也必须获得父母的支持。理想的情况是，父母应该无条件地支持孩子，并告诉他们，即使传承没有按照最初计划进行，他们也会始终如一地深爱着孩子。

案例研究

意大利过滤器公司如何培养接班人

当朋友们问皮埃特罗（Pietro）毕业后是否想加入他父母创办的意大利过滤器公司（Filter Corp）时，他总是会立刻回答道："我在其他地方获得专业经验之前不会。"但就在皮埃特罗毕业前几周，父亲询问他能否担任家族企业中的一个重要职务。几年前，父亲收购了过滤器公司在中国的一家分销商。这家企业由一位本地人经营，管理着10名员工，但出现了严重的财务问题，主要原因是客户对服务不满意，以及多个仓库的物流效率低下。

父亲问皮埃特罗是否有兴趣接受这一挑战，未来几年搬到中国，解决这些问题。起初，皮埃特罗犹豫不决：他总是下决心想让自己先在企业外面闯出一番名堂。但另一方面，这是一个诱人的机会：他将远离父亲的影响，用自己的方式证明自己。这家企业的问题似乎是一个真正的挑战，但他可以通过自己的有限经验来尝试解决。这难道不是一个发挥自主性，同时证明能力的好机会吗？父亲承诺将支持皮埃特罗，不会干涉他在这家中国企业中的决策。但两人一致认为，皮埃特罗在决定进行一定数额的投资之前，需要先征求父亲的意见。他们还找到了一位当地的商业顾问，帮助重组中国业务。

随后，父子俩制定了一项长期传承规划。一旦中国情况完全好转（大概2~4年后），皮埃特罗就返回欧洲，执掌意大利总部（大约100名员工）。在执掌意大利业务约3年之后，皮埃特罗将负责整个集团。

当皮埃特罗到中国后，他成为控股公司的董事会成员。父亲也给了他一些公司股份。两人签署了一份股东协议，规定了股份在父子之间转让的条件。

思考题

以下思考题是针对现任者和继任者的，旨在帮助实现治理角色的转变。

现任者的思考题（另见表7.9所示问题）

① 我应该继续担任CEO多长时间？我什么时候将CEO职务交出去？
② 继任者进入企业应该先从什么工作做起？这种进入路线的优缺点是什么？
③ 当我和继任者同时涉入企业时，我的角色和职责是什么？
④ 我应该持续涉入董事会吗？如果是，我应该担当什么角色？持续多久？
⑤ 在企业内部和外部，我应该与继任者如何沟通交流？
⑥ 根据时间表，我们如何从"我是100%的股东"变成"继任者是100%的股东"？
⑦ 我希望先把什么任务交给继任者？下一项任务是什么？
⑧ 在传承流程中企业估值的变化对继任者后期收购（剩余的）股权有什么影响？
⑨ 目前的管理团队是否支持继任者？我们是否需要寻找新的人才建立管理梯队？
⑩ 继任者能担当起领导角色吗？
⑪ 我完全从企业退出后，将如何安排个人时间？
⑫ 在不从企业出售中获得可观收入的前提下，我能否保证退休收入？
⑬ 我们如何支持继任者融入企业？

继任者的思考题（另见表7.9所示问题）

① 我进入企业应该先从什么工作做起？这一路线的优缺点是什么？
② 目前的管理团队支持我吗？我是否需要在未来重组管理团队？
③ 当现任者仍然涉入时，我在企业中的角色和职责是什么？
④ 在企业内部和外部，我该如何与现任者沟通交流？
⑤ 我会加入董事会吗？如果加入，以什么角色加入？
⑥ 我希望成为新的CEO吗？
⑦ 我们需要为董事会引入外部人员吗？
⑧ 什么时候、什么条件下，我可以取得企业股权？
⑨ 传承期间，企业估值的变化将如何影响我对（剩余）股权的收购？

学生的思考题

❶ 为什么评估企业战略对传承流程而言很重要？

❷ 当进入传承阶段时，"股东-经理人"模式家族企业通常会面临哪些战略挑战？

❸ 考虑到这些战略挑战，现任者和继任者需要解决哪些问题？

❹ "应尽量避免现任者和继任者同步涉入企业。"你是否同意这个观点，为什么？

❺ 在整个传承过程中，现任者和继任者的角色是如何变化的？

❻ 以你熟悉的一家企业为例，管理权、股权和董事会的传承路线图是什么样的？

❼ 如果管理权和股权的传承在继任者和现任者之间没有很好地界定，将会带来什么冲突？

❽ 父母可以做些什么来帮助下一代融入家族企业？

7.10 公司估值

任何传承都会面临一个棘手的问题：企业要以什么价格转给下一任股东？与其他经济商品一样，最终的交易价格将由出售报价和购买需求决定。购买需求越强劲，例如，存在具有竞争力的买家/继任者时，价格就越高。通常，我们会发现企业估值与最终交易价格之间存在差异。换言之，在估值中确定的公允价格和最终支付金额还是有出入的。不过，企业估值还是能够帮助我们确定大致的价格或价格区间。

在本节中，我们不去详细探讨每种估值方法的细节。相反，我们的目标是讨论最重要的家族企业估值方法及其特点。非上市家族企业的估值存在多种困难。首先，许多现任股东未能建立起完善的会计和控制系统，缺乏可靠的财务信息。其次，即使有了财务信息，由于缺乏外部审计，也很难判断信息的质量。更重要的是，由于非上市企业是封闭持股的，因此股份没有市场流动性，股权转让会受到严重限制。再次，企业还可能面临一些具体的挑战，例如，产品的供应有限，增长受到融资限制，或企业资产与个人财富混同。个人开支可能会使用企业账户，或者企业拥有非经营性资产。现任股东可能会利用会计操作来减少税负，常见的做法是调高成本，这些都会使得企业价值更加难以评估。最后，企业报表上可能存在未披露储备，这可能是由于资产折旧过多或调高应计科目造成的。

因此，最重要的是审核用于估值的财务数据，并在必要时加以调整。对于资产负债表，必须计算应收账款、原材料和不动产的重置价值，还要重新评估企业的违约风险并调整相关计提科目，以及重估机器设备的市场价值。计提科目应当反映其预计覆盖的风险。

此外，企业还必须审查和调整利润表。特别是需要审查涉入企业的股东及其他家族成员的工资水平。现任股东通常会为家族成员提供偏离市场水平的工资。如果向股东支付高于市场水平的工资，那么流动性将从企业转移到股东手中；如果支付低于市场水平的工资，则相当于股东补贴企业。对许多小型企业来说，审查和调整现任者的工资以适配市场水平，可能会对企业利润产生重大影响，并最终影响企业估值。类似地，还必须审查关联交易（即与现任者控制的其他企业或与关联方进行的交易）的移转价格是否合理。最终，增加估值的费用也可在资产负债表中资本化。折旧必须重新审核，应计科目的变化必须记入企业账户。最后，税务费用必须重新评估。

资产负债表和利润表的这些变化对于重新评估企业的盈利能力是必要的。从下一任股东的视角来看，必须在没有前任股东的情况下，用市场成本和收入数据来评估企业的相对吸引力。这并不是说企业估值存在"对错"之分。相反，任何估值都是对企业财务进行或多或少合理假设的结果。批判性地审查估值结果，理解其背后的假设，并评估合理性，对于参与传承流程的人来说是核心工作。以下问题可以帮助我们全面评估估值结果：

➢ 是谁做的估值？评估方是受聘于买方、卖方还是双方？根据评估方在谈判桌上的立场，判断其可能会高估或低估企业的价值。
➢ 用于计算企业估值的财务数据有多大偏差？资产负债表和利润表要做哪些调整？
➢ 对估值调整和预算数据的假设有意义吗？
➢ 是否已对经营性资产和非经营性资产分别进行估值？
➢ 估值方法的关键参数有多可信？
➢ 根据企业的业务活动，采用的估值方法是否有意义？
➢ 应当采用单一估值方法还是综合多种估值方法（由于不同估值方法采用的估

假设不同，因此需要使用多种估值方法）？

下面，我们将介绍三种最常用的估值方法来评估封闭持股型非上市企业的价值。我们将探讨每种估值方法的最主要特征，以及三种方法的基本假设、关键参数和优缺点。

7.10.1 资产净值法

企业的资产净值是指在披露所有未公开储备后，根据资产负债表估算该企业的所有者权益价值。这种估值方法要求根据市值重新评估资产负债表。资产净值计算方法为：

$$资产净值 = 资产总值 - 负债总值$$

资产净值法对某些特定行业的企业估值更为适用，这些行业中的企业是基于其所持有的资产而不是经营性利润来估值的（如房地产物业和投资信托等）。资产净值通常代表了企业的最低价值，因为资产净值是指如果该企业停止运营，在还清所有债务、出售所有资产之后，能够分配给股东的资金。这种方法在确定企业的清算价值方面特别有用。从技术上讲，尽管非流动性资产的市值可能难以评估，但是资产净值是相对容易确定的。资产净值法的缺点是忽略了企业的盈利能力，进而忽略了企业利用资产创造利润的能力。同时，这种估值也忽略了盈利的前景，进而忽略了企业运营的未来。

不过，资产净值法是中小型家族企业估值的一种常用方法，因为它核算了非公开储备的变化，并核实了折旧。这些输入也可应用于其他的估值方法。资产净值法也是家族企业估值的一种极为有效的方法，因为家族企业往往是重资产的。与市值评估相比，资产净值是决定投资该企业是否划算的重要指标。在经营良好且盈利的企业中，资产净值应低于企业的市场价值（市场价值根据企业的盈利能力数据来估算）。如果一个企业的资产净值大于合理的市场价值估算结果，那么家族股东应该询问他们的资金是否得到了有效运用，以及如何才能提高效率。在极端情况下，从短期财务视角来看，这样的企业作为一个经营主体，与其继续经营下去，还不如分拆业务，将资产单独出售。

综上所述，资产净值法的关键指标如下。

关键指标：

➢ 重新评估资产负债表中各个科目的市值；
➢ 处理未公开储备，包括从税收角度（因其可能在资产转让中被征税）。

该方法的优势：

➢ 度量了企业的最低价值；
➢ 为其他估值方法提供了有用的数据，例如，现金流贴现法；
➢ 相对容易应用，不需要复杂的专业技能；
➢ 对重资产企业尤其适用，特别是与市值评估法相比。

该方法的劣势：

➢ 忽视了企业的盈利能力；
➢ 无法洞察企业的经营优/劣势；
➢ 忽视了企业的未来前景。

7.10.2 EBIT 或 EBITDA 倍数估值法

对于封闭持股型企业而言，常用的估值方法是将收益基准[如税后利润、销售额或最常见的息税前利润（EBIT）或息税折旧及摊销前利润（EBITDA）❻]乘以某个倍数。当然，如何确定这个倍数是难点。确定倍数的一种方法是分析同一行业、规模相当的上市公司。例如，许多行业和地区上市公司的 EBITDA 和 EBIT 倍数可在 www.damodaran.com 网站上找到。考虑到非上市公司的特殊风险，它们的倍数往往小于上市公司。例如，德国非上市公司可在《金融杂志》（*Finance Magazin*）网站上找到对应的 EBIT 或 EBITDA 倍数。对于英国非上市公司，BDO 私有企业价格指数可以帮助确定该倍数。中国公司可以参考 CSMAR 经济金融研究数据库等。许多数据来源可以通过网站或专业服务商找到。

应用倍数法进行企业估值时需要注意两点。第一，没有两家企业是完全相同的。因此，可能很难找到在行业、规模和商业模式等方面都相同的企业。第二，乘以倍数的收益基准（例如，税后利润、EBIT 或 EBITDA，甚至是销售额等）决定了最终估值是代表企业价值（enterprise value，简称 EV，有时也称为实体价值），还是代表市场价值（=权益价值）。企业价值等于权益市场价值加上债务账面价值再减去富余现金（如以下公式所示）。采用 EBITDA 或 EBIT 倍数法计算的是企业价值，而采用税后利润倍数法计算的是市场价值。

这种区别在于收益基准（例如，EBIT、EBITDA、销售额、利润等）是对股东和债权人有价值，还是仅对股东有价值。由于 EBIT、EBITDA 和销售额同时对股东和债权人都有价值，因此最终计算的是企业价值。相比之下，税后利润（应用于市盈率）倍数计算的是权益价值，因为利润只是为股东创造的价值；债权人已通过利息得到了偿付。

以下公式表示企业价值、权益价值、EBITDA 和 EBITDA 倍数之间的关系（同样适用于 EBIT）。

$$企业价值 = 权益市场价值 + 债务账面价值 - 富余现金$$
$$企业价值 = EBITDA \times EBITDA 倍数$$
$$权益市场价值 = EBITDA \times EBITDA 倍数 - 债务账面价值 + 富余现金$$

通常，该估值公式中使用的是过去 3 年的平均 EBITDA 或 EBIT。

综上所述，倍数估值法的关键参数如下。

关键指标：

- 合理的估算倍数；
- 企业价值与权益价值的区别。

该方法的优点：

- 技术上相对容易应用；
- 可从不同数据来源找到倍数估计值；
- 基于已实现的市场价值。

该方法的缺点：

- 忽略了企业的未来前景；

> 忽略了企业资产；
> 难以找到同类交易（例如，规模一致、同一行业、同一地区等）。

案例研究

息税前利润（EBIT）倍数估值法

假设一家企业过去 3 年的平均 EBIT 是 550 元，长期负债为 450 元，持有股东借款为 350 元，富余现金为 100 元。假设 EBIT 倍数为 6.4，企业价值的计算结果如下。

企业价值 = 6.4×550 = 3 520（元）

权益价值 = 3520−450−350+100 = 2 820（元）

如果企业拥有非经营性资产，应将这些资产单独估值，再与权益价值相加。

7.10.3 自由现金流贴现（DCF）估值法

自由现金流贴现（discounted free cash flow，DCF）估值法计算的是企业未来自由现金流（FCFs）的当前价值。这种估值方法有两个特点。第一，自由现金流贴现法考虑的不是企业的利润，而是企业的现金流。这是此方法与以上两种方法的重要区别，因为自由现金流是指企业一年产生的流动资金总量，在支付了所有其他费用和投资之后，自由现金流可以分配给企业所有的证券持有人（债权人和股东）。因此，自由现金流贴现法计算利润的方法符合资本提供者的利益。第二，自由现金流贴现法衡量的不是过去的业绩，而是企业的利润前景。具体而言，通过自由现金流贴现法，我们试图估算未来自由现金流（FCFs）的当前价值。

为了理解自由现金流贴现法的原理，我们先从息税前利润（EBIT）开始分析未来自由现金流（FCFs）的计算（如表 7.13 所示）。

表 7.13 自由现金流的计算

科　　目	数　据　来　源
息税前利润（EBIT）	利润表
− 税款	边际税率，当地税收制度
+ 折旧和摊销	利润表
− 资本支出	以前和现在的资产负债表：物业、厂房和设备
− 营运资本变动	以前和现在的资产负债表：流动资产和负债
= 自由现金流（FCF）	

表 7.14 通过案例进一步说明自由现金流的计算。从最新的资产负债表和利润表开始估计未来 5 年的资产负债表和利润表。5 年计划期是一个比较有利于预测的时间框架，在这个时间框架内，可以找到详细的资产负债表和利润表，最终得到未来自由现金流。

计算出的未来自由现金流将被折算到当前的企业价值中。贴现率考虑了证券持有人为获得这些自由现金流而承担的风险（与成本相对应）。其中一种贴现率是加权平均资本成本（weighted average cost of capital，WACC），计算公式如下。

$$WACC = D/(D+E) \times C\ of\ D \times (1-t) + E/(D+E) \times C\ of\ E$$

其中，D 为企业负债的市场价值；E 为企业权益的市场价值；C of D 为负债成本；C of E 为权益成本；t 为边际税率[7]。

WACC 公式考虑了企业的资本结构，将权益成本和负债成本按照它们在企业资产负债表中的比重进行加权[8]。权益成本通常高于负债成本，因为负债通常是由机器、不动产或存货等资产担保的。相比之下，权益是无担保的。此外，债权人能够收到预先确定的固定利息款项，而股东的收益是无法提前确定的，只能受益于不确定的股息和所持股份的增值。近年来，欧美中型非上市公司的负债成本在 3%~7% 之间，而股东通常希望投资回报率在 10%~25%。实际利率取决于企业的具体风险状况。

表 7.14 营运自由现金流的计算（案例） 单位：百万美元

	历　　史	计　　划				
资产负债表	−1	1	2	3	4	5
资产						
固定资产	361.2	364.8	381.7	384.6	384.5	374.4
流动资产	466.3	472.0	485.6	516.5	540.6	565.3

续表

	历　　史	计　　划				
总资产	827.5	836.8	867.3	901.1	925.1	939.7
负债						
股东权益	184.5	200.7	220.1	245.9	273.4	300.7
其他权益	13.0	13.0	13.0	13.0	13.0	13.0
应付项目	103.1	108.0	113.0	120.6	127.1	133.2
负债	526.9	515.1	521.2	521.6	511.6	492.7
总负债	827.5	836.8	867.3	901.1	925.1	939.7
利润表	−1	1	2	3	4	5
总销售额	1 496.8	1 516.9	1 573.9	1 682.0	1 762.7	1 834.2
（−）材料	759.8	773.6	802.7	857.8	899.0	935.4
（−）第三方服务	61.0	68.3	67.7	69.0	72.3	75.2
毛利	676.0	675	703.5	755.2	791.5	823.6
（−）人员	365.2	375.1	386.8	406.9	423.8	439.4
（−）折旧	56.6	64.8	68.5	75.7	79.2	81.9
（−）商誉折旧	10.1	10.1	10.1	10.1	10.1	10.1
（−）其它经营费用	179.6	184.7	190.4	198.2	209.3	220.2
（+）其他经营收入	11.3	12.8	12.0	9.8	7.4	2.4
息税前利润（EBIT）	75.8	53.1	59.8	74	76.4	74.4
（+）财务收益	0.4	−15.4	−14.7	−13.9	−12.5	−10.6
税前利润（EBT）	76.2	37.8	45.1	60.1	63.9	63.7
（−）税款	27.5	14.6	17.4	23.2	24.7	24.6
税后利润（EAT）	48.7	23.2	27.7	36.9	39.2	39.1
（−）其他	0.9	0	0	0	0	0
年利润总额	47.8	23.2	27.7	36.9	39.2	39.1
净营运资本	−1	1	2	3	4	5
净营运资本	318.3	313.3	319.6	341.4	357.8	370.4
营运资本变动		−5.0	6.4	21.7	16.4	12.5
资本支出（CAPEX）	−1	1	2	3	4	5
无形资产	106.8	96.7	86.6	76.5	66.4	56.3
固定资产	214.3	255.0	282.0	295.0	305.0	305.0
折旧	56.6	64.8	68.5	75.7	79.2	81.9
商誉折旧	10.1	10.1	10.1	10.1	10.1	10.1
资本支出		78.5	95.5	88.7	89.2	81.9

续表

营运自由现金流	历史	计划				
	−1	1	2	3	4	5
息税前利润		53.1	59.8	74	76.4	74.4
(−)调整税率后的息税前利润(38.65%)		20.5	23.1	28.6	29.5	28.7
息前税后净营运利润(NOPLAT)		32.6	36.7	45.4	46.9	45.6
(+)折旧总额		74.9	78.6	85.8	89.3	92.0
(+)长期应计项目变动		3.0	3.0	3.0	3.0	3.0
(+)短期应计项目变动		1.9	2.1	4.5	3.5	3.1
现金流		112.4	120.4	138.8	142.7	143.7
(−)资本支出		78.5	95.5	88.7	89.2	81.9
(−)净营运资本变动		−5	6.4	21.7	16.4	12.5
营运自由现金流		38.9	18.5	28.3	37.0	49.3

注：资本支出的年份 i = 固定资产年份 i − 固定资产年份 $(i-1)$ + 折旧年份 i；息前税后经营利润 = 税后净经营利润。

对于家族企业来说，权益比负债更昂贵，因此风险也更大。这一事实意义重大，家族企业往往更依赖于权益融资。虽然强大的权益基础使得企业的负债水平较低，能够降低破产风险，但财务风险却是由股东独自承担的。因此，一个完全依靠权益融资的企业不一定比一个股债平衡融资的企业更有价值。

当然，杠杆水平与企业价值之间的正相关也有其局限性，因为权益和负债的成本可能因杠杆水平而异。如果企业的杠杆水平极高，负债成本可能会急剧上升至与权益成本相当的水平，因此，高杠杆企业最终会因其更高的加权平均资本成本而有所损失。自筹资金能力强的企业（包括许多家族企业）往往企业价值较低，这是因为相对昂贵的权益在资产负债表中的比例高，从而导致加权平均资本成本较高。但高杠杆企业的价值也可能较低，因为企业杠杆率高，所以负债成本开始大幅增加。这体现出负债/权益比例与企业价值之间的（倒"U"形）曲线关系。

在非常低的负债/权益比率下，财务风险只集中在股东身上，这降低了投资吸引力。随着杠杆水平的提高，财务风险被分散到多个实体上，企业价值也随之增加。但是当杠杆水平很高时，企业的债务负担沉重、负债成本增加，面临的破产风险也越来越大。我们发现，企业的最佳杠杆水平在 0.7~1.5。

到此为止，我们已经估计了未来 5 年的自由现金流以及相应的贴现率，即加权平均资本成本（WACC）。现在，我们可以继续使用 WACC 对未来自由现金流进行贴现，推导出未来自由现金流的现值。未来 5 期自由现金流的现值计算如下：

$$NPV_{1-5} = FCF_1/(1+WACC)^1 + FCF_2/(1+WACC)^2 + FCF_3/(1+WACC)^3 \\ + FCF_4/(1+WACC)^4 + FCF_5/(1+WACC)^5$$

因为企业不会在 5 年之后停止运营，所以我们不得不估计企业的终值（terminal value，TV）。终值（TV）是指企业 5 年之后的累积价值。为了计算终值（TV），我们假设第 5 年的自由现金流（FCF_5）将是永久持续的，当然，这是一个极端假设。因此，我们为 FCF_5 设定的价值将影响企业价值。这个永久收入流的终值（TV）计算如下：

$$TV = FCF_5/(WACC-g)$$

其中，TV 为终值；g 为永续增长率。

终值（TV）的现值的计算方法如下：

$$终值（TV）的现值 = TV/(1+WACC)^5$$

在以上案例中，假设 WACC 为 9%，未来 5 年自由现金流（FCF）的净现值为 1.314 亿美元（详见表 7.15）。假设永续增长率为 0，我们发现终值（TV）为 5.478 亿美元（= 49.3/0.09），终值（TV）的现值为 3.56 亿美元。在自由现金流贴现法中，企业价值是由自由现金流的现值（详细规划的 5 年，1.314 亿美元）加上终值（TV）的现值（剩余年份，356.0）之和得出的。

表 7.15 贴现未来自由现金流（FCFs）来确定企业价值和权益价值　　单位：百万美元

	−1	1	2	3	4	5	终值（TV）
经营性自由现金流		38.9	18.5	28.3	37	49.3	547.8
贴现率		1.09	1.19	1.3	1.41	1.54	
自由现金流的现值		35.65	15.6	21.85	26.24	32.04	
自由现金流现值的总和	131.4						
（+）终值（TV）的现值	356.0						
企业价值	487.4						
（+）现金	32.9						
（−）有息债务	259.7						
权益价值	260.6						

需要重申的是，我们在自由现金流贴现法中用作收益基准的自由现金流（FCF）是

为所有证券持有者（债权人和股东）创造价值的[9]。因此，通过贴现自由现金流（FCF）直接算出的结果是企业价值，而不是权益价值。为计算权益价值，就要像在 EBIT 和 EBITDA 倍数估值法中一样，必须扣除有息负债，再加上富余现金。

自由现金流贴现估值法按照以下步骤计算：

（1）估算未来 5 年的营运自由现金流；

（2）估算加权平均资本成本；

（3）确定终值；

（4）计算未来 5 年自由现金流的现值（现值的第一部分）；

（5）计算终值的现值（现值的第二部分）；

（6）将这两个现值相加得出企业价值；

（7）加上富余现金，并减去有息债务得出权益价值。

总之，自由现金流贴现法的关键参数估值如下。

关键指标：

- 加权平均资本成本（WACC），对未来自由现金流（FCF）和终值（TV）的现值有显著影响；
- FCF_5，用于估算终值（TV）；
- 永续增长率 g，用于估算终值（TV）；
- 终值（TV），通常在企业价值中占最大比例（在上述案例中，终值占企业价值的 73.1%）。

该方法的优势：

- 专注于自由现金流，因此关注的是可分配给所有证券持有人的利润；
- 关注未来的利润而不是过去的利润；
- 解释利润和投资依时序的发生情况。

该方法的劣势：

- 技术上比其他方法更复杂；

- 加权平均资本成本（WACC）的估算，特别是其中的权益成本；
- 对少数关键参数的敏感性高（特别是 WACC、g、FCF_5）。

7.10.4 综合各种估值方法

上述三种估值方法对于企业中"什么有价值"的理解是不同的。它们都有各自的优缺点，并且对某些关键参数非常敏感。因此，为了更全面地评估企业价值，建议综合使用多种估值方法。请注意，估值方法的选择应视具体企业而定。资产净值法更适合重资产企业，而自由现金流贴现（DCF）估值法则更适合正处于高速增长阶段、未来投资规模巨大的企业。

7.10.5 从估值到价格

基于上述讨论，读者应该理解估值方法并不是一种精确的计算方法。估值或多或少带有某些合理的假设，以适应企业的特殊性，不同的估值方法计算出来的企业价值不同。估值方法只能提供交易价格可能的区间。不过，正如本章开头提到的，交易价格有时可能与估值结果存在着显著差异。与任何其他经济产品的规律相似，出售报价和购买需求是决定企业价值的重要因素。在缺乏购买需求的情况下，即使拥有看似有价值的资产，企业价格也会下跌。在购买需求旺盛的情况下，即使缺乏这些资产，企业价格也会上涨。估值最终取决于有意愿的买家愿意支付给有意愿的卖家多少钱。

在家族企业传承中，特别是当企业从股东-经理人转移到下一代时，交易价格往往是多种因素之间的博弈，而估值只是其中的因素之一。更具体地说，家族企业传承的交易价格往往取决于以下四种因素。

1. 估值

上述估值设定了有效交易的边际价格，使用何种估值方法取决于企业类型。

2. 情感价值

我们已经看到,在考虑可接受的售价时,现任股东将他们对企业的情感依恋置于财务考虑之上,因此他们倾向于高估企业价值。例如,在一项研究中,受访的德国股东-经理人估算的企业价值比市场价值高出约30%。更多细节请参见7.7.3的部分。尽管市场视角能够有效地应用于估值,但是现任者可能会对企业存在着显著的情感依恋,如果出售价格不能反映或补偿情感价值,他们就会对出售企业这一决定非常犹豫。

3. 继任者的类型

战略投资者(如竞争对手等)可能愿意以市场价值的上限来支付溢价。同样,能够调动巨额资金的财务投资者(如PE基金等)也可能愿意支付溢价。在这两种情况下,现任者很有可能实现企业售价的最大化。

与战略投资者或财务投资者相反,在管理层收购(MBO)中,现任者可能愿意降低企业售价,以回馈对企业长期忠诚的高管。当企业传承给延续家族创业精神的家族内部成员时,价格甚至可能会降得更低。有关下一代希望获得家族折扣的更多细节,请参见7.7.3的部分。

以上假设得到了实证研究的证实。例如,一项对455家瑞士和德国中小型非上市企业的研究发现,当企业从第一代创业家传承到下一代时,交易价格会明显低于市场价值。最高折扣(42%)发生在继任者是家族成员时,而最低折扣(22%)发生在以外部管理层收购(MBI)方式出售时。值得注意的是,税务机关在一定程度上限制了这些折扣的力度——因为极低的交易价格将会降低政府的税收。

4. 融资机会

即使现任者和继任者就公平交易价格达成了基本一致,但在许多中小型家族企业的传承过程中,交易价格最终还将取决于继任者的融资能力。继任者可能根本没有股权融资或债权融资渠道来为这笔交易融资。如果缺少其他买家,或者现任者更看好这个缺乏融资能力的继任者,那么现任者将不得不下调交易价格,或用其他方式为交易融资(例如,通过卖方贷款等)。

即使我们使用了较为复杂的估值方法，非上市家族企业传承的交易价格也将取决于多个其他因素，特别是第一代创业家将企业移交给第二代时。这些因素总结在图 7.14 中。

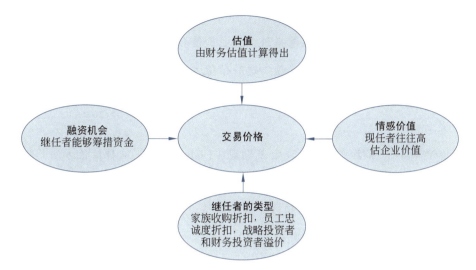

图 7.14　非上市家族企业传承交易价格的驱动因素

思考题

给现任者的思考题

❶ 每种估值方法分别有哪些关键假设？

❷ 独立顾问做出的合理估值是什么？

❸ 我同意这个估价吗？如果不同意，情感偏见是否影响了我的估值？

❹ 根据我的传承选项，我愿意在出售价格上妥协吗？

❺ 与公允市场估值相比，税务机关能接受的价格折扣有多大？

给继任者的思考题

❶ 企业未来 5 年的财务前景如何（资产负债表、利润表和现金流量表）？

❷ 企业哪些风险会对未来现金流产生影响？

❸ 什么是合适的估值方法？每种估值方法分别有哪些关键假设？

❹ 独立顾问做出的合理估值是什么？

❺ 是否存在必须与经营性业务相区分的非经营性资产（如不动产）？

❻ 现任者的私人开支将会如何影响企业估值？

❼ 现任者是否给自己支付了高于市场水平的薪酬？如果存在这种情况，假如按市场水平支付工资，将会如何影响企业的现金流？

给学生的思考题

❶ 为什么对于现任者和继任者来说，企业价值会有如此之大的差别？

❷ 如何计算一家企业的资产净值？这种估值方法的优/缺点是什么？

❸ 如何计算一家企业的息税前利润（EBIT）倍数估值？这种估值方法的优/缺点是什么？

❹ 如何计算一家企业的自由现金流贴现（DCF）价值？这种估值方法的优/缺点是什么？

❺ 自由现金流贴现（DCF）估值法中的哪些假设对计算出的企业价值有重要影响？

❻ 权益价值与企业价值的区别是什么？

❼ 如何从息税前利润（EBIT）开始计算自由现金流？

❽ 如何计算一个企业的加权平均资本成本？

❾ 为什么完全采用权益融资的企业不一定比部分杠杆（部分负债）的企业更值钱？

转让给员工——企业估值及激励措施

3年前，桑德拉和一位高管同事从他们的前老板手中接管了一家室内设计工作室。他们当时收购了60%股份，打算在4年后收购剩余的40%。剩余股份的价值将取决于该企业在收购60%股权后的前3年财务业绩表现。

现在，桑德拉和朋友正在考虑明年收购剩余40%股份。前任股东希望以45万美元出售这些股份。该企业有10万美元有息负债，没有非经营性资产。在过去3年里，该企业的息税前利润（EBIT）分别达到了12万美元（T−3）、12万美元（T−2）和15万美元（T−1）。今年的息税前利润（EBIT）很可能与去年相同。

> **思考题**
> ❶ 对于剩余的 40% 股份来说，45 万美元的价格合理吗？
> ❷ 你认为这份转让协议的结构如何？它设置了哪些激励措施？

7.11 为传承融资

一旦双方就交易价格达成一致，下一步就是为交易融资。接下来，我们将讨论非上市家族企业的股东-经理人向继任者转让股权最常见的融资方式。我们将聚焦于探讨中小型家族企业，因为在这类企业中，传承融资是在公开市场之外进行的。本章主要探讨的几种融资途径包括股权融资、卖方贷款、银行贷款和夹层资本。本章不会重点讨论大型家族企业传承，因为这类企业会通过上市为现任者和家族成员提供财务补偿。

需要明确的是，融资挑战主要是对继任者而言的。继任者想要接手企业，就必须通过融资买下企业。如果通过赠与或继承等方式就不必如此麻烦。但世界上没有免费的午餐，即使通过后两种方式接手企业，继任者也需要每年分期向前任或现任者支付费用，因此同样需要筹措资金。然而，正如后文所述，在促成交易及融资方面，现任者也要发挥作用。在中小型企业中，现任者通常必须积极规划交易结构。由于企业股份的流动性有限，潜在买家的兴趣不高，交易很难达成。现任者要在下述几方面表现出更大的灵活性：

（1）购买价格本身（即现任股东必须放弃以最高价格出售的念头）。

（2）购买价格在交易中的支付结构。例如，继任者是必须在交易完成时支付所有金额，还是可以分期支付部分款项？

（3）通过卖方贷款为交易提供部分融资。

（4）分次出售企业股份，以便继任者通过后续多次交易完成全部股权收购。

（5）确保交易成功的其他条件。

（6）上述不同融资方式的组合。

7.11.1 股权融资

股东-经理人直接接手家族企业,而不进行任何股权融资几乎是不可能的。继任者必须完成最低数额的股权融资,以确保交易的顺利进行,与此同时要使企业其他债权人(如银行等)吃下定心丸,表明继任者愿意向目标企业注入个人资金。对于股东-经理人类型的继任者而言,有如下三种股权融资来源。

(1)继任者提供的股本。继任者将自己的资金投资于目标企业之中。这笔钱可能是个人储蓄,也可能来自于家人或朋友。

(2)现任者提供的股本。为了将企业顺利传承下去,现任者不会一次性出售全部股权,即现任者可以保留一些股权,这样继任者无须一次性付清全部金额。在这种情况下,现任者保留了一部分控制权和职责。但这也带来了一个新的问题,那就是继任者未来将以什么价格收购剩余股权。

(3)第三方提供的股本。第三方投资者与继任者共同收购股权。例如,PE基金与继任者共同收购家族企业股权。

在中小型家族企业传承中,股本提供者(例如,继任者或继任者与第三方投资者合作等)贡献的资金通常占收购总额的10%~50%。

7.11.2 卖方贷款融资

卖方贷款也称为卖方融资,是指在一定期限内分多次付清全部款项的交易方式。卖方接受继任者的分期付款,并为继任者接手企业提供全部(有时会在小型企业的家族内部转让中出现)或部分收购资金。卖方贷款的精髓是,设计贷款结构,以使还款期对卖方而言足够短,但对继任者而言又足够长,即继任者可以用企业自身的未来现金流来偿还贷款。

为了进一步支持继任者,现任者可能会同意让卖方贷款的优先级次于银行贷款,因为后续继任者可能还需要使用银行贷款作为收购资金。继任者违约时,银行贷款的优先级要高于卖方贷款。此时,银行通常会把卖方贷款看作股本,从而增加优先贷款的放贷额,或者提供更多的贷款优惠条件。如果卖方贷款的优先级低于其他类型的贷款,那么贷款利率就会上升。

7.11.3 银行贷款融资

银行贷款的资本成本(即利率)比次级债务和股权融资都要低。然而,银行贷款的条件往往更严苛。银行贷款要通过分期偿还方式全部还清,还贷期通常为5~7年。银行贷款的规模通常由企业的负债能力决定,其定义如下。

$$负债能力(\text{debt capacity}) = \text{SUM}_{1\to t}(\text{FCF}/(1+\text{C of D})^t)$$

其中,FCF 为企业的自由现金流,假设在整个还款期内保持稳定;C of D 为银行贷款利率;t 为还贷期。

负债能力代表了企业的债务上限,换句话说,负债能力是企业在一定期限内(通常是5~7年)能够偿还的负债总额。这个计算公式使用的是当前资源(特别是自由现金流),并假定收入保持不变。银行将保守地估计该企业在预计还贷期内的自由现金流,并对未来的自由现金流进行折现,得出其现值,进而得出该企业的负债能力。如果有不动产等资产为银行贷款提供抵押,那么企业的负债能力将会进一步提高。

从以往经验来看,债务上限约为目标企业 EBITDA(息税折旧及摊销前利润)的2~3倍。银行贷款利率(即债务成本)通常是浮动利率,等于基准利率加上一定的溢价,溢价多少取决于借款人的信用状况。根据信贷条件的不同,银行可能会收取提前还款罚金。

银行经常在信用额度上附加严格的条件。在非上市企业的传承中,这种条件有着不同的表现形式,如:

> 限制未来收购;
> 限制增加额外贷款额;
> 限制分红;
> 维持条件:向银行提交季度业绩报告;

➢ 业绩条件：最低 EBITDA 水平（如待偿贷款总额＝最大 2 倍 EBITDA），最高杠杆率；
➢ 借款人以资产做抵押，例如，股份、人寿保单或个人资产。

毫无疑问，以上这些限制对继任者不利，因此继任者要极力避免上述约束条件。对于一家估值合理的企业而言，银行贷款将占到交易总额的 50% 左右。

7.11.4 次级债和夹层资本融资

次级债（或称为夹层债）是一种兼具债权和股权特征的债务类型，位于企业资产负债表的优先债和股权之间。由于夹层债的风险敞口高于优先债，因此它的利率更高并附带某种形式的股权"参与"，以获得风险调整后收益。这种股权参与可能会以浮动利率形式出现，当业绩改善时，利率会上升，或者在稍后的某个时间点选择债转股。夹层债结合了债权融资（如定期偿还利息等）和股权融资（如收益随企业业绩的提升而增加等）的双重特征。

考虑到夹层债出借人所承担的风险，继任者应该准备一份全面的贷款人保护条件清单。典型的条件可能包括上文提到的银行贷款条件，也可能包括对合资公司、员工薪酬体系变更、管理层人事变动、一定金额以上的投资以及对重要商业合同变更的限制。

对于接手一家现金流较为稳定、能够偿还利息的企业而言，夹层融资是一种颇具吸引力的融资方式。在银行贷款和股权融资仍无法满足收购金额的情况下，夹层融资就可以派上用场。

可转换贷款是夹层资本的一种形式，经常出现在传承融资中。这类贷款由现任者发行，如果继任者没有履行合同条款（如没有按时偿还卖方贷款等），那么现任者就有权将贷款转换为股权。债转股可以让现任者拿回股权，从而重新获得企业的控制权。下一章将进一步探讨这类融资工具，重点讨论不同融资工具的组合。

综上所述，表 7.16 展示了在非上市家族企业传承过程中应用的主要融资工具。

总负债数额通常为 3~6 倍 LTM [⑩] EBITDA，利息覆盖率至少为 2 倍 LTM EBITDA/第一年利息。总负债数额还会因行业、市场和其他因素而异。

表 7.16　家族企业传承中的融资方式及其主要条件[1]

资金来源	主 要 方 式	评　　价
普通股	• 一般为交易总额的 20%~50% • 内部收益率（IRR）约为 20%~30%，持有期约为 5 年	
银行贷款	• 一般为交易总额的 30%~50% • 基于资产价值（如房地产抵押等）和自由现金流（偿债能力） • 通常基于伦敦同业拆借利率（LIBOR） • 5~7 年到期，每年分期偿还本息 • EBITDA 的 2~3 倍（因行业、评级及经济条件而异） • 有时需要以股票和资产做抵押 • 维护条件和触发条件	• 银行债务还包括短期循环信贷额度，以满足运营资金需求 • 一般来说没有最低交易规模要求
高收益及次级债（即卖方贷款）	• 如果需要的话，通常为交易总额的 20%~30% • 通常无抵押 • 固定息票 • 常被列为次级债 • 比银行债务期限长（7~10 年） • 没有多种分期偿还的选择，在到期日一次性偿还；银行债务已偿清；累进付款 • 触发条件 • 内部收益率（IRR）为 14%~19%	• 通常用于中型和大型交易
夹层债	• 优先股（即具有优先股股息、清算权、反稀释权的股票）或可转换债券 • 在 3~5 年持有期内，内部收益率（IRR）为 10%~20%	• 偶尔用来代替高收益债券 • 一般来说，是现金支付和实物付息（PIK）*的组合

注：* 实物付息（payment in kind，PIK）= 周期性付款方式，利息不是以现金支付，而是将利息额直接加入本金中（例如，具有 8% 实物付息利率的 1 亿美元债券到期后应还款 1.08 亿美元，但不支付任何现金利息）

7.11.5　综合各种融资方案

在现实中，家族企业传承融资会使用一系列融资工具的组合。这些案例中的核心问题是，假设家族企业不是直接赠与继任者，同时继任者的股本金又不足以收购该家族企业，此时继任者应该选择何种融资方法（或融资组合）来弥补资金不足呢？

如图 7.15 所示，我们假设一个家族企业以 100 元价格完成传承交易。继任者能够提供的股本只有 20 元，剩下的资金缺口应该如何弥补呢？

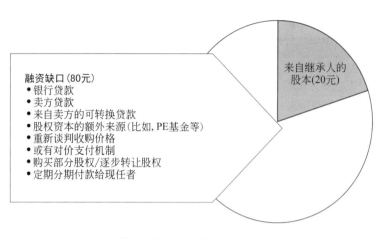

图 7.15　弥补家族企业传承资金缺口的各种融资选项

注：假设购买价格为 100 元

为了弥补 80 元的资金缺口，交易双方有多种融资选择。前文已经介绍了部分选项，包括银行贷款、卖方贷款、可转换贷款和 PE 融资等。

对于小型家族企业而言，特别是在家族内部传承的情况下，为了避免外部人员插手，继任者和现任者可能会对收购价格进行重新谈判，这样继任者凭借自身股本加上卖方贷款（发行方为父母，即卖方）即可支付收购金额。

或者，继任者和现任者可以使用"或有对价支付机制"（earn-out），该机制可实现在预先设定的一段时间内（如 2~3 年），收购价格根据企业的盈利变化进行调整。双方还可约定，股权转让分几步进行，继任者逐步获得全部股权。

对于小型家族企业传承而言，一种简便的方法是，继任者每年向现任者支付资金。分期付款的资金来自企业自身现金流。事实上，这种分期付款就相当于不收利息的卖方贷款。

从以往经验来看，继任者和现任者之间的信任度越高、关系越亲密，现任者就越愿意向继任者开出优厚的转让条件，主要包括家族内部转让（赠与）时降低转让价格、发行卖方贷款、或有对价支付机制（earn-out）及分步出售企业等。

实践中，中小企业往往选择较为简单的融资结构，我们将在下面讨论各种融资组合。

1. 继任者股本 + 卖方贷款

一种典型案例是，股东希望将企业转让给家族成员或忠诚员工，并通过卖方贷款为继任者提供融资。现任者提供卖方贷款后，继任者就无须再向银行贷款。这种组合尤其适用于家族内部传承，此类企业的规模较小、收购价格较低，现任者对继任者非常信任。企业转让后，现任者仍然会参与企业管理。现任者对养老金没有急迫的需求，而这笔养老金本应来自于继任者在交易完成时的一次性付款。

在这种组合中，合同签署时现任者将只获得交易金额的20%，剩下的80%将会在卖方贷款偿还期内每年分期付清。

2. 继任者股本 + 银行贷款 + 卖方贷款

要想接手规模更大或现任者希望套现更多的家族企业，继任者就必须向银行贷款。如前文所述，如果收购价格合理，银行可能愿意为继任者提供50%左右的资金。剩余资金缺口可能要通过卖方贷款补充，其优先级可能会低于银行贷款（见图7.16）。在这种情况下，现任者收到70元（20元为继任者股本+50元为银行贷款），剩余30元由卖方贷款提供。通常，继任者必须在5~7年内通过企业的自由现金流偿还银行贷款。卖方贷款要么与银行贷款同时偿还，要么之后偿还。

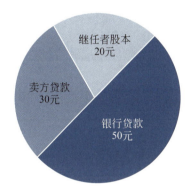

图7.16　传承融资：继任者股本、银行贷款和卖方贷款

3. 继任者股本 + 银行贷款 + 卖方贷款 + 可转换贷款

如果新任股东违反了某些预先设定的条件，现任者可能会希望重新获得控制权。如图7.17所示，可转换贷款如同"急刹车"，可以让现任者在上述情形下重新获得企业控制权。一旦继任者的违约行为触发了转换条件，现任者就会将贷款转换为股权，从而获得企业的大部分股权［转换后现任者持有15/（15+10）×100% = 60%股权，继任者持有40%股权］。除了可转换贷款外，继任者还需要50元银行贷款和25元卖方贷款来

凑足购买股权所需的资金。

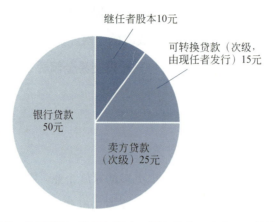

图7.17　传承融资：继任者股本、银行贷款、卖方和可转换贷款

现金流与前一种情况类似：继任者必须在还款期限内用企业现金流偿还银行贷款，卖方贷款和可转换贷款将随后偿还，其中可转换贷款将最后偿还。

木材公司的管理层收购（MBO）融资

安迪15年前从上一任股东手里接管了木材公司（Wood Corp）。该企业属于木材建筑行业，拥有50名员工，在当地市场举足轻重。当地木材建筑需求强劲，未来几年发展前景良好，现在正是转让企业的大好时机。

对安迪来说，首选的传承方式是转让给员工。在核心员工中有两位高管对企业了如指掌，并且有接手企业的意愿。毫无疑问，这两位高管可以让企业再上一个台阶。此外，这两位高管已经筹措资金，准备以800万美元价格收购企业。他们的融资组合方案如下。

两位高管可提供的股本：　　　　100万美元
银行贷款：　　　　　　　　　　450万美元
来自安迪的卖方贷款：　　　　　250万美元

卖方贷款是银行同意放贷的一个重要原因。安迪愿意提供优先级低于银行贷款的卖方贷款，这相当于向银行表明他支持这笔交易，并相信继任者的能力。鉴于卖方贷款的优先级低于银行贷款，银行将安迪提供的贷款看作股本。银行贷款为交易金额的56%（= 450/800）。现金流、分期付款和利息偿还时间安排如下（见表7.17）。

表7.17　现金流、分期付款和利息偿还时间安排

单位：千美元，年	T0	T1	T2	T3	T4	T5	T6	T7	T8	T9	T10
支付给卖方											
高管1股本注资	500										
高管2股本注资	500										
银行贷款	4 500										
卖方贷款分期（5年）		—	—	—	—	—	500	500	500	500	500
期初未偿贷款金额		2 500	2 500	2 500	2 500	2 500	2 500	2 000	1 500	1 000	500
偿付金额5%的利息		125	125	125	125	125	125	100	75	50	25
支付给银行：											
信贷摊销（5年）		900	900	900	900	900					
期初未付货款		4 500	3 600	2 700	1 800	900					
偿付金额7%的利息		315	252	189	126	63					
所有现金流概览											
来源：股本和银行；支付给卖方	5 500										
来源：企业自由现金流；支付给银行		1 215	1 152	1 089	1 026	963					
来源：企业自由现金流；支付给卖方		125	125	125	125	125	625	600	575	550	525
企业现金支出		1 340	1 277	1 214	1 151	1 088	625	600	575	550	525

签署协议（T0）后，卖方获得了两位高管的股本和银行贷款，总额为550万美元。银行贷款还清后，250万美元卖方贷款要在5年内还清，利率为5%。然而，从T1年开始，卖方就可以收到卖方贷款的利息。

两位高管希望能用企业现金流偿还银行贷款。银行要求5年内还清贷款，利率为7%。因此，从T1~T5年木材公司每年要向银行还款，每年需支付的金额分别为121.5万美元、115.2万美元、108.9万美元、102.6万美元和96.3万美元。

从T6年开始，两位高管将开始偿还卖方贷款。从T6年到T10年，每年支付金额（分期支付的本金和利息）分别为62.5万美元、60万美元、57.5万美元、55万美元和52.5万美元。

对于两位高管而言，最终要评估自己是否能还清T1~T10每年的债务，这样才能在10年后完成全部收购。也就是说，问题在于企业年度税后自由现金流能否至少达到134万美元（即付清10年间所有贷款所需的年度最高金额），从而为该传承交易融资。

思考题

给现任者的思考题：

① 我是否希望将企业尽快转让出去，从此不再参与管理？

② 我是否想通过卖方贷款、分步出售，或有对价支付机制或可转换债券等工具为传承融资？

③ 如果是这样，我该如何减少风险敞口？

④ 哪些因素会破坏交易？

⑤ 要想弄清楚传承中的财务问题，我需要向哪些顾问寻求帮助？

给继任者的思考题：

① 我现在有多少股本？

② 我可以选择哪些融资方案？

③ 我该如何调整各种融资方案以获得收购所需的资金？

④ 其他股权投资者的参与有什么好处和坏处？

⑤ 如果有多个股权投资者存在，股东协议中最重要的条款是什么？

⑥ 企业的可持续现金流（即能满足偿还贷款的现金流）应该是多少？

⑦ 我需要多长时间才能还清负债？

⑧ 企业的现金流是可持续的吗？在经济衰退时也能还清所有负债吗？

⑨ 要想弄清楚传承中的财务问题，我需要向哪些顾问寻求帮助？

给学生的思考题：

① 假设继任者自身股本和银行贷款不足以收购目标企业，应该如何填补资金缺口？

② 现任者如何推进企业转让的融资进程？

③ 在非上市公司传承中，有哪些典型的融资选项？

④ 银行如何评估一家企业的负债能力？

⑤ 描述银行提出对其贷款进行担保的条件。

⑥ 解释非上市公司传承中各种融资选项的组合，以及每种组合的特点、优势和不足。

7.12 传承中的法律和税务安排

法律和税务是家族企业传承中极为重要的两个方面。然而，不同国家之间甚至是一国之内不同地区之间的法律和税务都存在着重大差异，这就给解决家族企业传承中的法律和税务问题带来了巨大挑战。此外，各种传承选项的法律和税务问题往往都是不一样的。尽管面临上述挑战，但是家族企业中的法律和税务问题必须得到妥善解决，否则就会造成严重纰漏。一种简化的方法是，将传承选项与典型法律结构联系起来（如表7.18所示）。

表 7.18 传承选项及典型的法律结构

传承选项：企业转移对象	法律结构
家族成员	赠与、继承、信托、出售
关键员工	员工持股计划（ESOP）、管理层收购（MBO）、杠杆收购（LBO）
既有股东	买卖协议
财务投资者/战略投资者	议价出售、拍卖、主动报价
股票市场	上市（IPO）
清算	部分清算、折价出售

来源：改编自 Niemann（2009）

我们将探讨四种最重要的退出路径，即向家族成员、员工、既有股东和财务/战略投资者转移企业，进而探讨每种选项在法律和税务上的影响。我们的研究重点是家族企业传承，因此将特别关注家族内部的股份/财富转移，以及相关的财富规划工具（如赠与、继承和信托等）。

不同的退出途径在国际上的适用性大不相同，而且不同的退出途径各有其特殊性。以下讨论并不是具体的指导方案，而是从原理上阐述不同传承选项带来的法律和税务影响。最终的法律安排还是要根据实际的内外部情况因地制宜、具体分析。

7.12.1 转让给家族成员

通常，现任者将家族企业转让给家族成员有三种方式，即赠与、信托（通常适用于英美等普通法国家)或出售。

1. 将股份赠与家族成员

从本质上看,家族财富就是下一代从上一代手中继承来的。这意味着股东将股份无偿赠与下一代,不求任何物质回报。家族财富体现了父母对子女的利他主义。

然而,从法律和税务的角度来看,赠与股份或代际财富转移将会带来较大的税务负担。在此过程中主要存在两种形式的税收,即遗产税与赠与税。

(1)遗产税

遗产税的征收对象是逝者的遗产,适用于遗嘱继承或法定继承的遗产。许多国家都有免税额度,遗产总值低于某一额度就可以免税。只有超过最低额度的遗产部分才需要缴税。例如,美国联邦遗产税 2009 年的免税金额为 350 万美元,最高边际税率高达 45%。有些法律允许在这一基本规定的基础上进一步减免税款。例如,美国税法规定,如果遗产全部留给配偶,就无须缴纳遗产税。此外,如有部分遗产捐赠给了慈善机构,那么捐赠部分也无须缴纳遗产税。应当注意的是,税法对遗产的处置方法可能取决于企业的法律结构,即是否属于独资、合伙、有限公司等。如想了解某些欧洲国家遗产税和赠与税的更多细节,请参阅毕马威(KPMG)的家族企业税务报告。该报告介绍了欧洲各国的税收制度。在许多国家,遗产税/赠与税取决于逝者与受益人/继任者之间关系的紧密程度。根据经验,家族关系越紧密,需要缴纳的税款就越少。

(2)赠与税

赠与税的征收对象是赠与人在世时向他人赠与的财产,防止现任者通过生前分配财产的方式逃避遗产税。因此,赠与税与遗产税相关。通常而言,废除遗产税的国家也同时废除了赠与税。与遗产税一样,赠与税每年每人都有一定的免税额度。此外,赠与慈善机构和配偶的某些财产也可以免税。

需要注意的是,税务机关十分重视赠与财产的估值。例如,根据美国税法,私人持有的家族企业股份将以公允市场估值来定价。税务机关只会对少数进行了基准估值或缺乏流动性的股票进行减税。这两种情况以外的赠与都要缴纳赠与税。这也是为什么有人在申请低息贷款的同时也会进行赠与的原因[12]。

关于遗产税的背景资料

在全球范围内，最明显的税收冲突主要集中在遗产税上，尽管遗产税对任何现代国家的税收贡献很少超过2%。遗产税之所以饱受争议，根本原因在于社会规范结构。Beckert（2008）在对遗产税的研究中提出了四种不同原则，这些原则要么使财富传承合法化，要么反对征收遗产税。

家族原则指出，遗嘱人的财产并不是真正的个人财产，家族财产比遗嘱人寿命更长。因此，他们的后代有权拥有这些财产。在家族原则下，征收遗产税是不合法的。德国采纳这一原则。

机会平等原则指出，社会不公体现于人们拥有财富数量的差距。这一原则要求对遗产进行再分配，必要时可采用税收手段。对遗产征税可以带来更公平的物质起点，从而为任人唯贤的社会体制奠定基础。这一原则在美国较受欢迎。

社会公平原则旨在解决市场参与者的不平等问题。这一原则在法国尤为突出，"平等主义"的社会规范源于法国大革命。大革命试图遏制贵族和地主的势力，以及更广泛的富人群体。这一原则认为，征收遗产税之所以合理，是因为继承人的经济实力能够承担这笔税款。

社区原则是指遗嘱人有义务通过建立慈善基金或信托的方式，运用财富以增进公共利益。这一原则在美国尤为突出，遗产税作为一种政策选择，激励人们创建更多慈善实体（Beckert，2008）。为了鼓励这类捐赠，慈善机构通常可享受遗产税减免。

这些原则在公共话语中的运用因国家而异，对税收体系产生了重大影响。例如，家族原则和社会公平原则在德国更为常见，而机会平等原则和社区原则在北美更为常见[13]。支持或反对遗产税的不同理由能够帮助我们理解遗产税的国际差异，例如，美国和德国的差异可见图7.18。

还有一些研究对不同国家的遗产税进行了对比。安永全球家族企业卓越中心研究表明，家族企业传承征收的遗产税最高边际税率如图7.19所示[14]。

虽然许多国家没有遗产税，但有些国家的遗产税率却相当高。今天全球遗产税的格局已经发生了巨大变化。事实上，除了法国、冰岛和阿根廷等国，许多国家已经大幅降低甚至取消了遗产税。

遗产税的支持者通常主张机会平等原则、支持创业精神、担心财富集中造成不民主以及累进税率等（Piketty，2014）。

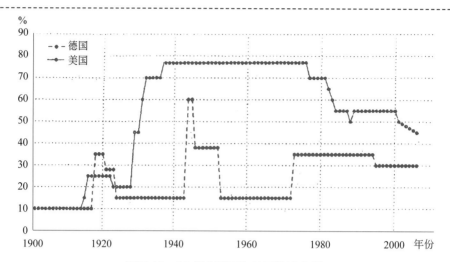

图 7.18　20 世纪美国和德国的遗产税

来源：Piketty（2014）；美国国税局；Beckert（2008）；德国数据是根据对近亲征收的遗产税计算的

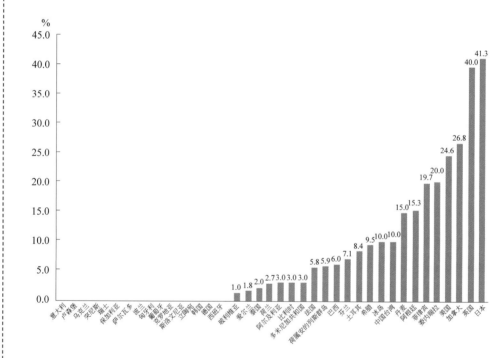

图 7.19　家族企业传承的遗产税，无减免

遗产税的反对者认为，遗产税会减少用于投资的资本存量，从而减少了对投资和发展的经济刺激（Tsoutsoura，2009）。当财富所有者的生命即将结束时，遗产税可能会抑制储蓄意愿，刺激消费动机，甚至导致挥霍无度等行为。

案例研究

赠与带来的意外后果

加洛（Gallo）家族第三代成员刚刚听说他们即将获赠家族企业部分股份时都感到很兴奋。他们对祖父的慷慨赠与充满了感激。至少从财产上来看将是他们有生以来获得的最贵重礼物。但直到年底，他们才发现这笔赠与并不是免费的午餐。在报税时，他们必须把家族企业股份列入应税项目。由于该国对赠与征收重税，这些股份也需上缴大笔税款。而第三代家族成员还都在上学，没有固定收入，因此这份股份赠与造成了意想不到的后果，好事变成了坏事。

（3）遗嘱自由（testamentary freedom）

遗嘱自由是上一代在转移家族财富时应当考虑的另一个法律问题。遗嘱自由是指个人在生前自由处置财产的权利，例如，可否将全部财产交给一位受益人。通常，遗嘱自由会受到某些限制，主要表现为强制性共同传承或在子女/配偶中平分遗产，这些都与公序良俗相符（Carney、Gedajlovic 和 Strike，2014）。特留份的概念就是对遗嘱自由的限制。特留份是指法律规定的遗嘱人，不得以遗嘱取消理应由特定的法定继承人继承的遗产份额。在这种情况下，遗嘱人不能把全部遗产只留给一位继承人，而剥夺其他继承人的份额。遗嘱自由的冲突来自两方面：一是遗嘱人的个人权利；二是其配偶及亲属分割遗产的诉求（Carney、Gedajlovic 和 Strike，2014）。通常来说，普通法系国家的遗嘱自由度要高于大陆法系国家和伊斯兰法系国家（见表 7.19）。

表 7.19 世界各地的遗嘱自由

澳大利亚	1.000	中国台湾	0.667	牙买加	1.000	意大利	0.500
加拿大	1.000	委内瑞拉	0.667	肯尼亚	1.000	西班牙	0.500
中国香港	1.000	爱沙尼亚	0.667	斯里兰卡	1.000	瑞士	0.500
印度	1.000	拉脱维亚	0.667	芬兰	1.000	乌拉圭	0.500
以色列	1.000	摩纳哥	0.667	瑞典	0.750	玻利维亚	0.500
墨西哥	1.000	法国	0.660	匈牙利	0.750	塞浦路斯	0.500
新西兰	1.000	卢森堡	0.660	黎巴嫩	0.750	列支敦士登	0.500
南非	1.000	韩国	0.643	希腊	0.700	斯洛伐克共和国	0.500

续表

泰国	1.000	智利	0.625	立陶宛	0.688	挪威	0.417
英国	1.000	日本	0.625	克罗地亚	0.688	哥伦比亚	0.375
美国	1.000	马耳他	0.583	奥地利	0.680	比利时	0.333
保加利亚	1.000	罗马尼亚	0.583	巴西	0.667	菲律宾	0.333
开曼群岛	1.000	阿根廷	0.566	丹麦	0.667	孟加拉国	0.333
哥斯达黎加	1.000	冰岛	0.556	德国	0.667	约旦	0.333
萨尔瓦多	1.000	秘鲁	0.556	爱尔兰	0.667	科威特	0.333
危地马拉	1.000	葡萄牙	0.542	荷兰	0.667	沙特阿拉伯	0.333

注：数据显示了遗嘱人可在有配偶和两个子女的情况下，将遗产留给其中一个子女的最大份额。与有两个以上子女或配偶去世的情况较为类似。详情请参阅 Ellul、Pagano 和 Panunzi（2010）。

2. 信托

信托（普通法国家）和基金会（大陆法国家）都是规划家族企业或家族财富传承的常用工具。设立信托的原因和好处包括以下几个方面。

> 个人和家族的遗产规划；
> 限制家族内部与财富相关的冲突；
> 保护家族财富免受内部侵害（例如，不让没有能力的子女接手家族企业等）；
> 保护家族成员不受家族财富"腐蚀"（例如，避免子女挥霍无度等）；
> 降低与遗产税/赠与税相关的税负；
> 保护家族财富免受外部侵害（例如，诉讼、债权人等）。

然而，我们在本书第 5 章家族企业治理中已经讨论了信托面临的一些治理挑战，与之相似，信托有如下缺陷。

（1）受托人的不忠。受托人是信托财产的指定保管人。然而，受托人很难被有效监督，这是因为信托没有股东，同时司法机构对信托的监管通常较为有限。从某种角度看，受托人是没有股东的经理人。信托的受益人通常是未成年人，他们对受托人和交易的控制力非常有限（Sitkoff，2004）。受托人可能会在信托财产的管理和处置中滥用权力，越俎代庖充当财富的"主人"，特别是在委托人能力不足或已经去世等情况下（关于双重代理成本，详见本书第 5 章家族企业治理部分的内容）。

（2）风险规避。信托旨在维持现状，因此不能像管理企业那样承担风险。事实上,受托人的任务就是分散风险,但这与家族企业所要求的集中投资逻辑相冲突。信托限制了受益人承担风险的意愿和能力,以保守的方法管理财富（Zellweger 和 Kammerlander, 2015）。由于资本的保守配置,信托中的财富会随着时间的推移逐渐耗尽,无法满足家族的财务期望或家族人数的增长。

（3）委托人的僵化指示。受托人要遵循委托人的事先指示。虽然有些指示是出于好意,如希望能保护特定行业的就业,但通常这些指示都是过时的。但是,不管这些指示是否与当下形势相符,受托人都要受到信托契约和指示的约束。

（4）剥夺后代的权利。信托剥夺了后代对家族财富的决定权/处置权。在某种程度上,信托体现出委托人对后代能力的不信任。设立信托有时非但不能解决家族冲突,反而会激化矛盾、火上浇油。

信托是一把双刃剑：它能解决一些问题,但也会带来新的问题。有些家族借助信托解决了问题,但却低估了信托的缺陷。正如 Hartley 和 Griffith（2009）所说："有些家族在面临挑战时通常会选择信托这种简单的方式,以此来延续上一代的行为模式,而不是通过自身的努力去寻找更有效的解决方法。"

在创造代际财富的过程中,家族信托饱受争议。有限的资料表明,能跨代创造财富的家族企业很少使用信托。在这些成功家族中,家族本身处于掌舵地位,每一代人（重新）定义了家族、企业、股权和财富的治理。这种方法可能会花费更多时间,但却能够让家族企业避开信托带来的陷阱。

3. 信托的类型

作为家族内部财富转移的合法工具,信托的普遍性在不同国家中差异很大。奥地利 100 家最大家族企业有 30% 是通过基金会（大陆法系国家中类似于信托的金融工具）持有的。在英国及美国,家族信托是家族内部财富转移最重要的工具之一。下面,我们来看看在美国经常用于遗产规划和财富传承的三种信托形式。

（1）委托人保留年金信托（grantor retained annuity trusts, GRATs）。委托人保留年金信托允许现任股东退出家族企业时将一部分资产转移到信托中。退任股东可以在固定年限内从 GRATs 获得收入。到期后,信托中的剩余资产将转移给信托受益人,通常是退任股东的子女。GRATs 允许从遗产中分出一部分资产并转移到指定接班人的手中,同时减少纳税额（Leonetti，2008）。

（2）慈善余额信托（charitable remainder trust，CRT）。股东退出家族企业后仍希望以财富支持某些公益慈善事业。在这种情况下，股东可以将其部分股份转到慈善余额信托中。虽然税收优惠不是设立 CRT 的主要原因，但将股份转入 CRT 后确实可以享受到很大的税收优惠。股东可获得 CRT 20 年的收益。此外，股东随后甚至可以出售已转入 CRT 的股份。在出售这些股份时，股东可以免交资本利得税。

（3）不完全产权赠予信托（intentionally defective grantor trusts，IDGTs）。不完全产权赠予信托允许设立人将股份放入有意存在缺陷的信托中，以确保设立人能够继续为信托中的财产缴纳所得税。由于设立人仍然支付 IDGTs 产生的所得税，因此 IDGTs 中的资产仍然继续保持升值，即这能够让受益人（设立人的子女和孙辈）的资产升值。然而，就遗产税而言，设立人的遗产额则要减去转移到 IDGTs 中的资产额。个人将资产"出售给"给信托以换取一定期限的票据，这个期限可以是 10 年或 15 年。在个人向 IDGTs 的出售中，比较典型的情况是设立人以市场公允价值向信托出售具有增值潜力的资产，以换取极低利率的票据。与任何遗产冻结方案一样，设立人应选择预计大幅减值或大幅升值的资产。其目标是从设立人的财产中减去超出规定利率的未来资产价值。IDGTs 是一个非常有效的遗产规划工具，可以降低遗产应税额，同时允许设立人向受益人转移资产（Niemann，2009）。

美国信托法（甚至国际信托法）允许家族企业运用各种类型的信托来规划遗产（详情请参阅其他文献）。需要注意的是，使用信托工具规划遗产应在特许理财规划师（CFP）或律师等专业人士的帮助下进行。

4. 向家族成员出售股票

在某些情况下，企业或家族进入生命周期的某一阶段之后需要出售企业。例如，对于想要退休的现任者，养老金可能就来源于出售企业所得。再如，当有子女不愿再继续经营家族企业时，父母要确保所有子女都能公平受益。父母之所以要补偿接班人以外的其他子女，是因为他们希望能够实现诸子均分。由于家产通常都集中在一项资产（即家族企业）上，如果家族接班人并非独生子女，而父母将企业全部赠与一位接班人，那么在这类父母看来对其他子女来说就是不公平的。

此外，从心理学的角度来看，出售家族企业能让现任者体面地退休。对于继任者来说，公开买下企业能让大家知道"谁说了算"（Hartley 和 Griffith，2009）。家族内部出售通常采取出售股权的方式，因而同时也转移了所有的业务风险，而向外部人士出售可能会采用出售资产的方式。在家族内部出售中，购买金额的一部分可以作为给前任股东的咨询费或聘用费。除上述税项外，卖方（父辈）在家族内部出售企业的行为可能会使其承担所得税。根据企业法律形式的不同，可能也会产生资本利得税。

美国有一种叫作"自动取消分期付款票据"（self-canceling installment note，SCIN）的合法工具。借助这种工具，上一代可以在家族内部出售企业时进行税务筹划。SCIN是一种债务凭证，卖方/债权人去世后，票据余额将自动注销。而持有人（通常是父母）在世的时候，SCIN 与其他分期付款票据没什么区别，父母还可以通过 SCIN 出售企业获得收入。这种工具可享受各种税收优惠：它冻结了待售财产的遗产税应税额。如果卖方在票据全额支付前去世，那么该票据也会从卖方的遗产中扣除这部分价值。换句话说，如果卖方去世时分期付款票据仍有未偿清部分，那么未来这部分财产的增值将不用交税。卖方只能于在世期间获得回报。由于所有权随着死亡而灭失，因此并不包含在遗产中。这对家族内分期出售而言大有裨益（详情请参阅遗产规划相关文献）。

股权交易 VS 资产交易

在股权交易中，购买者从前任股东手中购买企业股份。购买成功后，买方成为企业的股东，他不仅买下了企业的资产，还买下了企业所有现存的以及潜在的债务。

在资产交易中，买方只对前任股东持有的某些资产感兴趣。在这种情况下，买方可以接管这些资产，并接手明确商定的债务、合同和员工等。买方并不是买下整家企业，因此只承担有限的收购风险。

---

5. 为家族内部出售设定价格

在纯粹的市场机制下，资产按市值从一个股东转移到另一个股东手中。市场价值反映了未来自由现金流的现值（详情请参见本章 7.10 节公司估值的部分）。但在家族内部，市场规律无法发挥全部作用，常常被家族规范所取代。社会学家认为，影响代际转移的核心家族规范包含以下四种（Bengtson，1993；Zellweger 等，2015）。

（1）父母利他主义（parental altruism）是父母养育孩子的原因。这一规范表明父母理应对子女慷慨大方。

（2）代际传承（generativity）让父母希望将企业作为遗产永续传承下去。父母强烈希望子女接班，把企业控制权留在家族内部。这一规范同样表明父母理应对子女大方。

（3）孝道互惠（filial reciprocity）是家族期望子女能够回报父母。从这个角度来看，子女必须报答父母的养育之恩。因此，子女不能指望免费接手企业，而要以某种方式回馈父母的赠与。

（4）孝道责任（filial duty）是孩子赡养年迈父母的责任。在孝道责任的规范下，如果父母退休后有经济上的需求，他们有权让子女提供经济援助。

家庭对话有时会反映出这些规范，这些对话可能是"有利于继任者和企业持续发展"的价格或是"现任者的退休要求"的价格。考虑到父母利他主义以及代际传承这两条重要的规范，即使第三方提供的企业估值是有效的，父母也倾向于以在估值范围内的较低价格向子女出售企业（详情请参见本章7.7.3的部分有关家族折扣的研究）。

需要重申的一点是，在某些法律制度下，家族内部出售的定价可能无法像家族成员希望的那样脱离经济现实。这是因为企业股权的转移应当缴纳遗产税或赠与税。例如，根据美国法律，如果现任股东将资产转移给继任股东而没有获得足够的补偿对价，那么税务机关也有权征收遗产税或赠予税。如上所述，美国税务机关将自行评估企业市值，并仅对少数股权和不可流通股权提供折扣，然后对折扣后的遗产部分进行征税。

7.12.2 转让给既有股东

股东退出的另一种方式是转让给企业的其他既有股东。这些既有股东可以来自于同一个家族，也可以来自于家族外部。无论是否为家族成员，他们都是现任股东转让企业的首选，因为他们通常拥有股东协议中规定的优先购买权。将股权卖给既有股东可以有效简化企业的股权结构。最简单的情形就是二人共同拥有企业，其中一人将手中股份转给另一人。

在家族企业情境下，合并持股（即向共同股东出售股份）尤为重要。随着家族企业传承的进行，家族股东的数量也会增加。随之而来的股权分割将会导致以下三个核心问题。

（1）激励。当股东持股比例较小时，股份价值增加带来的激励作用有限。要证明这一点，只需对比家族企业的两类 CEO：一位拥有 5% 股份，而另一位拥有 80% 股份。与前者相比，后者有更强的动力（更大的实权）带领企业走向成功。

（2）治理。股东数量众多会使公司治理（例如，内部协作和决策等）变得更加困难。家族企业可能还需要引入家族委员会或其他成本高昂的治理机制。

（3）认同。要保持众多股东对企业的认同感和忠诚度并非易事。然而要想让众多股东愿景一致、共同协作，就必须保证认同感和忠诚度。

把股份转让给家族既有股东，从而合并家族持股，可能是解决上述三点问题的有效途径。这一整合过程有时被称为"修剪家族树"。

1. 买卖协议

家族企业可以通过预先制定的股份变现规则来避免股权分散。为了防止股份落入外人手中，买卖协议通常规定股份首先要出售给核心家庭成员，再出售给旁系亲属或企业员工。因此买卖协议被看作是一道安全阀。

正如 Poza 和 Daugherty（2014）所述，买卖协议的明显优势在于，它允许某些家族成员保留股东身份，同时向拥有其他权益的家族成员提供流动性资产。出售股权的权力（无论是否行使）可以用来区分两类股东：一类股东对企业有认同感且忠诚度高，而另一类股东认为自己被这种权力（和其他股东）所束缚。即使后一类股东在人数上只占少数，他们也可能会在股东之间挑起事端。例如，他们可能试图与其他大股东结盟，挑起家族内部斗争。

买卖协议应当包含触发事件条款，触发事件包括股东残疾、去世、退休、离婚、申请个人破产、失去经营企业所需的牌照或收到第三方收购要约。与股东协议一样（请参见本书第 5 章家族企业治理），买卖协议应该规定股份出售的定价方法，例如，特定行业的销售额倍数，或由第三方估值。触发事件发生后，其他股东为购买剩余股份而进行的融资可能存在风险。除了股本和银行贷款等显而易见的选择之外，还可以购买第一生命寿险（first-to-die life insurance policy），如果既有共同股东去世，幸存者将获得保险金❶。其他形式的买卖协议包括实体购买协议，在这种协议中，是企业法人而非股东自然人作为保险投保人。

在介绍其他途径之前，需要说明两点注意事项：首先，无论家族企业的法律形式如何，买卖协议都应当指定究竟是只适用于当前股东，还是同时包括当前股东和未来股东（例如，在协议生效后加入家族企业的下一代成员）；其次，指定触发事件发生后的付款期限也是很重要的。

2. 双重股权结构

为避免股权分散及其引发的问题，家族企业可以设定"同股不同权"的双重股权结构。双重股权结构在全世界得到广泛应用，但在某些国家中明令禁止。例如，英国法律就规定了同股同权原则。

双重股权的优势在于，父母可以在生前将低投票权的股份转让给子女，即生前剥离大部分股权，同时一直持有高投票权股份。这能使现任者继续做出重要的企业战略决策，同时逐渐让下一代参与企业管理。此外，双重股权允许父母将遗产平分给多位子女，但每份遗产包含的投票权不同。双重股权这一特点能帮助股东分别安排活跃的及非活跃的多位下一代继任者（Poza 和 Daugherty，2014）。

7.12.3　转让给员工

现任者如果希望在退休前将股份转让给非家族员工，那么可以选择员工持股计划（employee stock ownership plan，ESOP）或管理层收购（MBO）。

1. 员工持股计划（ESOP）

员工持股计划是一种将企业的全部或部分股份移交给员工的机制。ESOP 通常采用信托结构，企业通过这种方式认购股份，放入员工的退休金账户中。通过 ESOP 认购股份可以享受税收优惠。ESOP 还能帮助家族提高股份的流动性，同时奖励那些为家族财富增长做出贡献的老员工。

引入 ESOP 的主要好处之一就是培养买家，以购买现任者手中的股份。因此，ESOP 让现任者在经营企业的同时为退休进行准备，而无须外部人介入。为了购买现任者手中的股份，ESOP 可能需要外部贷款。ESOP 也可以作为一种储蓄工具，员工每年向 ESOP 信托缴纳一定数额的资金，这些资金随后用于购买企业股份。毫无疑问，ESOP 有诸多优点，因此在美国广受欢迎。当然，ESOP 的设立离不开遗产规划方面的专业知识。有关 ESOP 的更多信息，请参阅 ESOP 协会网站和 Leonetti 的文章（2008）。

2. 管理层收购（MBO）

管理层收购的核心动机是将企业移交给管理团队。与员工持股计划不同的是，在 MBO 中，管理者从现任股东手中购买股票，直接成为股东，同时不受信托约束。对于不追求财务回报，以及不谋求在退出企业时实现经济利益最大化的现任股东而言，MBO 这一传承工具有以下优点：

> 业务运作的连续性：企业由当前的经营团队接手；
> 灵活性：交易结构可根据企业的特殊情况进行调整；
> 无须外人插手；
> 继任团队曾与现任者共同奋斗，忠心耿耿。

然而，MBO 也有一些严重的缺陷：

> 管理层可能没有资金购买企业；
> 管理层可能无法像创业家一样思考和行动；
> 与现任者有利益冲突的管理层可能会与现任者讨价还价；
> 企业可能会成为 MBO 融资的抵押品。

当现任者考虑将 MBO 作为退出选项时，必须考虑到买家可能没有足够的资金收购企业。买家可能需要借助卖方贷款等工具在未来付清余款，即延期付款（详见本章 7.11.2 的部分）。因此即使 MBO 把现任者从公司日常经营中解放出来，现任者的最终变现也必须依靠新团队创造的企业业绩。因此，MBO 的成功在很大程度上取决于新股东经营企业的能力。

在小型家族企业中，大多数 MBO 融资都是由管理层提供的股本、银行贷款和卖方贷款构成的，而且卖方贷款的优先级往往低于银行贷款。本章 7.11.5 的部分和木材公司的案例可作为 MBO 的一个示例。从法律角度来看，必须牢记一点：企业是银行贷款的抵押品。银行必须保证能收回贷款。为此，银行将评估企业的固定资产及应收账款（或持续性现金流）。

> ### 案例研究
>
> ## Parentico的管理层收购
>
> Parentico 是由私立幼儿园和小学组成的教育集团。创始人安东尼·马斯（Anthony Maas）试图通过 MBO 将企业转让给两个主要高管——克莱尔（Claire）和黛博拉（Deborah），她俩表现良好，同时对接管企业很感兴趣。Parentico 的估值为 700 万美元。
>
> 这两位高管只能拿出 50 万美元股本。银行信贷员在评估 MBO 贷款的可行性时，对企业资产负债表进行了审核。他估计该企业的固定资产和应收账款约为 500 万美元，于是为 Parentico 提供了 400 万美元贷款，年利率为 6%，要求 7 年内还清。因此安东尼面临着 250 万美元（= 700 万美元 - 400 万美元 - 50 万美元）的缺口。为了补上这个缺口，安东尼向两位高管发行了优先级次于银行贷款的卖方贷款，年利率为 7%，要求 7 年内还清。安东尼的会计师接着分析了企业的现金流是否足以偿还银行信贷和卖家贷款。
>
> 安东尼的卖方贷款中还包含债转股的条款。如果卖方贷款未能在给定期限清偿，安东尼就有权收回部分股权，以及企业的控制权。

7.12.4　PE 基金、资本重组和杠杆收购

另一种传承和退出企业的方法是私募股权（private equity，PE）基金。PE 基金是金融投资者，投资期限通常为 5~7 年，投资后寻求以尽可能高的价格退出变现。引入 PE 基金的好处包括以下几点：

- 现任者将有机会套现，同时继续涉入企业管理，与 PE 基金共同分担未来的风险；
- 为企业的增长战略提供自身无法提供的大量资金；

> 更加注重结果；
> PE 基金在融资和执行增长战略方面经验丰富；
> 对目标企业的管理层进行经济激励。

不可否认，PE 基金可以带来诸多好处，但对于马上就要退休的现任者而言，最好不要选择与 PE 基金合作。当 PE 基金涉入时，曾经独立的创业家将在很大程度上依赖实力强大的新合作伙伴。而作为合作伙伴的 PE 基金将设立严格的监督体系，最大化地利用企业资源，以达到 20%~40% 的预期收益率。PE 基金交易的门槛较高，目标企业的 EBITDA 至少要达到 100 万美元才有机会与 PE 基金合作（Leonetti，2008）。

1. PE 基金资本重组

对目标企业进行资本重组也是引入 PE 基金的一种方法。在资本重组过程中，PE 基金用自己的债权和股权组合交换现任者手中的股权。股东的股份转换为多元化的投资。这样的资本重组并不意味着完全出售企业。相反，PE 基金通常会接手企业的控股股权，而现任股东仍持有少数股权。然后，现任者和 PE 基金一起伴随企业增长。

家庭酿酒商的PE资本重组

家庭酿酒商（Home brewers）的创始股东希望能将流动性差的企业股权变现。他找到一家愿意收购企业 80% 股份的 PE 基金，其余 20% 股份则由自己继续持有。由于他对业务非常了解，拥有良好的业绩记录，这家 PE 基金希望仍由原股东继续担任 CEO，并承诺如果实现了增长和盈利目标，原股东就能获得大笔奖金。通过这种方式，这家 PE 基金与原股东的利益达成了一致。

这个解决方案对原股东来说是较为理想的，因为他并没有做好退休的经济准备和心理准备。PE 基金的加入，使他既能享受到自己创造的经济成果，又能继续参与企业管理。他继续担任 CEO，同时也获得了为企业未来增长而融资的新途径。

2. 杠杆收购（leverage buy-outs，LBOs）

杠杆收购是一种涉及大量外部融资（负债）和外部股权投资者（例如，PE 基金等）的股权转让。从法律角度来看，杠杆收购通过创建一家新企业来收购目标企业的所有股份。为了便于阅读，我们把这家新企业命名为 NewCo。NewCo 仅仅是为了杠杆收购交易而创建的特殊目的实体，除了收购目标企业的股份外没有其他任何经营活动。通常，除了收购的目标企业股份、财务投资者注资和管理层投资（通常占比较小）以外，NewCo 就没有其他资产了。

因此，投资者（PE 基金的投资人和管理人）不能成为目标企业的直接股东。相反，他们持有的是 NewCo 的股份，而 NewCo 又持有目标企业的股份。在这种情况下，收购方和目标企业不会合并为一个法人。图 7.20 展示了杠杆收购的完整结构。

在大多数杠杆收购中，现任者将尽量避免提供卖方贷款。但是，为了完整起见，我们在图 7.20 中包含了这种融资形式。正如上文家庭酿酒商案例所述，在 PE 基金资本重组过程中，现任者仍可能继续以小股东身份存在。或者，前任高管可能成为小股东。这些结构看起来很复杂，但有两个重要的好处。

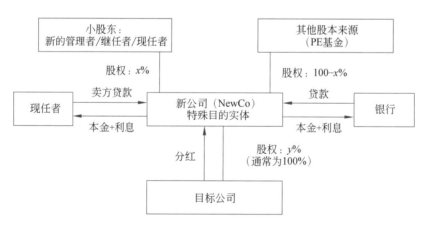

图 7.20　包含特殊目的实体的 LBO 法律架构

> **降低风险：** 投资者面临的风险是有限的，因为目标企业的股东是 NewCo 而不是他们自己。NewCo 向银行贷款收购目标企业，因此除了在 NewCo 的投资以外，投资者的其他金融资产不会受到该项交易的影响。这一点对 PE 基金的管理人来说尤为重要，因为他们用于投资的个人资产是有限的。

➢ **税收优惠：** 投资者通过将新企业设立为合伙企业或控股公司（取决于法律规定）等实体来规避双重征税。在控股公司中，股息收入无须缴税，所以由目标企业分配的全部股利可以用来偿还银行贷款。如果没有这样的实体，股息将作为收入征税。

为了厘清小股东与 PE 基金之间的关系，双方也可以签订股东协议。

任何向 NewCo 提供贷款的银行，都希望尽可能对 NewCo 和目标企业的资产采取有效的安全措施，以保证贷款回收。通常情况下，银行会采取如下安全措施：

➢ 投资者（小股东及 PE 基金）在 NewCo 中持股的股权质押协议；
➢ 目标企业及其附属企业对 NewCo 的债务担保；
➢ NewCo 在目标企业中持股的股权质押协议；
➢ 保证目标企业的资产安全，及附属企业关于担保的义务；
➢ 必要时，卖方贷款的优先级应低于银行贷款。⓱

7.12.5 向财务投资者或战略投资者完全出售企业

最后，现任者也可能决定完全退出企业，不再参与管理。对于那些想要迅速出售企业变现，从中获得可观回报的现任者而言，这不失为上策。从财务角度来看，如果竞争对手等战略投资者认为收购目标企业能产生"1+1>2"的效果，那么完全收购就会非常有吸引力。这要求现任者和收购者在产品供应、地理范围等维度上具有战略协同。PE 基金或退休基金等财务投资者也可能会希望通过资产收购或股权收购等方式接管目标企业。如果目标企业为非上市企业，那么资产收购方式就能够减少收购方面临的风险。

 思考题

给现任者的思考题

❶ 如果将企业转让给家族成员：

a. 需要缴纳多少遗产税和赠与税？

b. 我在多大程度上享有遗嘱自由？

c. 如何对待其他不在家族企业中工作的家族成员？

② 家族企业以什么价格卖给家族成员是合适的？

③ 何时设立信托？

a. 哪种信托结构更适合我的目标？

b. 信托有哪些优缺点？

④ 如果将企业出售给既有股东，需要准备怎样的买卖协议？如何为既有股东收购企业融资？

⑤ 如果要将企业出售给员工：是否应该建立员工持股计划（ESOP）？管理层收购（MBO）的优缺点是什么？

⑥ 我的企业有资格接受PE基金的投资吗？如果有，我是应该进行资本重组，还是应该彻底退出呢？

⑦ 我该如何使用出售企业获得的资金？

⑧ 为了传承企业，我需要哪些财务、法律和税务方面的专业建议？

给继任者的思考题

① 接管企业有哪些法律设置？

② 接管企业会给我带来哪些机遇和挑战？

③ 接管企业会给我带来哪些法律和税务上的影响？

给学生的思考题

① 阐述遗产税和赠与税的区别。

② 赞成和反对遗产税的理由是什么？

③ 信托有什么优缺点？

④ 员工持股计划（ESOP）和管理层收购（MBO）有什么不同？

⑤ 为什么股权分散会给家族企业带来问题？第一代创业家该如何处理？

⑥ PE基金资本重组有什么优缺点？

⑦ 阐述合伙企业或控股公司等实体在杠杆收购中的作用。

案例研究

贝尼特的选择：估值、情感价值、家族折扣和家族资产的公平分配

25年前，彼得·贝尼特（Peter Bernet）和妻子苏珊·贝尼特（Susan Bernet）接管了家族企业 Bernet AG，这家企业由彼得的祖父创建，随后他的父亲接班。彼得和苏珊拥有100%股份，他们已经把 Bernet AG 发展成一家成功的塑料企业。过去4年年均销售收入达到3 000万美元。在此期间，企业年均 EBIT 为250万美元，年均税后收入达190万美元。该企业的银行贷款为300万美元，用于投资机器设备。此外，资产负债表上还有350万美元非经营性资产、150万美元抵押贷款，以及100万美元非经营性流动资金。

不久前，一位投资者试图以1 600万美元收购 Bernet AG。从某种程度上看，他开出的价格很有吸引力。彼得60岁时想要退休。他从父母那里接手企业时，对经营管理兴趣不大。但在当时，接班似乎是最理性的选择。事实上，父母给他施加了很大的压力，迫使他加入企业。彼得经常说："我更愿意成为一名建筑师。我选择留在企业主要是出于家庭原因，首先是为了我的父母，其次是为了我的孩子。"

在规划家族企业传承时，彼得倾向于让家族成员来传承企业。如果他不得不将企业转手给外人，他会开出一个自己认为公平的价格。他说："企业已经传到第三代了，是家族的象征。我不会在别人一出高价时就立刻把企业卖掉。"他补充道，"我希望我为企业投入的时间和精力得到认可。虽然企业赚的钱不多，但能坚持到今天已经很不容易了。塑料的行情不好，能撑下来就是成功。"然而，在企业不景气时，彼得也说："我想知道，我为什么要这样对自己？是时候把重任传承下去了。"他想以2 100万美元将企业卖给外部投资者，但投资者只愿意出1 600万美元。而如果子女愿意接手企业，他宁愿放弃一大笔钱，"但也不是一分钱都不要。"

彼得和苏珊有三个孩子：马克（Marc），保罗（Paul）和珀尔（Pearl）。马克在家族企业工作，担任营销副总；保罗有自己的事业，创办了一家 IT 企业，他看到了自己在家族企业之外的未来；珀尔没有在家族企业工作，也没有创业计划，她是一名芭蕾舞演员，想从事体育管理工作。

马克已经开始计划接替父母的位置，他在考虑给企业开出一个合理的价格。他知道父母向企业投入了大笔资金，因此想要获得补偿。但另一方面，他又不想背负过多的债务。他认为，企业的定价既要能付得起，又不能负债过多。他站在自己的立场上给企业定价时这样说：

我对企业很感兴趣，但这不是我梦寐以求的工作。我对塑料产品的热情有限。在接管企业时，我需要得到父母的支持，包括以优惠价格将企业卖给我。但我也知道必须要向企业投入自己的资金，保持事业长盛不衰。

说实话，我不确定自己能否担此重任。即便可以，我也不奢求父母无偿把企业赠予给我。他们的养老金在很大程度上来自转让企业的收入。总体来说，我最多愿意出1 000万美元买下企业，前提是我能筹到这么多钱。

由于马克有兴趣接手该企业，彼得和苏珊拒绝了投资者的报价。然后，他们开始与家人讨论如何公平分配家族财富。

贝尼特的家族财富由以下几部分组成：家族企业、价值400万美元的豪华别墅以及200万美元的流动资产。

思考题

❶ Bernet AG的股权价值是多少？
❷ 彼得·贝尼特心目中的公平价格是多少？
❸ 马克·贝尼特心目中的公平价格是多少？
❹ 企业会以什么价格卖给家族成员？
❺ 在你所处的法律环境中，你将如何设计家族企业传承的法律结构？
❻ 如果马克接手企业，应该如何筹措资金？
❼ 马克父母全部财富的价值是多少？
❽ 你会为贝尼特家族推荐哪种财富分配方式？

 注释

❶ 我们向431位企业家提出了以下问题："如果将企业全部股权卖给非家族成员，你能接受的最低价格是多少？"这个问题清楚地表明，当我们计算企业股权的价值时，如果出售的是企业的全部股权，且买方并非家族成员，主观资产估值＝市场价值＋情感价值。

❷ 情感价值是指现任者愿意出售企业的最低价格和企业财务价值的差额。换言之，可接受的最低售价＝情感价值＋财务价值。

❸ 衡量家族折扣的方法如下：我们向受访者（均有家族企业背景）提出了以下问题："假设一位非家族成员买家花 100 的价格就能买下你父母企业的全部股份，你愿意出多少钱？"用 100 减去受访者的金额即可得到家族折扣。

❹ 例如，在美国，税务部门对企业估值少征税，前提是要证明企业转让的是少数股权，以及该企业的股份没有流动性。但即使在这样的规定下，计算企业估值时也有一定的回旋余地。当家族准备把企业传给子女时，往往会降低企业估值。

❺ 在未来，大众创业的能力和意愿预计会减退，这一现象在那些最成功且最有激情的企业家群体中最为明显。优秀企业家很可能会发现子女的创业能力和热情远不如自己。

❻ EBIT＝息税前利润；EBITDA＝税息折旧及摊销前利润。

❼ 边际税率解释了这样一个事实，即债务的利息支付是可以减税的。与股权相比，这使得债务成为更具吸引力的融资渠道。

❽ 计算对象通常是目标资本结构，而不是实际的资本结构。

❾ 我们计算自由现金流（FCF）时不扣除债务利率。自由现金流（FCF）的计算详见表 7.10。

❿ LTM：过去 12 个月。

⓫ 此表中的部分信息从 macabacus.com 检索。请注意：对于规模较大或风险较小的企业，表中显示的内部收益率（IRR）可能较低。

⓬ 在某些国家，如果人们希望将遗产直接留给孙辈，就需要缴纳隔代转移税（generation skipping tax）。这种情况常见于富有家族，且家族后代已经拥有丰厚的家底。缴纳隔代转移税能避免家族缴纳更多的税款，因为不会对遗产进行二次征税（也就是对祖父辈传给父辈，以及父辈传给孙辈分别征税）。隔代转移税弥补了这个税务漏洞。

⓭ Beckert（2008）在专著中写道，在美国，"遗产税反对者主要以财产法的规定为依据，该法律规定了所有者有对其遗产自由处置的权利。反对者担心遗产税会对继任者的企业家精神带来负面影响。因此，他们认为遗产税会打击继任者追求经济利益的野心，特别是会危及小企业，而小企业是经济民主化的重要一环。美国向来对代际财富转移持批评态度，这种批评态度主要是基于机会平等

原则和社区原则。遗产继承人有时会被视为'非美国人',因为他们违反了机会平等原则,并在一定程度上延续了封建社会的特权"。

⑭ 我们请安永全球各地税务顾问对一家小型家族企业要缴纳的遗产税进行了评估。我们提交给税务专家的案例如下:"鲍勃·史密斯(58岁)是企业唯一的股东,在您所在国家的首都居住。该家族企业属于股份公司。该企业的应缴纳税额为1 000万美元。鲍勃有两个孩子:迈克(28岁)和茉莉(25岁)。鲍勃意外去世后,他在遗嘱中将企业股份留给了两个孩子,但他们并不打算继续经营企业,决定出售传承的股份。在这种情况下,遗产税是多少?"我们将答案数额与应缴纳税额1 000万美元相除,结果如图7.19所示。请注意,这个案例是在传承后出售企业。在爱尔兰、荷兰、西班牙等国家,如果接班人继续经营企业,则可以豁免部分遗产税。在这种情况下,仍然可以对各个国家的征税方案进行对比。

⑮ 为了简单起见,我们只关注信托。

⑯ 当然,如果企业股东超过两人,情况就会变得更加复杂。例如,如果有5个股东,就有20份人寿保险,这就增加了成本。在美国遗产规划中,托管的交叉购买协议可以解决这个问题(即一个信托股东拥有所有的个人保险,保险费由企业支付)。

⑰ 银行的首要目标是建立一种安全架构,使其能够直接接触到目标企业的现金流。仅仅就NewCo在目标企业持股签订一份股权质押协议并不能实现这一目标。如果这是银行持有的唯一抵押资产,NewCo违约后,银行将无法获得目标企业的现金流;银行只拥有出售目标企业股票的权利。目标企业的债权人将首先分割目标企业能产生现金流的资产。有关管理层收购(MBO)和杠杆收购(LBO)的法律架构,请参见DeMott(1988)案例。

背景阅读

Bennedsen, M., K. M. Nielsen, F. Perez-Gonzalez and D. Wolfenzon (2007). Inside the family firm: The role of families in succession decisions and performance. *Quarterly Journal of Economics*, 122 (2), 647-691.

Cabrera-Suarez, K., P. De Saa-Perez and D. Garcia-Almeida (2001). The succession process from a resource- and knowledge-based view of the family firm. *Family Business Review*, 14(1):37-48.

Carney, M., E. Gedajlovic and V. Strike (2014). Dead money: Inheritance law and the longevity of family firms. *Entrepreneurship Theory and Practice*, 38 (6): 1261-1283.

Christen, A., F. Halter, N. Kammerlander, D. Küzi, D. Merki and T. Zellweger (2013). *Success factors for Swiss SMEs: Company succession in practice*. Credit Suisse and University of St.Gallen, Zurich.

Chua, J. H., J. J. Chrisman and P. Sharma (1999). Defining the family business by behavior. *Entrepreneurship Theory and Practice*, 23 (4): 19-39.

Chua, J. H., J. J. Chrisman and P. Sharma (2003). Succession and nonsuccession concerns of family firms and agency relationship with nonfamily managers. *Family Business Review*, 16 (2): 89-107.

De Massis, A., J. H. Chua and J. J. Chrisman (2008). Factors preventing intra-family succession. *Family Business Review*, 21 (2): 183-199.

Dehlen, T., T. Zellweger, N. Kammerlander and F. Halter (2012). The role of information asymmetry in the choice of entrepreneurial exit routes. *Journal of Business Venturing,* 29 (2): 193-209.

DeMott, D. (1988). Directors' duties in management buyouts and leveraged recapitalizations. *Ohio State Law Journal*, 49: 517- 557.

Ellul, A., M. Pagano and F. Panunzi (2010). Inheritance law and investment in family firms. *American Economic Review*, 100: 2414 -2450.

Graebner, M. E., and K. M. Eisenhardt (2004). The seller's side of the story: Acquisition as courtship and governance as syndicate in entrepreneurial firms. *Administrative Science Quarterly*, 49(3): 366-403.

Handler, W. C. (1990). Succession in family firms: A mutual role adjustment between entrepreneur and next generation family members. *Entrepreneurship Theory and Pratice,*15 (1): 37-51.

Hofstede, G., Hofstede, G.J. and M.Minkov (2010), *Cultures and Organizations: Software of the Mind, Revised and Expanded*(3rd Edition), New York:McGraw-Hill.

Hartley, B. B., and G. Griffith (2009). *Family Wealth Transition Planning: Advising Families with Small Businesses*. New York: Bloomberg Press.

Kotlar, J., and A. De Massis (2013). Goal setting in family firms: Goal diversity, social interactions and collective commitment to family-centered goals. *Entrepreneurship Theory and Practice*, 37 (6): 1263-1288.

KPMG (2014). *KPMG European family business tax monitor: Comparing the impact of tax regimes on family business*. KPMG.

Le Breton-Miller, I., D. Miller and L. P. Steier (2004). Toward an integrative model of effective FOB succession. *Entrepreneurship Theory and Practice*, 28 (4): 305-328.

Minichilli, A., M. Nordqvist, G. Corbetta and M. D. Amore (2014). CEO succession mechanisms, organizational context, and performance: A socio-emotional wealth perspective on family-controlled firms. *Journal of Management Studies*, 51 (7): 1153-1179.

Poza, E. J., and M. S. Daugherty (2014). *Family Business*. Mason, OH: Southwest Cengage Learning.

Sharma, P., and P. G. Irving (2005). Four bases of family business successor commitment: Antecedents and consequences. *Entrepreneurship Theory and Practice*, 29 (1): 13-33.

Tsoutsoun, M. (2009). *The Effect of Succession Taxes on Family Firm Investment: Evidence from a Natural Experiment*. New York: Columbia University.

Wennberg, K., J. Wiklund, K. Hellerstedt and M. Nordqvist (2012). Implications of intra family and external ownership transfer of family firms: Short-term and long-term performance differences. *Strategic Entrepreneurship Journal*, 5 (4): 352-372.

Zellweger, T. M., and J. H. Astrachan (2008). On the emotional value of owning a firm. *Family Business Review*, 21 (4): 347-363.

Zellweger, T., F. Kellermanns, J. Chrisman and J. Chua (2012). Family control and family firm valuation by family CEOs: The importance of intentions for transgenerational control. *Organization Science*, 23 (3): 851-868.

Zellweger, T., M. Richards, P. Sieger and P. Patel (forthcoming). How much am I expected to pay for my parents' firm? An institutional logics perspective on family discounts. *Entrepreneurship Theory and Practice*.

Zellweger, T., P. Sieger and P. Englisch (2012). *Coming home or breaking free? Career choice intentions of the next generation in family businesses*. Ernst & Young.

Zellweger, T., P. Sieger and F. Halter (2011). Should I stay or should I go? Career choice intentions of students with family business background. *Journal of Business Venturing*, 26 (5): 521-536.

高皓，叶嘉伟. 爱马仕家族：股权为骨，价值观为魂（上）.《清华金融评论》，2014，(5): 115-118.

高皓，叶嘉伟. 爱马仕家族：股权为骨，价值观为魂（中）.《清华金融评论》，2014，(7): 93-96.

高皓，叶嘉伟. 爱马仕家族：股权为骨，价值观为魂（下）.《清华金融评论》，2014，(8): 93-96.

第8章

变革与代际价值创造

截至目前,我们对家族企业战略和传承的讨论都是从家族企业本身出发的。例如,我们在讨论家族企业战略时,主要围绕着家族影响展开。在这方面,我们默认家族企业拥有一套可行的商业模式,并且拥有较为稳定的经营环境。但显然现实情况往往事与愿违。变革与适应是家族企业在当前日新月异的市场环境中生存及发展的重要前提。与其他类型的企业相似,应对变化的能力对家族企业而言至关重要。然而,家族企业有自己的传统,倾向于以更长久的时间尺度来考虑自身的发展,因而在家族企业中进行变革往往更有挑战性。

同样,在探讨家族企业传承时,我们至少在某种程度上假设,家族内部传承不仅是企业和家族的最佳选项,也是首选选项。然而,市场、产品和技术的起落是不以人的意志为转移的,这就带来了一个问题:如果在家族内部传承企业不再可行时,那么我们如何保证家族企业的顺利传承呢?家族内部传承不可行的原因可能是家族企业内部没有接班人,也可能是家族内部传承以外的其他路径更为可取。例如,在特定的家族、企业和商业环境下,家族外部转让,如(部分)出售、上市或退出清算等，可能是家族企业的最佳选择，也是保护家族财富的一种方式。

由于家族企业及其股东所处的环境瞬息万变，他们必须勇于拥抱变革。这对于企业的未来以及家族能否续写家族企业的成功尤为重要。因此，在本章关于变革与代际价值创造的关键问题上，我们主要探讨两个关键点：一是家族企业如何应对变化；二是家族如何通过对企业的代际控制创造价值。

8.1 家族企业的变革与适应❶

许多家族企业拥有数十年甚至上百年的商业成就，这些成就体现为庞大的规模、知名的品牌、深厚的客户和供应商网络以及丰厚的利润。因此，家族企业的股东和管理层非常重视企业的稳定性及传统就不足为奇了，因为这些都是家族企业赖以成功的根基。然而，当今世界充满了变动和不确定性，固守传统可能会给家族企业带来严重威胁，因为固守传统会阻碍企业组织结构的必要变革。

在 21 世纪，不仅高科技公司需要为变革做好准备（Fine，1998），长期以来比较稳定的传统企业也要做好应对变革的准备。以酒店业为例，老牌企业受到新型竞争者的威胁日益严重，如提供 P2P 住宿服务的 Airbnb。再如，农业的收入在相当大的程度上取决于国际贸易协定，而这些协定很容易受到地缘政治格局变动的影响。以上事例说明不同的利益相关者都会带来多种原因的重大变动。

原则上，波特五力（即供应商的议价能力、购买者的议价能力、潜在竞争者进入的能力、替代品的替代能力、行业内竞争者现在的竞争能力）可能会随着时间的推移而变化，从而导致组织变革的需要。例如，购买力强、规模更大（可能是跨国企业）的竞争对手新进入某一行业后可能会引发巨大变革。新产品或新技术可能替代现有的产品或技术。随着时间的推移，客户的需求和偏好也可能会发生变化，从而使之前的厚利市场干涸。经济社会体制的变化、新法律及监管法规的出台或者原材料的短缺，都可能会对长久以来成功的老牌家族企业构成挑战。只有学会适应瞬息万变的环境，家族企业才能实现永续发展。

虽然组织变革对任何类型的企业都不容易 [请参阅 Miller 和 Friesen（1980）的相

关综述],但是变革障碍在家族企业中尤为突出。例如,试想一下导致家族企业倾向于维持现状的情感障碍。不过,家族企业在应对变革方面也有某些优势。例如,家族企业对社会情感财富(参见第6章)的关注促使其追求特定的目标。此外,这种关注还赋予企业某些能力和约束,既有可能促进组织变革,也有可能阻碍变革。

8.1.1 家族企业在变化环境中的意义构建(sensemaking)

图 8.1 将家族企业的优势和劣势按照意义构建流程进行列示。该图讨论扩展了 Koenig、Kammerlander 和 Enders(2013)的研究发现,同时包含了更为广泛的变革。在意义构建流程中(Thomas、Clark 和 Gioia,1993),家族企业的关键决策者(例如,CEO)需要:①识别变革需求;②诠释需要应对的趋势;③决策如何适应变化;④组织实施变革方案。

图 8.1 家族企业变革的意义构建与适应

8.1.2 识别:家族企业关系网络的模糊角色

为了及时识别即将发生的变革,决策者需要定期"扫描"企业所处的环境。这种扫描提供了关于未来趋势及其特征的重要信息。在这方面,家族企业既有优势也有劣势。

家族企业往往深度嵌入当地强大的供应商、客户和其他家族企业的关系网络中。通常建立并维护与外部主体的关系需要多年时间。在多数情况下，家族企业创始人是企业的代表，有时在行业协会中担任重要职位。这种参与可以确保家族企业了解即将发生的变革，如新的监管规定出台等。

然而，与此同时，家族企业的关系网络也可能会严重地拖后腿，不利于家族预见变化。在这方面，信息交换伙伴与嵌入网络同样重要，因为许多行业的变革并非是由现有玩家触发的，而是由新进入者触发的。例如，电商就是由初创企业推动的。如果这种"行业外部因素"不是家族企业关系网络的一部分，那么家族企业及其决策者很可能会忽视这种新趋势。事实上，如果决策者被现有关系网络所束缚，产生一种虚假的安全感，那么就可能会变得只见树木不见森林。因此，建议家族企业股东和经理人仔细审视自己的关系网络，查看是否具备监测各种潜在变动的能力。

8.1.3 诠释：长期导向与社会情感财富

家族企业所处的外部环境发生变化时，诠释这种变化引发的混乱是决策者面临的最大挑战。决策者需要认识到新趋势的重要性及其在近期或中期产生的影响，而家族企业要学会适应这一趋势。决策者的诸多认知障碍和情感障碍导致他们要么否认即将到来的趋势（例如，"数码相机的拍照质量永远比不上胶片相机"），或者认为变化在遥远的未来才会发生（例如，"我们可以慢慢考虑气候变化如何影响滑雪场"）。

家族企业通常如何诠释变革的相关性呢？某些家族企业（特别是那些具备长期视野、强调连续性和可持续性的家族企业）能够抛开误解和偏见，迅速评估这一趋势与自身企业的相关性（Kammerlander 和 Ganter，2015）。在这种立足于长远的家族企业中，决策者特别关注可能会影响家族企业长期发展的各种因素，因为他们希望把企业传给后代，因此致力于企业运行良好。由于世代愿景的时间跨度很长，通常无法仅靠家族现任领导者在自身任期内达成，但即使变革只发生在遥远的未来，也与现任领导者有关。

但是，家族企业普遍对变革持负面态度。许多家族企业的股东和经理人对企业产品和既定经营方式怀有感情。因此，要想改革创始人开创并发展的既有事业并非易事。

此外，适应不断变化的环境可能与家族企业的组织认同相矛盾，而且某些变动（如产品特征的变化）往往会给组织带来一连串后果。这些变化可能会"破坏"企业的内部及外部网络，或者可能要求现任者将职责移交给更能适应"新世界"的家族成员或外部人士。这就需要现任者认知到现有员工缺乏新技能的事实，而原来忠诚的供应商可能会被更能适应新形势的供应商所替代。

由于这些后果与家族企业维持社会情感财富的意愿背道而驰，因此家族企业很容易在诠释重要趋势方面出现错误判断。即使他们意识到这个行业发展的新趋势，家族企业也可能会找（错误的）理由来避免适应这种趋势。为了克服这一障碍，家族企业决策者需要评估自己对企业的情感和自身观点是如何导致决策偏差的。

8.1.4　决策：家族企业的关键优势

在诠释当前变化与家族企业的相关性后，决策者需要就企业应当如何适应这些变化达成一致。在这方面，快速决策能力是家族企业最重要的优势之一。在非家族企业中，决策通常建立在大量定量分析及商业计划的基础之上。换言之，决策是以信息为基础的，但这些信息并非唾手可得，而外部环境也在持续变动之中。此外，非家族企业的决策需要经过多个层级，最终的共识亦可能会由于管理层内部的政治斗争而贻误。

通常，家族企业的结构有利于快速决策，决策过程不受干扰，官僚主义程度低。对变革持开放态度、能够扫描环境的家族企业，可以凭借直觉决策能力应对正在显现但仍不确定的趋势。这一点尤其符合非上市家族企业或存在控制性大股东的家族企业，因为这些家族企业的决策过程独立于外部投资者和证券分析师。外部人士可能会过于谨慎，因为他们没有关于变革决策之经济后果的确切可靠数据。

值得注意的是，家族企业的社会情感维度同时也存在一个重要陷阱——应对变化往往需要进行大量投资。例如，可能要聘用新员工、购置新机器或推出新的营销活动。由于家族企业股东不希望引入新的外部投资者，因而，推动变革的资金可能是有限的。这种有限的投资能力可能会阻碍家族企业根据不同的变化类型进行调整。因此，家族企业决策者需要仔细审核投资额度能否满足企业适应变化的需要。

8.1.5 实施：经验与忠诚的双刃剑

在适应变化的过程中，经常被忽略的一项重大挑战是对组织进行内部改革。组织成员需要理解并接受必要的变革，调整自身的工作行为和习惯。在这方面，家族影响是一把双刃剑。

在某些情况下，家族企业可以从庞大的关系网络、丰富的市场经验、忠诚积极的员工中获益。例如，上述资源可以帮助家族企业根据新的法律和监管进行变革，或根据新标准改进产品。因此家族企业在进行渐进式变革（incremental change）时表现出色。

然而，如果家族企业要实施彻底性变革（radical change），从根本上改变家族企业的技能以及客户评价产品和服务的标准，那么上述优势就会成为家族企业的负累。在这种情况下，老员工和高管层可能会墨守成规，无法找到灵活有效的解决方案。再加上家族企业不愿意引入外部参与者，这就意味着家族企业在实施变革方案时不够灵活。例如，许多美国报纸在应对网络媒体方面艰难挣扎。报纸无法像网络一样在事件发生后立刻发布新闻，也无法让读者即时评论和互动；相反，报纸只能在一两天后出版，而这种方式已经不能吸引今天的读者了。

给定上述特征，家族企业在开始变革前应当自问：变革的彻底性究竟有多大？据此，家族企业可以强化自身优势，或者找到克服自身劣势的方法。

不论变革的彻底性是大是小，以及随之而来的到底是优势还是劣势，家族企业都可以从"坚持"实施变革措施中受益。一开始就放弃变革不仅低效，而且更可能会威胁到企业的长期成功。在非家族企业中，内部变革经常被高管更迭、政治斗争和预算变动所打断。家族企业则不太可能受到上述因素的干扰，因为控制权高度集中于家族成员手中，而且不受外部投资者的影响。因此，家族企业能在更长时间内以更具连续性的方式进行变革。

8.1.6 总结：家族企业与变革

一般来说，家族企业在进行变革时既有优势也有劣势。在识别阶段，家族企业需要处理模糊的关系网络。在诠释阶段,他们必须找对方法、立足长远、发动变革,同时就社会情感财富达成妥协。在决策阶段,家族企业往往具有较大的优势,因为他们可以利用自身的快速决策优势。然而,即使是在这个阶段,家族涉入也有不利的一面——家族股东可能会对是否投入大量资源犹豫不决。最后,在实施阶段,家族企业可以从忠诚的员工和坚持不懈推动变革的过程中受益。然而,家族企业往往难以找到能够实施变革战略的合适人选。

综上所述,家族企业面对变革颇具挑战性,需要处理好一系列问题。

 思考题

留给家族企业的思考题——如何变革

关于识别变革

❶ 我们的关系网络有多封闭?

❷ 我们是否会与现有关系网络之外的合作伙伴公开讨论变革趋势?

❸ 我们是否会严肃对待新进入者和新技术?

关于诠释变革

❶ 我们是否将长期视野理解为拥抱变革或拒绝变革的一种方式?

❷ 某次特定的变革如何影响我们的社会情感财富?具体而言,如何影响我们家族企业的身份认同、我们与利益相关者(例如,员工、供应商或银行等)之间的关系以及我们家族对企业的控制权?

❸ 对社会情感财富造成的威胁如何影响我们对变革的诠释?这种威胁是否会使我们否定变革的必要性,或者让我们推迟变革?

关于变革决策

❶ 面对变革,我们的决策速度有多快?

❷ 企业的官僚体系和等级制度会减慢决策速度吗?

❸ 作为家族,为了适应不断变化的环境,我们愿意做出的最大投资是什么?

❹ 我们可以从哪里获得未来投资所需的资金和知识?

关于实施变革

❶ 在实施渐进式变革方面,我们的关系网络和员工会提供多大帮助?

❷ 在实现彻底性变革方面,我们的关系网络和员工会提供多大帮助?

❸ 我们所处的行业有哪些突破性创新?我们将如何实施变革?

❹ 我们在实施变革方面有多坚定?

家族企业和破坏性技术

特别具有威胁性的变化是破坏性技术(也称"突破性"或"不连续"技术)的出现(Christensen,1997)。这类技术通常是由行业的新进入者引入的,往往会改变整个市场结构,导致以前的市场领导者最终失去主导地位。破坏性技术的知名案例包括廉价航空、仿制药和数码相机。

认知情感障碍(cognitive-emotional barriers)和经济理性障碍(economic-rational barriers)是阻碍老牌优势企业使用破坏性技术的主要原因(请参见 Hill 和 Rothaermel,2003)。决策者经常会忽略或错误诠释这种不连续变革,因为按照以往标准来看,基于破坏性技术的产品一开始的性能并不尽如人意(比较图 8.2 中的 A 线和 B 线)。然而,许多破坏性技术案例都表明,新技术与旧技术都可以通过渐进式创新不断迭代改进。因此,尽管按照以往标准,破坏性技术一开始会被认为"不如"已有技术,但经过一段时间的发展就可能会达到足以满足客户需求的程度(见图 8.2 中 B 线和 C 线的交点)。结果,客户放弃旧技术,转向新技术,而老牌企业仍然固守旧技术,因此只能在不断缩水的细分市场中运作。

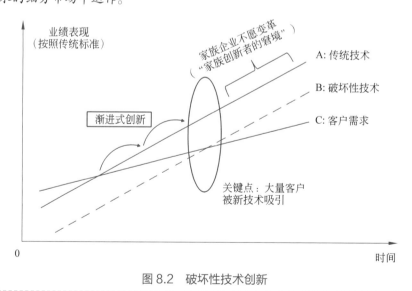

图 8.2　破坏性技术创新

虽然任何一家老牌企业都可能会面临客户和市场份额流失的问题，但家族企业特别容易陷入这种困境。这种"家族创新者的窘境"由意义建构流程的多个方面造成。虽然家族企业决策者很容易决策采纳这种技术，但他们不愿破坏家族企业内外已建立的关系网络，也不愿放弃控制权，而这些因素都限制了家族企业采用破坏性技术。因此，家族企业决策者在觉察到新兴的破坏性变革时，需要决定究竟是撤退到潜在的细分高端市场（可能会给企业带来裁员风险），还是采用新的技术。

案例研究

德国胡根杜贝尔书店

实体书店转向网上书店是极具影响力的破坏性变革。1998 年，美国亚马逊公司进入德国市场，这场变革对德国图书销售行业的影响就开始了。

起初，顾客认为网上书店的服务不如实体书店，因为网上书店的服务不包括为顾客提供个性化建议，这符合破坏性技术变革的特点。不仅如此，顾客也不能在"翻阅"后再判断一本书值不值得买。

然而，网上购书确实有不少优点，顾客很快看到并迅速喜欢上了这些优点。例如，顾客可以随时在家下单，而且选择面非常广。更重要的是，从传统服务的角度来看，亚马逊（与其他网上书店）也在逐步改进。顾客在网上书店的点评和打分可以取代店员的现场推荐。此外，随着技术进步，顾客可以使用"预览"功能浏览书的部分内容。因此，网上购书的比例显著增加。亚马逊进入德国 15 年后，图书相关收入就达到 20 亿美元，占据了 15% 以上的市场份额（可参阅网站 www.buchverein.ch；www.boersenverein.de）。

胡根杜贝尔书店（Hugendubel booksellers）是一家德国家族企业，目前拥有约 1 700 名员工，网上书店的发展给这家图书零售商带来了极大挑战。胡根杜贝尔书店成立于 1893 年，创始人 Heinrich Karl Gustav Hugendubel 收购了慕尼黑市中心一家书店，之后书店的股权和管理权代代相传。1964 年，Heinrich Hugendubel 担任 CEO，开始在慕尼黑和其他城市开设分店，扩大业务。胡根杜贝尔书店打造出大型的"阅读世界"，提供自助服务，开设阅读角，这些做法都在德国图书零售业掀起了革命。

20世纪80年代，胡根杜贝尔书店进军出版业，收购了其他几家零售商。到2000年，胡根杜贝尔书店已成为德国最大书商之一。提供价格低廉、质量上乘的产品是它成功的基础。尼娜（Nina Hugendubel）在2004年的一次采访中谈道："我们会坚持物美价廉，因为这是正确的选择。"尼娜强调实体书店仍将是家族企业的核心业务。她的哥哥马克西（Maximilian）承认，这个行业的盈利能力不如其他行业，但他也强调了在书店中观察顾客的乐趣。他认为亚马逊并非胡根杜贝尔书店的主要竞争对手，电影院和咖啡厅才是。当然后来的事实证明他的这一观点值得商榷。

亚马逊在德国站稳脚跟不久后，胡根杜贝尔书店的成功故事就画上了句号，书店营业额开始下降。2006年，胡根杜贝尔书店与万象出版集团合并，目的就是为了应对不断变化的环境和越来越激烈的竞争。胡根杜贝尔书店的股东-经理人解释道，此次合并的目的是保留德国图书零售业独特的多样性和就业机会。然而，这两家老牌图书零售商的"联姻"只维持了几年，万象出版集团最终于2014年申请破产。

到了2010年代末期，胡根杜贝尔书店似乎落入了"高端市场陷阱"（请参见上文"家族企业和破坏性技术"以及图8.2）。2009年，胡根杜贝尔书店开始大幅裁员，此外，关闭了旗下的多家书店，包括慕尼黑最早起家的书店。

然而，马克西和尼娜兄妹并没有轻言放弃。正如兄妹俩在几次接受媒体采访时所说，他们采用了反复试错的方法，以便找到未来可行的模式。当他们意识到除非采用网上售书，否则没有其他更有可持续性的方法时，他们打造了一个在线及移动图书销售平台。这一网上平台不仅提供类似亚马逊的服务，还提供更多样化的服务。为了确保这一变革获取成功，胡根杜贝尔书店投入大量资源，让员工相信这个网络平台不会成为线下核心业务的竞争者。到2014年秋天，胡根杜贝尔书店似乎找到了脱离"家族企业创新者窘境"的方法。

思考题

❶ 亚马逊进军德国市场，是否意味着德国图书零售行业出现了破坏性技术？如果是，为什么？
❷ 你能找出哪些因素（家族企业特有的）阻碍了胡根杜贝尔书店适应不断变化的外部环境？
❸ 胡根杜贝尔书店采用新技术时可以利用哪些家族企业特有的优势？

8.2　家族企业的长寿（longevity）

Ward（1987）在对家族企业传承的研究中分析了家族企业内部传承的成功率，进而分析了家族企业的寿命。他发现，企业能成功传承至二代的比例约为30%，传承至三代的约为 13%，而只有 3% 的企业能传到第四代及以后各代。这个关于传承的观点并不乐观，恰好印证了中国"富不过三代"这句老话。在许多国家与民族中都有类似的说法，用来形容家族企业传到第三代就衰落的现象（Zellweger、Nason 和 Nordqvist，2012）。一般来说，无论什么类型的企业，能存活 100 年以上是少之又少的。对世界上最长寿企业的调查表明，长寿企业是非常罕见的（见表 8.1）。

表 8.1 世界上最古老的企业

创立年份	企业名称	起源国家	行业	是否仍然由创始家族控制	企业规模
705	Nishiyama Onsen	日本	酒店	否	小型
717	Koman	日本	酒店	否	小型
718	Hoshi Ryokan	日本	酒店	否	小型
760	TECH Kaihatsu	日本	机械	否	小型
771	Genda Shigyo	日本	纸袋	否	小型
803	Stiftskeller St. Peter	奥地利	餐厅	否	小型
862	Staffelter Hof	德国	酿酒	否	小型
885	Tanaka-Iga	日本	宗教商品	否	小型
900	Sean's Bar	爱尔兰	酒吧	否	小型
953	The Bingley Arms	英国	酒吧	否	小型
970	Nakamura Shaji	日本	建造	否	小型
1000	Chateau de Goulaine	法国	酿酒	否	小型
1000	Marinelli	意大利	铸造	是	中型
1000	Ichimonjiya Wasuke	日本	甜品	否	小型

来源：改编自维基百科

尽管表 8.1 所列家族企业的寿命令人惊叹，但只有意大利的 Marinelli 仍然由创始家族控制。这就提出了一个问题：家族企业若想长寿（即家族企业能代代相传）需要具备什么条件？Jaskiewicz、Combs 和 Rau（2015）对德国家族酿酒厂进行了一项有趣的研究，这些酿酒厂平均已经传承了 11 代人，他们发现了三个实现家族企业长寿的战略性因素。

1. 战略性教育

在所有长寿家族企业中，接班人都在进行着对家族企业有价值的学习。以德国家族酿酒厂为例，许多接班人毕业于大专或大学，因而接受了高水平的通识教育。没有接受过高等教育的其他接班人则在加入家族企业前就已经具备德国或国际酿酒业的工作经历。

2. 创业式桥梁

继任者进入家族企业后，现任者对他进行指导，但仍然在此后相当长一段时间内全面负责公司经营。在此期间，继任者从现任者那里获得资源和权力，在公司中开始做自己的项目。最重要的是，现任者逐渐接受继任者带来的改变。两代人共同经营公司的阶段会持续几年（最长3年），在此期间，有些继任者并非全职员工。创业桥梁与本书第7章中"如何培养接班人"的内容有关，父母要培养接班人的自主感、胜任感和归属感，教会接班人处理好与同辈家族成员的关系。

3. 战略性转让

长寿家族企业在对待接班人这一问题上也有独特立场，特别是上一代通过让姻亲加入家族的方式来支持下一代（这样可以留住接班人作为企业的资源）。例如，接班人的配偶定期参加家庭活动。最重要的是，上一代努力减轻继任者收购兄弟姐妹股份的负担（让资本留在企业内部）。

在收购兄弟姐妹股份这个问题上，长寿家族企业认为不要让继任者或企业因传承而背负债务，因为这样不利于企业的长远发展。以上三位学者还写道：

> 虽然某些家长担心子女们的待遇不对等，但他们仍然坚持了这一做法。因为他们相信，虽然某些子女和孙辈得到的遗产较少，但他们会过得更好，因为长盛不衰的家族企业能给他们带来社会和经济上的支持。这些家长认为，家族企业成功的重要前提条件是传承家族的企业家精神，这也是全体家族成员长期支持的核心来源。从长远来看，如果他们一味追求子女待遇的平等而伤害了家族企业，那么事实上就会给更多的家庭成员带来更大伤害。如果数代人将企业分得越来越零散，到头来企业就会走向消亡。相反，如果上一代并不是平均分配家族财富，那么那些传承了大部分财产的家族成员就要承担起保护兄弟姐妹和整个家族的责任（Jaskiewicz、Combs 和 Rau，2015）。

这种兄弟姐妹之间待遇的不平等是合理的，因为接班人实际上并不是股东，而只是管家。虽然全部股权只由一个接班人继承，但天下没有免费的午餐，接班人不能将企业出售，一人独占绝大部分财富——传承企业的同时也要承担起隐形的责任。在酿酒厂案例中，一位接班人这样解释自己得到的优待：

> 我从父亲那里继承了整个酒厂，因此我的兄弟姐妹不得不放弃了他们的合法遗产。尽管他们没有获得实际的物质利益，但也分到了其他遗产，虽然他们分到遗产的价值远不及（他们原本可以得到的）股份价值。如果他们中真的有人要求按照法律规定平分家产的话，他们可以分到更多（但他们没有这样做）。因此我必须永远向他们敞开家门，这是我的责任。这个家会一直保持着他们的童年记忆。此外，我还肩负着维护、发展和传承家族企业的责任，因此不能把家族企业卖掉（Jaskiewicz、Combs 和 Rau，2015）。

三位学者总结道，战略性转让而不必从兄弟姐妹手中收购股权这一点很重要，有利于继任者寻求市场机遇，而不用担心还债或家族内讧。

这一研究成果之所以有趣，主要是因为：首先，德国传承法限制了遗产的不平均分配。因此，这些长寿家族企业的控股家族必须制定自己家族内部的遗产制度，这与国家法律相冲突。显然，兄弟姐妹愿意接受这种不均等的安排，以支持家族的创业传统。在这种情况下，兄弟姐妹通常必须签署继承协议，而我们认为这种方式在凝聚力强的家族中更有可能实现。

在遗嘱法律较为严格的国家，如许多大陆法系国家，这种做法是保持股权集中度所必需的。相反，在美国、英国、澳大利亚、中国香港、以色列和墨西哥等国家和地区，法律对遗嘱的限制较少，遗嘱自由度较高，就没有必要在家族内部制定这些制度。在这些国家和地区，保持股权集中和传承企业家精神相对更容易一些。

在研究这些一直由同一家族掌控的长寿家族企业之后，以上三位学者提出了其他有助于将企业家精神传给下一代的因素。例如，如果家族成员对上一代的创业行为和巨大成就感到自豪，同时知晓家族和企业如何经历艰难困苦，就更有利于家族企业的长寿。此外，家族成员之间的守望相助会增强家族的凝聚力，从而增进家族企业出现突发状况时由谁接手的共识。这一点可以体现为家族成员来往频繁、参与彼此的生活。此外，下一代家族成员从小就涉入家族企业也有利于家族企业的长盛不衰。例如，潜在接班人放假时到企业打工（Jaskiewicz、Combs 和 Rau，2015）。

退一步说，这项研究的对象是一个相对稳定的行业，这一点我们必须牢记。酿酒业很少随时间的推移而发生变化，而且通常表现出很强的地域性——这种环境很适合孕育长寿的家族企业。弄清这一点后，我们在下一节中将不再讨论家族企业的长寿，而是讨论创业家族的长期价值创造，更准确地说是代际价值创造。

8.3 家族企业的代际价值创造

以上讨论和数据都说明，全球范围内真正长寿的家族企业并不多。但是，我们可以从这些例子中看出：事实上，长寿家族企业并不能保证创造与寿命同样惊人的价值和财富。表 8.1 中的大多数家族企业规模都很小，员工数量有限。例如，Jaskiewicz、Combs 和 Rau（2015）研究中的酒厂平均员工人数约为 8 人。因此，在大多数情况下，企业长寿和生存往往意味着坚守传统业务，而传统业务的发展机会有限，甚至最终会被时代淘汰。

8.3.1 价值创造与长寿

"家族企业显然无法在数代之间实现繁荣并创造价值"这种消极观点值得重新审视。我们必须认识到，30% 的代际存活率并不是让我们绝望的理由。Aronoff（2001）研究表明，（上市）非家族企业的存活率也不高。此外，创业研究报告指出，在所有新创办的企业中，大约只有一半能存活 5 年以上。

应当注意的是，考虑到技术更新、客户需求以及社会环境，不惜一切代价地保住一家企业并非上策。事实上，试图扭转一家已经走向衰败的企业可能是一种更加不负责任的行为，不仅是对股东的不负责任，更是对其他利益相关者的不负责任。在这方面，我们特别强调熊彼特（1934）提出的创造性破坏过程，因为在这一过程中会出现新的组织。一个行业的新进入者会削弱现有企业的实力，然后将其摧毁。因此，放弃、退出和出售也许恰好是失败的反义词，是注定失败的企业所能采取的关键战略，也是保护财富的重要方法。

值得注意的是，一些最成功的企业家和（家族）企业股东最终选择在某个时间点退出。我们应当区分，某些股东认识到企业正在沉没而被迫退出，与上面提到的主动退出是完全不同的概念。主动退出可能是股东遇到了诱人机会，于是出售企业，将长期积累下来的价值变现。例如，企业（部分）出售或股票上市意味着所有权和经营权不再完全属于家族所有。然而，家族仍能通过持有少数股权或董事会席位对公司保持一定的影响力。这种退出并不意味着失败，不但能够为前任股东创造重大价值，而且企业在新股东控制下能够创造新的增长机会，而更有可能让企业再上一层楼。

总之，家族选择退出后就放弃了在自己手中实现企业的长寿，但这并不意味着失败。退出作为一种战略能够：避免企业和股东在未来亏损；或者抓住诱人机遇，为所有利益相关者创造价值。相反，一味追求企业长寿则可能意味着放弃创造价值，甚至在极端状况下导致惊人的价值毁灭。

8.3.2 代际价值创造的证据

第一项基于代际价值创造现象的描述性研究，为家族企业变革和复兴（例如，产业布局的变化）、同步控制多家公司以及退出/进入的作用等提供了重要证据（Zellweger、Nason 和 Nordqvist，2012）。

此项研究主要以美国家族企业为样本，这些家族企业的平均历史已有 60 年，平均销售额达 1.74 亿美元。因此，我们认为这些家族是代际创业的正面典型。在详细研究这些家族是如何创造财富之后，我们发现了一些有趣的模式。

首先，这些企业当前的销售收入并不是来自一家企业，而是来自同一家族控制的多家不同企业。平均而言，每个家族控制着 3.4 家企业，其中最大三家企业的销售收入占比分别为 74%/18%/8%。同时，我们还发现每个家族在开始创业后，平均剥离了 1.5 家企业。此外，这些家族在其整个生命周期中平均经营过 6.1 家企业，如果把倒闭或剥离看作失败，那就意味着平均每个家族有 2.7（= 6.1 - 3.4）家企业经营失败。

然而，对于这种证据能否区分哪些家族创造了巨大代际价值，而哪些家族遭遇了真正的失败，我们还没有十足的把握，因为分析中可能会出现"幸存者偏差"。但是，大量观察（包括后续会讨论到的案例）似乎可以得出如下结论：代际价值创造需要持续变革，当然也需要包括退出在内的其他战略选择。

8.3.3 代际价值创造的定义

代际价值创造并不仅仅是为了避免"富不过三代"(见图 8.3 中的向下箭头)。代际价值创造其实并不关心如何才能让某家企业永不倒闭,并为此放弃发展机遇(见图 8.3 中的水平箭头)。相反,代际价值创造关注的是家族如何通过控制企业,在跨越数代人的漫长时间中创造价值(见图 8.3 中的向上箭头)。

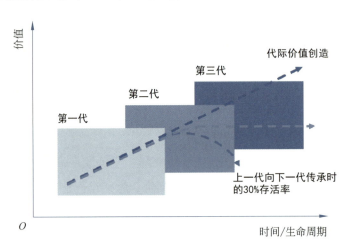

图 8.3 从企业长寿到代际价值创造

作为代际创业概念的延伸(更多细节请参见 Nordqvist 和 Zellweger,2010),我们可以对"代际价值创造"做出如下定义。

> 代际价值创造是指家族在代际间创造经济价值与社会价值的流程、结构和资源。

8.3.4 代际价值创造:一个模型

通过上述讨论,我们更仔细地研究了代际价值创造的构成要素,并探索如何实现跨代创造价值。代际价值创造与传统的企业长寿观点不同,也与企业稳定性、家族内部传承和价值保有等关注点不同(Zellweger、Nason 和 Nordqvist,2012)。图 8.4 描述了代际价值创造的核心要素。

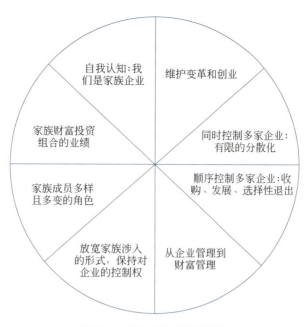

图 8.4　代际价值创造的要素

1. 维护变革与创业

传统的长寿观点强调企业的长盛不衰，在理想状况下，企业不应该改变家族创始人创业时的主营业务。寻求长寿的企业耗费大量精力不断改进现有的技术和生产流程。与此相反，代际价值创造关注的是变革与创业。因此，代际价值创造重视探索，而探索会引发变革或催生新的企业。这种变革可能发生在原有家族企业内，也可能发生在新企业内。因此，追求代际价值的企业一定要牢记：每一代都是第一代——每一代都要重新创业、创新并承担风险。

在关于公司创业的研究中，如 Lumpkin 和 Dess（1996），我们得知创业企业的关键特征是，决策自主权（高层+基层）、创新、主动性和风险承担。研究者和经营者都认为创业和绩效是正相关的。由于变革和创业在代际价值创造中处于中心地位，我们开发了一个工具，用来评估创业水平的高低（见表 8.2）。

表 8.2　创业自我评估

创业维度	低	中	高	评　价
决策自主性 个人在企业中的自由，包括创造、提出新观点、改变旧做法等				对现有水平的满意度： 进一步发展的阻碍：

续表

创业维度	低	中	高	评价
创新性 参与并支持能带来新产品、新服务和新技术的新创意、新实验及创造性流程				对现有水平的满意度： 进一步发展的阻碍：
主动性 通过预测并追求新机遇，采取战略举措；对未来可能遇到的问题进行预测				对现有水平的满意度： 进一步发展的阻碍：
风险承担 经理人在知道资源投入存在一定风险的情况下，进行资源投资的意愿				对现有水平的满意度： 进一步发展的阻碍：

 思考题

企业家精神的阻碍

① 保持家族对企业的代际控制会给企业家精神带来多大程度的阻碍？是通过什么方式阻碍的？

② 家族和企业对声誉的关切会给企业家精神带来多大程度的阻碍？是通过什么方式阻碍的？

③ 维护在家族和企业中的个人关系会给企业家精神带来多大程度的阻碍？是通过什么方式阻碍的？

家族王朝的幸运与不幸

哈佛大学商业史教授大卫·兰德斯（David Landes）在 2008 年出版的《王朝：世界伟大家族企业的幸运与不幸》（*Dynasties: Fortune and Misfortune in the World's Great Family Businesses*）一书中，探讨了不同商业家族的兴衰。许多家族企业之所以会倒闭，不是因为管理不善，而是因为下一代对经营家族企业不感兴趣，追求家族企业以外的事业，而且生活奢靡。兰德斯认为："家族后代在提升社会地位的同时削减了商业价值，错把地位当成能力，把牺牲成就当成卓越。"事实上，许多家族企业的后代，更具讽刺意义的是那些最成功家族企业的后代，逐渐倾向于把商业看成是"粗俗的、二流的、有损贵族尊严的活动"，但事实上这些成功的家族正是凭借自身的商业成就才获得社会地位的。

> 对巴林家族、罗斯柴尔德家族、摩根家族、福特家族和阿涅利家族等顶尖家族的命运进行研究之后,兰德斯发现每个家族王朝都:
>
> > 赋予了几代人巨大的经济和社会权力,但最终还是"倒"在成功之中,因为少数下一代家族成员本来是优秀的接班人选,却因为拥有财富和地位而去追求更有诱惑力的东西,放弃了对家族企业的传承。在家族王朝的历史长河中,这一模式反复出现,本研究的其他部分也会遇到这一模式。对于家族企业来说,传承是一个永恒话题。诚然,失败会打垮家族企业,但成功也会带来财富上的分心和诱惑,进而打垮家族企业。
>
> 兰德斯发现,家族下一代对企业不感兴趣,追求更"高尚"的事物,这不仅是个人追求虚荣的后果,也是社会对待财富和实业的态度带来的结果。下一代倾向于逃离实业,而在政治、文化、地位上花费大量的时间和金钱(在英国、法国和德国尤为明显),这反映出他们极力避免成为势利眼、暴发户,而努力跻身于精英阶层的意愿。

2. 同时控制数家企业 / 有限的分散化

代际价值创造囊括了家族企业的全部业务组合,或者更广泛地说,囊括了家族的全部资产。代际价值创造不把重点仅局限于一家企业("家族企业")。创造代际价值的家族往往同时控制着多家企业。这些家族不仅控制着一个由多家公司组成的业务组合,通常还控制着其他资产,如房地产和金融资产等。这一重要视角告诉我们,单一企业的倒闭并不等同于整个家族经济实力的衰退。资产可以在不同业务之间进行转移和重新部署,以实现财富增长,减少组合风险。即使这个投资组合中可能存在着一家核心企业——通常是规模最大、最著名的企业,也是家族历史的核心——但可能并不是家族业务组合中盈利最多或最具活力的企业。未来的增长和价值可能更多地来自于家族业务组合中的其他企业或资产。

本章 8.3.2 展示了美国企业通过同时控制多家企业创造代际价值的重要性。然而,这并不是美国独有的现象。例如,在东南亚,上市公司的控股家族通常拥有不止一家企业——平均而言,他们控制着1.58家上市公司(Carney和Child,2013)。欧洲也有相似的现象,例如,瑞典瓦伦堡家族(Wallenberg family)控制着20多家公司。

代际价值创造的家族必须决定应该是集中财富还是分散财富。换言之,他们必须考虑应该将资产投入到单一企业还是多个企业。想要预测究竟是财富集中还是财富分散能够带来更高的财务收益并非易事。财富分散能够降低投资组合价值的波动性。如果企业倒闭,将财富放入多个篮子也能减轻损失。但是,财富分散不利于业绩提升,因为分散的业务组合更加难以控制,治理成本会增加。此外,财富分散限制了不相关业务之间的协同效应和互相学习,不利于企业的增长。另外,从社会情感角度来看,财富分散也缺少吸引力,因为财富分散需要向非家族外部专家授让控制权,而这些人最后会逐渐成为家族企业的股东,从而让企业偏离最初的经营重点,"稀释"企业一贯的形象和声誉。

在实践中,追求代际价值的家族通常会选择以财富集中程度相对较高的方式来解决这一困境(Gomez-Mejia、Makri和Kintana,2010)。尽管家族可能拥有多家企业,但其大部分财富通常来自于一家企业。例如,在上文提到的美国家族中,每个家族的业务组合中平均有70%的销售收入都来自于一家企业❷。类似的趋势在德国富有家族中也很显著(Zellweger和Kammerlander,2014)。尽管这些德国家族控制着为数众多的企业(平均75家企业,大多数是控股公司、投资实体、家族办公室或类似机构),但平均而言,这些家族总资产的2/3和销售收入的45%都来自于一家企业。

家族追求一定水平的财富分散度,有时是通过对家族企业本身进行多元化来实现的。在这种情况下,核心企业会布局于多个不相关的业务,像多元化集团公司那样运作。以德国上市家族企业汉高(Henkel)为例。从某个时点开始,家族股东决定在汉高公司旗下积极发展三大业务板块,即洗涤与家护、美容护理、黏合剂技术。这些业务之间的协同效应有限,但它们的风险属性不同,行业周期各不相同,可以降低家族面临的整体风险。

家族实现财富分散的另一种方式是,投资于不相关行业的多家独立企业。在这种情况下,分散化发生在家族财富层面,而不是在家族企业层面,也就是在核心企业之外允许各家被投公司根据自身情况独立发展。家族通过设立家族办公室或控股公司,谋求对非相关行业进行直接投资。例如,瑞典瓦伦堡家族通过上市控股公司银瑞达集团(Investor AB)控制着多个行业的20多家企业,而银瑞达集团的顶层股东为15家瓦伦堡家族基金会(关于瓦伦堡家族的代际价值创造,请参见本章案例研究部分)。丹麦克里斯蒂安森家族（Kristiansen family）也采取了类似做法，通过成立控股公司，控制着乐高公司和其他投资。

从以上案例中我们看出，许多成功实现代际价值创造的家族通常拥有一家以上企业。但同时，这些家族通常并不会将投资组合过于分散❸。相反，这些家族控制着数量有限的几家核心企业，换言之，这些家族把大部分鸡蛋放在少数几个篮子中，然后小心看管这几个篮子。

3. 顺序控制企业：收购、发展与选择性退出

Ward（1987）对家族企业寿命的重要研究显示，研究样本中只有13%的企业在传到第三代时仍完全处于家族的控制之下。这个统计结果也为只有30%的家族企业在第二代时仍能保持家族控制的结论提供了数据基础。然而，这项研究忽略了一个事实，能传到第三代的企业占比虽为20%（而非13%），但有些家族企业已经易主。某些家族企业（5%）出售给了外部人士，而其他家族企业（2%）上市了。从代际价值创造的视角来看，这7%不能视为家族企业的失败，原因有以下两点：第一，家族可以通过表决权设计或其他机制保持对公司的控制权。事实上，在上市的"财富500强"公司中，35%仍由家族控股（Anderson和Reeb，2003b）。第二，同时也是更重要的一点，战略性退出企业可能会极大地增加家族财富和资源，以重新配置于新的企业。

当然，在核心企业内部创办新企业也可以实现代际价值创造。然而，当该企业处于衰退期，或者诱人的退出机会出现时，退出企业并将资本转移到新企业仍是一个极具吸引力的战略选择。退出旧企业和进入新企业可以顺序进行，这样资本就能逐渐从一家企业转移到另一家企业。另一种方式是，先完全出售旧企业，再收购一家新企业。总而言之，家族的代际价值创造可以按照一定顺序进行投资，以跨越时间和跨越代际的价值创造为目标进入和退出不同的企业。

因此，追求代际价值创造的家族需要关注家族与企业之间的资源流动。例如，企业可能会受益于家族提供的金融资本或家族人脉提供的社会资本。反过来，家族也可能会从企业的财务成功中受益，或通过企业建立的业务联系来扩大人脉网络。换言之，家族可以提供对企业有价值的资源；反之亦然（Nordqvist和Zellweger，2010）。从这个跨层次的视角来看，家族和企业互为资源的提供者，也互为资源的接受者。

从代际视角来看，这种资源的双向交换特别重要，因为资源的类型、数量以及在家族和企业之间的流动方向会随着时间的推移发生变化。在创业期，许多企业在多个维度上都得益于家族涉入，资源从家族流向企业。家族成员往往是为新企业提供资金和廉价劳动力的唯一投资者。然而，随着时间的推移，企业逐渐获得成功，家族开始从企业创造的资源中受益，这些资源包括股息分红、社会资本和声誉。因此，在企业生命周期的不同阶段，资源的流向会发生变化，交换的资源类型也会发生改变。

对于家族而言，代际价值创造的关键问题是，资源更多是从企业流向家族还是从家族流向企业。换句话说，是企业为家族而存在，还是家族为企业而存在？回答这个问题最好具体问题具体分析。当企业处于创业期或转型期时，具有一定的增长潜力，家族通过注入必要的资源来帮助企业发展。相反，如果企业处于成熟期或衰退期，那么企业就会为家族提供资源。在这种情况下，家族收获资源，以便重新配置，用于投资其他企业。

最重要的是，代际价值创造意味着家族愿意将他们创造的资源再投资于另一项业务。太多的家族将财富创造视为一条单行道，即企业是为服务家族而存在的，而非相反。真正伟大的家族愿意在核心企业内部或之外创业——他们保持着创业精神，愿意承担代际风险。

如上所述，代际价值创造意味着家族愿意将创造的利润留存在一个主体中（例如，家族控股公司等）。控股公司会向家族支付可观的分红，但家族不会将所有股息收入都支付给股东个人，而是至少将部分资金集中起来，以便重新配置到更有发展的新企业中去。

捷拉斯集团的代际价值创造

捷拉斯（Gallus）和海德堡（Heidelberg）合作更加紧密

捷拉斯和海德堡的合作重点是发展数码标签印刷机业务。为此，捷拉斯的股东——费迪南德（Ferdinand Ruesch）将自己持有的捷拉斯70%股份，转换为海德堡印刷机械公司的股份，成为后者最大的股东。

Ferd. Ruesch AG 是费迪南德掌控的一家瑞士公司，在新股发行后，费迪南德将这家公司 70% 的股份注入海德堡公司。交易完成后，海德堡公司将通过直接和间接的方式持有捷拉斯的全部股份。费迪南德在海德堡公司的持股比例将达到 9%。1999 年以来，海德堡公司已拥有捷拉斯控股公司 30% 的股份，两家企业在技术和销售方面有着密切的合作。

　　捷拉斯的全面收购加快了海德堡数码产品在不断增长的标签领域进行拓展。2014 年 9 月，海德堡和捷拉斯将在捷拉斯创新日（Gallus Innovation Days）推出一款全新的标签数字印刷系统。捷拉斯的品牌和管理层保持不变。捷拉斯将继续专注于开发、生产和销售适用于标签打印机的窄幅卷筒纸印刷机，以及宽幅卷筒纸印刷机和折叠纸箱转换器的模切机。

捷拉斯的背景信息

　　全球领先的印刷机供应商，专门为标签生产商研发、生产和销售窄幅卷筒纸印刷机。针对折叠纸盒业务提供一系列印刷机和模切机，在节约成本的同时实现折叠纸盒和纸板产品的流水线生产。种类繁多的丝网印版、遍布全球的服务运营以及大量印刷机配件和替换零部件都起到了扩充产品系列的作用。产品及服务组合还包括标签印刷和加工流程方面的专家咨询服务。捷拉斯在全球拥有约 560 名员工，其中 260 名员工在瑞士工作。

思考题

❶ 从传承角度和代际价值创造角度分别评价捷拉斯的出售。
❷ 你是否认为将捷拉斯卖给海德堡意味着捷拉斯失败了？为什么？
❸ 费迪南德如何用海德堡的新股份来实现代际价值创造？

来源：捷拉斯集团新闻通稿，2014 年 6 月 10 日

　　以上投资行为可以描述为"收购、发展和选择性退出"。在企业创业期，创始人的主要工作是创办并管理企业。这种模式有时会延续到第一代以后。然而，在大多数情况下，家族的投资周期主要分为三个阶段。

　　（1）*收购*。家族收购一家有增长潜力的老牌企业。请注意，初创公司不是家族投资的主要目标。

　　（2）*发展*。在数年甚至数代时间里，家族在该企业的持股通过收购互补性业务、分拆或并购等方式实现增值。

　　（3）*选择性退出*。家族通过引入外部投资者或上市等各种方式积极创造退出机会，部分或全部退出该企业。

　　家族投资每家企业时都会经历以上三个步骤，第一步收购可以通过核心实业企业

持有，也可以通过家族控股公司或家族办公室持有。在第二步发展阶段，各家企业积蓄力量、耐心发展，这一阶段可能需要经历多年甚至多代的努力才能完成。例如，家族可能会增加在该企业的持股比例、收购互补性业务、剥离不良业务、兼并竞争对手，进而增加市场份额。这些举措都是为了创造长期价值。

家族积极创造退出机会是"收购、发展和选择性退出"的第三步，这一步对家族而言意义尤其重大，但也往往是家族最出人意料的一步。家族不再永久持有家族企业，而是积极吸引有助于实现企业增长的外部投资者。例如，出售部分股权、公开上市、逐渐减持等各种方式，都能让家族企业收获自身创造的价值。

本节中讨论的再投资理念和持续创业都是代际价值创造的组成要素，"收购、发展和选择性退出"不会在第三步就结束。相反，家族会把第二步和第三步筹措到的资金投入到新企业中，从而开始新一轮的价值创造。图 8.5 显示了这一投资流程的三个步骤。

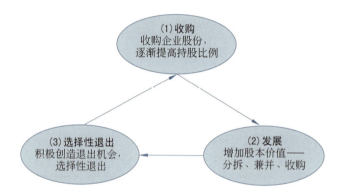

图 8.5　收购、发展和选择性退出

来源：Zellweger 和 Kammerlander（2014）

案例研究

德国匡特家族：始于1883年的代际价值创造

匡特家族（Quandt family）是欧洲最卓越的商业家族之一。匡特家族位于德国，以控股宝马公司（BMW）闻名于世。然而，仔细观察匡特家族的财富创造过程，就会发现在 100 多年的家族历史中对业务进行了大规模调整及企业的顺序控制，将家族企业触角伸向了各行各业。

1883年，埃米尔·匡特收购了一家纺织厂，从此家族开始涉足商界。在收购化工和工业企业、选择性兼并、收购并出售梅赛德斯·奔驰（Mercedes-Benz）、收购宝马（BMW）以及发展并退出几家企业之后，匡特家族不断壮大。企业的顺序控制和"收购、发展和选择性退出"投资流程都体现在匡特家族商业时间轴上，起始于1883年家族的第一次投资，延伸至2013年（见图8.6、图8.7）。

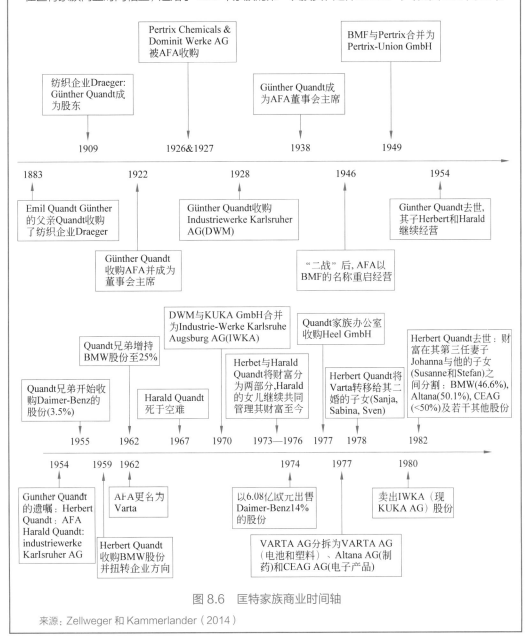

图 8.6　匡特家族商业时间轴

来源：Zellweger 和 Kammerlander（2014）

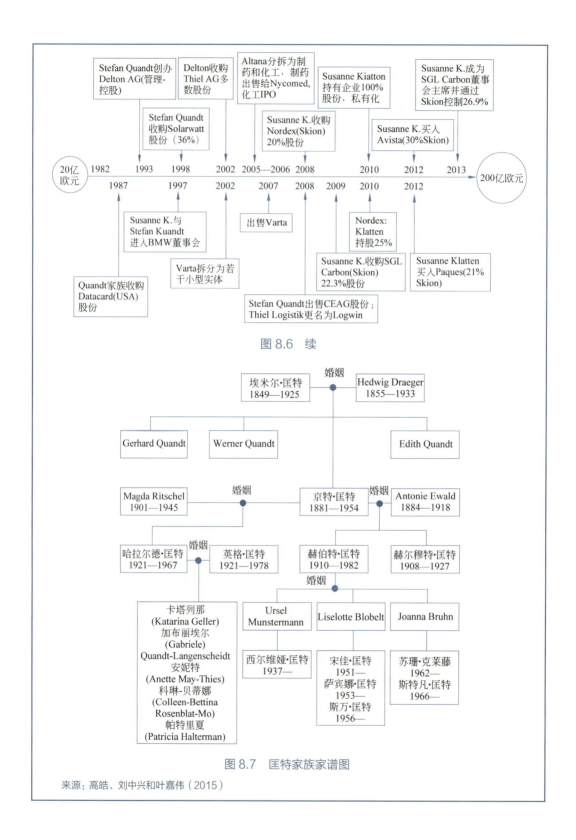

图 8.6 续

图 8.7 匡特家族家谱图

来源：高皓、刘中兴和叶嘉伟（2015）

4. 从企业管理到财富管理

从代际纵向视角来看，我们必须提出这样一个问题：老牌家族企业的资源和能力对于管理动态化及多元化的投资组合而言是否同样有价值。对于公司的创办和长期经营而言，关键是要拥有行业的深入知识，包括生产、流程等。然而，由于技术、客户和制度的破坏性变革，这些知识可能会过时，甚至可能会限制价值的创造。摒弃过时的知识对企业的长盛不衰十分重要，因为经验丰富者会依赖直觉和思维捷径，很容易成为思维定势的牺牲品（Shepherd、Zacharakis 和 Baron，2003）。在充满变动的环境中，这类危机会变得更为紧迫。此外，企业需要摒弃旧知识、学习新技能，因为随着时间的推移，企业遭遇变革的可能性将会增加。

情境知识和行业知识可能会给管理动态性业务组合带来麻烦。管理这类资产需要用到"元行业知识"（meta-industry expertise），包括战略规划、组合管理、投资和风险分析、兼并收购、会计、激励管理等企业管理知识。更广泛地说，"元行业知识"还包括集团层面战略制定和公司治理等相关知识。因此，尽管关于特定公司和行业的知识会随着时间推移过时，限制价值创造，但"元行业知识"等其他资源的作用会不断增强。

Sieger 等（2011）对爱尔兰、智利、危地马拉和法国等地的家族企业进行了分析，发现这些家族能够在代际间创造重大价值。他发现，随着时间推移，元行业关系网与家族/企业的声誉变得越来越重要。例如，伴随着企业的持续成功，家族声誉和人脉网络能够超越行业界限，带来稳定的商业机会流❹。图 8.8 描述了资源重要性随时间及代际推移的变化。

从经营一家实业企业到管理整个投资组合，这一转变并不容易。在许多家族企业中，财富管理能力是在多年间逐步培育起来的，并且与核心实业企业同步发展。这就留给家族企业足够的时间来发展必要的架构和能力。

在从实业创业到财富管理的转变过程中，家族角色发生了快速变化（例如，家族一次性出售所有企业），因此家族很难掌握这种转变。在这种情况下，家族出售实业将会获得一大笔现金。通常，家族变现拥有流动性资产后，往往会低估他们作为全新的投资者所面临的挑战。如表 8.3 所示，这些挑战涉及多个维度，例如，社会角色、财富流动性、财富多元化、专业知识、监管环境、下一代事业机会和治理等。

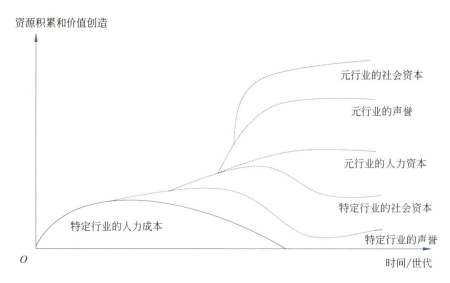

图 8.8　代际价值创造的资源变动

来源，改编自 Sieger 等（2011）

表 8.3　企业管理与投资管理的区别

	企业管理（出售实业前）	投资管理（出售实业后）
社会角色	企业家	投资家
财富流动性	绝大多数不流动	绝大多数流动
资产类别	主要是自家实业企业的股份	多元化的资产类别
分散程度	低	高
风险—回报预期	高	中低
风险规避	有限："赚钱机会很多"	高："亏钱机会很多"
资产认同感	绝大多数情况下很高	低，并且会越来越低
情感价值	高	低
对专业知识的要求	企业管理	资产管理
回报	工资、股息、控制权的私人收益	总回报
监管环境	私法和公司法	银行法、金融市场监管和税法
下一代事业机会	有	非常有限
治理	公司治理	财富治理和家族治理

5. 家族涉入更宽松时仍保持控制力

如何能在拥有多家企业的同时进行监督并保证家族控制力是一项重大挑战。经营规模庞大的多元化集团并不容易，因为其中的各项业务活动过于庞杂。因此，家族以外的专业人士在代际价值创造中扮演着关键角色。追求代际价值创造的家族明白，他们必须开放责、权、利，在管理层、董事会和股权等方面采用更宽松的治理模式。

然而，拥有一家以创造价值为宗旨的企业就意味着要承担起监督和控制的责任。如果没有控制权和担责，创业活动就缺乏重点，也不会达到最佳效果。金融投资可能会造成停滞、助长惰性，对创新和发展无益。出于经济和社会情感激励，家族有足够的理由对企业进行高效且富有远见的管理。这为家族提供了控制和监督资产的动力。

不幸的是，大多数家族认为，把董事会和管理职能授权给外聘专家就足够了。但在大多数情况下都是一种幼稚的看法。如果家族完全授出控制权，那么最终必将承担丧失控制权的风险。企业倒闭给外部人士带来的损失往往更轻，因此他们缺乏确保高效配置资源的动力。然而，由于家族外部有更大的人才库，应该允许外部人士贡献家族缺乏的关键知识。尽管外部人士可能不是最佳的监督人选，但作为高管和顾问，他们对企业而言仍然是不可或缺的。

因此，为了实现对创造代际价值最为有效的公司治理，需要将家族成员的监督和控制职能与非家族成员的管理和咨询职能相结合。尽管家族要全程涉入治理，但也应根据所需专业知识让外部专家进入或退出董事会和管理层。因此，代际价值创造下的公司治理意味着在不丧失控制权的前提下授出控制权。

6. 家族成员的多重角色和角色变化

传统视角下的家族企业传承优选路径是，下一代从上一代手中接过最高管理职位（CEO）。但代际价值创造视角则与之不同，成功的家族内部传承，并不局限于将最高管理职位传承给下一代。积极股东、董事会成员、家族办公室高管和公司高管都是下一代家族成员的可行角色。因此，代际价值创造为下一代创造了各种传承选项。

出于对家族企业治理的考虑（详见本书第5章关于治理的内容），家族成员可能会考虑从事多种工作。家族成员对家族治理、公司治理、股权治理和财富治理的预期不同，扮演的角色也不同。在公司运营层面，家族成员可能会扮演普通员工、高管或CEO等角色。在董事会层面，家族成员可能会成为董事会成员或董事长。在股权层面，家族成员可能是被动股东，也可能是股东代表。在家族层面，家族成员可能是家族委员会成员，或是协调家族的社交或慈善活动。在财富层面，家族成员可能会承担起家族财富管理者的角色。

此外,家族成员的角色是动态变化的。家族成员可以在某段时间内担任某一职务,之后再轮岗担任其他职务。

7. 关注家族财富的整体表现

代际价值创造视角不同于传统的家族企业视角,因为它改变了分析的层次,将家族而不是企业作为价值创造的驱动主体。因此,代际价值创造的核心是家族开创、管理、收获价值的能力,而不是企业的业绩或寿命。传统视角认为,家族企业是增长的引擎和成功的标志,然而,从代际价值创造视角来看,家族创造价值能力的高低才是衡量是否成功的标准。

因此,只用企业层面的结果(如生存能力、独立性、规模或业绩等)来衡量家族创造价值的能力是远远不够的。家族应当聚焦于家族财富的整体表现,如表8.4所示。表8.4中使用的报告工具总结了某个家族全部资产组合的表现,包括3家公司、3栋写字楼和金融资产。

表 8.4 家族财富概览:一个示例

企业运营状况				
	企业 1	企业 2	企业 3	总计
销售额	10 500	20 000	25 000	55 500
EBITDA(税息折旧及摊销前利润)	2 000	1 300	8 000	11 300
EBIT(息税前利润)	1 500	500	5 000	7 000
利润	1 200	400	4 000	5 600
现金流	500	2 000	2 000	4 500
净营运资金	200	1 200	1 500	2 900
订单输入	5 000	8 000	15 000	28 000
库存	1 000	2 000	780	3 780
ROE(净资产收益率)	8%	4%	15%	
ROS(销售利润率)	3%	2%	6%	
杠杆率	1	1.5	1.2	
企业运营状况的规划和报告 月度利润表 月度现金流量表 每家公司月度总结,包括:销售、营销、竞争、财务与控制、人力资源、生产情况。				

续表

房地产				
	地址 1	地址 2	地址 3	总计
租金收入	350	800	1 200	2 350
维护成本	100	200	100	400
利息支出	100	240	450	790
利润	150	360	650	1 160
剩余按揭	2 000	4 000	10 000	16 000
按揭利率	5%	6%	4.50%	
市场估值	5 000	10 000	15 000	30 000
回报率	3.0%	3.6%	4.3%	
关于房产的规划和报告				
月度利润表				
流动性财富				
现金	5 000			
上市公司股票	2 500			
投资基金	4 000			
债券	6 000			
VC 基金	2 000			
总计	19 500			
流动性财富规划和报告				
月度资产负债表				

8. 重新定义身份：我们是"企业家族"

当价值创造的核心主体从企业转移到家族后，家族就需要更新自我认知。那些希望在动态环境中创造长期价值的家族必须逐步调整自我认知。在此过程中，家族转变为不断进入又退出企业的投资者，这会让家族成员感到吃力，因为他们往往认为自己要培育家族企业，继续经营从创始人那里传承下来的传统核心企业。最终，家族成员会发现给"家族企业"下定义并非易事。家族需要把自己看作积极参与企业管理的个体成员，这样就能在自我认知上逐步实现从"家族企业"到"企业家族"的转变。从传统的长寿视角来看，家族喜欢用"我们控制着家族企业"或"我们拥有某家公司"等话语来定义自身。但从代际价值创造的视角来看，家族应该用"我们是企业家族"这类话语来定义自身，这表明家族正在积极涉入多家不同企业的管理和发展。

随着业务重心的转变，家族企业认同感将成为家族几代人日益关注的问题。家族成员将更难达成家族企业认同。如果当前的业务和创业之初的业务大不相同,或者当投资组合日益多元化时,这个问题就会更加突出。

因此,要想实现有效的代际价值创造,就必须解决好分散化、去家族化、股权稀释和财富稀释等问题。这一点对于那些想要将身份认同从"企业家"转换为"投资家"的家族而言至关重要。因为这种转换往往会降低身份认同的水平。因此,对这些家族来说,最重要的是不断地更新身份认同并确保家族的凝聚力。

案例研究

宝马公司匡特家族的代际价值创造

匡特家族从 1883 年就开始创业。家族拥有的第一家企业是纺织厂,随后几年进入了化工、电气和汽车等多个行业。有意思的是,匡特家族在 20 世纪下半叶还是奔驰的大股东,而奔驰是宝马的竞争对手。2013 年,匡特家族财富的主要构成为宝马公司股份(约 46.6%)。

当前这代人包括约 20 位家族股东,他们的资产分布在各个行业。匡特家族有 4 个家族分支,每个分支都掌控着巨大财富。约翰娜·匡特是家族第三代成员,她所代表的家族分支在代际价值创造方面最为成功。2013 年,该家族分支拥有约 300 亿欧元财富,主要掌握在 3 位家族成员手中,即约翰娜和她的两个孩子斯蒂芬·匡特和苏珊·克拉滕。

该家族分支的投资标的远不止宝马公司一家。斯蒂芬直接或通过投资公司 Delton 间接控制着另外几家公司,这些企业分布于制药(Heel)、物流(Logwin)和数字安全(Gemalto、Datacard)等领域。其中一些投资是斯蒂芬与妹妹苏珊共同持有的(如 Gemalto 和 Datacard)。同样,苏珊直接或通过投资公司 Skion 间接持有风能(Nordex)、碳纤维生产(SGL Carbon)和专用化学品(Altana)股份。该家族分支的详细投资信息见图 8.9。

尽管匡特家族持有多家企业的股份(家族还有其他价值相对较小的投资),但财富结构相当单一。据估计,约翰娜家族分支总财富的 83% 来自其所持有的宝马公司股份。

考虑到家族财富的构成,匡特家族希望通过积极涉入公司治理以增加对宝马公司的影响力。母亲约翰娜从宝马董事会退休后,斯蒂芬和苏珊都加入了董事会。斯蒂芬是董事会副主席,也是董事会所有下属委员会的成员,包括主席委员会(召开董事会会议),人事委员会(高管的任免、薪酬、管理层薪酬体系审核),审计委员会(监督财务报告编制、内控系统有效性、风险管理体系、内部审计、合规)和提名委员会(遴选董事候选人)。苏珊也是提名委员会成员。

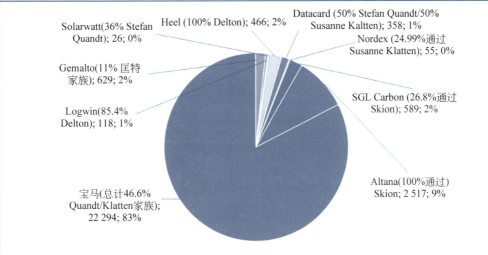

图 8.9 约翰娜家族分支的投资

注：约翰娜·匡特分支投资的公司名、持股比例、股权价值（单位：百万欧元）、占家族分支财富比例（截至 2013 年）

在其他投资中，兄妹二人中至少有一人担任董事会成员，但并不参与投资企业的运营管理。

来源：改编自 Zellweger 和 Kammerlander（2014），高皓、刘中兴和叶嘉伟（2015）；感谢 Maximilian Groh 对数据收集和分析的帮助。

思考题

❶ 如何评价匡特家族财富的多元化？
❷ 如何评估匡特家族控制财富的能力？
❸ 这一案例体现了代际价值创造的哪些特点？

8.3.5 从动态视角看代际价值创造

我们在上一节对代际价值创造的主要构成要素进行了阐述，但还没有讨论家族创造代际价值的流程，亦即家族代际价值创造的具体步骤。

接下来将要介绍我们原创的代际价值创造流程模型（见图 8.10），我们也可称其为家族双循环模型。此模型由企业管理和投资管理两个层面构成，这两个层面联系紧密，描述了家族在同时管理公司资产和非公司资产时要经历的几个阶段。

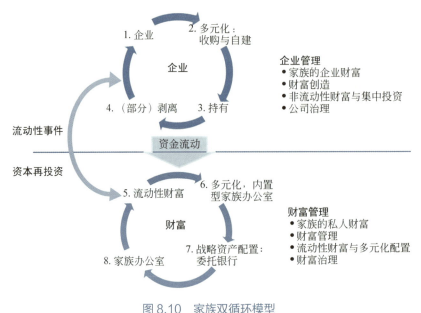

图 8.10 家族双循环模型

1. 企业层面

第一个循环是企业层面的循环,家族在控股实业企业中采取的顺序步骤如下。

(1)创始人创办新企业,这是价值创造的第一步。

(2)创业的本业取得初步成功,通过创办新企业或收购其他企业实现多元化。

(3)经过多年发展,企业通过有机增长、兼并收购和战略重组扩大规模。企业规模的扩张会增加管理的复杂度,由此需要成立一家专门机构(如控股公司)来统一管理所有的业务活动。这个机构集中了部分集团公司总部职能,包括战略规划、财务和会计等。

(4)一段时间后,某些实业企业的吸引力变弱。产品和行业进入衰退期后,业务增长陷入停滞,可能会蒙受损失。因此,某些企业会引入外部投资者、上市或者被剥离。这样家族就逐渐退出这些企业,变现之前创造的价值。之后循环往复。

图 8.10 的上半部分解释了在实业企业层面创造财富的四个步骤。但并不是所有的家族企业都是按照这个循环模式进行价值创造的,有些可能在中途就倒闭了。企业在这个循环中运行的速度也有差异,有些企业在几年内就完成了整个循环,而有些企业可能需要几代人的时间。

2. 财富层面

家族企业成功完成企业层面循环之后，就可以通过工资奖金、股息、控制权的私人收益等方式为家族创造财富，特别是通过流动性事件（如部分剥离或股票上市）带来可观收益。随着财富的积累，家族财富管理变得越来越重要（见图8.10的下半部分）。第二个循环是财富层面的循环，通常以如下步骤开展。

（1）开始时，企业层面创造的财富通常留存在企业内部。发展到股东－经理人阶段后期时，企业资产基本上等同于企业家的个人财富。

（2）家族通常会指定财务部门员工管理企业内部持有的流动性财富。我们称之为内置型家族办公室（更多细节请参阅本书第5章中财富治理的相关内容）。如果流动性财富没有用于实业企业运营，就会投资在其他各类资产上。

（3）随着与企业无关的资产金额和复杂性增加，为了满足家族的财务需求和传承需求，将家族财富与企业资产分离的愿望越来越强烈。其后，家族财富会外包给专业的资产管理人，由其负责战略资产配置。

（4）随着财富的不断积累，家族对财富进行系统管理并成立家族办公室。家族办公室是一个独立的机构，由家族直接控制，是家族管理财富的工具。

企业管理和财富管理对于代际价值创造都很重要，但它们背后的原因有所不同。企业管理之所以重要，是因为财富创造主要发生在企业创业和经营阶段。通过创业，家族有望获得可观的经济效益和社会效益，而这些效益很难通过分散的流动性资产组合来实现或维持。许多家族错误地认为，随着时间的推移，对流动性财富（包括房地产）进行被动管理和分散投资将足以创造价值。此外，许多家族企业的资源流动是单向的，要么是从企业层面流向财富层面，要么是从企业流向家族。许多家族成员满足于过去的成就，不断消耗企业层面积累的储备，或靠着企业分配的股息生活，没有追寻职业发展的实质性需要。那些把家族企业当成养老金，背靠家族企业追求奢靡生活的家族成员往往会丧失兴趣，消磨了进取精神和创业欲望，而这些要素对于代际价值创造来说是极为重要的，最终，这类家族会停止经营实业企业（见图8.10的上半部分），误以为流动性投资能带来足够的回报（见图8.10的下半部分）。但事实上脱离实业企业之后，绝大多数财富都会消失殆尽。

企业管理和财富管理的有效结合是家族代际价值创造的根本前提。事实上，财富管理完成了代际价值创造的几项重要任务。首先，它能发挥安全缓冲垫的重要作用，使企业和家族能够安然度过经济衰退。其次，家族财富本质上是一种耐心资本，家族企业借助耐心资本才能通过实施长期的创新战略获得成功。再者，把家族财富和资产集中起来而不是分配给家族成员，能够为家族的发展提供持续的经济动力。持续性地集中资产能让家族通过（再）投资核心企业或创业企业来抓住商机。最后，集中家族财富可以实现规模经济，降低资产管理费或者分摊专家咨询费，从而减少财富管理的成本。

综上所述，代际价值创造是一个动态的流程。家族需要动态管理两个相互关联的循环，即企业管理和财富管理。接下来，我们将进一步探究企业管理和财富管理的演变过程。

3. 企业管理的演变

企业管理的演变从创业期开始，经过发展期，再到选择性退出期和再次进入期。每个阶段都有对应的多元化水平、公司治理结构、传承及必备专业知识（见图8.11）。

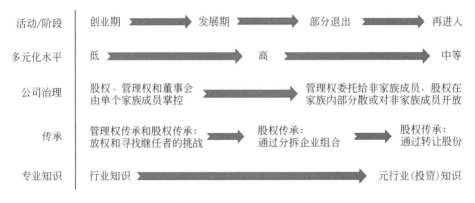

图8.11 代际价值创造的企业管理演变

（1）多元化。家族企业的多元化水平在早期是比较低的。但伴随着企业规模的发展壮大，多元化水平也会不断提升。一旦家族抓住机会退出，多元化水平就会降低，以集中于前景最好的实业企业。

（2）治理。公司治理的起点是以创始人或企业家为中心的股权、管理权和董事会组合。开始，企业家可能同时身兼股东、CEO和董事三职。之后，家族企业通常会聘用外部专业人士担任高管，股权也会随着家族成员人数的增加而稀释，有时也会引入外部股东。治理结构也必须随之改变（细节请参阅本书第 5 章有关治理的内容）。

（3）传承。在早期，传承是一大挑战，因为管理权传承和股权传承是同时进行的，这种挑战源于现任企业家不愿意放手，以及在家族内部难以找到同时拥有传承意愿和能力的接班人选。到后期，管理权由非家族成员接管，任期并不受家族成员生命周期的约束，而家族内部传承的主要是股权。股权传承可以通过家族成员之间分割资产或家族内部转让股份等方式来实现。

（4）专业知识。随着企业的不断发展，家族所需的专业知识也会发生迁移，从行业特定知识或企业特定知识转变成投资管理知识。

4. 财富管理的演变

我们下面解读财富管理的演变过程。对家族来说，资产配置（主要是流动性金融资产）并不太难，因为很多银行和资产管理公司都会专门提供此类服务，真正的挑战是如何设计正确的财富管理结构。在本书第 5 章家族企业的治理部分，我们将称其为"财富治理"（见图 8.12）。

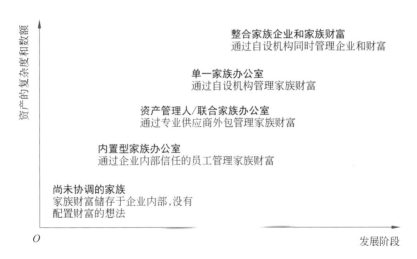

图 8.12 代际价值创造的财富管理演变

许多企业家把精力过多地放在企业管理方面，以至于他们没有搭建起适合的财富管理结构。有些家族并没有建立财富管理的原则或结构（本书第 5 章中有关财富治理的部分，这种家族被称为"尚未协调的家族"）。在这种情况下，企业创造的财富大多是以现金和闲置资源等形式储存于企业内部。

随着家族财富的积累，许多股东会向经理人寻求个人财富管理或其他家族事务等方面的建议。对家族而言，这样做的好处是把相关成本转嫁给了企业，由全体股东和利益相关方共同承担。此外，某些企业员工（如 CFO、财务和会计）有管理家族财富所需的信息或知识，也深得家族信任。这样的结构被称为"内置型家族办公室"（详细内容请参阅本书第 5 章家族企业的治理）。

随着家族财富的继续增加，家族会将财富管理工作外包给银行、资产管理公司或联合家族办公室。这是为了以更加专业化的方式管理家族财富，同时控制将全部财富都投入到实业企业中的风险。

随着财富的进一步积累，家族可能会发现由内部的单一家族办公室承担（部分）财富管理工作是可行且划算的。家族手中握有大笔财富，有足够的资金负担家族办公室的成本，提供家族所需的各种服务。成立单一家族办公室与外包管理财富的成本差不多，但单一家族办公室可以为家族量身打造更灵活、更专属的解决方案，而且能更好地保护家族隐私。

在最后阶段，家族会打造出包含家族所有企业和资产的整体结构。图 8.12 列明了投资管理流程中的各个阶段[5]。

8.3.6　整合企业管理和财富管理

代际价值创造的结果是家族积累了巨额财富，这笔财富通常包含企业资产和金融资产两个部分。这两类资产通常是由两个独立的组织机构/法人实体来管理的，例如，控股公司管理企业资产，家族办公室管理金融资产。

控股公司的职责是构建和发展企业资产，提供与企业相关的公司金融和财务管理，以及创办与投资新企业。控股公司通常由高管团队控制，董事会任命和控制 CEO，而家族董事由家族委员会任命（见图 8.12）。

相比之下，家族办公室的作用是管理和分配流动性家族财富，包括证券、基金、房地产和少数直接投资。家族办公室负责决定战略资产配置，选择资产管理人，安排投资结构，整合资产、会计和报表等。家族办公室与家族成员紧密合作，有时也为家族成员提供现金管理、报税和搬家等"委托代办"服务。家族办公室有时还为下一代家族成员提供有关治理系统、家族事务和股权相关的教育项目。此外,大型家族办公室还可能会设立投资委员会,为投资决策提供专业意见。

这个整合系统是治理结构的一部分。家族治理为家族提供了长远的价值观和目标,并划定了家族成员涉入企业管理、股权管理和财富管理的边界。股权治理通过具有法律约束力的股东协议,定义了股东进入和退出、股份转让以及表决权行使等规则。公司治理主要规范董事会和管理层的互动和决策权。在家族财富方面,财富治理界定投资的决策权和流程,成立投资委员会,确定资产配置指引以及家族办公室高管的薪酬,并向家族收取家族办公室的相关费用❻。以下案例展示了企业治理和财富治理的整合结构。

案例研究

布伦宁克迈耶尔家族(Brenninkmeijer family)

布伦宁克迈耶尔家族(以下简称"布伦宁家族")是欧洲最古老的企业家族之一。自1841年创业以来,布伦宁家族创造了巨额财富。该家族在欧洲和拉丁美洲以拥有C&A闻名,C&A是一家非上市时装零售企业,布伦宁家族持有100%股权。2013年,C&A销售收入达到52亿欧元。

C&A由布伦宁家族投资公司Cofra控股公司持有。Cofra在官网上自称为"由家族所有并领导的全球化公司,通过管理零售、房地产、金融服务和企业投资等业务构成的动态投资组合,为股东创造可持续的经济价值,为员工提供职业发展机会,以其独特的能力吸引、保留及晋升家族内部和外部人才"。Cofra成立于2001年,负责管理家族的各项投资。如今,它控制着三大业务——零售(C&A)、房地产(Redevco)和企业投资(Bregal投资和创业基金),此外还有家族慈善活动(见图8.13)。

由于房地产和零售业务的规模大、商机多,家族决定让Cofra控股公司而不是家族办公室Anthos管理地产业务。在投资方面,Cofra管理着PE基金Bregal Investments和VC基金Entrepreneurs Fund。

第8章 变革与代际价值创造 | 327

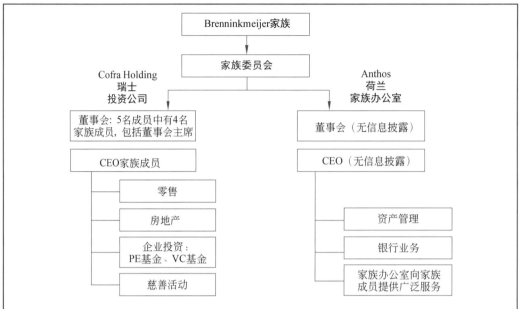

图 8.13　布伦宁家族投资公司和家族办公室

布伦宁家族办公室 Anthos 位于荷兰。荷兰是部分家族成员的居住地，以及家族企业的发源地。家族办公室管理着家族的流动性财富，为家族成员提供各类服务。

家族企业欢迎家族成员任职，但只有在工作上取得极大成就的家族成员才有资格成为股东。要想成为股东，家族成员必须出资收购 Cofra 股份，并可通过向 Anthos 贷款以获取足够的收购资金。

 思考题

给经营者的思考题

基于上述框架并考虑到动态因素，代际价值创造更有可能在如下情况下实现。

❶ 家族创业精神代代相传

家族的思考题：

- 我们有足够的创造力吗？
- 我们是否承担了足够的创业风险？
- 我们是否将决策权下放给一线或实业企业？
- 我们是否能抢在他人之前抓住机遇？

- 哪些因素会阻碍我们拥有更强的创业精神？我们应该如何应对？
- 我们如何确保下一代家族成员对企业保有兴趣？

❷ **家族追求集中的企业投资**

家族的思考题：
- 我们是否将大部分资产投资于少数几家企业以避免资产的过度分散？
- 持有少数投资项目会带来哪些机遇和风险？
- 这些投资项目的风险合起来有多大？

❸ **家族共同投资、收获和再投资于企业**

企业管理层面家族的思考题：
- 我们为企业投入的资源是否足够进入其他前景广阔的业务？
- 如果企业正走向衰落，或出现其他更有吸引力的商机时，我们是否愿意退出？
- 我们是否将收获的资源再次投入前景广阔的业务？
- 我们是否愿意把企业资产集中起来，作为一个家族集团整体来进行投资？

财富管理层面家族的思考题：
- 我们是否建立了以保护财富、支持企业并最终投资新企业为目标，进而能将家族流动性财富集中到一起的财富治理结构？
- 我们家族内部是否拥有，或从外部专家那里获取企业管理和财富管理方面的必备专业知识？

❹ **家族拥有并发展企业和财富的专业知识**

家族的思考题：
- 我们是否具备在创业的本业之外运营实业企业所需的专业技能？
- 在家族内部和外部，谁具备经营业务组合所需的商业智慧？

❺ **家族在授权的同时掌握控制权**

家族的思考题：
- 我们是否通过家族的严密监督和非家族专家的参与来确保专业的公司治理？
- 公司治理和股权治理的规则是否及时更新，以便我们能够控制所有的资产？
- 我们需要什么样的报告、激励、控制和惩罚机制来管理财富？

❻ 家族确定家族成员的角色

家族的思考题：

- 我们期望家族成员在公司、股权、家族委员会和财富管理方面扮演什么角色？
- 家族成员扮演这些角色需要具备什么样的任职资格？
- 家族成员在一个职位上最长可以任职多久？

❼ 家族监督家族财富的整体表现

家族的思考题：

- 我们监督家族财富整体表现方面的能力有多强？
- 在可比风险情况下，企业经营回报与财富管理回报相比如何？

❽ 家族成员对家族保持认同感

家族的思考题：

- 我们的家族有凝聚力吗？
- 如何确保我们的家族认同自己的业务活动？
- 我们应该通过哪些家族治理结构和活动来增强凝聚力和认同感？

给学生的思考题：

① 请描述家族企业在变革管理方面的优势和劣势。

② 家族企业与破坏性变革："家族创新者的窘境"有什么含义？

③ 家族企业长寿的三大战略驱动力是什么？

④ 为什么对家族企业寿命的关注限制了家族企业追求代际价值创造？

⑤ 为什么在代际价值创造视角下，单个企业的业绩不是衡量成功的最关键标准？

⑥ 代际价值创造的组成要素是什么？每个要素各举一例。

⑦ 分别从企业长寿视角和代际价值创造视角解释资源和资源管理的重要特征。

⑧ 为什么从企业管理者到财富管理者的角色转换对家族来说是一大挑战？

⑨ 如果家族为了创造代际价值而分散家族财富，会存在哪些反对意见？

⑩ 代际价值创造强调企业管理和财富管理两个层面。这两个层面在代际价值创造中分别扮演什么角色？

⑪ 如果家族只注重企业管理而忽视财富管理，会有哪些风险？

⑫ 如果家族只注重财富管理而忽视企业管理，会有哪些风险？

⓭ 企业管理在代际价值创造的过程中是如何演变的?
⓮ 财富管理在代际价值创造的过程中是如何演变的?

案例研究

奥斯龙公司的代际价值创造（芬兰）

案例作者：
菲利普·希格（Philipp Sieger）❼

1851年，安蒂·奥斯龙（Antti Ahlstrom）在芬兰创办了一家谷物磨坊、一家碎布造纸厂和一家陶瓷作坊，开始了创业生涯。他还收购了一家锯木厂的股份。19世纪60年代，他将主营业务转为航运业，创造了大笔财富，以此扩张企业，建造了新的锯木厂和钢铁厂，并收购了另外3家钢铁厂。19世纪80~90年代，他又收购了18家锯木厂，跻身当时芬兰最重要的实业家之列。

1896年，奥斯龙去世后，妻子伊娃（Eva）接手了企业。随后奥斯龙的大儿子沃尔特·奥斯龙（Walter Ahlstrom）从母亲那里传承了企业。沃尔特颇具创业精神，他领导企业于1921年进入造纸业，同时向机械制造和玻璃制造等行业进行多元化发展。到1931年沃尔特去世时，奥斯龙已成为芬兰最大的多元化工业集团，拥有5 000多名员工。

第一次世界大战后，集团继续扩张，进入工程和化学技术领域。1963年收购意大利一家大型造纸厂后，成为芬兰企业国际化的先锋。20世纪80年代，奥斯龙退出了新闻纸市场。1987年，为了完全专注于特种加工纸领域，公司出售了造纸部门。20世纪90年代，奥斯龙开始进入无纺布产业进一步多元化发展，收购了法国、德国、英国等国的企业。

2001年，奥斯龙集团被分拆成3家公司。第一家公司是原来的制造部门，定名为奥斯龙公司，2006年3月在赫尔辛基证券交易所上市。2013年，它在24个国家拥有3 500名员工，年收入10亿欧元。第二家公司奥斯龙资本（Ahlstrom Capital Oy）是私人投资公司，在世界范围内投资工业、房地产和清洁技术等领域。第三家公司A. Ahlstrom Osakeyhtio负责打理家族的房地产和林地投资。这3家公司都由Antti Ahlstrom Prlliset Oy所有，这是一家奥斯龙家族成员持有的私人控股公司，管理资产的年销售额高达40亿美元。图8.14和表8.5展示了Antti Ahlstrom Prlliset Oy目前的治理结构（截至2013年）和奥斯龙家族大事记。

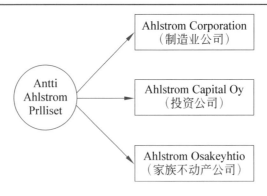

图 8.14　当前的治理结构

表 8.5　奥斯龙家族大事记

年　　份	事　　件
1851	安蒂·奥斯龙创办了几家磨坊和一家陶瓷作坊
1860 年代	专注于航运业
1880 至 1890 年代	强势扩张,进入工业领域
1896	安蒂·奥斯龙去世
1921	进入造纸业,开始走向多元化
1931	奥斯龙成为芬兰最大的工业集团
1963	开始国际化
1980 年代	退出造纸市场/造纸产品
2001	集团分拆为三部分
2006	奥斯龙公司上市

公司资料显示,治理结构的目标之一是将股权事务、家族事务与企业事务进行分类管理。控股公司(Antti Ablstrom Perilliset,家族持有的私人公司)制定愿景、使命和股东战略。这三个要素影响着 3 家运营企业。我们浏览奥斯龙年报后,发现该公司的财务表现十分优秀。

如今,奥斯龙家族大约有 340 名成员,处于第四代、第五代、第六代及第七代。家族成员包括子女和姻亲,大约 230 名家族成员是股东。董事会由第五代家族成员掌控,14 名家族成员在控股公司董事会任职,3 名家族成员任职于家族企业。

奥斯龙家族自我定义为"超级利益相关者",具体含义如下:"在上市公司或封闭持股型公司中,都有退出的可能……然而,家族所有制的基本理念——最纯粹的形式就是——保有企业、拥有企业并传承给下一代。"奥斯龙家族还阐释了治理方法:"如果你不能(或不应该)用脚投票,那你就希望对企业施加影响,理想情况是,以更严格的方式施加比平均股东对平均企业更大的影响。"❽

奥斯龙家族采用系统性方法让下一代参与进来（见图8.15）。

读完以上内容后，请回答如下问题。

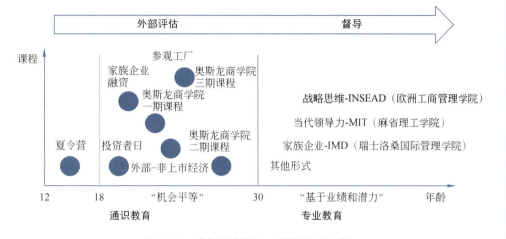

图8.15 奥斯龙家族下一代的任职和涉入

来源：Thomas Ahlstrom 在 FBC 家族企业大会上的发言（2014）

1. 此案例包含了哪些代际价值创造的元素？
2. 在此案例中，企业家精神和资源在代际价值创造中发挥了什么作用？
3. 为什么要从家族层面而非企业层面对此案例进行分析？
4. 你认为目前的治理结构能否确保企业在未来取得成功？请给出理由。
5. 你如何评价奥斯龙家族鼓励下一代加入企业的方法？

瑞典瓦伦堡家族和银瑞达集团

瓦伦堡家族（Wallenberg family）是瑞典最著名的商业家族之一。瓦伦堡家族1856年创办瑞典北欧斯安银行（SEB），成为家族财富创造的起点。多年来，SEB收购了许多企业的股份。为了控制这些投资，瓦伦堡家族1916年成立了一家控股公司——银瑞达集团（Investor AB）。起初，银瑞达是SEB的子公司。20世纪70年代，银瑞达从SEB中剥离出来，此后一直是瓦伦堡家族的主要投资实体。如今，银瑞达是一家上市投资公司，瓦伦堡家族直接或通过多个瓦伦堡基金会持有控股股权。

瓦伦堡家族控制的多家瓦伦堡基金会（Wallenberg Foundations）是银瑞达集团的最大股东。3家最大的瓦伦堡基金会合计持有银瑞达23.3%的股份和50%的投票权。银瑞达集团由董事会主席雅各布·瓦伦堡（Jacob Wallenberg）管理，CEO由一位非家族成员担任。

截至2013年年底，银瑞达集团的净资产约为330亿美元，资产分布情况如图8.16所示（截至2014年第三季度）。

为了分析瓦伦堡家族的代际价值创造，请浏览瑞典银瑞达集团的官网（www.investorab.com）。请进一步研究银瑞达集团和瓦伦堡家族，你能识别哪些代际价值创造的元素？

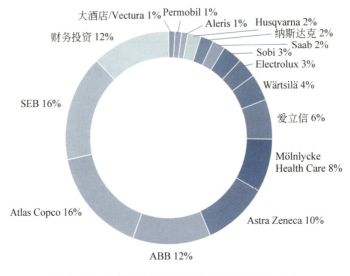

图8.16 银瑞达集团2014年第三季度资产分布

美国嘉吉（Cargill）

嘉吉公司据称是世界上规模最大的私人控股公司。2013年销售收入达到1 350亿美元，利润总额约为20亿美元，在67个国家聘请约14.5万名员工，主要提供食品、农业、金融、工业产品及服务。嘉吉成立于1865年，从爱荷华州一家谷仓起步。多年来嘉吉一直在调整业务组合。访问嘉吉公司官网（www.cargil.com），搜索关于这家企业及其家族的信息，然后思考以下问题。

1. 在此案例中，你识别了哪些代际价值创造的要素？
2. 美国的文化和制度环境对代际价值创造有哪些支持和阻碍？

你自己的家族企业

假设你的家族掌控着一家实业企业，思考以下问题：
1. 你认为企业要为代际价值创造做哪些准备？
2. 在这个过程中会遇到哪些困难？

你身边家族企业的代际价值创造

从你所在的地区和文化环境出发思考家族企业的代际价值创造，回答以下问题：
1. 在这个案例中，你看出了哪些属于代际价值创造框架的要素？
2. 文化和制度环境是如何支持或阻碍代际价值创造的？

注释

❶ 感谢德国 WHU 大学管理学院 Nadine Kammerlander 教授为"变革和适应"这一部分所做的贡献，她的研究领域为战略管理、创新和家族企业。

❷ 因此我们假定，销售量可以代表价值。

❸ 对资产分散水平低的观察也很重要和有趣，因为它在一定程度上挑战了投资组合理论（投资者应该持有高度分散化的投资组合）。

❹ 这种管理才干可以体现在下一代所接受的教育中，这些下一代通常大学毕业于工商管理或工程专业，因此他们有更多管理知识，但对特定行业或企业了解较少。

❺ 请参阅本书第 5 章家族企业的治理相关内容，其中关于财富治理的章节包含了尚未协调的家族、内置型家族办公室和单一家族办公室的优缺点，以及对家族信托和基金会的讨论。

❻ 关于上述治理的更多信息，请参阅本书第 5 章家族企业的治理的相关内容。

❼ 感谢瑞士伯尔尼大学工商管理学教授 Philipp Sieger 丰富的案例研究，他的研究领域是创业学及家族企业。

❽ 参见 2014 年赫尔辛基 FBC 家族企业会议上 Thomas Ahlstrom 的演讲。

背景阅读

Aronoff, C. (2001). Understanding family-business survival statistics. *Supply House Times*, July.

Carney, R. W., and T. B. Child (2013). Changes to the ownership and control of East Asian corporations between 1996 and 2008: The primacy of politics. *Journal of Financial Economics*, 107(2): 494-513.

Christensen, C. M. (1997). *The Innovator's Dilemma*. Cambridge, MA: Harvard University Press.

Hill, C. W. L., and F. T. Rothaermel (2003). The performance of incumbent firms in the face of radical technological innovation. *Academy of Management Review*, 28: 257-274.

Jaskiewicz, P., J. G. Combs and S. B. Rau (2015). Entrepreneurial legacy: Toward a theory of how some family firms nurture transgenerational entrepreneurship. *Journal of Business Venturing*, 30(1): 29-49.

Kammerlander, N., and M. Ganter (2015). An attention-based view of family firm adaptation to discontinuous technological change: Exploring the role of family CEOs' non-economic goals. *Journal of Product Innovation Management*, 32 (3): 361-383.

Koenig, A., N. Kammerlander and A. Enders (2013). The family innovator's dilemma: How family influence affects the adoption of discontinuous technologies by incumbent firms. *Academy of Management Review*, 38 (3): 418-441.

Landes, D. (2008). *Dynasties: Fortune and Misfortune in the World's Great Family Business*. London: Penguin.

Lumpkin, G. T., and G. G. Dess (1996). Clarifying the entrepreneurial orientation construct and linking it to performance. *Academy of Management Review*, 21 (1): 135-172.

Nordqvist, M., and T. Zellweger (2010). *Transgenerational Entrepreneurship: Exploring Growth and Performance in Family Firms across Generations*. Cheltenham, UK and Northampton, MA, USA: Edward Elgar Publishing.

Shepherd, D. A., A. Zacharakis and R. A. Baron (2003). VCs' decision processes: Evidence suggesting more experience may not always be better. *Journal of Business Venturing*, 18 (3): 381-401.

Sieger, P., T. Zellweger; R. Nason and E. Clinton (2011). Portfolio entrepreneurship in family firms: A resource-based perspective. *Strategic Entrepreneurship Journal*, 5 (4): 327-351.

Ward, J. (1987). *Keeping the Family Business Healthy*. San Francisco, CA: Jossey-Bass.

Zellweger, T., and N. Kammerlander (2014). Family business groups in Deutschland. Working Paper, University of St. Gallen.

Zellweger, T., R. Nason and M. Nordqvist (2012). From longevity of firms to transgenerational entrepreneurship of families. *Family Business Review*, 25 (2): 136-155.

高皓, 刘中兴, 叶嘉伟. 匡特家族: 宝马控股家族的 MFO 之路.《新财富》. 2015, 7: 110-125.

第9章
家族企业的财务管理

家族企业的财务管理有何独特之处？归根到底，家族企业也是企业，股东和经理人关心的是回报、风险以及最终的投资价值。尽管家族企业也要受到诸如高回报伴随高风险等基本财务规律的约束，但重新审视公司财务的基本假设仍然很有趣，这些假设在很大程度上塑造了我们对公司财务的理解。本章我们将展示一些对于解读家族企业并没有帮助的假设。事实上，其中某些假设还会误导家族企业。

首先要指出的是，本章的出发点是财务考量和经济理性。这一出发点体现了审慎性，旨在为家族企业的参与主体提供经济理性工具，以降低决策的复杂度。不过，我们亦承认，在家族企业中，非经济理性或者社会情感方面的考虑同样会影响决策并产生决策偏差，甚至让决策变得一团糟。本书第6章中的战略部分展示了社会情感偏差，例如，对身份认同和声誉的关注，可能会通过品牌建设和维护客户关系等方式提升财务业绩。家族企业中的行为偏差显然很重要，但并不一定会对财务业绩造成不利影响。然而对于家族企业经营者和研究者来说，理解经济理性非常重要。只有首先充分理解经济理性原则，才能做出是否要遵循的明智决定。经营者还需要了解非财务性偏好的后果。本章将讨论家族企业财务管理中最重要的工具和概念。

9.1 家族企业财务管理的不同之处

正如我们在引言中提到的，研究现代公司财务理论背后的假设，有助于我们理解家族企业财务管理的特殊性。这些假设——例如资本资产定价模型（CAPM）——影响着诸多当今我们使用的财务决策工具。CAPM 是一种帮助决策者评估投资价值的财务模型❶。表 9.1 展示了 CAPM 最关键的假设及其对家族企业的适用性。

资本资产定价模型有如下假设：不存在税收和交易成本；投资者无法影响价格；投资者可以在无风险利率水平下无限制地借贷；投资者可以卖空任何资产并持有资产的任意细分部分。我们当然可以质疑这些假设，但由于这些假设对非家族企业和家族企业是相同的，因此不在本书的研究范围之内。但表 9.1 中列出来的其他 CAPM 假设则很重要，值得我们进一步讨论。

表 9.1 资本资产定价模型（CAPM）假设及对家族企业的适用性

CAPM 假设	对家族企业的适用性
存在很多投资者；这些投资者投资多种资产是为了分散风险，而每个投资者只持有每种资产的一小部分	家族企业拥有较少的投资者（通常是家族成员，尤其是对非上市家族企业而言）；家族持有分散化程度较低的资产组合，并持有家族企业资产的一大部分
所有投资者都具有相同的投资期限，而且只有一期	家族企业股东为企业进行长期投资，通常是为了将企业传给下一代
所有投资者都追求经济效用最大化	家族企业股东不仅关心经济效用，也关心社会情感效用
所有投资者都可以获得相同的投资机会信息	控股股东（即家族）与外部投资者相比，往往涉入管理，并拥有信息优势
资产可以随时按市场价格出售，投资者对所有资产享有平等的使用权	家族企业股权的流动性低，非上市家族企业的投资机会对非家族外部投资者封闭，且为"非卖品"

9.1.1 集中且活跃的控股股东

家族企业的实际情况与 CAPM 模型中关于股东通过投资多种资产分散自身财富同时为被动小股东的假设大相径庭。封闭持股是大多数家族企业的共性特征，而封闭持股型企业的股东财富分布较为集中。对于家族控股的上市公司来说也是如此。因此，家族企业的股东较为集中。相反，基于家族在企业中的控股地位，家族通常属于尚未分散的大股东（详见本章后面的数据）。此外，"分散的小股东"假设的一个方面是，股东通常是被动的，不参与企业管理。然而这个假设不符合家族企业的实际情况，因为大多数家族企业都是由控股家族经营管理的。

这些假设的结果很重要。由于财富相对集中，因此家族股东以及家族企业相对来说更倾向于风险厌恶。此外，由于这些股东通常也是家族企业的管理者，因此他们不是被动的风险承担者，而是主动的风险塑造者。家族有强烈的财务激励严格把控和限制家族企业承担的风险。家族积极参与经营管理也意味着投资的价值取决于家族本身。正如 Ahlers、Hackand 和 Kellermanns（2014）所描述的，将家族从家族企业中分离出来，可能会导致企业丧失家族相关优势，包括人力资本、社会资本和耐心资本等方面。但与此同时，用其他类型的股东（如 PE 基金等）取代家族，也可能会创造改善公司财务状况的机会，因为这样无须担心财富保值的问题。总而言之，家族企业的价值取决于家族本身，亦即取决于家族股东。

9.1.2　具有长期视野的股东

CAPM 假设投资者不关心投资期限。同样，这一假设与许多家族企业经营者的观念是背道而驰的，因为他们并不过度担心季度收益，而是更多地规划与管理企业的长期发展（Miller 和 Le Breton-Miller，2005）。

要想深入理解投资期限的重要性，我们可以考虑两类极端的投资者。第一类投资者是一台电脑，它能在几分钟内根据市场的动向自动买卖股票。第二类投资者则希望把企业传给下一代的家族。第一类投资者丝毫不关心企业的创新和经营改善，因为这些会在它抛售股票很久之后才会见效。如果这类投资者有机会或动机作为股东表达意见，它甚至会投票反对回报周期长的投资项目（Belloc，2013）。相反，第二类投资者不用担心股票价格的短期波动，因为他计划在数年间一直持有这项资产。

那种认为投资期限无关紧要的假设是不对的，会给公司投资乃至战略带来严重的后果。许多人似乎忘记了较长的时间期限能够赋予企业独特的竞争优势，企业有机会投资比短期项目风险更大（但利润更高）的长期项目。我们假定企业有足够的资本度过困难时期，那么眼光长远的家族就能够参与在未来不确定时间点（如创新项目）或很久以后（如林业、酒庄和国际扩张）才能获得回报的项目。同样，拉长投资期限能给企业带来多种选择机会，例如，既可以选择扩大项目的规模和范围，也可以选择放弃某个项目，还可以选择等待正确时机以抓住投资机遇（例如，如果一个房地产家族企业当前没有购买或出售物业的需求，就可以等到价格极具吸引力时再进行交易）。

9.1.3 重视经济效用和社会情感效用的股东

投资者追求经济效用最大化的假设是一种极度简化的说法，能够帮助我们理解和预测个人与组织的决策。然而，许多投资者在决策中会发生行为偏差，而家族企业股东更重视对非财务因素的考量。例如，Koropp 等（2014）发现，家族规范以及家族对外部债务/外部股权的态度会影响家族企业的融资行为。从多项研究中总结出来的因素包括：企业家之前的资本运作经验、保留控制权的意愿、风险倾向、股东个人财富净值和社会规范（请参考 Romano、Tanewski 和 Smyrnios，2001；Matthews 等，1994）。换言之，对各类融资工具有效性的规范性信念（normative belief）会直接影响投资者采用何种融资结构。

正如我们在本书第 6 章家族企业战略管理中的讨论，家族企业的决策制定可以精确地刻画为，对某项投资在财务方面和社会情感方面的预期收益和预期损失之间进行权衡。但是，人们对经济财富和社会情感财富的同步关切意味着要做出最优决策并非易事，因为不可能用同一等价物（如货币）来衡量所有的偏好并进行排序。例如，家族企业不仅不会辞退老员工，反而要嘉奖他们的忠诚，这样做的经济价值是多少呢？此外，在许多情况下，经济财富和社会情感财富这两个效用维度会相互抵消。例如，聘用资质平庸的子女可能会增加社会情感财富，但会减少经济财富。在现实中，决策者必须处理这两个不可相互替代的效用维度，一个维度的变化常常导致另一个维度朝着相反方向变化。

这种复杂性会对家族企业的决策制定产生重大影响。决策者会陷入进退两难的困境，即应该优先考虑哪个效用维度，因此必须认真考虑企业的脆弱程度。在财务强劲且闲置资源充裕的情况下，家族企业对于当前的投资偏好有安全感，不必改善财务状况。此时企业完全可以继续追求社会情感财富，无须做出任何改变。在这种情况下，家族企业是规避风险的。然而，在财务羸弱或闲置资源不足的情况下，家族企业则相当脆弱，此时应该采取改善财务状况的战略。这是因为一旦企业倒闭，不仅会带来财产损失，还意味着家族衰败。在这种情况下，家族企业愿意承担巨大的风险。综上所述，由于家族企业会同时考虑经济效用和非经济效用，因此其风险规避水平并不是一成不变的（Gomez-Mejia、Patel 和 Zellweger，2015）。

9.1.4 拥有优先信息来源的股东

CPAM 的信息对称假设是指所有的投资者都能平等、同步地获取信息，对于投资大型上市公司的散户来说，这一假设是有效的。他们可通过媒体、证券分析师报告、企业公告等多种渠道获得信息。但是，对于封闭持股型企业（如家族企业）而言，这一假设过于狭隘。控股家族可以通过涉入董事会和管理层优先获取信息。事实上，家族股东本身就可能是信息的来源。

这个事实很重要，因为信息不均等地分布于投资者之中。内部股东拥有获取信息的特权，而外部人士则在一定程度上处于信息圈之外。通常，内部人士和外部人士的区别在于对企业管理的涉入程度。积极涉入企业经营的内部股东能够优先获取信息，这有时会导致外部人士对内部交易产生不信任感（即使是在家族内部，某些家族成员也会认为自己被排除在信息圈之外），同时会导致内部人士滥用自身的信息优势地位。例如，内部人士可能会预先获取企业的相关信息，使自己处于有利地位，在风险承担、投资或分红等事项上优先实现自身的利益。

9.1.5 股份的非流动性市场

市场流动性假设是指投资者能够在任何时间买卖任何资产。然而，对于家族企业来说，情况未必如此。很多家族企业都是"非卖品"，只有家族成员才有资格成为股东，其他投资者都会被拒之门外。因此，家族企业的股份要么没有市场，要么市场的流动性很差。

市场流动性不足会导致许多后果。例如，投资者必须提前为退出做好准备，积极为自己手中的股份寻找买家。此外，这类股份不具有市场流动性，这意味着股东只能通过大幅折价出售才能实现退出。因此，投资者在某种程度上被锁定了。这也在多个层面上创造了激励效应：首先，它激励股东确保企业的盈利能力。其次，家族企业有分红的动力，因为与出售股份相比，分红是让家族股东从公司中获益的低成本方式。此外，由于没有实现股份价格发现功能的交易市场，因此公司的正确估值存在着不确定性。

总之，家族企业违反了资产定价和财务决策的多项基本假设。理解这一点对我们运用各种工具和概念帮助家族企业制定合理的财务决策极为重要。

9.2　作为特殊资产类别的家族股权

家族股权是一类特殊的资产类别。我们可以通过将家族股权与 PE 基金 / 上市股票进行比较以更好地解释其独特性（见表 9.2）。家族股权在股权集中程度、公司持股量、股东财富分散程度、股东风险规避程度、融资偏好、股东对投资的控制、股东管理涉入程度、投资期限和投资策略等方面与其他两种资本有不同之处。

表 9.2　作为特殊资产类别的家族股权

	上市股票	PE 基金	家族股权
投资者类型	基金经理或散户	专业投资者	家族
股份比例	小股权	大多数为控股股权	大多数为 100%，随着时间推移减少
同时持有多少家企业股份	很多	最多 15 家	1~3 家，多数家族只持有一家企业股权
财富分散程度	高	中	低
风险规避程度	非常低	中等	高
融资	高杠杆	中等杠杆	股权融资、低杠杆
投资控制程度	非常低	中等	高
管理涉入程度	无	中等	中等到高等
投资期限	几天到几个月	大约 5 年	可长达数代人
投资策略	投机交易	收购、发展、快速退出	收购、发展、选择性退出

家族股权不同于以投机为目的的散户，炒股只是为了获得短期回报，而不是涉入企业管理。家族股权也不同于 PE 基金，后者必须在大约 5 年内完成投资，在规定期限内返还投资。通常来说，PE 基金的部分收入是通过给标的公司加杠杆，再迫使其在较短期限内偿还较重的负债获得的。相反，家族股权通常通过公司战略和经营改善来创造价值。通过这些方式实现创造价值比较费力且耗时，但回报的可持续性会更强。家族投资者不愿寻求金融工程等短期回报方式，因为等量资本原本能够创造更多的价值（例如，通过创新）。

上述比较并不是为了选出最好的资产类别。恰恰相反，是为了说明家族投资者的投资策略与其他投资者是不同的。家族倾向于把所有财富都集中于一项或少数几项资产上，从而为实现企业的长期可持续发展采取审慎的投资策略。

案例研究

哈尼尔（Haniel）家族股权

哈尼尔公司是由哈尼尔家族 100% 控股的非上市战略投资管理公司，目前主要投资于以下 5 家企业（截至 2015 年 6 月）：

Bekear 纺织（100% 由哈尼尔公司所有）：世界领先的编织和针织床垫纺织品研发和生产公司。

CWS-boco（100% 由哈尼尔公司所有）：领先的卫浴清洁产品、防尘垫、工作服和纺织品公司。

ELG（100% 由哈尼尔公司所有）：世界领先的原材料交易及回收公司，主要产业为不锈钢。

Takt（50.25% 股份由哈尼尔公司所有）：欧洲和北美领先的企业设备直销 B2B 公司。

Metro 集团（25% 股份由哈尼尔公司所有）：一流的零售批发商。

哈尼尔集团官网的自我定位如下：

家族股权——两全其美

自 1756 年成立以来，哈尼尔公司经历了翻天覆地的变化：这家位于杜伊斯堡（Duisburg）的贸易公司已经发展为家族股权公司（family equity company），将 PE 基金和家族企业完美地融为一体。哈尼尔公司采用高度战略性及专业性的方法，具备极强的适应性与领导力。哈尼尔公司珍视近 260 年的家族传统与价值观，在对待人、环境和回报时都体现出高度的稳定性和责任感——这对哈尼尔而言至关重要。这些特质造就了哈尼尔的独特性，在传承多代之后仍然保有竞争力。

家族投资公司

哈尼尔公司管理着一个分散化的投资组合。作为价值创造者，哈尼尔家族采用可持续的长期投资战略。哈尼尔通过可持续发展和专业化提高了被投企业的价值，为企业提供了明确的价值导向和行动框架，在投资期限上具有高度的可靠性。

哈尼尔的目标是将被投企业的数量增加到 10 家。只有当标的企业符合哈尼尔的利益和价值观时，家族才会考虑投资。这如同一道过滤网，通过考察标的企业的各项条件进行筛选，筛选标准包括它们对于哈尼尔投资组合分散的贡献、可持续性以及能否为未来增长贡献价值。

从长远视角来看，与 PE 基金的短期主义不同，哈尼尔公司为旗下新企业的整合提供多种方法，包括逐步转让股权、设立咨询委员会、与其他投资者共同收购等。但不论采用何种方法，哈尼尔的最终目的是成为投资企业的控股股东。

对哈尼尔公司旗下现有和未来的企业而言，最终目标是成为所在市场的佼佼者。但哈尼尔也把剥离旗下企业作为主动管理的重要组成部分。如果哈尼尔公司不再是某家被投企业的最佳股东时，就会寻找新的买家，为双方开拓新的增长空间。

哈尼尔的新世界

对于未来的潜在投资，哈尼尔公司有着明确的预期和很强的开放性，这是公司的优良传统。作为家族股权公司，哈尼尔希望将投资集中于可靠的法律和治理环境中，以及语言相通的地区（欧洲和北美）。哈尼尔对 B2B 和 B2C 领域各类可持续性的商业模式都很感兴趣。在这两个领域中，哈尼尔重点关注已经成功度过初创期的中型企业。

投资战略

哈尼尔公司的职责划分非常明确，各部门专注于自身业务。在此过程中，公司运用主动投资组合管理的基本原则，为长远发展进行规划。

思考题

哈尼尔家族案例体现了表 9.2 中家族股权的哪些特征？

9.3 家族企业业绩：简短综述

家族企业业绩已成为学术研究领域之一。van Essen 等（2015）对美国上市家族企业做了一项有趣的元分析（meta-analysis），发现家族涉入对企业业绩有"中度但统计显著"的正向影响。而与之相反，Carney 等（2015）对家族企业的元分析发现，家族涉入对企业业绩没有显著影响。

Wagner 等（2015）对 380 篇家族企业业绩的研究论文进行了总结分析，成为此领域中最全面的综述之一。他们认为家族涉入对企业业绩有正向影响，但影响不大。家族企业业绩取决于家族企业是否上市（上市家族企业的表现似乎优于上市非家族企业）以及所采用的业绩指标。例如，当使用总资产收益率（ROA）来衡量业绩时，家族企业业绩就会更好，而以净资产收益率（ROE）来衡量时，家族企业的业绩就会更差。这是因为相较 ROE 而言，ROA 受公司资本结构的影响更小。

家族企业业绩研究的另一个结论是，如果家族采用双重股权结构或金字塔股权结构等加强控制权的机制，企业业绩往往会下滑。创始人控制企业的业绩往往要好于后代控制的企业（请参考 Amit 和 Villalonga，2013；Anderson 和 Reeb，2003b）。

对业绩研究进行综述是远远不够的，以上综述背后还有很多关于这个问题的文献。不管如何看待家族涉入对企业业绩的影响，要想得出更为深刻的见解，就不能局限于在家族企业与非家族企业之间进行对比，而是要探究有利于或不利于家族企业业绩的因素。本书第 6 章家族企业战略管理中的讨论为回答这一基本问题提供了洞见。

9.4 家族企业的风险承担

与非家族企业相比，家族企业的风险承担水平是更高还是更低？要回答这个问题，就必须先界定家族企业面临的风险是什么。

9.4.1 财富高度集中

Bifler、Moskowitz 和 Vissing-Jorgensen（2005）发现，美国创业企业家平均持有 85% 的公司股权，同时平均有 40% 的个人财富与公司股权绑定。家族企业往往比初创企业更成熟、规模更大，因此我们假设财富的集中度会更高。因此，家族企业股东的财富高度集中，风险敞口更高。

9.4.2 低杠杆

企业杠杆体现了总负债和总权益的关系。高杠杆（即负债/权益之比大于2，因行业而异）会导致企业无法偿还债务。但家族企业与非家族企业相比，谁的杠杆水平更高呢？

对于这个问题，有两种相反的观点。第一种观点认为，家族企业股东财富的分散程度通常较低。因此，为了降低财富风险，家族股东有理由避免使用高杠杆，因为他们知道债务违约可能会导致企业破产。第二种观点则认为，家族股东有举债的激励。因为家族企业认为股权融资——用来代替债务融资——会削弱家族对企业的控制权，因此相较而言，债务融资要比股权融资更有吸引力。

实证研究表明，平均而言，美国家族企业的杠杆水平要比非家族企业低（Anderson、Duru 和 Reeb，2012）。相反，Croci、Doukas 和 Gonenc（2011）发现，欧洲家族企业的杠杆水平要高于非家族企业。尽管研究结果存在分歧，但还有其他证据显示，与非家族企业相比，美国家族企业比非家族企业更有可能实现零杠杆（Strebulaev 和 Yang，2013）。研究者和经营者一致认为，家族股东从传承家族遗产（即从企业的长期生存）中获得效用，从而增加了债务违约的感知风险（Bertrand 和 Schoar，2006）。虽然还没有充足证据，但完全可以假设家族企业更不愿意提高负债水平。

舍弗勒集团收购大陆集团

舍弗勒集团（Schaeffler）是德国一家家族企业，主要生产汽车、航空和制造业使用的滚动轴承。2008 年的销售收入达到了 89 亿欧元。舍弗勒决定以 120 亿欧元收购轮胎生产商大陆集团（Continental）75.1% 的股份。2008 年，大陆集团销售收入为 280 亿欧元，大约为舍弗勒的 3 倍。

作为一家 100% 家族控股的非上市公司，舍弗勒为了收购大陆集团，不得不大幅举债。尽管 2007 年其净金融负债仅为 3.16 亿欧元，但到 2009 年时已增至 61 亿欧元。此次收购显然是一次冒险之举，而 2008—2009 年的金融危机更是使其雪上加霜，舍弗勒差点无法偿清债务。

> 为了解决财务问题,舍弗勒决定在 2011 年将其在大陆集团的持股比例降至 60.3%。到 2015 年,舍弗勒持有大陆集团 46% 的股份,其余 54% 股份上市发行。然而,舍弗勒还是负债累累。2010 年 10 月 5 日,舍弗勒决定将自身 25% 股份在德国证券交易所上市,以降低债务负担,增加灵活度,抓住未来增长机会。
>
> **思考题**
>
> 假设你是舍弗勒家族股东中的一员,你是否会同意 2008 年收购大陆集团的决定?

9.4.3 低投资风险

投资风险偏好体现了企业进行风险战略决策的倾向性。上文我们探讨过基于社会情感因素进行决策的后果(请参见第 6 章家族企业战略管理中的内容),我们发现家族企业比非家族企业更倾向于规避风险(关于家族企业风险承担的讨论,请参见 Naldi 等,2007)。原因很明显:家族企业股东承担着财富集中和社会情感等方面的风险,因此家族企业在战略决策中倾向于更加谨慎。

总之,家族企业的投资过于集中导致财富配置未能实现风险分散,这使得家族企业通常倾向于进行低杠杆和低风险的战略投资。

9.5 债务融资

对于许多成熟企业而言,债务是融资组合中的重要部分。债务融资具有重要优势,当然也存在缺点。

9.5.1 债务融资的优势

> **控制权。** 当债务增加时,股东仍然保持着对公司的控制权。提供债务融资的银行并不需要拥有董事会席位或股东大会发言权。

- **成本**。作为一种融资工具,债务融资成本比股权融资成本更低。这是因为债务具有优先求偿权。企业破产时,债务优先于股权被偿还。
- **税盾**。由于债务利息支付通常是免税的,债务融资可以降低企业的税收负担。
- **自律**。定期还本付息会成为一种自律机制,促使高管确保公司业绩的稳步提升。
- **杠杆效应**。只要债务成本低于总资本回报率,增加企业的杠杆就是有意义的,因为 ROE 会上升。在本章后面 9.7.1 节中我们还将讨论杠杆效应。

9.5.2 债务融资的劣势

除上述优点外,债务融资也存在一定的弊端。

- **破产风险**。与股权不同,债务必须按照严格的还款计划进行偿还。如果一家公司经营良好,拥有充裕的现金,那么还款就不是问题。但是,如果公司不能依约还本付息,那么就可能会破产。
- **缺乏灵活性**。由于存在严格的还本付息约束,债务融资对于回报确定的项目最为适用,能够与还款条款保持一致。债务融资严格的还款计划并不适用于创业或创新项目,这些项目的不确定性更强,但对企业未来的发展至关重要。

值得注意的是,债务融资既有优势也有劣势。尽管家族企业普遍不愿意提高债务水平,但对于缺乏足够资金同时营收相对可预测的大型公司而言,债务融资能够成为合意的融资来源。

9.5.3 债务资本成本

在发达国家,家族企业在获取债务资本方面具有优势——家族企业人脉关系较强,同时债务成本较低。Anderson、Mansi 和 Reeb(2003)对美国上市家族企业的研究表明,平均而言,家族企业的债务融资成本比非家族企业低 0.32%,"家族企业的资产分散化程度较低,更看重家族和公司的声誉,同时希望将公司传给后代,这些因素使得与其他股东相比,家族股东更重视公司的生存,而不是财富的最大化"(Anderson、

Mansi 和 Reeb，2003）。

基于以上原因，家族企业股东几乎没有动力增加债务融资，用以投资高风险/高回报的项目，以避免债务违约。

但与发达国家相反，基于代理视角我们发现在新兴市场，家族企业的债务融资成本更高，例如，在中国上市公司中，平均而言，家族企业的债券利差比非家族企业高0.69%，这主要是由于其侵占风险更高、财务信息质量更差，而在投资者保护程度高的地区这种现象有所缓解。同时，由于较高的融资成本，中国家族企业的负债率较低且债务期限较短（Gao 等，2020）。

同时，银行在给非上市家族企业融资时也更为谨慎，会比同类企业放贷要求提供更多的抵押物。鉴于家族企业的透明度有限，而且家族股东通常拥有不受约束的自由裁量权（例如，任命一位资质有限的接班人），银行可能会担心家族股东在承诺的借款用途之外挪用资金，这些因素都会影响贷款的偿还。在没有资本市场密切监督的情况下，银行尤其关注股东的专业性。实证研究证实了以上假设。在一项比利时家族企业的贷款条款研究中，Stijvers 和 Voordeckers（2009）发现，与非家族企业相比，银行要求家族企业股东提供更多的个人抵押物，但两者的贷款利率和公司抵押物没有显著差异。

9.6 股权融资

许多家族企业不愿意提高债务融资水平，因此不得不更多地依赖股权融资。下面，我们来探讨股权融资的优缺点。

9.6.1 股权融资的优势

- **没有固定的偿还约束。** 进行股权融资的企业无须还本付息，可将资金自由用于投资项目。公司不会因为融资而破产。
- **在价值创造上利益一致。** 股权融资的提供者希望增加股权价值，从而有激励让企业更成功。这与债权人不同，他们的主要收益为债务偿还。相对于债权人，股权投资者能从企业的价值增长中获益。

- **灵活性**。股权融资能够增加企业的战略灵活性。强健的股本有助于帮助企业度过困难期，更容易投资高风险/高回报项目（例如，创新项目），并在未来有需要时增加债务融资水平。
- **控制权**。如果股权融资是由内部人提供的，例如，在企业中工作的家族成员，那么家族就能够保持对企业的控制权。

9.6.2 股权融资的劣势

我们可以将股权融资的劣势归纳为以下几点：

- **成本**。许多继承股份的家族股东自身不必为取得股份支付对价，但事实上，权益资本是昂贵的。股权投资者寻求的是与其承担风险相匹配的较高回报。
- **没有税盾**。股息不能抵扣税款，因此股权没有税盾。
- **降低自律性**。高度依靠股权融资的企业没有还本付息的压力。因此，高管可能会变得自满，不愿推动增加盈利能力的战略。
- **丧失控制权**。来自公司外部的股权投资者希望获得与其投资相匹配的控制权。他们期待定期获得关于业绩、预测和重大项目的信息，从而监督公司内部活动，涉入公司管理。因此，与内部人提供股权融资的情况相反，外部人提供的股权融资会导致原股东丧失部分控制权。

9.6.3 权益资本成本

考虑到破产风险，许多家族企业不愿意向家族以外的主体（如银行）筹集债务资本。同样，家族企业对向家族以外的主体（如 PE 基金或股票市场）筹集权益资本持谨慎态度，因为这可能会导致家族丧失控制权。在许多家族企业中，家族内部是权益融资的主要市场。那么，家族投资企业的资本回报率是多少呢？

权益资本成本反映了公司普通股股东就承担持有公司股票的风险而对回报率提出

的要求。根据资本资产定价模型,权益资本成本为:

$$I+\beta(\mu m-i)$$

其中,i 为无风险利率;β 表示该项投资的回报率对市场变动的敏感程度;μm 是市场收益率。根据 CAPM,投资风险和收益之间的关系如图 9.1 所示,由其中的资本市场线(capital market line,CML)表示。

作为公司股权融资的主要来源,家族股东可能不会仅考虑效率问题。某些股东,特别是投入大量社会情感财富的股东可能愿意在财务回报上妥协,低于风险等值回报率也能让他们满意。在这种情况下,家族股东用财务回报换取社会情感回报。例如,当公司坚持保留表现不佳的业务或员工时就会做出这种取舍。因此,家族对权益资本的合适回报率有自己的观点(见图 9.1,家族市场线,family market line,FML)。

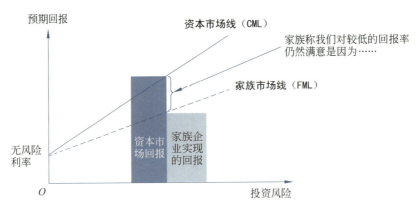

图 9.1　家族市场线(FML)

我们假设,这种偏离资本市场线并接受低于风险等值回报率的权益资本回报率之倾向,在以下三类公司中尤为明显:一是非上市公司(证券分析师很难对公司业绩进行研究);二是由家族 100% 控股的公司(没有其他股东推动提高效率);三是从上一代手中继承股份而没有支付对价的公司(当前股东无历史出资)。

某些家族企业的股东可能会说,当企业存在以下目标时,低于有效资本回报率的投资仍然是理性且高效的。

➤ 希望在更长的投资期内获得更高的回报。在这种情况下,股东能接受某几年的回报不理想,但希望未来能获得高额回报。

- 投资更多的项目，或者发掘之前不被看好的"潜力股"。
- 通过投资多个项目实现资本的分散配置。
- 为员工等重要利益相关方创造价值。

然而，系统性投资不足和接受低于有效回报率的权益资本回报率，从长期来看也会给企业带来问题，原因如下：

- 以更有效的方式进行投资的竞争对手将会超过。竞争对手把获得的投资回报投向更多新的项目，促使业务不断增长。
- 当股东最终发现自己投资的项目失败了或者对投资结果不满意，他们就可能会出售或清算这笔投资。如果积极参与企业经营的家族股东愿意接受低于有效回报率的权益资本回报率，而不参与经营管理的"被动股东"希望获得最大财务回报，那么这种情况就会带来冲突，从而给家族企业造成破坏性后果。

9.7 杠　　杆

公司财务理论的核心内容之一是资本结构：公司应如何确定债务融资和股权融资的构成和比例？为了探讨这个问题，我们将在下文中首先详细研究杠杆效应。我们还将讨论两类公司所面临的典型战略挑战，即杠杆率高的公司与杠杆率低的公司。最后，我们对家族企业如何确定适当的杠杆率提出建议。

9.7.1　杠杆效应

杠杆率通常被定义为公司负债与权益的比值。公司希望增加杠杆率的原因很简单：如果公司的利润保持不变，那么增加负债、减少权益意味着利润产生于更少的权益之上。这样，净资产收益率（ROE）就会上升，从而对股东有利。这种效应称为"杠杆效应"。它表明，只要负债利率低于总资本回报率（return on total capital），那么提升杠杆率就能提高 ROE。如以下公式所示：

$$ROE = ROI + 负债/权益 \times (ROI - 负债成本)$$

如上述公式所示，只要 ROI（此情境下与总资本回报率同义）高于负债成本，括号内的结果就是正数。在这种情况下，企业可以增加杠杆率，ROE 也将随之提高。换句话说，只要总资本回报率比负债利率更高，企业理性接受的负债额度就应该更高。

然而，高杠杆水平也可能是一种危险的策略。负债利率通常会随着杠杆率的提高而上升。更重要的是，考虑到企业经营的不确定性，总资本回报率可能会逐年波动，实际上有可能会跌破负债利率。这对所有类型的企业来说都是不利的，对于家族企业而言尤为不利，因为家族企业非常关心持续经营。由于无力偿还本息而破产是家族企业可能会面临的最糟糕情形，因为家族股东不仅会损失金钱，还会损失社会情感财富。因此，家族企业必须充分了解增加杠杆的优势（特别是在提升 ROE 方面）和劣势（特别是在破产风险方面）。

9.7.2 杠杆、风险和企业价值

上述讨论表明，增加杠杆是一把双刃剑。在低杠杆水平下，企业放弃了重要的增长机会和更高的股东回报。同样，从股东风险角度来看，仅采用股权融资是不合理的。如果企业完全依靠股权融资（零杠杆企业），那么所有的财务风险都是由股东承担的。如果一家零杠杆企业破产，那么损失的全部都是股东的钱。相反，如果银行贷款给企业，那么损失将在银行和股东之间分摊。因此，零杠杆企业并不一定比具有一定杠杆率的企业更有价值。多项研究发现，以公司价值为衡量标准的最优资本结构为：权益资本占总资产的 25%~50%。

9.7.3 家族企业适当杠杆水平的实务建议

上述关于杠杆效应的考虑似乎相当理论化。事实上可能会忽略家族企业关于适当杠杆水平的合理考虑。鉴于家族企业股东特别关注持续经营，我们要问：这家企业无法还本付息进而破产的可能性有多大？

银行很擅长回答这个问题，因为它们与家族企业股东有着同样的担忧——银行不希望企业破产，因为这很可能意味着债务违约。为了评估债务违约的可能性，银行制定了企业信用评级，通常从 AAA（非常安全的投资，回收确定性很高）到 C/D（风险非常高的投资，回收不确定性很高）。银行随后确定这些评级类别的违约率，违约率定义为企业债务违约的概率。信用评级与企业的利息保障倍数相关，利息保障倍数是指一家企业用其现金流偿还年度负债的倍数，此处现金流通常用 EBITDA 替代❺。因此，利息保障倍数的定义如下：

利息保障倍数（interest coverage）= EBITDA / 每年支付的负债利息

表 9.3 将债务评级与违约率、利息保障倍数相关联，显示了每个评级的利差，其中利差是偿付某种债务工具（如贷款）与偿付债务基准（如无风险利率）的利息差。利差加上无风险利率即可得到公司借款的税前成本。

表 9.3 信用评级、违约率、利息保障倍数及无风险利率利差

评　　级	违　约　率	利息保障倍数从……到……		无风险利率利差
Aaa/AAA	0.000	12.500		0.75%
Aa2/AA	0.015	9.500	12.490	1.00%
A1/A+	0.048	7.500	9.490	1.10%
A2/A	0.062	6.000	7.490	1.25%
A3/A−	0.078	4.500	5.990	1.75%
Baa2/BBB	0.281	4.000	4.490	2.25%
Ba1/BB+	0.683	3.500	3.990	3.25%
Ba2/BB	0.891	3.000	3.490	4.25%
B1/B+	2.444	2.500	2.990	5.50%
B2/B	7.279	2.000	2.490	6.50%
B3/B−	9.972	1.500	1.990	7.50%
Caa/CCC	22.6/1	1.250	1.490	9.00%
Ca2/CC		0.800	1.249	12.00%
C2/C		0.500	0.790	16.00%
C2/D			0.490	20.00%

注：利息保障倍数及利差数据的来源，2016 年春季：http://pages.stern.nyu.edu/~adamodar/New_Home_Page/datafile/ratings.htm。利息保障倍数和评级之间的联系是通过研究美国所有评级企业而得出的。

违约率数据来源：标准普尔（2014）. *Default, Transition, Recovery: Annual Global Default Study and Rating Transitions*. New York；全球 1 年期违约率。

因为家族股东的自身财富高度集中于企业中,所以对企业的持续经营极为重视,家族企业应以 A 级为目标。A 级表明企业不太可能违约,有充足资本度过困难时期。A 级同时意味着预期违约率为 6.2%,利息保障倍数约为 6 倍(见表 9.3)。

> **案例研究**
>
> ## 战略管理的财务指引
>
> 一家上市家族企业的 CEO 希望知道企业扩张的边界。控股家族担心 CEO 承担过大风险。为了限制职业经理人的风险倾向,家族决定让 CEO 和 CFO 共同管理企业,以维持企业的 A 级评级。这种财务指引对高管团队很有价值,因为它为企业的战略选择确定了明确的指导方针,特别是确定企业可以承担多少债务融资。
>
> 在企业发展过程中,管理层考虑进行多次收购。CFO 计算企业可以承担多少负债,既能为收购进行融资,同时又能保持 A 级评级。该企业的 EBITDA 为 1 200 万美元,CFO 知道,如果负债继续增加,企业将不得不支付 5% 的利息。已知预期评级为 A 级,因此,利息保障倍数为 6 倍,企业每年可以偿还 200(= 1 200/6)万美元利息费用。在 5% 的利率水平下,企业的负债可以增加至 4 000(= 200/0.05)万美元。

9.7.4 杠杆与战略挑战

公司融资组合(债务融资和股权融资的组合)会改变公司通常面临的战略挑战。为了说明这一点,我们将比较总资本相同的两家公司。公司 1(我们称之为远见公司)拥有相对坚实的股本基础:资产负债表中约 50%~60% 来自权益。就流动性而言,这家企业看起来也相当稳固:短期资产的价值大约是短期负债的 2 倍,这意味着它的净营运资本为正(净营运资本 = 短期资产 - 短期负债)。公司 2(我们称之为近观公司)与远见公司在同一行业。它的权益比率大约为 10%,其余 90% 为短期负债和长期负债。近观公司的净营运资本为负,因为它的短期负债大于短期资产。

现在,我们假设两家公司的利润相同,因此它们的 ROI 相同(ROI = 利润 / 总资本）。但两家公司的 ROE（ROE = 利润 / 股本）存在显著差异，近观公司的 ROE 远高于远见公司（详情见图 9.2）。

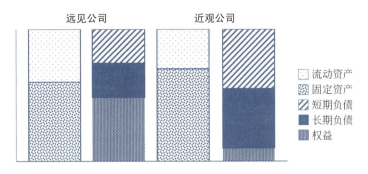

图 9.2　战略挑战取决于融资组合

假设你是远见公司的股东。你最主要的关注点是什么？你可能对这家公司的流动性和坚实的权益资本满意。但是，你很可能不满意它的盈利能力，至少以 ROE 作为衡量基准来说是不满意的。因为你注意到，竞争对手近观公司能够以更少的权益获得更高的 ROE。你可能会从以下两个方面进行分析：首先，评估如何提高经营效率，也许可以通过削减成本或增加产量来实现；第二，如何提升资本的配置效率。你会进一步分析，投资于公司的所有资本是否都得到了合理配置，以及公司运营是否真正需要这些资本。你还会思考，是否应该将部分权益分配给股东，以便他们能够将资金配置于利润更丰厚的其他用途。或者，你也可以推动新的投资项目（如创新或国际化），这样公司资金就能得到有效运用。

现在我们来分析公司 2（近观公司）。作为近观公司的股东，你的关注点则完全不同。这家公司的盈利能力令人印象深刻，因为它的 ROE 很高。但是，考虑到净营运资本为负值，近观公司正面临着严重的流动性短缺，这可能会使公司在近期破产。因此，你必须迅速采取行动，尝试多种方法。你要尽快收回应收账款，尽可能推迟支付应付账款，同时试着卖掉部分固定资产以产生现金。你甚至可能要去找短期债权人，把短期信贷换成长期信贷。你也可以考虑请求长期债权人把债务转换成股权。当然，你也可以注入更多股本。然而，基于该公司盈利能力的强劲，它的经营业绩似乎处于良好状态。

以上两个例子表明，管理层对融资组合的不同选择面临着不同的挑战。你更愿意成为近观公司还是远见公司的股东呢？或许，考虑到坚实的财务状况，作为远见公司的股东，你将更能安心入睡。然而，提高远见公司的经营效率可能要花费更多的时间。相反，作为近观公司的股东，你没有太多的时间去思考该做什么。然而，当你采取必要措施提高公司的流动性后，你就会发现自己的公司经营稳定、利润丰厚。

这些例子与家族企业有什么关联呢？家族企业通常更喜欢股权融资，以及稳健、保守的融资策略。因此，他们更倾向于远见公司而不是近观公司。很多家族企业股东认为，当流动性和权益资本较高时，公司的脆弱性较低，因此可作为一种安全边际和缓冲垫，使公司免于变革、创新及效率改善。然而，当业绩不满意时，公司还是会采取以上的改进措施（Gomez-Mejia、Patel 和 Zellweger，2015）。

9.8 价值管理

毫无疑问，利润是公司经营的重要数字。然而，公司盈利的事实能告诉我们很多信息吗？事实上，利润只是简单地表示公司的支出是大于收入，还是小于收入。显然，这不是一个衡量盈利能力的最佳方法，因为产生相同利润的背后，投入的资本可能是不同的。

克服这一局限性的方法之一是，衡量利润与投入资本的比例。例如，净资产收益率（ROE）表示每一货币单位的权益所产生的利润。我们可以将公司与其他投资机会的 ROE 进行比较，从而评估是否可以在同等风险下获得更高的回报。然而，ROE、ROI 和销售回报率（ROS）等盈利比率计算工具也有局限，因为它们不能告诉我们，公司从一个期间到下一个期间创造了多少价值。例如，ROE 从 5% 提高到 10% 并没有指出公司创造了多少价值。我们唯一能得出的结论是，公司的盈利能力提高了 1 倍。从货币角度来看，这意味着什么？

经济增加值（economic value added, EVA）的概念试图解决利润和利润率的局限性。EVA 不是计算利润，而是首先计算企业的税后营运净利润（net operating profit after tax, NOPAT）❻。因此，EVA 用营业收入扣除估算税金，但没有扣除负债利息。因此，EVA 这种衡量利润的指标对债权人和股东都有价值。之后再将 NOPAT 与资本成本进行比较。资本成本定义为

$$资本成本 = 负债成本 \times 有息负债 + 权益成本 \times 权益$$

权益和有息负债代表公司的已动用资本。已动用资本的计算公式为

$$已动用资本 = 权益 + 有息负债$$

或：

$$已动用资本 = 总资产 - 短期负债$$

表9.4 提供了计算 EVA 的一个例子❼。

表 9.4 经济增加值（EVA）的一个计算实例

	第1年	第2年	第3年
销售收入	2 600	3 000	3 500
销售成本	1 400	1 600	1 800
销售费用及管理费用	400	600	750
折旧	150	200	250
其他营业费用	100	150	150
营业收入	550	450	550
利息支出	200	200	200
税前收入	350	250	350
所得税（25%）	87.5	62.5	87.5
税后净利润	262.5	187.5	262.5
营业收入	550	450	550
所得税（25%）	137.5	112.5	137.5
税后营运净利润	412.5	337.5	412.5
权益（权益成本：12%）	3 000	2 700	2 400
有息负债（负债成本：6%）	1 000	900	600
已动用资本	4 000	3 600	3 000
资本成本 = 权益成本 × 权益 + 负债成本 × 有息负债	420	378	324
EVA = 税后营运净利润 - 资本成本	-7.5	-40.5	88.5

如表9.4 所示，3 年内的税后净利润均为正值。但是，如果考虑到创造该利润的资本数量和类型，我们就会意识到该公司实际上是在摧毁价值（至少在第 1 年和第 2 年

如此)。这是因为资本成本大于税后营运净利润。因此，税后营运净利润在第 1 年和第 2 年为负值。公司只是在第 3 年才达到并超过资本成本。

我们从利润和 EVA 的区别中得出的核心要点是，即使一家公司盈利，它仍然可能在摧毁价值。只有当公司赚取的利润超过资本成本时，它才真正创造了经济价值。

尽管 EVA 作为财务分析工具的优势无可争议，但它也存在局限性。假设你是一家家族企业的股东，你决定将管理层薪酬与 EVA 挂钩，每年将 EVA 的一部分支付给管理层。由于债务资本成本通常低于权益资本成本，因此管理者有激励提高公司的杠杆率。用债务融资代替股权融资会降低资本成本，进而增加 EVA。因此，管理者可能会寻求更高的杠杆率，以便将 EVA 增长挂钩奖金收入囊中。如果把 EVA 用作财务决策工具，我们就能更好地理解为何管理层建议提高杠杆率。但是考虑到安全稳健经营原则，家族企业更应该专注于经营改善，而不是提高杠杆率。

9.9 主要财务指标

各种财务比率是家族企业财务管理的基本工具，因为它们能清晰地表明企业的经营状况。财务比率可分为五大类，即经营效率、盈利能力、流动性、安全性和价值创造。在讨论细化的财务比率之前，我们首先应了解使用财务比率的一般性考虑。为了更有意义地运用财务比率，它们必须：

> ➢ 使用可靠、准确的财务信息进行计算；
> ➢ 各期间的计算方法保持一致；
> ➢ 用于与内部基准和目标进行比较；
> ➢ 用于与同行业其他企业进行比较；
> ➢ 在单一时间点观察并显示变化趋势；
> ➢ 在特定情境下仔细解释，因为评估绩效涉及众多重要因素和指标；
> ➢ 被视为反映历史情况的指标。

非上市公司往往很难找到合适的参照组来对标财务比率。唯一可靠的数据类型来自上市公司。但是，考虑到非上市公司和上市公司采用的会计标准不同，以上市公司为基准很有挑战性。因此，非上市公司必须谨慎地使用各种数据来源以多方验证自身的财务状况，并对结果持审慎态度。

表9.5展示了部分评估公司财务状况常用的财务比率工具。取决于公司不同的业务，我们可能需要使用额外的财务比率。例如，房地产公司可能需要考虑空置率，制造业公司可能要考虑存货周转率。不过，表9.5所列的财务比率对不太涉入日常运营的家族股东而言应该足以监督公司的财务状况。

表 9.5 评估公司财务的主要指标

类型	财务比率	描述	定义
效率	毛利率	用来支付间接费用的销售收入	（销售收入 − 直接成本）/ 销售收入
	息税前利润率	用来支付负债利息和税收的销售额	EBIT/ 销售收入
	运营费用比率	运营成本占销售收入的比例	运营费用 / 销售收入
	新产品销售率	新产品占销售收入的比例	新产品销售收入 / 销售收入
盈利能力	EBITDA	税息折旧及摊销前利润；表征现金流	
	EBIT	息税前利润	
	总资产回报率（ROA）	衡量将资产转化为利润的能力；通常是投资回报率（ROI）的同义词	利润 / 总资产
	净资产收益率（ROE）	股东投资回报率	利润 / 权益
	销售净利率（ROS）	销售每一货币单位的获利	利润 / 销售收入
流动性	应收账款周转率	应收账款在一年中的周转次数	销售收入 / 平均应收账款
	应收账款天数	付款前的天数；代表客户付款习惯；可以与自己的付款习惯相比	平均应收账款 / 销售收入 ×365
	速动比率	现金、银行存款、银行证券、应收账款；占短期负债的百分比	（现金 + 银行存款 + 银行证券 + 应收账款）/ 短期负债
	流动比率	流动资产 = 短期资产，如现金、银行存款、银行证券、应收账款、库存；占短期负债的百分比	流动资产 / 短期负债
	营运净资本	利用短期资产偿还短期负债的能力	流动资产 − 短期负债
安全性	杠杆率	企业负债率	总负债 / 权益
	股东权益比率	权益资本占总资产的比例	权益 / 总资产
	利息保障倍数	EBITDA 能够支付负债利息的次数	EBITDA/ 负债利息
价值创造	ROCE	已动用资本回报率；已动用资本 = 权益 + 有息负债	EBIT/ 已动用资本
	EVA	经济增加值；表示企业利润高于或低于资本成本	税后营运净利润 − 资本成本

表9.6比较了美国上市家族企业与上市非家族企业的主要财务指标。该表显示，平

表 9.6 美国上市家族企业和上市非家族企业的财务指标

财务比率	定 义	家族企业	非家族企业	显著性差异 **=5% ***=1%	说 明
总资产/百万美元	总资产的账面价值	2 956	6 434	**	家族企业资产更少
总销售收入/百万美元	年销售净收入总额	2 968	5 538	***	家族企业规模更小
企业年龄	企业成立至今的年数	42.22	49.77	***	家族企业更年轻
负债比率	长期负债/总资产	15.22	18.33	***	家族企业杠杆率更低
现金流	(净收入+年度折旧)/总资产	8.52	6.82	***	家族企业流动性更高
股利支付率	年度现金股息/总资产	1.26	1.03	**	家族企业派息率更高
有形资产	流动性：(0.7×应收账款+0.547×存货+0.535×PP&E+净现金流)/总资产	49.85	48.63		
收益波动（企业风险）	前36个月每月股票收益的标准差	12.43	12.25		
托宾Q	(普通股市值+优先股账面价值+长期负债账面价值)/总资产账面价值	1.86	1.83		
透明度指数	相对透明度三指标：交易量，买卖价差和分析师跟踪	14.10	17.12	***	家族企业的透明度更低
总投资/总资产（%）	(研发费用+资本支出)/总资产	9.01	9.62		
研发费用/总投资（%）	研发费用/(研发费用+资本支出)	26.46	35.73	***	家族企业研发费用更低
资本支出/总投资（%）	资本支出/(研发费用+资本支出)	73.54	64.27	***	家族企业资本支出更高

注：PP&E = 物业，厂房和设备。

来源：Anderson，Duru 和 Reeb（2012）；2003—2007 年的数据；关于欧洲家族企业的数据请参考 Croci，Doukas 和 Gonenc（2011）。

均而言,与非家族企业相比,家族企业的资产更少、规模更小、杠杆率更低、利润更高(就现金流而言)。此外,家族企业支付的股息更高、透明度更低、研发投入更少、资本支出更高。

9.10 家族企业财务管理的困境

在理想情况下,企业的杠杆率适中,利润很高,流动性也很高。但是在实践中,企业往往无法同时实现这些目标,必须对以上三个目标进行取舍。例如,更高的增长速度和盈利能力可以通过增加杠杆来实现,但是增加杠杆与关心企业生存的股东利益背道而驰。财务管理通常要处理这三大关键维度之间的目标冲突:企业增长和盈利能力,股东对流动性的需求,以及企业安全性(如图9.3所示)。

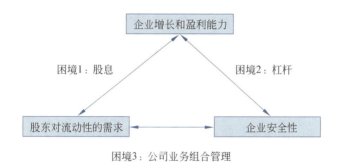

图9.3 家族企业财务管理的三大维度

这些目标之间的冲突很难解决,因为没有解决这些冲突的线性方案。这三个维度之中的某一维度往往会对其他维度产生影响。因此,我们需要对家族企业的财务管理建立完整的认知,解决因同时追求增长、流动性和安全性而产生的困境。因为股东与经理人的偏好可能并不总是相同(例如,利润是用于再投资还是发放股息),双方必须共同应对以上三个维度,通过公开的沟通寻求建设性的解决方案。

9.10.1 增长与流动性困境:股息的作用

企业增长率是由企业增长能力(growth capacity)决定的。定义为:

$$增长能力 = ROE \times (1 - 股利支付率)$$

这种关系假定，企业的增长速度取决于扣除所有费用和支付给股东的所有股息之后的利润留存再投资率。股息越高，企业的增长就越受限。例如，在某家族企业中，如果家族生活奢侈，对分红有强烈的需求，那么企业的增长率就会较低。由此来看，家族的生活方式与企业增长之间有着直接关系。如果家族希望企业的增长率为10%，而ROE为15%，那么企业就可以将利润的33%进行分红。而如果要实现12%的增长率，它就必须将股利支付率控制在20%以内。

实证研究表明，根据美国上市家族企业的数据，家族企业的股利支付率高于非家族企业（见表9.6）；对欧洲企业的研究中也有类似发现（Pindado、Requejc和de la Torre，2012）。现有研究大多集中于上市家族企业，而非上市家族企业分红的数据较少（请参考Michiels等，2015）。

支持分红派息的核心论点是，家族控股股东通过分红向小股东发出信号，即家族遵守良好的公司治理标准，不会剥削小股东而把本属于股东的钱装进家族成员腰包。这种观点不仅适用于上市家族企业，也适用于非上市家族企业。通常当非上市家族企业中同时存在积极股东和消极股东时，分红政策就很容易成为引发家族冲突的问题。积极股东通常希望进一步投资，让企业持续增长，而消极股东则更偏好于分红[8]。支持分红的另一个原因是，由于家族股东通常不会出售股权，家族无法从股价增长中直接受益，因此除了向家族经理人支付工资以外，分红是为家族股东提供经济利益的少数几种方式之一。

考虑到股利支付和增长能力之间的权衡取舍，股东和经理人应该制定一个与目标增长率相一致的股息政策。对大型上市公司数据（标普500）的分析表明，平均而言，家族企业的股利支付率约占其净利润的30%。

讨论股息不仅要考虑股息的水平，还要考虑从上一年到下一年的稳定性。有证据表明，家族企业倾向于平滑股息，从当前的股息水平向某个期望的或最佳的股息水平缓慢移动（Pindado、Requejo和de la Torre，2012）。当利润上升时，企业会以低于利润增长率的幅度增加派息；而当利润下降时，企业则会以低于利润下降率的幅度减少派息。股息平滑可以作为调整股息政策以适应企业盈利能力变化的一种谨慎方式。

非上市家族企业有时可能会决定在一定时期内持续支付一定水平的股息，而不太考虑企业的盈利能力。这种股息政策背后的理念是确保股东有稳定的收入来源，从而让股东满意。如果股息支出水平足够低，就不会危及企业。如果企业的储备资金足够多，即使发生亏损也有能力在数年内维持稳定的股息政策。然而，随着时间的推移，家族股东会倾向于把股息视为一种既定收入，并根据预期收入调整自己的生活方式。因此，他们最终会变得厌恶风险，反对（必要的）战略变革，因为变革可能会迫使他们在一段时期内放弃股息。因此，不顾企业的业绩表现而发放稳定股息的政策，不仅可能会随着时间推移危及企业的生存，还可能诱使家族股东过上奢侈的生活，或者将企业更多地视为稳定的养老金，而非高风险的股权投资。

企业增长能跟上家族增长吗？家族复合年均增长率（CAGR）

众所周知，家族作为一种生物系统，家族人数会以指数速度增长。我们假设：每个人的平均寿命是80岁，孩子今年25岁，在20岁时继承了家族企业股权；家族成员去世后股份平分给子女；姻亲不会收到任何股份。

为了确保在100年内企业利润的增长能够跟得上家族人数的增长，表9.7估测了家族股东人数、个人股权份额以及企业应达到的复合年均增长率（即家族CAGR）。

表9.7　企业利润增长和家族人数增长

每个家族成员平均拥有的后代人数	100年后的股东人数	100年后每位股东所持有的股份	家族CAGR：在100年间为确保每位股东股份价值不变，企业应达到的复合年均增长率
2	6	16.66%	1.10%
3	12	8.33%	1.81%
4	20	5.00%	2.33%

显然，后代的平均子女数量不同，家族CAGR也不同。家族股东人数的增加会带来股权稀释，为了确保个人拥有的股权价值不变，企业利润必须以相应的速度实现增长。

需要注意的是，家族CAGR并不是企业的实际增长率，因为还要考虑通货膨胀和行业增长。事实上，家族CAGR显示，如果要确保企业利润能够跟上家族人数的增长，它就要比竞争对手以更快的速度增长。

显然，这个目标很难实现。因此，家族股东需要接受这样一个事实：如果他们希望家族下一代都能成为股东，那么不但每位家族股东持有的股权比例会稀释，而且他们个人持有的股份价值也很可能会降低。

> 从这个角度来看，家族股东强调企业增长是有道理的。与此同时，家族股东必须考虑筹集外部资本以促进企业实现更快增长，使得企业价值的增长能够跟上家族人数的增长。另外，家族可能会决定"修剪家族树"，从不那么忠诚的家族股东手中买断股份。然而，最终结论仍然是，企业价值的增长通常跟不上家族人数的增长。

9.10.2　盈利能力与安全性困境：杠杆的作用

第二个困境探讨企业盈利能力与安全性之间的张力。正如我们讨论 EVA 时所说，当一家企业的资本回报率高于加权平均资本成本（WACC）时，它就在创造价值。

实现这一目标有两种方法：一是通过经营改善、创新、国际化等战略行动提高利润；二是通过降低企业的资本成本来实现，例如，增加杠杆。因为负债成本通常低于股权成本，所以用债权融资替代股权融资，WACC 将会下降。正如本章 9.7.1 节中关于杠杆效应的内容所述，只要 ROI 高于负债成本，企业就可以通过增加杠杆来提高 ROE。

因此，家族企业陷入了两难困境：一方面，家族担心所持股份的安全性，因为随着杠杆率的上升，股权承担的风险也随之增加；另一方面，家族可能会增加杠杆以提高 ROE。正如本章 9.7.3 节所述，家族企业应该通过限制杠杆来解决这一困境，即使更高的杠杆从理论上可以提高 ROE。家族企业为了获得 A 级评级，应当将利息保障倍数保持在 6 倍左右（更多细节请参考本章 9.7.3 节）。

9.10.3　流动性与安全性困境：投资组合管理的作用

行业和企业的生命周期由不同的发展阶段组成，包括创业期、成长期、成熟期和衰退期。这意味着在某个时间点，股东必须应对不利于企业发展的外部环境。因此，对于富有远见的高管来说，考虑当前业务活动的局限性是至关重要的。如果股东希望规避不可避免的衰退，就必须确定企业当前正处于生命周期的哪个阶段，同时将处于成熟期和衰退期的企业所产生的资本，投入到未来更有发展前景的新业务中去。

采用投资组合方法可谓知易行难。创始人大多是出色的推销员或工程师，但往往缺乏管理投资组合所需的财务和战略技能。更重要的是，股东可能根本没有意识到有必要从单一企业向投资组合转变，他们也有可能过于自满或者厌恶风险，不愿投资于新业务或新企业。然而，从家族财富的长期健康发展来看，家族企业股东需要面对以下事实：如果不投资新企业，已有企业迟早会衰落。

通过比较盈利能力和资本成本确定战略行动

评估一家企业的盈利能力与资本成本的直接方法是计算已动用资本回报率[ROCE，又称为投资资本回报率（return on invested capital，ROIC）]，将其与加权平均资本成本（WACC）进行比较。ROCE 定义如下：

$$ROCE = EBIT/(权益 + 负债)$$

ROCE 用于在考虑已动用资本之后，比较企业的相对盈利能力。它也可以作为基准指标，评价其他投资机会。在考虑不同的战略措施时，需要评估 ROCE 是否未达到、达到或超过 WACC（请参见 Axelrod 和 McCollom Hampton，2013）：

（1）ROCE＞WACC：方向正确，继续增长。

（2）债务成本＜ROCE＜WACC：提出问题，观察趋势，检查管理费用，调整激励措施。

（3）ROCE＜负债成本：找到根本原因，降低杠杆，收缩至核心业务，检查财务部的能力，考虑退出。

（4）ROCE＜0：紧急纠偏，如果持续 1 年以上或缺乏可靠方案就要转型/退出，检查领导层的能力。

因此，家族企业在财务管理上面临着另一个困境：第一种选择是尽可能从企业中抽取资本，将资金转移给个人，以增加家族成员的流动性财富，实现家族企业以外的财富多样化；另一种选择是将资金再投资，（在同一家企业内）构建具有巨大发展潜力的业务组合。

这种投资组合管理方法可遵循 BCG 矩阵。企业在创办之初通常一切还是"问号"，此时自身市场份额低，但身处高增长市场中。有些企业将成为"明星"，处于成长型市场，拥有中性现金流。换句话说，它们在创造大量现金流的同时，也需要投入大量资金才能支持高速增长。当企业成熟时,"明星"有望成为"现金牛",产生大量的正现金流。在此阶段,股东需要保持紧迫感,不断将资本再投资到新的"问号"企业中,以便为下一个增长周期做好准备。

不幸的是,许多家族企业未能通过充分的再投资保持自身的竞争地位。这可能是致命的。例如,思考这样一个案例:一家"明星"企业未能成功建立起能够产生大量现金的"现金牛"模式;相反,它变成了"问号",最后变成了"瘦狗"。如果企业在衰退业务上故步自封,"现金牛"最终就很可能变成"瘦狗"。

9.11 家族企业的可持续财务管理原则

综上所述,我们总结了如下家族企业可持续财务管理的基本原则。

1. 关注关键财务指标

计算和跟踪与经营效率、盈利能力、安全性、流动性和价值相关的关键财务比率。

2. 谨慎使用杠杆

考虑到股东财富没有实现充分的分散化,要谨慎使用负债。确定企业的目标评级,进而计算出最大负债规模。

3. 关注价值,而不仅仅是利润

记住,创造利润的企业不一定创造价值。将税后净营运利润与资本成本进行比较。

4. 企业增长

企业增长是很重要的,特别是考虑到家族人数呈指数增长和由此带来的财富稀释。

5. 制定符合企业增长目标的股息政策

分红会降低企业增长能力。为企业设定增长目标,然后计算可持续股利支付率。

6. 运用投资组合理念

企业迟早会进入成熟期和衰退期。要分析当前和未来现金流的（潜在）来源。

9.12 首席财务官（CFO）在家族企业中的角色

在创业期，大多数家族企业不会聘任专职 CFO。此时家族企业可能根本不需要 CFO，因为财务职能仅限于记账、支付和薪酬。此外，创始人往往希望实现财务管理的严格保密。随着企业的成长和成熟，需要引入更复杂的财务管理技术，例如，成本核算、报表系统、预算编制、分配超额流动资金及确定资本结构。此外，企业必须与银行和股东打交道，同时进行商业交易谈判（Fischetti，2000）。

财务职能的演变与企业的发展是一致的。Ohle（2012）认为，随着家族企业复杂性的增加，特别是随着家族企业规模的扩大，CFO 的角色也在不断演变（见图 9.4）。在复杂性较低时，CFO 的主要角色是创建透明度，使企业能够执行基本的财务职能，如现金收付、基本记账等。透明度至关重要，因为缺乏透明度会阻碍财务部门对家族企业整体发展支持作用的发挥。只有这些基本任务得以保障，CFO 才能通过成本核算、预算编制、实施合规和内部审计等能力来提高企业的效能和效率。

除了履行运营层面的职责，CFO 最终还将参与到战略层面的事项中。在这方面，CFO 的角色是提供企业及其附属实体各种财务职能的深入信息。这些信息对于企业的战略管理（包括销售、营销和生产等）以及财务职能本身都是非常重要的。在此阶段，CFO 很可能也在协调一家拥有多项业务或多个产品的企业，并跟踪各项业务的增长和盈利。

最后，CFO 必须协调不同股东（尤其是家族股东）对企业的主张和诉求，并确保各种目标和需求的一致性。在此阶段，CFO 的角色再次发生转变，甚至可能包括管理家族成员的私人财富，并就企业的整体结构提出建议。因此，在成功的家族企业中，CFO 经常涉及运营、战略和治理等不同层面的问题。CFO 在企业事务和私人事务上都会成为家族信赖的顾问（见图 9.4）。

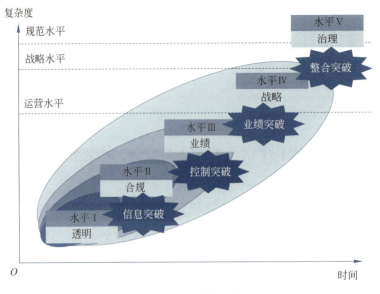

图9.4 CFO的角色演变

来源：Ohle (2012)，瑞士圣加伦大学博士论文。

在家族企业中，CFO不仅要拥有财务技能，还必须培养其他技能。例如，必须有能力处理上述困境（请参见本章9.10节），特别是处理控股家族与其他相关者的利益不完全一致的问题。股息政策就是这样一个焦点问题，CFO需要同时关注企业的增长预期和家族成员的股息要求。另外，对于CFO来说，风险承担也是一个重要的焦点问题，因为当面临高风险的战略决策时，家族股东可能会相当谨慎。例如，如果一家企业希望长期繁荣发展，就需要投资于不确定性高的新业务。在这种情境下，CFO的角色是与股东沟通，证明新业务的风险并不是过高的，而是在股东设定的范围之内。家族可能会从控制权中攫取私人收益，例如，让企业承担家族的私人支出，这意味着CFO与控股家族之间很容易产生冲突。在合法范围内，股东可以自由决定如何经营企业。当家族股东（甚至是CFO的老板）使用企业资本为与企业无关的私人项目提供资金时，非家族CFO应如何应对？如果股东要求CFO管理家族成员的私人财富，也会出现类似问题。CFO最初受聘并不是要承担这样的任务，也没有经过相关培训。

与家族股东的互动对CFO来说至关重要。家族企业股东往往不太情愿，也不太可能买卖股权。家族股东往往会觉得自己的投资被锁定了。即使企业在保持增长的同时持续分配可观的股息，某些股东（尤其是那些没有涉入日常经营的股东）也可能会对企业的发展不满意，同时不信任管理层。这往往是因为他们没有获得关于企业内部情况的足够信息,感到自己被排除在决策之外,沦为被动的旁观者。为了避免不满的家族股东带来破坏性影响,CFO 最终应与 CEO 一起,定期与所有股东沟通企业战略,并在此方面平等地对待所有股东。

此外,家族企业 CFO 要注意社会情感财富(SEW)的重要性,以及家族企业往往注重非财务效用这一事实。CFO 尤其要考虑实现家族共同的心愿,把控制权保持在未来几代人手中,同时关注企业声誉。通常,家族对社会情感财富的追求与企业的财务利益是背道而驰的。例如,在考虑是否要保留上一代传承下来但正在亏损的商业项目时,CFO 应该持有什么立场?

鉴于以上的两难困境,CFO 应当成为企业所有利益相关者的公正顾问。CFO 不应与任何家族派系结盟或涉入特定的股东团体。CFO 的角色应该是企业财务方面可信赖的受托人,在易受感性影响的讨论中提供理性的清晰观点。CFO 必须创造性地设计出能让各方接受的解决方案,并作为出色的沟通者回应所有利益相关方的关切。CFO 作为企业财务健康的推动者,首先要关注战略决策的财务后果。当存在多个利益相关方(尤其是某些股东不涉入企业管理)或者家族企业上市时,CFO 的公正性就变得尤为重要。

CFO 还必须拥有足够的定力来反对某些家族股东提出的主张,尤其是与公司治理或既定战略不一致的主张,例如,某些股东只关注单方面惠及部分(家族)股东。理想情况下,这些问题应由管理层、董事会甚至股东大会进行正式讨论。家族股东通常是企业中最有权力的利益相关者。因此,他们有能力越过或绕过治理机构,迫使 CFO 做出对他们自身有利的决定。CFO 能否向股东的不合理要求妥协,与其性格和职业道德相关。

专访一位长期任职于某大型家族企业的CFO

以下段落是新加坡某家族企业长期任职的非家族 CFO,在被问及如何与家族股东打交道时的回答:

> 与上市公司相反，家族股东在我们公司中的存在感很强，权力也很大。这并不是说我会像其他上市家族企业 CFO 一样，花很多时间来管理投资者关系——上市公司 CFO 会花几天或几周的时间进行路演，会见养老基金等机构投资者。在我们公司中，股东的存在和权力带来了其他挑战。我明显感到自己处于两难境地：一方面，我需要认同公司的价值观，我很乐意这样做；另一方面，我也希望股东喜欢并认可我。如果他认为我对企业不忠诚，不喜欢我，就会解雇我。毫无疑问他拥有这样的权力。然而，与此同时，我也需要让股东听到我的声音……我试图成为一个值得信赖的顾问，在可依赖和独立性之间保持平衡。我在公司工作多年，深受老板的信任。
>
> 我在这里的职责是支持决策，向股东们展示各种可行的选择，确保讨论得以持续进行，以及让股东们充分考虑到各种选择，以便做出明智的决策。通过这种方式，我尽量保持理性，不偏袒任何一方。
>
> 有时，如果股东不想听我给他们的重要建议，事情就会变得很棘手。我会引入外部力量来应对这种问题，例如，我曾请另一个家族企业的股东与我任职企业的股东进行讨论，还请过一家大型会计师事务所的董事长与我任职企业的股东讨论这个问题。这样股东可以从他们信任或尊重的外部人那里听到担忧和关切。事实上，我的工作具有某种外交属性。
>
> 被问及是否喜欢这种情况时，这位 CFO 回答：
>
> 问题并不是我是否喜欢，而是我们作为非上市家族企业所要付出的代价。家族股东的存在感强，权力很大，他们并不会把自己的股权完全委托给董事会。因此，我们需要确保每个人都了解情况，并保持一致。这种模式可能会存在一些潜在问题，比如，股东不理性或无能。在我们的案例中，最大的风险可能就是股东。然而，与持股非常分散的公司相比，我们公司仍然是股东和经理人之间更有效的合作模式。让我们面对现实吧——在股权分散的公司中，股东只是简单地希望经理人的行为符合他们的最大利益。他们对经理人的控制力非常有限。在那种公司中，最大的风险不是股东，而是经理人。

9.13　家族企业高管的薪酬

薪酬对公司管理而言至关重要，至少有以下两点原因：首先，人力成本通常是企业最大的支出项目；其次，更重要的是，薪酬体系为高管和员工提供了激励。

以往多项研究探索了家族企业的任职。有人认为，家族企业是充满管家主义（stewardship）的地方，因此，家族股东能够创造出一种关心员工、支持员工的氛围（"我们像对待家人一样对待员工"）。这是因为家族股东强烈认同家族企业，积极努力确保企业的长期生存，并倾向于深深嵌入他们所处的社会环境中。这些特质培育了管家主义文化，激励家族成员关心员工，并激发了员工之间高度的承诺、信任和忠诚（Corbetta 和 Saivato，2004）。总之，家族企业是理想的工作场所。

但也有人对在家族企业中任职持悲观态度。根据经济学观点，有学者认为，家族企业股东对企业拥有不受约束的权力，使得任何与家族企业签约的人（尤其是非家族经理人）都容易受到这种单边权力的影响。因为除了股东本人之外没有人能控制他们自己，而且由于（聘任）合同不可能列明所有情况，因此非家族经理人可能会面临股东特殊及多变的偏好，在企业最佳战略上的分歧，甚至还有股东的不专业行为或机会主义。例如，在股东机会主义的情况下，股东不会遵守向经理人做出的承诺，而且会利用已经做出公司特定投资的经理人（例如，在公司附近购买房产）。很多情况下，股东可能会对非家族经理人做出晋升承诺，但随后任命一位家族成员担任该职。无论是由于股东和经理人之间的分歧，还是股东机会主义，这种股东套牢威胁都会使家族企业难以聘任、留住和激励高技能的经理人（Chrisman、Memili 和 Misra，2014；Schulze 和 Zellweger，2016）。

在家族企业中任职究竟是正面为主还是负面为主仍然存在争议。但是很显然，股东必须节制自身的权力，从而激发员工的最大潜能，使员工对企业具备高度承诺和忠诚，这最终符合股东的最大利益。

9.13.1 家族企业薪酬实务

比较家族企业与非家族企业的薪酬水平我们会发现，家族企业的薪酬水平更低，工作稳定性更高。这种聘任模式在经理人层面及员工层面都相当稳健（Sraer 和 Thesmar，2007；Bassanini 等，2013）。

Gomez-Mejia、Larraza-Kintana 和 Makri（2003）研究了家族经理人的薪酬与企业风险之间的关系，他们发现家族经理人的薪酬低于非家族经理人，但家族经理人的薪酬在一定程度上与风险相隔离❾。如果我们记起，这些股东-经理人的财富和收入仍未实现分散化，那么这种风险规避的薪酬合同就不足为奇了。

设计家族成员的薪酬方案是一个棘手的问题，尤其是某些家族成员有权力决定其他家族成员的薪酬水平时。在很多情况下，家族成员拿着固定薪水，因此并不是很有激励去承担企业增长的风险。在极端情况下，家族成员的收入与自身业绩无关❿。另外，为了保持家族和睦，平等对待家族成员，尽管家族成员的职责和能力不同，他们在企业领取的薪酬却是相同的。换句话说，家族成员的报酬不是由能力决定的，而是由其家族身份决定的。

家族企业要记住，这种薪酬方案会让家族经理人和非家族经理人受挫，认为他们对企业做出的贡献没有得到应有的回报。专业的做法是，家族成员的薪酬水平要与其业绩和职责相匹配，同时要与非家族员工的薪酬水平保持一致。

9.13.2　底薪

底薪是所有薪酬方案的重要组成部分。底薪是雇主付给员工的固定数额，与企业或员工的业绩无关。虽然员工往往可以通过各种激励方案获得比底薪更高的薪酬，但底薪在薪酬谈判以及社会比较中，都是一个重要的参照点。由于家族股东希望避免承担过多的风险，同时保证家族的控制权，因此非家族经理人有时能获得相对较高的底薪，但可能没有任何业绩挂钩奖金或股权激励。

9.13.3　奖金和福利

奖金的理念是根据经理人和员工的业绩对其进行奖励，例如，按 EBIT 或其他利润指标给予相应奖励。公司也可以设定增长、价值创造或盈利能力等目标，例如，如果公司连续 3 年达到这些目标，就向高管支付一笔可观的奖金。其他有吸引力的薪酬计划还包括福利，例如，医疗保险、子女教育补贴或其他公司特有福利等。为了限制高管过高的风险偏好，奖金通常是设上限的。

9.13.4 普通股

对于大型企业（尤其是上市公司）来说，员工持股显然可以实现经理人激励与股东激励的一致。然而，出于多种原因，许多家族企业不愿将股票授予经理人或员工。第一，员工持股往往不受家族股东的欢迎，因为开放股权就会稀释家族对企业的控制权。第二，员工持股也有可能行不通，因为企业的法律形式可能不是股份公司，而是其他法律实体，如合伙企业或有限公司。第三，员工持股可能会带来高成本，因为家族必须与第三方共享价值，而且持股计划必须进行管理，由此会产生额外的管理成本。第四，就非上市家族企业而言，评估企业价值可能也会产生问题，导致分歧。第五，员工持股可能会让许多没有资格加入的经理人和员工感到沮丧。

员工持股是否有经济回报呢？经过数百年的实践和数十年的研究，究竟是有员工持股的企业业绩更好，还是没有员工持股的企业业绩更好，对这个问题的研究结果打破了人们的幻想。即使员工持股存在某些效应，其效应力度也是比较小的（相关研究综述请参见 Delton 等，2007）。总而言之，尽管员工持股在协同股东和经理人的财务激励上有直觉上的优势，但该制度也有重要缺陷（尤其是在家族企业中），往往不能产生预期的效果。

9.13.5 虚拟股票及股票增值权

对许多家族企业来说，员工持股计划并非是最合意的，因为它们会导致家族失去控制权。虚拟股票（phantom stock）和股票增值权（stock appreciation rights, SARs）可成为有吸引力的替代选择（有关实务操作的讨论，请参考美国国家员工股权中心 US-based National Center for Employee Ownership）。虚拟股票是一种现金奖励计划，当股东希望分享股票的经济价值而不是股票本身时，就可以使用这种方式。最明显的好处是，虚拟股票计划使股东能够在不丧失控制权的前提下激励经理人。正如 Fischetti（2000）所说，虚拟股票计划是企业和经理人之间的一份合同，企业承诺向员工支付一笔钱，与股票价值在特定期间内的上涨幅度挂钩。因此，此类计划通常还包括股息支付。

例如，假设一家企业的价值是 500 万美元，它被划分为 1 万个虚拟股票单位。因此，一个虚拟股票单位的价值是 500 美元。非家族 CEO 保罗得到 100 个虚拟股票单位，这样他持有的虚拟股票总价值是 5 万美元。在保罗的领导下，企业价值在接下来 3 年里增至原来的 3 倍，虚拟股票价值也同幅度增加。保罗所持虚拟股票的现值达到 15 万美元。根据保罗的合同，他有 3 年的延期支付，只能从第 4 年开始出售虚拟股票。此外，他不能一次性卖出所有的虚拟股票，每年只能卖出 33%。如果他在 3 年等待期结束前离开企业，就必须将所有的虚拟股票返还给企业，没有任何补偿。

与虚拟股票相似，股票增值权也是一种现金奖励计划。与模仿普通股的虚拟股票不同，股票增值权模仿的是股票期权。然而，与股票期权不同的是，当员工被授予股票增值权时，无须支付期权费。与股票期权相似，员工在被授予股票增值权之后，可以灵活地决定何时行权。虚拟股票一般包含分红，但是股票增值权并不包含分红。股票增值权赋予参与人在特定时间内获得与特定数量股票增值相等的现金或等值股票。

虚拟股票和股票增值权的优势显而易见：

➢ 为经理人创造了与企业价值相关的激励；
➢ 没有稀释家族手中的控制权；
➢ 相对灵活。

然而，这两类计划也存在重大缺陷。与员工持股计划类似，在企业估值、管理成本和激励资格等方面存在分歧。但它们还存在更多缺陷：

➢ 尽管有延期支付，但是这两类计划将重点聚焦于短期，经理人可能会反对那些在他们离开企业后才有回报的长期投资；
➢ 如果虚拟股票或股票增值权只是承诺未来的现金支付，员工可能会认为，这种好处就像股票一样是虚拟的，尤其是对于强势的家族股东而言，如果他们朝令夕改，很难追究责任；
➢ 企业需要创造现金储备，并以与企业价值增长相当的速度增加支付这两类计划的储备金，而这将限制增长潜力；
➢ 虽然虚拟股票的储备金通常可以抵税，但员工个人通常需要支付所得税。

在实务中，也需要考虑激励机制的潜在破坏性影响。例如，在经营困难的年份里，企业价值下降，但经理人做得很好。在这种情况下，个人绩效和奖金不匹配，经理人就会感到沮丧。再加上没有充足证据证明复杂的激励计划能够带来切实的效益，这些激励计划的承诺往往不能兑现。因此，许多家族企业倾向于采用简单的高管薪酬方案，支付较高的底薪，有时还会根据企业业绩发放奖金。在这种情况下，奖金通常是设有上限的。

9.13.6　心理所有权

鉴于员工持股计划、虚拟股票和股票增值权都存在局限性，企业应寻求其他方式激励员工和经理人像股东一样行事。心理所有权（psychological ownership）正是运用这一理念，询问员工是什么让他们像股东一样思考和行动，即使他们并不持有股票或其他权利。

越来越多的证据表明，只有当人们认为企业是自己的之时，才会像股东一样行事。只有当他们在心理上认为自己是主人时，才会表现出更多的企业家精神，为企业"多跑一公里"。这对设计薪酬体系具有重要的参考意义。某人持有股份并不意味着他一定会像股东一样思考和行动。例如，某位股东对企业价值的影响可能非常小，以至于他根本没有激励付出更多努力。或者，某人可能是通过继承的方式获得的股权，因此并没有感知到所有权。对于这样的股东而言，他们可能会不想承担义务和责任，从而导致股东希望尽快出售股份变现。其实我们还有另一种思考股权激励效应的方法。因为法律所有权不能产生心理所有权的感知（"我认为这是我的企业"），因此对行为没有影响。我们或许可以直接培养主人翁精神，而不需要分发股份。

最近的研究表明，那些感知自己是股东的人即使没有法律所有权，但在实际上也会表现得像股东（Sieger、Zellweger 和 Aquino，2013）。所有权感知的增长与员工在企业的就职时间和职位高低是一致的。此外，男性在企业心理所有权上的得分通常高于女性（Van Dyne 和 Pierce，2004）。研究发现，有三种增加心理所有权的可行方法（Pierce、Kostova 和 Dirks，2001）：一是基于员工业绩支付薪酬的公正薪酬体系；二是积极主动、公开沟通和信息分享的文化；三是下放控制权。在设置复杂的激励制度（诸如员工持股计划、虚拟股票或股票增值权）之前，家族企业应该考虑自己是否做足了功课，确保经理人和员工能够感受到自己在心理上是公司的主人。

9.14　负责任的家族企业股东

从法律视角来看，股东的唯一责任就是支付股权出资。股东有权参加股东大会并进行表决，例如，任命董事会成员。因为典型的小股东只持有很小一部分股权，所以通常没有在企业中扮演积极角色的权力或激励。对于管理层而言，这种情况是相当舒适的，为他们行使自由裁量权提供了充分的空间。在这样的企业中，没有任何股东有能力和意愿主动质疑管理层的决定，或要求管理层承担超出法律约束义务的责任。

家族企业的情况则大不相同，股东拥有控股股权，因此他们既有权力也有激励要求管理层对决策负责（考虑到家族股东财富的分散化程度不高）。如果我们假设家族企业股东应当监督企业管理，挑战管理层决策，对企业发展方向进行批判性讨论或指导，那么他们就要具备相应的能力。某些家族股东乐于将以上工作全权委托给董事会。然而，家族股东至少应具备与管理层直接对话的能力。他们不仅要在事后监督公司的战略及管理，还要在事前参与战略制定，避免不当行为的发生。那么，家族股东的必备能力是什么呢[1]？以下是负责任的家族股东应该具备的最重要特质：明确家族价值观和企业价值观；将价值观转化为战略目标；让管理层对目标负责；建立家族治理、股权治理和公司治理规则，并坚持执行；理解企业的主要财务指标和价值驱动因素；秉持正念。

9.14.1　明确家族价值观和企业价值观

家族企业的价值观通常反映了创始人的个人价值观，以及他希望通过企业实现的独特愿景。以美国户外服装企业里昂比恩（L.L.Bean）为例，创始人的价值观在价值声明（value statement）中表露无遗，这一声明至今仍然有效："我们不希望你们对里昂比恩的产品有丝毫不满意。"再以宜家为例，它遵循以下价值观："团结、简单、以身作则、成本意识、承担责任、更新与改善、关心人类与地球、与众不同而又意义非凡。"多年来，宜家坚持的价值观影响着员工的工作方式和招聘政策。这些价值观不仅在瑞典设计室中至关重要，在美国零售店或中国工厂中也同样重要。

价值声明能够忠实地反映企业价值观。里昂比恩的价值观体现在客户服务和产品质量之中。宜家的价值观体现在各级员工与众不同、内心坚定、充满热情和无所畏惧的精神之中。价值声明为管理层提供了战略指导，让利益相关方（特别是客户和员工）认同并参与到企业之中。价值观能够提高效率，培育员工在企业中做事及合作的共识。

在许多家族企业中，与创始人价值观的连接依然存在，因为创始人仍然活跃在企业中，或者后代在以创始人的理念经营企业。许多家族企业都遵循着一套个人化的、有形的、可信的价值观，与众不同。

价值观必须与时俱进。我们以瑞士家族控股媒体公司 Tamedia 的价值声明为例进行说明。该公司的价值声明和使命声明（mission statement）写道："通过独立性报道和批判性调查，我们的媒体为观点的形成做出了重要贡献。"更早的版本使用了"报纸"一词，并提到公司总部所在的大都市地区。然而，伴随着报纸转变为互联网以及国际化的推进，原有价值声明的部分内容已经过时了，但独立性报道和批判性调查的核心价值观并没有过时。家族应当定期审视价值声明，以评估在当前背景下是否仍然符合实际情况，以及家族成员是否认同。

9.14.2　将价值观转化为战略目标

价值观必须"有形"才能产生现实影响。价值声明如果不能转化为具体目标，就可能会成为空洞的花言巧语。因此，负责任的股东必须基于价值观建立目标，并让员工（尤其是董事会和管理层）对价值观负责。例如，重视创业精神的家族企业可以将价值观转化为对创新进取的重视。反过来，创新进取这个战略目标也要能够衡量，例如，采用企业在一段时间内推出的新产品数量。同样地，如果家族把独立性视为价值观的一部分，那么这种价值观可以转化为限制杠杆。与此相关的是，家族需要明确定义，是否可以将股权出售给外部投资者。

上述Tamedia公司案例很好地说明了将价值观转化为战略目标的重要性。如前所述，公司价值声明强调批判性调查和独立性报道。这将如何影响公司拥有的各家媒体和杂志的政治方向？此外，如果公司旗下某家新闻媒体在讨论某一话题时与家族的政治理念相矛盾，应该怎么办？针对以上这些情况，价值观要能够具体操作，转化为股东和经理人的目标和行为原则。

除了家族和企业的特定目标，家族企业（与非家族企业一样）还应该制定自己的财务目标。在小型企业中，财务目标可以以所有股东都同意的预算方式来实现。在大型企业中，股东涉入管理的程度较低，目标声明通常应包括增长预期、股息和杠杆，或许也可以包括非经济目标，如地域分布及道德标准等。

9.14.3　让管理层对目标负责

在股东的指导下，董事会必须将股东的价值观转化为战略目标。然而，只有董事会让管理层对这些目标负责，家族股东才能确保是在以股东的方式运营企业（Poza, 2013）。

要确定目标并让管理层对其负责，股东和董事必须要能够很好地理解影响企业的业务、行业及趋势。这需要股东具备批判性评估企业战略的能力。否则，目标很可能不够现实或不够进取。虽然家族企业股东（特别是职业经理人管理的大型家族企业）往往在战略执行方面经验有限，但是他们需要参与战略的制定和监督。

理想情况下，企业战略的制定流程不应是纯粹的自上而下（即董事会向管理层指示战略），也不应是纯粹的自下向上（即管理层向董事会请示战略）。根据股东定义的价值声明，董事会应该制定一套切实可行的目标。董事会与管理层应共同就这些目标进行批判性地讨论、细化和证实。然后，管理层必须为实现这些目标制订战略计划，之后与董事会讨论并确定。通过这种反复流程，家族企业可以确保家族价值观/目标与公司战略保持一致。

希望保持控制权的股东应该监督战略执行，并让管理层对目标负责。换句话说，股东不应只是作为结果的被动接受者——他们应该仔细监督企业的进程，"鼻子在内，双手在外"。虽然股东和董事会不应干涉管理层的日常工作，但他们应该与企业内部的关键决策者定期进行讨论。

9.14.4 建立治理规则，并坚持到底

在本书第 5 章家族企业治理中，我们了解到家族治理、股权治理、公司治理及财富治理的重要性。在治理失当的情况下，家族企业可能会效率低下，最终注定失败。因此，负责任的股东要仔细考虑建立哪种治理规则，并坚守这些规则。

家族企业治理的核心目标之一就是确定家族成员在当前及未来应当扮演的角色。这有助于避免家族内部混乱，对非家族高管和员工也很重要。家族对企业立场的清晰性和可预测性对利益相关方非常重要。最终，这些治理规则决定了非家族高管和员工在家族企业内部的工作保障和职业前景。

涉入企业运营的家族成员自然对公司治理，以及股东、董事和高管扮演的角色有所了解。然而，对于不涉入运营的家族股东来说，了解通行的治理原则和企业的具体规定至关重要。这些股东必须熟悉公司的治理规则，并积极参与涉及公司治理规则的会议。

9.14.5 理解企业的主要财务指标和价值驱动因素

拥有企业而不掌握财务知识，就像驾驶飞机却不看仪表盘一样。在本章中，我们已经讨论了评估企业财务健康的多种方法，特别是本章中 9.9 节关于效率、盈利能力、流动性、安全性和价值的测量方法。然而，千万不要被愚弄——财务比率提供的信息与输入"计算"的数据质量相同。财务比率必须从一个期间到另一个期间进行连贯计算，用于与企业内部和外部的基准和目标相比较，以便从某一时点横截面以及动态的长期趋势这两个方面进行观察。作为具有长远眼光的股东，家族企业股东应该特别注意财务比率的长期趋势，寻找企业的前景信息，记住今天的财务比率只是反映了过去的结果。

9.14.6 秉持正念（mindfulness）

我们在家族企业定义和家族企业战略两章（请参见本书第 2 章和第 6 章）中得出的关键结论是，家族影响是一把双刃剑[12]。从好的方面看，家族影响有利于效率、创新和企业增长；从坏的方面看，家族影响可能导致低效、惰性和发展停滞。我们如何才能确保家族影响带来的是好的而不是坏的效应？治理结构是解决这一问题的重要方法，但也并不是万无一失的。治理结构的好坏是由建立、解释、尊重并最终修改治理结构的人士决定的。最成功的家族企业股东不仅要建立适当的治理结构，也要展示出对企业的特定态度和行为，我们称之为"正念"。

Brown 和 Ryan（2003）将"正念"定义为一种有意识地关注和觉察当下的状态。正念的核心特征是具有开放性或接受性的觉察和关注，体现在对正在发生的事件和经历更加规律或持续的意识（Brown 和 Ryan，2003）。例如，假设你正在与家族企业高管交谈，可能会高度关注正在进行的沟通，敏感地意识到互动背后的微妙情感基调。这是负责任的家族企业股东对企业所表现出来的态度和行为。家族企业中的集体正念通常表现出以下特征：意识到家族涉入的二元性（bivalence）；寻求家族和企业之间的协同效应；不急于简化；考虑可承受的损失，并确保企业的复原力；保持长期视角；培养对企业的责任感。

1. 意识到家族涉入的二元性

从本质上讲，家族影响对某家企业来说，并不是非黑即白。家族影响具有二元性，某种属性（例如，长期视角）对企业可能既有积极影响，也有消极影响（请参见本书第 4 章家族企业的优势与劣势中对二元性的讨论）。在积极情况下，长期视角意味着创新的机会，而在消极情况下，则是自满和惰性的根源。秉持正念的家族明白，企业和家族之间有一条微妙的界线，凡事都有可能脱轨或出现负面情势。

秉持正念的家族能够高度觉察运营环境的脆弱性。因为他们明白，家族影响是两面的，所以常常担心家族和企业可能会走错路，即使目前看起来一切还好。这使得他们经常挑战当前的行动路线，即使这样做似乎没有必要。这就是负责任和正念的方法，通过与其他系统进行对比来测试当前系统的稳定性。家族企业对二元性的担忧有时会导致反复讨论，令人受挫。使这些讨论有意义的前提是，对家族影响的二元性秉持正念。

2. 寻求家族和企业之间的协同效应

正念假设张力持续存在于复杂及动态系统之中。正念将注意力从识别企业受某种单一因素驱动的条件（例如，稳定导向与变革导向；家族利益与企业利益）转向研究企业如何与相互竞争的多种因素共存，以获得协同性、灵活性、统一性和创造性等优势。如果管理中这些共存的矛盾都消除了，而且经理人始终追求逻辑上的一致性，那么这些创造性张力就会消除，进而可能导致企业难以实现卓越。

这种张力在考虑家族和企业之间的基本矛盾时往往会呈现出来。有人认为，家族企业应该采取"企业优先"的理念，即始终给予企业优先于家族的地位，相反的理念是"家族优先"。然而，这两种极端立场都放弃了家族和企业之间的协同效应。负责任的股东关心的应该是如何促进家族与企业之间的协同。采用"企业优先"理念、只关注短期财务业绩的家族股东，可能会变成"交易员"，短期内过着体面的生活，但放弃了日常交易以外的重要机会。相反，那些采用"家族优先"理念的家族企业，主要关注维持家族和睦、家族声誉与内部传承。这些家族可能会对经济现实和相关机会视而不见（见图9.5）。负责任的股东寻求在家族和企业之间实现协同效应。

图 9.5　梦想家、交易员与负责任的股东

来源：Kammerlander 等（2015）

3. 不急于简化

秉持正念的家族在企业中不愿意简化复杂的世界。他们重视多元化的解释和视角，对模糊性秉持开放态度，这种模糊性从根本上来看是由于家族与企业之间的相互作用

造成的（Farjoun，2010）。

少持正念的家族则会认为世界是一成不变的，从而对周围环境产生错误的解读。少持正念的家族相信，按管理事项清单（management check list）逐项完成，就可以解决他们的挑战（"清单谬误"）。相比之下，秉持正念的家族企业股东不相信速成之道。相反，他们采取包容的方法，欢迎对立的意见，通过寻求创造性的创新解决方案，尝试从多个不同视角看待问题。他们对自己和他人的偏见保持警惕。

4. 考虑可承受的损失，并确保企业的复原力

秉持正念的家族关注可承受的损失，就像他们关注成功一样。负责任的家族股东不会会拿自己的全部财富（即家族企业）冒险，去追求丰厚但不确定的利润。相反，负责任的股东只考虑追求如下情形的利润及风险，即某项投资完全失败是否在家族和企业的可承受范围之内。考虑到风险敞口，他们也高度关注企业的可靠性和持续性。此外，他们重视企业的复原力，以确保企业具有从挫折中复原的能力。

5. 保持长期视角

控股家族会把自身利益一直置于企业利益之下吗？这种想法似乎很天真。然而，企业未来的繁荣是家族效用函数中不可或缺的组成部分。因此，秉持正念的家族不太可能只追求眼前的财务回报，而更愿意接受面向未来的、不确定的回报。他们也不太可能成为谬误的牺牲品，例如，对未来的收益采用不恰当的过高折现率。

6. 培养对企业的责任感

在市场经济中，股东权利受到保护。只要股东依法行事，任何人都无法阻止他们单方面削弱企业，无论是采取善意但错误的战略决策，还是利用控制权牟取私人收益。第一种市场失灵可以通过设置专业的董事会和管理层来解决。第二种市场失灵往往更难解决，因为有时股东认为利用控制权谋取私人收益是理所当然的。这种不负责任的行为也体现在股东不是追求自身职业生涯发展，而是追求奢华的生活方式，依靠从企业获得的各种财务利益来生活。对于秉持正念的家族而言，家族成员即使不涉入家族企业管理也要有谋生能力，有能力从家族企业以外获得收入。此外，秉持正念的家族

应当将股东身份视为一种荣幸,培养对企业的责任感,关心企业的长期成功。

不持正念的家族企业股东:一幅漫画

(1)相信家族与企业必须分开;

(2)执着于寻找简单的方案、捷径和速成之道;

(3)无论情况如何,都要严格遵守规则;

(4)坚持自己的观点;

(5)追求最大回报,即使这样风险很高;

(6)拿企业运营的持续性和可靠性去冒险;

(7)强调短期效益;

(8)认为自己有权从企业中得到好处;

(9)相信清单(如同我们列出的这个)。

培养负责任的未来家族股东

英国一家家族企业致力于培养下一代股东的能力,教育理念如下。

家族股东的理想能力

在理想情况下,家族企业股东:

(1)了解企业提供的产品和服务;

(2)了解行业的发展趋势,以便做出正确的战略决策;

(3)能够挑战管理层,并提出关键问题;

(4)为管理层提供关于股东价值观和目标方面的指导;

(5)了解公司的治理规则,认真对待,以身作则;

(6)了解并能够解释企业的主要财务比率;

(7)了解并能够批判性地反思企业的薪酬体系;

(8)愿意建设性、开放式地解决家族和企业内部的冲突。

下一代家族股东的教育原则

我们假设并不是所有的未来家族股东都对企业拥有同等的兴趣。因此，目前关于下一代股东的教育理念对当前股东不具有约束力。

教育项目

我们打算循序渐进地为下一代家族成员承担股东责任做好准备。关于家族成员如何涉入管理，我们会参照治理规则。我们将精心设计家族内部及外部的教育项目，包括参加活动/项目的受众、内容、所需的先修知识、理想年龄和其他信息来源（见图9.6）。

图9.6 企业内部与外部的教育

案例研究

汤姆的世界

汤姆在银行和会计师事务所工作多年后得到了一份家族企业CFO的工作，除了可观的薪水，还能直接为股东工作——这让他很感兴趣。家族CEO说，他的任务将是让公司实现"专业化"。

加入不久之后，汤姆意识到这家公司有着非常独特的结构，他开始理解作为家族企业的CFO意味着什么。他意识到家族因素在以多种方式干扰着自己的工作。例如，他需要建立一个更加深入和透明的财务报告系统。如果没有可靠的数据，就很难比较不同的经营活动，很难提高不同业务单元的担责水平。这个财务报告系统显示公司某些业务多年来一直亏损。当汤姆把这些数字提交给管理层，并建议尽快结束这些业务时，家族 CEO 并没有表示反对。但 CEO 却不愿意真正下决心，也不愿意与相关部门沟通。这一决定被推迟了——CEO 犹豫的部分原因是他本人也参与到其中的部分业务中。汤姆意识到自己无能为力，他决定接受表现不佳的业务，因为就企业整体规模来看，损失仍然是很小的。

这家公司的股东是来自 3 个家族分支的 15 位家族成员。第一个家族分支拥有 55% 股份，第二个家族分支 35%，第三个家族分支 10%。每个家族分支在董事会中都有一位代表。家族 CEO 是家族分支一的代表。这家公司的主营业务是制造种植牙，利润丰厚，每年净利润约 40% 作为分红支付给了股东。这些年来股息一直稳步增长。然而，当汤姆在多个场合与股东们见面时，他意识到存在两个对立的群体：家族分支一的股东；其他股东。尽管股息逐年增加，但第二个群体似乎并不满意，他们对大股东和 CEO 表现出明显的怀疑（有时甚至是公然的怀疑）。

此外，汤姆惊讶地发现，作为 CFO，除了管理企业财务部以外，他还要负责管理部分家族股东的私人财富。显然，家族股东认为，CFO 应该处理他们的私人财务。因此，他的部门必须管理某些股东的私人财富，并为其报税。但并不是所有股东都接受了这种服务。对于接受服务的家族股东来说，不清楚企业是否应该对他们收费。汤姆感到不舒服——因为他不是资产管理人。如果他的团队在配置家族财富时押错了注怎么办？如果那些以前没有接受服务的股东觉得这些服务很好，而且对股东免费，决定把他们的财富交给汤姆的部门时，就可能会有失控的危险。这一趋势让汤姆很担心，因为这些服务几乎可以算是整个团队的全职工作了。

汤姆和家族 CEO 合作得很好，两人似乎都对彼此很满意。然而有一天，CEO 向汤姆提到一个私人投资项目。CEO 的妻子想要投资一个与企业无关的酒店项目。为了给这个项目融资，CEO 要求汤姆准备一份贷款合同，企业将向 CEO 提供 40 万美元贷款。CEO 说，他已经获得董事会的批准，在两年内偿还贷款。然而，汤姆犹豫了。这个数目对企业来说并不算多，但是汤姆认为这违背了良好的公司治理标准。他应该如何处理这个问题？CEO 是他的老板，也是大股东之一。

这些问题令汤姆感到不安，因为根本没有教科书能给出答案。他从来没想到这些问题会与他这位 CFO 有关。也许汤姆最棘手的挑战是，他被邀请参加董事会会议介绍一个收购项目。这家公司正在寻找机会收购一家与当前业务相对无关的企业。收购目标的商业前景看起来不错，但董事会就是否收购展开了激烈的辩论。家族分支一的代表抱怨道："这项新业务与我们目前的业务关系不大，几乎没有协同效应。我们是一家知名的种植牙生产商，在这个行业超过 50 年。我们为什么要模糊自己的形象？"家族分支二的代表看到的更多是优点而不是缺点："我们太专注于一个行业了。这是一个很好的机会，使业务多元化，从而降低家族财富的风险。"家族分支三的代表则很犹豫："我们这一分支并不认为多元化有多大价值。我们可以自己实现财富多元化。我们分支很多人对家族企业主要是财务投资。"在董事会讨论快结束时，汤姆要表达他对不同观点的看法和反馈。

> **思考题**
>
> ① 对于 CEO 参与的亏损业务，汤姆应该怎么办？
> ② 家族分支二与分支三不满意的潜在原因是什么？作为 CFO 的汤姆能做些什么？
> ③ 关于为家族成员提供私人财富管理服务，汤姆和企业面临哪些风险？
> ④ 汤姆应该向 CEO 提出反对意见吗？如果应该，他要如何提出？
> ⑤ 关于此次收购，家族分支一、分支二和分支三争论的动机分别是什么？汤姆应该如何自我定位？

思考题

① 列出资本资产定价模型的前提假设，以及它们在多大程度上适用于家族企业。

② 什么是家族股权？它与 PE 基金和上市股票有什么不同？

③ 关于家族企业和非家族企业的财务业绩，实证研究得出了什么结论？

④ 家族企业是否比非家族企业更厌恶风险？

⑤ 债务融资的优点和缺点是什么？

⑥ 为什么家族企业在发达国家中的债务融资成本通常较低？但在新兴市场中却较高？

⑦ 解释资本市场线和家族市场线之间的差异。

⑧ 采用低于风险价格的权益资本成本有哪些风险？

⑨ 在哪些条件下，增加企业杠杆会给股东带来收益？

⑩ 与非家族企业相比，家族企业的杠杆水平如何？

⑪ 家族企业增加杠杆的理由是什么？

⑫ 假设某企业要求实现 A 级评级，EBITDA 为 2 000 万美元，无风险利率为 4%。请解释信用评级、利息保障倍数和企业可承担负债数额之间的联系。

⑬ 找一家你熟悉的家族企业，衡量其运营效率、盈利能力、流动性、安全性和价值创造的财务比率是什么？

⑭ 在何种情况下，企业在创造利润的同时在摧毁价值？

⑮ 解释股息政策与企业增长之间的关系。

⑯ 家族企业应该支付多少股息?

⑰ 一方面,增加杠杆通常会提高ROE;另一方面,更高的杠杆率会提高债务违约风险。家族应该如何解决与杠杆相关的困境?

⑱ 为什么投资组合管理对家族企业很重要?

⑲ 家族企业可持续财务管理的六大原则是什么?

⑳ 关于家族企业的任职行为:讨论家族企业是否是好的工作机会。

㉑ 家族企业中的员工持股计划有哪些优点和优点?

㉒ 描述虚拟股票的功能。

㉓ 虚拟股票及股票增值权的利弊是什么?

㉔ 什么是心理所有权?增加心理所有权的三个手段是什么?

㉕ CFO在家族企业中所扮演的角色与在非家族企业中有什么不同?

㉖ 在家族企业中,负责任的股东有哪些特征?

㉗ 秉持正念对于家族企业股东来说意味着什么?

注释

❶ 关于资本资产定价模型(CAPM)的应用,请参阅本书第7章家族企业传承,特别是7.10.3节中的自由现金流贴现法。

❷ 有关扩展投资视野所带来战略机遇的更详细讨论,请参见Zellweger(2007)。

❸ 在欧美拥有成熟商业模式的非上市中型企业中,权益资本成本根据企业的风险属性从10%到20%不等。

❹ 实际上,从多元化投资者的角度来看,资本市场线代表了风险收益关系。因此,对于一个非多元化的投资者来说,例如,典型的家族企业股东,甚至是上市家族企业的家族股东,资本的机会成本要高得多。

❺ EBITDA=税息折旧及摊销前利润。EBITDA通常是企业现金流的一个指标。

❻ 为了简单起见,我们不考虑额外的调整,例如,增值费用等。

❼ 有关权益资本和债务资本成本的背景资料,请参阅本书第7章家族企业传承中关于估值的章节(见第7.10节)。

⑧ 我们面临的挑战是如何让家族股东保持共同的愿景（是投资，还是派息）。家族治理实践可以让他们在关于如何使用现金方面达成一致的愿景。例如，对所有股东来说，投资（和增长）并将现金留在企业可能是更理想的选择（更多信息请参考 Michiels 等，2015）。

⑨ 具体而言，Gomez-Mejia、Larraza-Kintana 和 Makri（2003）发现，家族经理人薪酬与系统性风险联系更紧密，因此，风险是行业和市场力量导致的。这一研究还发现，家族经理人薪酬与特定企业风险（＝非系统风险）无关。这种激励模式与非家族企业的普遍模式不同，在非家族企业中，与高管薪酬相关的不是系统性风险，而是非系统性风险。因此，家族高管受到保护，免受他们无法影响或分散的风险之影响，也没有承担特定企业风险的激励。

⑩ 在本书第 5 章家族企业的治理中利他主义引发的治理问题，我们已经讨论了消极的行为后果，如家族高管"搭便车"。

⑪ 有关负责任股权的一个有趣讨论和两个具有启发性的采访，参见 Koeberle-Schimid、Kenyon-Rouvinez 和 Poza（2014）。

⑫ 请参阅 Zellweger（2013）。

 背景阅读

Ahlers, O., A. Hack, and F. W. Kellermanns (2014). 'Stepping into the buyers' shoes': Looking at the value of family firms through the eyes of private equity investors. *Journal of Family Business Strategy*, 5(4): 384-396.

Amit, R., and B. Villalonga (2013). Financial performance of family firms. In L. Melin, M. Nordqvist, and P. Sharma (Eds), *The Sage Handbook of Family Business*. London: Sage, 157-178.

Anderson, R. C., and D. M. Reeb (2003b). Founding-family ownership and firm performance: Evidence from the S&P 500. *Journal of Finance*, 58 (3): 1301-1328.

Anderson, R. C., A. Duru and D. M. Reeb (2012). Investment policy in family controlled firms. *Journal of Banking & Finance*, 36 (6): 1744-1758.

Anderson, R. C., S. A. Mansi and Reeb, D. M. (2003). Founding family ownership and the agency cost of debt. *Journal of Financial Economics*, *68*(2), 263-285.

Bassanini, A., T. Breda, E. Caroli and A. Rebérioux (2013). Working in family firms: Paid less but more secure? Evidence from French matched employer-employee data. *Industries and Labor Relations Review*, 66 (2), 433-466.

Belloc, F. (2013). Law, finance, and innovation. *Cambridge Journal of Economics*, 37 (4):863-888.

Bertrand, M., & A. Schoar (2006). The role of family in family firms. *Journal of Economic Perspectives*, 20 (2), 73-96.

Bitler, M. P., T. J. Moskowitz and A. Vissing-Jorgensen (2005). Testing agency theory with entrepreneur effort and wealth. *Journal of Finance*, 60 (2), 539-576.

Carney, M., M. Van Essen, E. Gedajlovic and P. Heugens (2015). What do we know about private family firms: A meta-analytic review. *Entrepreneurship Theory and Practice*, 39 (3):513-544.

Chrisman, J. J., E. Memili and K. Misra (2014). Nonfamily managers, family firms, and the winner's curse: The influence of noneconomic goals and bounded rationality. *Entrepreneurship Theory and Practice*, 38 (5): 1103-1127.

Croci, E. J. A. Doukas and H.Gonenc (2011). Family control and financing decisions. *European Financial Management*, 17 (5): 860-897.

Dalton, D. R., M. A. Hitt, S.T. Certo and C.M. Dalton (2007). The fundamental agency problem and its mitigation: Independence equity, and the market for corporate control. *Academy of Management Annals*, 1: 1-64.

Fischetti, M. (2000). *Financial Management for Your Family Company*. Philadelphia, PA: Family Business Publishing.

Gao, H., Jing He, Yong Li, Yuanyu Qu (2020). Family Control and Cost of Debt: Evidence from China, *Pacific-Basin Finance Journal*, 60(4): 101286.

Gomez-Mejia, L., M. Larraza-Kintana and M. Makri (2003). The determinants of executive compensation in family-controlled public corporations. *Academy of Management Journal*, 46 (2): 226-237.

Koropp, C., F. W. Kellermanns, D. Grichnik and L. Stanley (2014). Financial decision making in family firms: An adaptation of the theory of planned behavior. *Family Business Review*, 27 (4):307-327.

Michiels, A., W. Voordeckers, N. Lybaert and T. Steijvers (2015). Dividends and family governance practices in private family firms. *Small Business Economics*, 44 (2): 299-314.

Miller, D., I. Le Breton-Miller, R. H. Lester and A. A. Cannella (2007). Are family firms really superior performers? *Journal of Corporate Finance* 13: 829-858.

Naldi, L., M. Nordqvist, K. Sjöberg and J. Wiklund (2007). Entrepreneurial orientation, risk taking, and performance in family firms. *Family Business Review*, 20 (1): 33-47.

Pindado, J., I. Requejo and C. de la Torre (2012). Do family firms use dividend policy as a governance mechanism? Evidence from the Euro zone. *Corporate Governance: An International Review*, 20 (5): 413-431.

Romano, C. A., G. A. Tanewski and K. X. Smyrnios (2001). Capital structure decision making: A model for family business. *Journal of Business Venturing*, 16 (3): 285-310.

Schulze, W., and T. Zellweger (2016). On the agency costs of owner management: The problem of holdup. Working paper, University of Utah and University of St. Gallen.

Sieger, P., T. Zellweger and K. Aquino (2013). Turning agents into psychological principals: Aligning interests of non-owners through psychological ownership. *Journal of Management Studies*, 50 (3): 361-388.

Sraer, D., and D. Thesmar (2007). Performance and behavior of family firms: Evidence from the French stock market. *Journal of the European Economic Association*, 5 (4): 709-751.

Steijvers, T., and W. Voordeckers (2009). Private family ownership and the agency costs of debt. *Family Business Review*, 22 (4): 333-346.

Strebulaev, I. A., and B. Yang (2013). The mystery of zero-leverage firms. *Journal of Financial Economics*, 109(1): 1-23.

Van Essen, M., M. Carney, E. R. Gedajlovic and P. P. Heugens (2015). How does family control influence firm strategy and performance? A meta-analysis of US publicly listed firms. *Corporate Governance: An International Review*, 23 (1): 3-24.

Villalonga, B., and R. Amit (2006). How do family ownership, control and management affect firm value? *Journal of Financial Economics*, 80 (2): 385-417.

Wagner, D., J. H. Block, D. Miller, C. Schwens and G. Xi (2015). A meta-analysis of the financial performance of family firms: Another attempt. *Journal of Family Business Strategy*, 6 (1):3-13.

Zellweger, T. M. (2007). Time horizon, costs of equity capital, and generic investment strategies of firms. *Family Business Review*, 20 (1): 1-15.

第10章

家族企业中的关系与冲突

在前述章节中，我们深入探讨了家族企业的企业要素。虽然其中也涉及家族企业的家族要素，但我们还是有必要更仔细地研究家族本身。如果不能理解家族结构中的异质性，那么我们对人类学中家族血缘和家族关系的探索可能就会失之肤浅。换句话说，当谈及家族时，我们需要澄清所讨论的具体含义，原因在于，不同的家族结构特征（例如，核心家庭、姻亲、扩大家庭等）会导致家族关系动力学上的差异。反过来，这些关系动力学对家族企业的有效运作也有重要影响。例如，健康和谐的家族关系（家族成员的相互支持、公开讨论各种商业观点）可能有益于家族企业制定更为全面的战略决策。相反，冲突不断的家族关系会波及企业，甚至会严重损害那些最成功的家族企业。家族内斗被视为家族企业面临的最大威胁之一（Gordon 和 Nicholson，2010）。在此背景下，本章将讨论家族的社会结构，阐明家族的异质性。

10.1 家族的社会结构

家族是一个宽泛的研究领域。社会学、人类学、心理学、医学、生物学、管理学和经济学等学科从不同角度出发研究这个领域，对我们得以深入理解这一社会系统。我们从中选取了各种观点，来分析家族企业中最核心的家族要素。

人类学为家庭（家族）和亲属关系提供了各种广泛定义，这些术语往往是通用的。家庭可分为再生家庭和原生家庭。再生家庭（family of procreation）是通过婚姻／伴侣、生育／收养子女而形成的，再生家庭成员是由姻缘关系（affinity）联结在一起的。原生家庭（family of orientation）则是指一个人从出生到完成早期社会化的家庭，原生家庭成员是由血缘关系（consanguinity）联结在一起的。因此，家庭（家族）定义为"基于宗族家长关系的宗谱关系与社会纽带"（Holy，1996）。

为了梳理家庭结构的特殊性，帕森斯（Parsons，1943）做了具有关键意义的基础研究。作为一名人类学家，帕森斯致力于揭示家庭结构的特殊性。尽管他的思想早在20世纪中叶就形成了，但时至今日仍能提供令人信服的逻辑，帮助我们更好地理解家庭是如何运作的。需要说明的是，帕森斯的研究集中于广泛的家庭结构类型。然而，帕森斯所倡导的结构性方法仍然是我们理解现代家庭结构基本功能的重要工具，并且可以应用于不同国别和文化背景的家庭。

帕森斯研究的核心在于，观察到"自我（ego，即个人）"出生于原生家庭。当此人结婚或拥有伴侣后，就进入到再生家庭。因此，自我是两个家庭中的唯一共同成员❶（见图10.1）。原生家庭包括个人及其父／母、祖父母／外祖父母、叔伯／舅舅和姑姑／姨妈（见图10.1）。因此，原生家庭是家族中始终存在的一部分，无论这个人是否结婚，是否有兄弟姐妹或孩子。从个人角度来看，原生家庭是亲属体系中极为稳定的部分，是家庭中个人成长、分享经历和亲情的部分，同样也是家庭中个人通常无法分离的部分。帕森斯指出，父亲原生家庭和母亲原生家庭的称谓在英文中是没有区别的——祖父母／外祖父母、叔伯／舅舅和姑姑／姨妈，无论他们是属于母亲一方还是父亲一方，称谓都是一样的。唯一例外的是子女传承父系姓氏，这在东西方社会中都是很典型的，从而导致了单边形式的传承（见图10.1）。

再生家庭则是由个人及其配偶、儿／女、儿媳、女婿、（外）孙子和（外）孙女组成的。帕森斯提出了所谓的核心圈（inner circle），由父／母、兄弟姐妹、配偶／伴侣、儿／女组成。值得注意的是，在亲属关系中，个人核心圈的每个成员都身处核心家庭（包括父母和孩子）之中，同时也会组建自己的核心家庭。

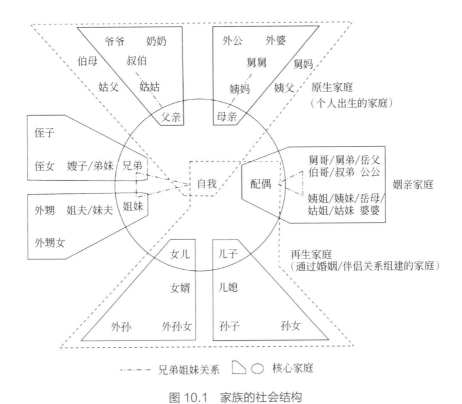

图 10.1 家族的社会结构

来源：改编自 Parsons（1943）

在家族的社会结构中，姻亲家庭（in-law family）起着特殊的作用。它是亲属关系中唯一不是由血缘关系，而是由姻缘关系联结起来的部分。因此，姻亲家庭是亲属系统中较为脆弱的环节，因为它的存在完全取决于个人和伴侣之间的关系。正是因为有了伴侣（通常是以婚姻的形式）才能组成新的核心家庭。经由姻亲家庭的加入，家族才得以成为开放系统。

帕森斯解释说，这种相互交织的亲属体系在很大程度上取决于文化背景，以及重视宗族社会角色的倾向性。如上所述，在西方社会结构中，父亲原生家庭和母亲原生家庭的称谓没有区分——祖父母/外祖父母、叔伯/舅舅和姑姑/姨妈。西方人倾向于只区分关系的亲疏远近（例如，第一代/第二代/第三代堂兄妹，曾祖父等）。因此，我们可以假设，来自西方文化的人在描述家庭（家族）时，首先会想到核心圈，甚至人数更少的核心家庭。相反，"亲戚"一词并不是特指任何家族单元，而是指广义亲属系统中的个体成员（Parsons，1943）。

核心家庭在亲属体系中呈现出某种分离状态，它通常是单独的家户（household）单元。因此，核心家庭不但在亲属体系的社会结构中处于核心地位，而且在经济结构中也处于核心地位。由于家户是居住的基本单元，资源（如收入、财富、劳动力等）被重新分配甚至时常混合于家户中。核心家庭通常在生活上与双方父母相分离，在经济上也与双方父母相独立。

如上对家庭的结构性分析反映出了典型的中产阶级特征，表明亲属关系结构高度依赖于其所在社会的其他结构性特征。然而，上述理解家庭的方法是有意义的，因为它指出了来自不同文化背景的家庭所共同具有的多重结构特征。

例如，这种结构性分析强调了包容性（inclusiveness）的重要性，因此，当谈到家族时，我们要深入挖掘亲属关系的层次。对于家族企业而言，包容性水平非常重要，因为它会影响到谁在企业中有资格任职或拥有话语权。对于尚未成为股东的下一代家族成员而言尤其如此。传统上被称为远房亲戚的家族成员是亲属体系的组成部分，但他们可能会被排除在家系图（genogram）之外，因此不应在企业中任职。

即使家族成员属于同一亲属体系，甚至属于同一核心家庭，但身份认同仍可能是不同的，这取决于不同的规范，例如，姓氏的延续。在大多数国家，姓氏传承在传统上遵循父系血统，这源自很久以前，家族在财产分配方面对男性后代的优待。然而，当家庭关系破裂时（如离婚），往往会出现以母亲为中心的家庭结构，因为孩子通常会与母亲生活在一起。在这种情况下就会出现不同类型。

对家族的结构性分析同时也指出了家族内部的忠诚度冲突。通常个人会同时属于多个家庭，其中最重要的就是原生家庭和再生家庭，以及核心圈和核心家庭。有时，这些不同的系统对各种企业的相关问题有不同观点，例如，战略重点、风险承担、股息、家族成员的管理涉入以及企业传承等。因此，个人可能会陷入忠诚度冲突，选择要遵循哪个观点、支持哪个家族分支，以及个人在亲属体系中的位置。如果一个人支持远亲、反对近亲，那么他所面临的忠诚度冲突以及随之而来的不良影响就会增加。

我们还想提醒，亲属体系具有开放性（openness）。新伴侣的到来通常意味着创造了新的核心家庭，个人在某种程度上脱离了自己的原生家庭。个人的亲属忠诚首先要给予配偶和孩子。然而，这种忠诚的转变会带来新的问题，即在两个家庭（原生家庭和姻亲家庭）中保持不偏不倚的状态。同样，伴侣的离去也会改变家庭结构，这样的家庭生活特征在过去的数十年间变得更加突出（我们将在本章的 10.2 节重提这一点）。随着家庭成员和伴侣的到来和离去，亲属系统呈现出开放性，这表明家庭网络和家庭关系会随着时间的推移而发生变化。当个人离婚时，这个系统的开放性变得尤为明显，再婚配偶及继子女会进入亲属体系，家族成员的亲疏关系也会发生变化。这反过来也会影响家族成员的相互亲近、身份认同和忠诚度。

透过结构性视角看待家族时，我们要看到家族内部资源的获取、调动、集中和转移等问题。利他主义是一种交换规范，它要求父母对子女进行慷慨赠与。这一规范也会对股权的代际转让带来财务影响。子女有时被期望回报父母的养育之恩，尤其是当他们成年后（Kohli 和 Kinemund，2003）❷。家族内部资源分配中一个比较突出的问题是家族成员去世后的财富继承。因此，继承法及相关法律通过规定家族成员去世后如何重新分配财富，会触及不同社会对家庭的基本理解，包括家庭（家族）的构成以及家族成员的重要性。在某些国家，立遗嘱人拥有完全的遗嘱自由，可以不受约束地自由处置自身财产。在这种情况下，个人能够以完全不平均的方式将财富分配给后代和亲属，甚至是亲属系统之外的人（有关继承法和税收的详细讨论，请参阅第 7 章家族企业传承）。

总之，家族的结构性特征直接影响着我们如何在家族中存在。这些结构性特征会产生各种形式的张力，诸如与亲戚之间的亲疏远近、谁是我们的家族成员、我们对谁忠诚、我们在多大程度上对家族成员的去留持开放态度，以及我们如何在家族中分配资源。我们将在本章中更为详细地探讨在家族企业中的夫妻、兄弟姐妹和扩大家庭等不同家族结构和关系的特点。正如在第 5 章家族企业治理中我们所说的，这些家族类型在家族企业中广泛存在。

10.1.1　夫妻式家族企业

最常见的家族企业类型是夫妻共同创业。例如，Ruef（2010）发现美国超过 50% 的创业团队都是由夫妻组成的。在这方面，我们必须认识到配偶关系与基于血缘的家庭关系相比是建立在社会性及自愿性基础之上的❸，配偶关系在商业上既有优点也有缺点（Dahl、van Praag 和 Thompson，2014；Sharifian、Jennings 和 Jennings，2012）。

1. 与配偶共同经营企业的优势

人类基于相互吸引和浪漫爱情建立婚姻关系。因此，夫妻关系往往体现为忠诚、团结和关怀。此外，夫妻之间的互动通常非常频繁及紧密，由此会增强信任水平和相互支持，实现细颗粒度的信息交换，促进携手共同解决问题。上述种种特征都促进了公司增长（Bird 和 Zellweger，2016）。此外，夫妻企业家倾向于努力工作，从企业中获得经济收益。这是因为公司通常是夫妻二人最重要的甚至是单一的收入来源，要为家庭生活及养育子女提供资金（Ruef，2010）。夫妻共同的经济激励和资源再分配承诺也往往会协调夫妻之间的内部利益，从而降低机会主义行为和搭便车效应。夫妻关系也包含某些行为规范，例如，仁义忠贞和同心同德。正因为夫妻式家族企业拥有这些重要优势，夫妻创业团队能够提升企业成功的可能性。

2. 与配偶共同经营企业的劣势

与配偶共同经营企业也会带来某些突出问题。特别是夫妻企业家的"工作-家庭"冲突，来自工作和家庭的角色压力在某些方面是互不相容的（Greenhaus 和 Beutell，1985）。参与到工作或家庭中的某个角色会因为同时参与另一个角色而变得更加困难。"工作-家庭"冲突通常发生在家族系统和企业系统产生交集时。当企业需求在某段时间取代了家族需求，或者家族系统和企业系统同时出现高需求时，就会出现这种冲突（Carr 和 Hmieleski，2015）。

因为夫妻企业家处于相同的工作及私人生活中，他们在一个场合（家庭或工作）中的紧张和冲突几乎注定会渗透到另一个场合。对企业家夫妻和直系亲属（如子女）来说，这意味着"家庭生活中的张力难以避免、时常发生，他们也不能为了摆脱家里的冲突而逃避到工作中；反而，这些冲突贯穿于这两种情境之中，使工作-生活的成功高效充满挑战"（Danes 和 Morgan，2004）。例如，这种工作与家庭的冲突，以及无法同时胜任股东-经理人和为人父母这两种角色的感觉，在企业家夫妻中表现得尤为突出。特别是当家族系统和企业系统重叠于同一物理地点时（例如，农场、酒店等），家庭和工作之间的界限变得模糊。因此，在企业家夫妻中，负罪感和轻视感可能会非常突出。

此外，夫妻之间可能会经历严重的关系冲突。双方的团结、支持与共同目标，甚至是信任通常会随着时间的推移而经受各种考验，这不但是由于个人、配偶、家庭和企业之间的需求不相容，带来日益增长的挫败感和幻灭感，而且还由于夫妻已经完成了共同养育子女的目标，下一代已经长大成人、离开家庭。离婚只是这种张力的外在体现。冲突的某些方面与不公平感有关。这种不公平感可能源于在企业中工作的家族成员没有获得满意的薪酬，甚至在极端情况下根本没有薪酬，这会让人觉得毫无存在感和价值感。

10.1.2 兄弟姐妹式家族企业

由于兄弟姐妹之间有血缘关系，因此无论家族成员做出什么样的人生选择，他们之间的亲属关系都是永久的。谁也无法改变自己的血缘关系，个人可以与配偶离婚，但却无法切断与兄弟姐妹之间的血缘关系。兄弟姐妹关系的存在是基于血缘关系，而不是姻亲关系。通常兄弟姐妹不被纳入到核心家庭之中，因为兄弟姐妹关系不是家庭构成或传承的结构性基础（Bird 和 Zellweger，2016）。尽管兄弟姐妹有血缘关系，但通常不会把对方视为自己的核心家庭成员。

1. 与兄弟姐妹共同经营企业的优势

兄弟姐妹合伙关系在家族企业中很常见，成功的企业经营需要良好的关系特质，如陪伴、欣赏和信任等。然而，正如我们下文即将探讨的内容，这种特质是脆弱的。兄弟姐妹在成熟的企业中表现最佳，由于能够进行合理分工并引入正式的控制系统，衡量业绩、分配责任，从而将兄弟姐妹之间的张力和竞争控制在可接受的范围之内，减少家族冲突波及企业的可能性，同时限制机会主义行为。同样，成熟企业通常具备战略规划和预算系统，有助于协调不一致的战略目标和风险偏好。总之，在兄弟姐妹式家族企业中，初创期尤其容易受到冲击，而发展到成熟期就不再是问题了。正如我们对瑞典非上市家族企业的研究发现，在初创期企业中，兄弟姐妹之间的关系问题尤其具有破坏性，因为初创企业在生存和发展过程中，无法承受由于冲突、缺乏共同愿景/目标所带来的干扰（Bird 和 Zellweger，2016）。

2. 与兄弟姐妹共同经营企业的劣势

兄弟姐妹之间往往会争吵、阋墙，关系相当脆弱。兄弟姐妹之间发生冲突的一个来源是他们生来就是家人、无法选择彼此，另一个来源是社会比较（例如，同一家庭的兄弟姐妹希望外人能够区分彼此，被视为独立自主的个体）。兄弟姐妹冲突也可能源于竞争父母的关爱、关注和资源（更详细的讨论请参阅 Bird 和 Zellweger，2016）。

长大后的兄弟姐妹也不会像夫妻那样住在一起，他们与各自的配偶组成核心家庭。另外，兄弟姐妹之间也不太可能进行资源再分配。相反，他们可能会经历冲突，例如，究竟是应该忠于自己的兄弟姐妹，还是应该忠于自己的配偶——原生家庭与核心家庭之间的冲突。与夫妻式家族企业相比，兄弟姐妹之间的团结和凝聚力通常有限，这使得他们在企业愿景上很难达成一致。夫妻之间是相互依赖的，但兄弟姐妹之间则是相当独立的，各自有着不同的目标。这使得兄弟姐妹想要共同解决问题变得挑战重重。

兄弟姐妹之间的纷争很容易升级（Gordon 和 Nicholson，2010），而血缘关系又使他们无法完全回避冲突。家族企业中的兄弟姐妹之间往往存在着某种形式的敌对历史以及破坏性的家庭包袱，从而会破坏信任和团结。在兄弟姐妹关系中，冲突有时甚至会被认为是不可避免的，自然而然就会发生。总之，兄弟姐妹可能会将家族矛盾嵌入企业，这通常会对企业的效能产生负面影响。

印度首富家族：安巴尼兄弟之争

2002 年，印度最大工业集团之一信实工业（Reliance Industries）创始人迪鲁拜·安巴尼（Dhirubhai Ambani）去世，未留遗嘱。大儿子穆克什·安巴尼（Mukesh Ambani）成为信实工业的董事长兼总经理，小儿子阿尼尔·安巴尼（Anil Ambani）成为副董事长。据称，穆克什曾试图将阿尼尔赶出董事会。2004 年 11 月，穆克什承认，两兄弟在公司运营上存在分歧，兄弟之间的不和开始公开化。2005 年 6 月，两兄弟的母亲科可拉本（Kokilaben）出面干预，将信实集团一分为二。穆克什接管信实工业和印度石化公司（IPCL），阿尼尔接管信实电信、信实能源和信实资本。

2006年11月，阿尼尔和穆克什因天然气供应协议发生争执，该协议是在穆克什的信实工业和阿尼尔的信实自然资源（Reliance Natural Resources Ltd）拆分时签署的。据报道，穆克什的勘探公司将以较低的协议价格向阿尼尔的电力公司出售天然气，这将使得阿尼尔的公司获得高额利润。但最终政府没有批准这笔交易，反而设定了更高的交易价格，由此阿尼尔怀疑政府和哥哥之间存在着桌面下的秘密交易。

2008年6月，阿尼尔的另一家公司失去了一笔交易，或许也与穆克什有关。阿尼尔的信实电信中止了与南非电信运营商MTN集团的并购谈判，该交易旨在建立一家大型跨国移动电信集团。信实表示，失败的谈判结果与法律和监管有关，但穆克什拥有电信公司的股份也是这次交易失败的原因。此外，2008年9月，阿尼尔针对穆克什在《纽约时报》上的言论发起了20亿美元的诽谤诉讼。

2009年夏天，另一场激烈冲突爆发，阿尼尔将席卷印度的大停电归咎于穆克什。阿尼尔在给印度总理的信中写道："大范围停电已司空见惯，特别是在印度北部，造成数亿民众生活异常困难，不幸的是，这一切都是信实工业贪婪的结果。"阿尼尔的信实自然资源在印度最大的报纸《印度时报》以及其他32家报纸上刊登广告，指称印度政府支持穆克什的信实工业提高天然气价格。当时，甚至连印度财政部长都出面吁请安巴尼兄弟停止争斗，以维护印度资本市场的稳定。

两兄弟就天然气争端向印度最高法院提起诉讼。最高法院做出了有利于穆克什的裁决，宣布信实工业能够以高于2005年协议价格的政府定价向信实自然资源出售天然气。阿尼尔表示，他不要求对判决结果进行复审。裁决要求在6周内就双方协议进行重新谈判。

在这段时间里，兄弟二人都住在孟买南部的高档社区，而且住得很近。然而，除了在家族会议上，他们俩几乎不说话。2010年，母亲促成了两兄弟之间的和平协议。信实工业和阿尼尔·迪鲁拜·安巴尼集团（Anil Dhirubhai Ambani Group）高管均收到通知，称安巴尼兄弟将起草一份竞业禁止协议，以取代此前一份失效的协议。结果，阿尼尔同意撤销诽谤诉讼。

思考题

❶ 这场兄弟纠纷的起因是什么？

❷ 你在这场冲突中发现了哪种行为，尤其是在兄弟二人之间？

❸ 母亲在兄弟纠纷中扮演了什么角色？

❹ 是什么导致了矛盾的升级？又是什么使矛盾最终得以缓解？

10.1.3 扩大家庭式家族企业

我们通常所说的扩大家庭式（extended families）家族企业，指的是拥有多个家族股东的跨代家族企业。在这类家族企业中，多位家族股东会同时涉入到企业管理中。扩大家庭式家族企业的组织方式通常映射出创始人的家族分支结构。例如，德国多元化上市家族企业汉高（Henkel）的控股家族有3个分支，由创始人弗里茨·汉高（Fritz Henkel）的3个子女延伸而来。汉高董事会至今仍有3位活跃的家族成员担任董事，每个家族分支均可委派一名董事作为该分支的代表。在家族企业中同时承担监督职责与运营职责的家族成员（如汉高家族的3名董事）很可能会面临忠诚度冲突，冲突点是应该优先考虑家族中哪部分人的观点——究竟是自己的核心家庭，还是自己所在的家族分支，抑或是家族整体？每位家族董事都代表一个单独的家族分支，他们对董事/高管人选和公司战略等都有特定的偏好。与此同时，由于家族分支代表都担任董事职务，因此他们更应该考虑的是企业整体的成功。这意味着，其他家族分支代表或第三方表达的意见可能会比他们自己家族分支的意见对企业更好。

与前两类家族企业模式相比，扩大家庭式家族企业的情感水平相对更低。在扩大家庭的情境下，家族成员之间的距离通常是比较远的，甚至可能彼此并不熟悉。关系纽带逐渐转变为契约纽带，通过股东协议、公司章程和家族宪法等法律性文件来规范家族成员之间的互动。因此，家族变得更像结构化的正式组织。如同兄弟姐妹关系一样，扩大家庭成员并不住在一起，也不太会在扩大家庭中重新分配资源。但是，股东仍然会逐渐达成一致的经济期望值和股东价值最大化的目标。他们倾向于把企业看成是一种功利性资产，而不是一种情感性资产。

在此类模式中，关系动力会沿着家族分支和姓氏传承影响到每个人，也会影响到某人是被归为核心圈还是非核心圈。与兄弟姐妹式家族企业相比，影响企业有效运转的权力斗争和连锁冲突不太可能出现在扩大家庭式家族企业中。这是由于随着数次代际传承的进行，个人持有的股权比例逐渐稀释，每位家族成员都只持有较小比例的股份，家族为了实现控股地位，引导公司向既定目标前进，需要建立由多位家族成员组成的联盟。在扩大家庭式家族企业中，化解冲突会比兄弟姐妹式家族企业更容易，例如，可以通过家族成员之间的股份转让来解决。

10.1.4 家族嵌入（family embeddedness）

综上所述，我们把家族企业中的夫妻式、兄弟姐妹式和扩大家庭式表现出来的独特结构和关系特征，归纳为一个概念"家族嵌入"（见表10.1）。

> 家族嵌入指的是企业中的家族关系敞口，而家族关系将会支持或者制约企业的经济发展。

从我们对三类典型家族企业类型（即夫妻式、兄弟姐妹式和扩大家庭式）的讨论中可以看出，家族嵌入程度因家族成员之间的结构和关系特征而异。在家族企业中，家族嵌入的维度包括（见表10.1）：家族类型、家族成员之间的依赖程度、家族成员之间的远近亲疏、家族内部的忠诚问题、社会经济目标、关系属性与冲突类型。

表 10.1 夫妻式、兄弟姐妹式及扩大家庭式的家族嵌入

家族嵌入的维度	夫妻式的典型特征	兄弟姐妹式的典型特征	扩大家庭式的典型特征
家庭类型	核心家庭	原生家庭（包含兄弟姐妹），核心家庭	多个家族分支的原生家庭，核心家庭
家族成员之间的依赖程度	高	中	低
家族成员之间的远近亲疏	近	近-中	中-远
家族内部的忠诚问题	少	中	中-多
社会经济目标	• 拥有维系家庭和抚养子女的共同社会经济目标 • 资源再分配 • 尚未多元化的财富与收入 • 同住	• 分享有限的社会经济目标 • 有限的资源再分配 • 财富与收入在一定程度上多元化 • 不同住	• 经济目标一致 • 没有资源再分配 • 多元化的财富与收入 • 不同住
关系属性	亲密、尊重、支持、忠诚、温暖、爱	温暖，但也存在冲突和竞争	不同层次的感情，适度的距离
冲突模式	• 由于夫妻相互依存，权力争夺程度低	• 在企业中争夺权力 • 机会主义和"搭便车" • 由于无法退出，路径依赖冲突加剧	• 企业争权夺利不多 • 影响力联盟 • 个人持股更少，所以退出比较容易

1. 家庭类型

家族在企业中的嵌入程度因家庭类型的不同而异。例如，从夫妻式家族企业到兄弟姐妹式家族企业，再到扩大家庭式家族企业，亲缘关系的规模和复杂度会逐渐增加。夫妻式的亲属关系由核心家庭组成，这个组合非常简单，从家庭结构上来看只包含配偶和子女。兄弟姐妹式不但包括每个人的核心家庭，而且包括他们共同的原生家庭，通常是父母和其他兄弟姐妹。在扩大家庭式中，与企业有关的亲属关系进一步扩大，不仅包括自己的核心家庭，往往还包括多个家族分支的原生家庭，通常是被动股东。

2. 家族成员之间的依赖程度

三类家族企业中家族成员之间的依赖程度也有所不同。夫妻式的家族成员往往彼此高度依赖，因为他们生活在同一个家户之中，而且收入来源和财富组合尚未实现多元化。相比之下，兄弟姐妹式的家族成员较为独立，因为他们通常并不住在一起，而且往往组成了各自的再生家庭。就扩大家庭式而言，家族成员更加独立，扩大家庭成员通常只持有少数股权，他们通常拥有更为多元化的财富组合，以及来自企业之外的独立收入来源。

3. 家族成员之间的远近亲疏

夫妻是基于感情和吸引而自愿结合的，而兄弟姐妹却并不一定是高度亲近的——这种情况在成年兄弟姐妹之中尤其如此。有些扩大家庭成员甚至可能彼此并不认识，原因并不一定是缺乏个人感情，而是居住地点和生活方式的不同所致。

4. 家族内部的忠诚问题

家族内部的忠诚问题与张力对我们理解家族关系至关重要。夫妻式中整个家庭都涉入企业，夫妻双方不会为选择对亲属关系的哪个部分忠诚而左右为难。但这个问题在兄弟姐妹式和扩大家庭式中却很普遍。兄弟姐妹式可能会在同一原生家庭中的兄弟姐妹和各自的核心家庭之间左右为难。扩大家庭式中的忠诚问题冲突更多，也更微妙，因为扩大家庭是由多个分支组成的，其他分支与个体所处的家族分支较为疏远，也和个体的核心小家庭较为疏远。这时忠诚的对象就可能是家族的某一部分（而不是全部），这在兄弟姐妹式和扩大家庭式中是一个特别复杂的问题。

5. 社会经济目标

夫妻通常都有共同而强烈的社会经济目标来维系家庭、抚养子女。出于这样的明确动机，他们要确保企业的成功运作。对于控制初创企业的夫妻来说尤其如此，因为非正式关系、创始人的互相支持及承受挫折的能力对初创企业的成功非常重要。相比之下，兄弟姐妹之间的相互依赖程度较低，不太可能居住在一起，而且往往有来自企业之外的收入（如来自配偶方等），所以他们可能没有一致的社会经济目标。兄弟姐妹中有人可能想出售企业套现，而其他人可能想继续经营。在扩大家庭式中较为疏远的家庭成员倾向于把企业看作日益增值的功利性资产，因此，他们可能会出于自身的财务利益考虑（如分派股息、股价上涨等）而达成一致的社会经济目标。

6. 关系属性

夫妻关系的典型特征是亲密、尊重、支持、忠诚、温暖和爱。相比之下，兄弟姐妹之间的关系既有亲情与温暖，也有竞争与张力。在扩大家庭式中，不同层次的情感取决于所讨论的亲属系统。例如，与父母的关系会比与远亲的关系要温暖得多。随着家族规模的扩大，人际关系会逐渐演变为契约关系，即家族成员之间的关系会更多地依赖于契约而不是感情。

毫无疑问，这些描述忽略了上述三类家族企业的内部差异，以及文化差异和关系属性的变化。然而，这些分析可以帮助我们理解基本的关系属性，并根据这些属性和动力学来进行比较。

7. 冲突模式

冲突模式是由于家族类型、依赖度、亲属关系、忠诚度、社会经济目标和关系属性等因素的差异而产生的直接后果。在典型案例中，夫妻较少发生冲突，因为夫妻式的家庭关系简单、相互依赖、亲密高度、忠诚问题少，拥有共同的目标。相对而言，兄弟姐妹式的典型特征是企业内部的权力争夺，而且由于兄弟姐妹关系是无法后天改变的，路径依赖使得冲突往往会加剧。就扩大家庭式而言，权力争夺通常是有限的。然而与夫妻式相比，扩大家庭式的冲突通常不那么突出，因为在分散的家族小股东群体中建立起强大的联盟更为困难。在扩大家庭式中，家族成员也可能会有更多种方式出售股份，从而使退出变得更加容易。

表10.1对上述讨论进行了总结。对家族嵌入的讨论表明，家族企业需要引入冲突管理方法。由于夫妻往往高度依赖对方，因此，如果信任遭到破坏就会带来极大损害，挑战夫妻关系的核心基础，尤其对于共同创业的夫妻而言。此时的夫妻关系难以实现关系支持、信息交换以及共同的社会经济目标。因此，信任的破坏很容易将夫妻之间的向心力转化为离心力。

嵌入兄弟姐妹中的张力，源于他们在企业中的互相依赖和在私人事务上的彼此独立，因此需要通过深入讨论和定义共同目标来缓解冲突。兄弟姐妹间可能存在"搭便车"行为，因此需要采取责任制（例如，预算、报告和绩效工资等）。此外，每个兄弟姐妹都应该有自己的职责范围。

对于扩大家庭而言，冲突管理意味着需要通过制定规则来避免家族分裂。在这种情况下，预防冲突就意味着给予家族成员仍然保持在一起的充分理由。达成这一目标的方法之一是在扩大家庭内部进行持续的沟通，建立起防止家族分裂或家族内斗的治理制度。这需要定义共同价值观和目标，引入股东协议来规范股东的进入和退出，并制定关于家族成员涉入企业管理的规定（更多细节详见本书第5章家族企业治理）。

10.2 家庭社会结构的趋势

20世纪中叶，"家庭"一词通常意味着包含两代人的核心家庭，由同一家户下的父母和子女构成（Aldrich和Cliff, 2003）。但20世纪下半叶以来，家庭形式逐渐发生了变化。当今的家庭形式变得更加多样化，传统的家庭结构已开始被更为多样化的关系所取代。

这些趋势对家庭构成和家庭成员的关系产生了直接影响，进而从结构和关系视角影响了公司治理。在后续内容中，我们将聚焦于家庭和家户面临的最重要社会趋势，厘清它们对家族企业的影响。我们以Aldrich和Cliff（2003）的重要著作为基础，探索家庭社会结构的变化趋势对企业的普遍影响。我们把讨论范围限制在以下五种趋势：子女人数减少与家户规模缩小、结婚率下降而离婚率上升、非婚生育、家户形式更加多样化与女性进入劳动力市场。

1. 子女人数减少与家户规模缩小

世界范围内家庭发展的一个重要趋势是，大部分国家和地区的生育率都在下降。在经济合作与发展组织（OECD，以下简称"经合组织"）成员国中，1960年每位女性一生中平均生育3.23个孩子，但到2013年下降至1.68个（OECD Family Database）❹。国际生育率的差异很大，韩国和葡萄牙的生育率较低，2013年每位女性平均生育1.2个孩子；而印度和以色列的生育率最高，每位女性分别平均生育2.3个和3.0个孩子。我国2010年第五次人口普查数据显示，每位女性平均仅生育1.22个孩子，2015年第六次人口普查时进一步下降到1.18个孩子（穆光宗，2019）。

生育率的下降对我们理解控股家族和企业本身的人际关系很重要，因为低生育率意味着核心家庭的规模正在缩小。而家族规模的缩小对家族企业具有多重结构性后果。从传承角度来看，随着家族内部潜在接班人数量的减少，在家族范围内找到有意愿且有能力之接班人的可能性也随之降低。当股权传承给下一代后，家族面临的主要问题不再是股权分散，而是股权和管理权可能会不得不转让到家族外部。

2. 结婚率下降而离婚率上升

正如Lundberg和Pollak（2007）所言，自20世纪60年代开始，性和生育越来越不局限于婚姻关系之中。1960年，OECD国家每1 000名居民中平均一年有7.8件婚姻或合法民事结合，而2012年这一数字下降至4.6件。结婚率下降的同期，每1 000名居民的离婚件数从0.8上升到2.0（OECD Family Database）❺。离婚率也存在国际差异。2012年，智利和爱尔兰每1 000名居民的离婚件数分别为0.1和0.6；而美国、立陶宛和拉脱维亚的离婚率最高，同期离婚件数分别为2.8、3.5和3.6。我国的粗离婚率从2002年的0.9‰攀升到2015年的2.79‰；2015年依法办理离婚手续的共有384.1万对夫妇，比上年增长5.6%（吴愈晓等，2018）。

根据这些趋势，Parsons（1943）所描述的家庭似乎正在变成更加开放的系统。新伴侣的到来意味着，家庭不太可能再像过去那样，外部人只有在承诺遵守社会习俗和法律规定的协议后（如婚姻）才能成为家庭成员。在现代家庭中，再生家庭和核心家庭的成员在结构上则没有那么稳定，因为个人可能在一生中更换伴侣，这意味着新的成员可以进入家庭，而先前成员也可以（在一定程度上）离开家庭。这种开放性也意味着家族范围的扩大，再婚家族成员（包括继父母、继子女）也变得更加普遍。例如，Aldrich 和 Cliff（2003）研究显示，从 2000 年开始，"约一半的美国儿童会经历至少一段时期的单亲家庭生活，约 1/3 的美国儿童成年前会在再婚家庭生活或与继父母同住"。非婚配偶也成为西方近年来的趋势，许多欧美国家修改了婚姻法和家庭法。这使婚姻的形成（例如，同性婚姻）和解体（例如，无过错离婚、法律强制执行婚前协议）变得更加灵活。

对家族企业而言，这些趋势很重要。例如，传统家庭关系之外新型配偶的出现，意味着家族企业可以拓展新的人脉（例如，获取商业机会和管理人才等）。因此，家族企业有机会扩大现有的及以前的家族成员库，从而有助于实现资源调动（Aldrich 和 Cliff，2003）。与此同时，当前家庭结构的脆弱性使得家族成员更不愿意在家族内部集中和转让资源。此外，离婚后人们往往不再联系，这意味着随着时间的推移，前任家族成员可能更加难以接近。

3. 非婚生育

另一个长期趋势是非婚生育的增加，这对家族企业同样具有重要影响。1960 年在所有 OECD 国家中，未婚生育的女性人数仅为 5.8%，而 2012 年这一比例已升至 37.9%。同样，国际差异也是惊人的。2012 年，智利的非婚生育比例达到 69.6%，而韩国和日本仅为 2.1% 和 2.2%（OECD Family Database）。

非婚生育以及离婚率的增加，改变了下一代的生活方式。因为大多数未婚父母终将结婚，而离异父母有时会再婚，孩子可能会经历多次转变（例如，住在哪里、与谁同住等）。伴随着父母的多重配偶关系，家庭关系将会变得更加开放而复杂。

从家族企业的角度来看，非婚生育的增加可能会给父母向子女跨代转移资源带来问题，特别是父母过世后的股权继承。由于孩子可能来自不同的配偶，因此确定家族企业的内部接班人可能更加困难。我们预计，对于多重配偶关系子女的家族企业传承而言，未来将会产生更多的诉讼问题。事实上，我们近期基于中国上市家族企业的家族战争研究课题已经印证了这一趋势。

4. 家户形式更加多样化

上述趋势的直接结果是出现了更小规模的家户和新的家户形式，特别是越来越多的单人户和未婚同居户。例如，美国家户的平均人数从 1960 年的 3.4 人下降至 2005 年的 2.6 人（Lundberg 和 Pollak，2007）。再如，我国家户的规模在近 30 年来也呈现出不断小型化的趋势，2010 年我国家户平均规模仅为 3.09 人，比 1982 年少了 1.32 人，减幅逾三成（彭希哲和胡湛，2015）。

图 10.2 展示了 OECD 国家 2011 年的家户类型比例。进一步而言，11~15 岁儿童中有 74.4% 与父母同住，14.9% 与单亲同住，8.8% 与再婚家庭同住（剩余的 1.9% 以其他家户形式居住）。

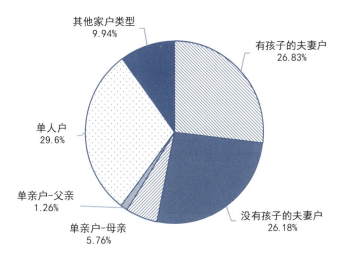

图 10.2 2011 年 OECD 国家的家户类型

数据来源：OECD Family Database，家户类型百分比

这些数字背后的三个重要趋势是，非婚同居的趋势（美国 11% 的非婚配偶是同性伴侣）、单人户的趋势与单亲户的趋势。Aldrich 和 Cliff（2003）指出，美国传统的"已婚夫妇和孩子"家户已从 1960 年的 44% 下降到 1999 年的 24%。我国 2010 年人口普查数据显示，我国家户类型呈现多样化的趋势，主要表现为非传统类型的家庭大量涌现，如纯老家庭、空巢家庭、隔代家庭、丁克家庭、大龄单身家庭、单亲家庭等（彭希哲和胡汇成，2015）。

家户规模变小而且不断发生变化，对家族企业产生的总体影响难以预测。从家族企业的角度来看，这些变化将从两方面影响家族资源的调动能力：一方面，由于家户规模的缩小、家户结构的变化以及家庭成员关系的弱化，家族对人力资本和金融资本的获取将受到更大的限制；另一方面，考虑到家户构成的变化，家庭关系网络更加开放，这对于获得非冗余的、新颖的信息，进而促进企业增长大有助益。

然而，这些家户趋势的影响并不完全是结构上的。共同居住的家族成员之间不仅熟知彼此、发展信任关系，也会经历冲突，因此家户构成的变化可能会对人际关系的质量产生影响。这些关系质量的变化与结构上的变化同样重要，因为家庭层面的张力很容易蔓延到企业。此外，父母离异后，孩子通常会与母亲及其家户共同生活，因此我们观察到对母系越来越多的忠诚和支持。

5. 女性进入劳动力市场

另一个重要趋势是女性就业率的增长。1960 年，美国女性工作的比例为 39.5%，而 2014 年增长到 63.4%（OECD Labour Market Statistics）❻。随着时间的推移，几乎所有 OECD 国家的男女工资差距都在缩小，但平均而言，女性平均时薪仍比男性低 16%（Lundberg 和 Pollak，2007）。Lundberg 和 Pollak（2007）认为，男女收入差距的一半可以用个人特质、工作经验和职业选择来解释，另一半则来源于劳动力市场歧视或家户责任中的性别不公——这仍是一个争议性话题。与 20 世纪 60 年代相比，女性承担家务的时间减少了，但她们仍然是从事家务的主体。

女性在劳动力市场上扮演着更积极的角色，这对家族企业也将产生影响。在某些国家中，家族企业传承的自然形式仍然是儿子接管。但是随着女性进入职场，女性接班人有望成为更广泛的选择。

以上五个趋势对家族企业意味着什么？家庭已经被这些变化彻底改变了。家庭结构变得更加多样化及不稳定（Lundberg 和 Pollak，2007）。从长期来看，这些趋势可能已经削弱了家庭成员之间的彼此承诺和资源集中。自 20 世纪 60 年代以来，随着市场和国家补充或取代越来越多的家庭职能（例如饮食、教育、养老等），家庭的经济作用在持续下降。

有趣的是，尽管这些变化削弱了婚姻组成家庭的工具性价值，但同时增加了作为夫妻关系基石的爱和陪伴。此外，当子女的工具性价值日趋下降时（例如，孩子不再被视为廉价劳动力的来源），父母养育孩子的数量就会变得更少，而在每个孩子身上的投入变得更多。这反映了数量和质量之间的取舍（Becker 和 Lewis，1974）。这些趋势的优势是，家庭内部获得了更高质量的关系。

10.3 家族价值观的国际差异

世界是多种价值体系的有趣组合，这些价值体系在不同的文化中有着很大的差异（请参考 Geert Hofstede 的奠基性工作）。这些价值体系很重要，因为它们不但会影响社会中的人际关系，还会影响个人相对于集体的社会地位，特别是在家族企业情境下，影响家族价值观的支配地位。

1. 集体主义（collectivism）与个人主义（individualism）

影响家族企业社会接受度以及家族企业内部传承的一种重要文化价值观是社会的集体主义程度。集体主义文化（如巴西、菲律宾、巴基斯坦和希腊等）偏好紧密联系的社会关系网，亲戚、家族或其他内群体（in-group，指凝聚力很强的群体，或称"圈内人"）为成员提供终身保护，以换取成员对该群体的绝对忠诚。与之相反的是个人主义文化（如美国等），它强调个人权利、言论自由，为了实现个人自由和个人目标可以不顾集体的需求。集体主义文化有利于家族企业的延续，尤其是下一代家族成员希望接管父母创办的企业时。

2. 权力距离（power distance）的高低

权力距离是指社会中地位较低的个体对权力分配不平等的接纳程度。在高权力距离社会中，人们更有可能遵守等级制度，不需要进一步证明等级制度的合理性。在低权力距离社会中，人们倾向于平等地分配权力，而人们之间的权力不平等则需要更多的解释。

例如，通常认为巴基斯坦是一个高权力距离社会。Afghan 和 Wiqar（2007）描述了巴基斯坦的家族价值观，并指出了其中的权力距离：

在家庭等级结构中，父亲是一家之主，长子比次子在决策上有更多的发言权。子女应该尊重和服从父母，不能质疑他们的权威。家族长辈（buzurg），如祖父母或外祖父母，被认为是明智的、经验丰富的，理应受到尊重。兄弟姐妹不鼓励彼此之间的竞争，而是从小就被教导要互相尊重。

在高权力距离社会中，下一代通常必须以父母的成就为荣，例如，通过接班家族企业来实现对长辈的尊重。

3. 家庭价值观

在涉及家族的社会价值观方面，价值体系的国际差异非常显著。基于世界价值观调查（World Values Survey）数据，图 10.3 比较了所选取国家的两种家庭价值观，即就

图 10.3 全球范围内的家庭价值观

数据来源：World Values Survey，2010—2014

个人而言家庭的重要性，以及个人想让父母为其自豪的渴望。

图 10.3 显示了在世界各地，家庭作为一种社会类别的重要性。有趣的是，在个人想让父母感到自豪的渴望这方面，各国之间存在着显著差异。家庭对很多人来说似乎是重要的，但这并不意味着家庭重要性在具体含义上是一致的。例如，科威特人不仅重视家庭的日常生活，孩子也非常重视让父母为自己感到骄傲。与科威特人相比，新西兰人同样重视家庭，然而，考虑到个人主义价值观在这个盎格鲁-撒克逊国家的普遍性，新一代新西兰人似乎并不太在意父母的期望，脱离父母似乎和重视家庭同等重要。

深入研究家庭价值观国际差异的一种方法是，研究性别刻板印象（gender stereotype）。相对于其他偏见，性别刻板印象能够颇具洞察力地指出不同国家对家族企业"最好"接班人的不同偏好。在世界价值观调查中，受访者被问及是否同意以下观点："总体上看，男性比女性更适合做企业高管。"完全同意这一观点的受访者比例如图 10.4 所示。

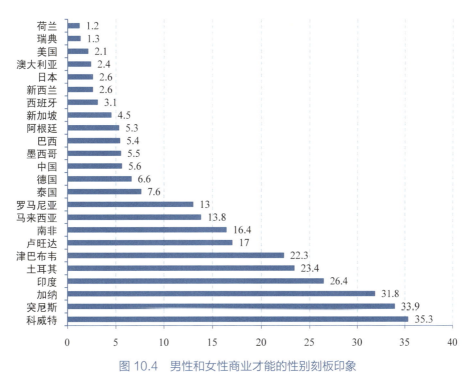

图 10.4 男性和女性商业才能的性别刻板印象

注：回答"完全同意以下观点"的受访者比例："总体来说，男性比女性更适合做企业高管。"
来源：World Values Survey, 2010—2014

基于以上结果，我们或许会好奇，以性别来划分企业家的做法让排在榜单下方的国家在经济发展上损失了多少。

上述讨论并没有试图囊括全部的家庭价值观。相反，上述讨论提醒我们，家族企业是在价值体系差异很大的不同国家和社会中运作的，这些价值体系对家族企业如何运作以及如何传承有着重要影响❼。

10.4　理解家族企业的人际动力学：系统观点

为了理解家族企业中的人际动力学——特别是冲突模式及其可能的解决方案——我们需要回到家族企业三环模型（见本书第2章）。在三环模型中，我们将家族企业视为由多个子系统组成的整合系统。在家族企业中，家族、企业和股权这三个子系统是紧密联系在一起的，每个子系统对于整个家族企业系统而言都是不可或缺的[在系统论中通常称之为"结构耦合系统（structural coupled systems）"]。

以上三个系统的并行存在引发了很多问题，因为这三个系统是依据不同的逻辑来运行的。这些逻辑的不同具体表现为成员资格（进入和退出系统）、沟通风格和渠道、公平原则、决策原则和行为原则等方面（如表10.2所示）。在个人重要性、回报方式和时间尺度等方面，这三个系统的逻辑也存在明显差异。

表10.2　家族、企业和股权系统的逻辑

	家　族	企　业	股　权
成员资格	出生、婚姻、收养、离婚、死亡	申请、聘任、晋升、解雇	传承、收购、出售
沟通风格	情感式沟通：非正式的，任何内容，包容	决策式沟通：根据制定战略决策的职责和能力，进行分等级的、有选择性的沟通	法律式沟通：根据股权的集中度，进行正式的、有选择性的沟通
沟通渠道	口头	战略规划	法律合同
公平原则	平等、需求	公平（基于绩效）	平等、合法
决策原则	辈分	经济价值	少数服从多数
行为原则	团结	竞争	权威
个人重要性	体现在各个方面	与企业业绩相关	与股权比例相关
回报方式	爱情、亲情、认同	企业业绩	所有权/投票权、股东价值、股息、金钱
时间尺度	长期（数代）	短期（数月）	中期（数年）

来源：改编自 Groth 和 von Schlippe（2012）。

例如，在家族系统中，平等是通过请求帮助、表达感谢、关心宽容来建立的。相反，在股权系统中，它通常涉及资金的转移。家族成员在沟通中往往是包容的，谈论的内容只是为了确认家庭成员之间的关系，并且彼此保证一切是有序的（von Schlippe 和 Frank，2013）。可见在家族情境中，个人在各个方面都很重要。

相比之下，企业系统则更具选择性。沟通的目的是为了发现能够产生最大经济价值的战略。此外，沟通的结果会以战略规划的形式来正式确定和阐明。个人只在发现及追求具有经济前景的战略计划时才有意义。因此，在沟通主题、衡量结果和人员晋升等方面，企业系统比家族系统更有选择性。

股权系统则与决策制定的相关性较弱，它更关注建立和执行具有法律约束力的协议，规定谁在企业内拥有何种地位和权力。这使得沟通方式更加正式（例如，合同和契约等），通常包括个人权利和义务，以及不遵守双方议定原则的法律后果。

最重要的是，公平原则在这三个系统中是不同的。在家族系统中，平等原则占主导地位，这在以团结为导向的关爱团体中是很典型的。企业系统适用的是绩效原则，贡献更大的人应该有更多的发言权。在股权系统中则是，股东在其资产类别内遵循法律原则，并受到平等对待。

因此，这三个系统中能接受的合法行为大不相同。在家族系统中，团结是指导行为的原则；在企业系统中则是最佳业绩原则；在股权系统中情况更复杂，依据股权状态而定。因此，这些相互冲突的公平原则、行为原则和期望在家族企业中并行存在，这在一定程度上解释了家族企业情境下互动和关系的复杂性。

10.4.1 处于冲突和模糊标记中的系统

系统理解家族企业需要承认以下事实：家族、企业和股权的结构耦合系统会产生误解，在家族企业这一整合系统中的不同人员之间会产生冲突。由于这三个子系统是同时存在的，因此人们很难识别在特定情况下哪种行为是恰当的。

这个问题在家族企业中非常严重，因为家族企业不会自动告诉你此时正处于哪个子系统之中。这种模糊背景对个人而言很具有挑战性，因为日常生活中我们面对的社会情境没有那么模糊。我们工作时，商业逻辑占主导地位；我们回家后（地理位置上通常远离工作地点，回家后可能会换衣服）则会意识到适用于与工作情境下不同的行为规范（情境标记；Bateson，1972）。作为生活在高度分工社会中的个体，我们很容易理解自身所处的情境——工作或是生活。因此，我们通常很容易理解特定情境下的游戏规则。

在家族企业情境下，没有清晰的标记指示我们正处于哪个子系统，因此，我们很难理解哪种行为是恰当的，这很容易引起误解、不公平感，最终导致冲突。事实上，在许多控股家族中，企业事务都是在餐桌上讨论的。Simon（2002）举了另一个例子："如果你在公司里遇到了父亲兼老板，你不知道他现在是慈爱的父亲还是严厉的老板。如果他扮演一个角色时脸上有红点，扮演另一个角色时脸上有绿点，那么分辨起来就容易多了。"家族企业情境通常是模糊的，这是因为人们所扮演的角色（例如，家族成员、经理人、股东等）在特定情况下是无法察觉的或是模糊的。一家墨西哥家族企业的极端例子生动地说明了这一困境。一对母子同时出席家族企业董事会。母亲是董事长，儿子是CEO。会议开始时母亲问儿子："你刷牙了吗？"这种对话在家庭情境中可能是正常的，但在企业情境中则是不合适的。

一个误解

圣诞节后，父母跟儿子及其未婚妻说："我们希望你们将来接班爸妈经营了30年的酒店。"年轻人第一次听到这个消息，非常高兴。4周后，他们带着一份详细的商业计划书回到父母身边。他们简要介绍了下一步的发展战略和阶段性目标，以及逐步移交企业控制权的建议。父母感到深受伤害："你们怎么敢主动夺权？"这反过来又让下一代感到困惑，因为他们没有意识到自己犯了错误。双方都认为对方的行为是"错误的"，甚至是"不正常的"。双方受到的伤害和误解都很深，导致他们需要外部专业人士的帮助。过了一段时间后，双方都明白他们是从不同情境出发来沟通的：父母是在"家族"情境下提出的，他们期望得到下一代的感激和接班意愿；而年轻人则是在"企业"情境下提出的，他们看到了机会并期望能参与其中。双方都是"正确的"，但基于不同的系统逻辑。

来源：von Schlippe 和 Frank（2013）

因此,某句话或某个行为的含义和适当性应取决于它所处的情境。von Schlippe 和 Frank（2013）提出了以下观点。

> 当情境标记不同或模糊时（显然这取决于发生在家族逻辑、企业逻辑还是股权逻辑之中），解读同一种行为可能会产生混淆和冲突。在一种逻辑中被认为是正常的，在另一种逻辑中可能就会被认为是疯狂的。

因此，家族系统、企业系统和股权系统的重叠意味着，同一句话放在不同的子系统中会产生不同的理解。

10.4.2　沟通扭曲的挑战——"谁在说话？"

由于这三个子系统是同时存在的，而它们各自的运作原则互不相同，因此很可能产生混淆、误解，以致最终发生严重冲突。一个人作为家族成员角色的发言，可能会被其他人视作经理人或股东的角色来接收信息。例如，父亲自认为是关心孩子的家长，他希望教儿子如何经营公司。然而，儿子可能会解读为父亲看低自己，没有把自己看成企业家。同样，儿子以未来的经理人-股东角色说，他觉得父亲没能完全理解最近投资的技术细节。父亲可能会理解为，儿子传达了不尊重自己的信号。总之，一个人可能同时戴着三顶帽子，每个子系统是一顶帽子，但他在说话时究竟戴的是哪顶帽子并不总是清晰的。因此，当双方不在同一系统中进行沟通时，同一信息的发出方和接收方可能会彼此误解，这时就会产生沟通扭曲（skewed communication）。图 10.5 表示，当人们不在同一子系统中进行交流时，就会发生沟通扭曲，他们在不同子系统之间发生了沟通错位，意识不到其中产生的误解。

如果双方澄清彼此谈话的情境，就能够避免误解。从实践角度来看，这是很重要的，因为当双方意识到对方不是"坏的"或"疯的"，而只是从不同子系统的角度出发时，他们就能增进对彼此的理解（von Schlippe 和 Frank，2013）。

综上所述，系统论有效地揭示出家族企业中的人际关系，以及产生误解的根本原因。同时，它也引导我们找到克服这些问题的方法。我们总结如下：

（1）某一对话或行为的含义取决于解读时所处的子系统情境。

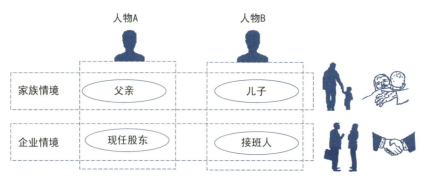

图 10.5　横向沟通与扭曲沟通

（2）在家族企业中，三种子系统情境是同时存在的，即家族情境、企业情境和股权情境。每个情境都是不同的，甚至有时是对立的，包括成员状态、沟通风格、沟通渠道、公平原则、决策原则、行为原则、回报方式和时间范围。

（3）通常，情境标记（例如，在家还是工作）为人们提供了系统情境的信号，引导他们做出恰当的解读和行为。

（4）家族企业中的情境标记有时是缺失的或模糊的，因为人们身兼家族成员、经理人和股东等多重角色。此外，家族和企业在时间上和空间上通常没有明显的分隔。

（5）当讨论或决策后果与特定情境的内在规范相一致时，家族关系就会更加公平、有效。

工作坊：让人们意识到引起误解的系统性原因[8]

为了澄清"谁在说话"，让身处企业中的家族意识到误解的存在，一个有效方法是举办角色扮演工作坊。每位家族成员都有 3 把椅子可坐，分别代表着家族成员、经理人和股东这三种角色。家族成员坐在哪把椅子上，就有义务扮演这个角色，运用相应的逻辑进行讨论（例如，语言、论述、公平原则；参考表 10.2）。

例如，如果所有参与者都坐在家族椅子上，那么就需要在论证中使用家族逻辑。大家以同样的"语言"进行沟通，就会产生建设性对话。当然，所有参与者都可以更换椅子，例如，坐在经理人或股东椅子上，然后分别以经理人或股东身份展开对话。

工作坊还可以改变形式，让一位家族成员坐在经理人椅子上，另一位家族成员坐在家族椅子上，随后进行对话。这种体验会让家族成员理解产生误解的原因。

10.5 公平感（justice perception）

家族内部分歧是一种普遍现象，也是家庭生活的正常组成部分。尽管在不同家族中，甚至同一家族在不同的时间点，分歧引发冲突的程度以及如何解决分歧也会大不相同。公平感差异是造成家族内部矛盾的重要原因。特别是家族成员感受到不公平时会加剧对彼此的敌意和愤怒（Fondacaro、Jackson 和 Luescher，2002）[9]。随着时间的推移，这种愤怒和敌意可能会造成有害的家族氛围，表现形式是冲突水平高、凝聚力低。反之，高家族冲突和低家族凝聚力往往会引发家族情境中内部和外部的种种问题。

家族企业尤其要关注公平，避免发生不公。我们将在后面讨论，在企业中被认为是公平的，在家族中不一定会被认为是公平的。此外，在转型与变革期（例如，父母将企业传给子女时），身处亲密关系中的人们会更加关注公平问题（Fondacaro、Jackson 和 Luescher，2002）。因此，公平感是控股家族中关系动力学的重要触发点，尤其是当传承发生时。为了理解不公平所导致的家族冲突，我们首先要区分以下的三类公平：分配公平（决策结果的公平性）、程序公平（决策过程的公平性）和互动公平（在决策过程中人际对待的公平性）[10]。

10.5.1 分配公平（distributive justice）

分配公平是指一项决策是否公平取决于该决策的结果。在这种分配观点下，人们从以下三项原则中选择其一来确定某个方案是否公平，即公正性（equity）、均等性（equility）和需求性（need）。

1. 公正性：企业的公平原则

分配规则的公正性是指某项解决方案是否被视为公平，并不主要取决于结果的绝对值，而是取决于自身投入与产出的比率。个体会把自己的比率同他人的比率进行比较，通常是职位相似的同事，或从事同样工作的人。如果自己的比率与比较对象的比率相一致，那么个体就会感到公正，认为自己所处的环境是分配公平的。

尽管这种对公平的理解符合商业世界中通行的效率观点，但在实践中往往也会存在问题。产出与投入是否成比例的结论，只有在参考点存在时才能得到，而这个参考点是由他人的产出和投入是否得出的。此外，个体之间对投入和产出的定义也存在着显著差异。例如，女儿忠诚地遵守父母的意愿，参加某个教育项目，为她在公司的内部工作做准备。她可能会认为自己的教育是有价值的，能够使自己顺利成为接班人（产出）。然而，从他人角度来看，完成教育项目并不能算作有价值的投入，可能只是因为此人缺乏实务经验。因此，许多贡献可能在主观上属于投入，例如，技能、努力、教育、经验、年龄、性别、种族背景和出生顺序。产出的判定也有不同的主观维度。在企业情境中，我们可能会考虑增长、利润、股息、企业文化、客户满意度和就业创造。总之，公正性以及个人投入产出的公平感在实务中经常会引发争议。

尽管存在着上述缺陷，但分配公平的公正性视角在企业中还是获得了广泛接受。产出与投入相匹配的观念符合资源分配的效率和效果。公正性观念得以反映到许多薪酬制度中，以奖励个人投入的产出。

2. 均等性和需求性：家族的公平原则

根据均等性原则，分配公平是指在人们之间平均等额分配成果，而不考虑投入或需求。这一原则往往是善意的，特别是对于关爱孩子的父母而言，他们希望避免对孩子有任何歧视，但问题在于，均等性原则没有考虑到不同的偏好和需求。

按需求性进行分配的原则试图解决这个问题，那些更需要帮助的人将会得到更多。例如，由于身体上的问题，一个孩子可能会比另一个孩子更需要关注和支持。在这种情况下，父母对这个孩子给予更多的关注和支持在家庭中被认为是合理的，即使这种支持是以损害其他孩子的利益为代价的。按需分配资源往往需要妥协，其目的是调和个体差异，最终实现均等分配的目标。例如，对继承的研究表明，均等性原则往往是默认的公平原则（Drake 和 Lawrence，2000）。因此，均等性是家族情境中默认的公平原则。

> **案例研究**
>
> ## 谁应接手家族企业——应用分配公平原则
>
> 安妮、鲍勃和卡拉这3个孩子都希望成为家族企业的下一任股东-经理人,但他们的理由各不相同。安娜已获得MBA学位,通过在家族企业之外的工作历练已经证明了自己具有成功领导复杂组织的能力。鲍勃需要这个职位,因为他没有一份具有同等社会地位和收入的工作。卡拉过去几年一直在家族企业中工作,为企业的成功业绩做出了贡献。谁应该成为接班人?
>
> 答案因采用的公平原则而异。如果我们运用公正性原则,可以想到两种解决方案:一是安娜接班,通过管理,企业获得最大收益(功利主义观点);二是卡拉接班,因为她的贡献最大(亚里士多德式解决方案)。如果我们运用需求性原则,那么接班人将是鲍勃,因为这将减少兄弟姐妹间的不平等。从均等性视角来看,只有在三兄弟姐妹都平等参与企业的情况下才能实现公平。
>
> 因此,对于公平原则的不同解读将导致不同结果。所有这些结果都是有依据的。
>
> 我们从这个案例中学到以下几点:
>
> (1)公平感存在竞争性。选择一项公平原则总会与另一项公平原则相悖。多项公平原则可以同时存在,在家族企业中尤其如此。
>
> (2)尽管家族企业通常建议使用公正性原则,但是这一原则往往没有我们预期的那么有效。如果我们只寻找最有利的投入产出比,那么安娜和卡拉都可以获得这个职位。
>
> (3)如果我们对公平方案的理解存在着根本性错误,那么在没有经过公平决策过程的情况下选择某种解决方案,就可能会导致严重的家庭不和。

10.5.2 程序公平(procedural justice)

对于分配公平而言,人们只关心决策过程的结果。然而,人们通常同样关心结果产生的过程中,他们是如何被对待的。如果人们有机会在结果产生的过程中表达自己的观点和感受,而且这个过程是一致的、避免偏见的、基于准确信息的,他们就更有可能认为该解决方案是公平的。符合程序公平的解决方案,在程序上必须满足以下五项标准。[1]

（1）决策程序在任何时间对任何人都是一致的；

（2）避免偏见——在决策程序中避免个人的偏见和私利；

（3）在决策过程中确保搜集和使用准确的信息；

（4）符合个人或公认的伦理和道德标准；

（5）考虑受此决策影响的所有相关群体的意见。

因此，公平的过程意味着人们认为他们的意见在整个决策过程中都是被尊重的——从问题的提出到最终的决策。例如，在传承方面，家族企业可以在特定的决策过程中定义每项标准的含义。将重要的利益相关者排除在决策过程之外将会危及程序公平。因此，确保程序公平的一个重要因素是，确定谁将参与决策过程的哪些部分。此外，如果某些群体被排除在外，就必须做出公开透明的解释（Heyden、Blondel 和 Carlock，2005）。

10.5.3 互动公平（interactional justice）

互动公平反映了如下观点：敏感性、坦率性和正当性可以让人们在面对不利结果时感觉更好。熟人之间（例如，家人等）希望以礼相待、顾及尊严、尊重彼此，他们希望决策者（例如，其他家族成员或顾问）不要发表不当的、尖刻的意见。此外，如果人们不诚实、不坦率，或者没有全面地、及时地解释（例如，为什么要用某种决策程序，或为什么会采用特定的方式进行分配），在任何决策中都是危险的，尤其是在熟人之间。

瑞士某家族三次内部传承中的程序公平和互动公平

Nicole Faessler（2014）在研究瑞士某家族三次内部传承中的公平性时发现，程序公平和互动公平对家族冲突而言非常关键。一位下一代家族成员说："在某些情况下，大家的情绪会异常激动……不得不坐在一起彻底讨论所有的问题，直到一切都得到解决为止。"

> 一位在传承后没有在家族企业中任职的家族成员强调了沟通的作用:"沟通永远是至关重要的。你必须和别人和睦相处,必须把问题摆在桌面上讨论,而不是让每个人都走开,各行其是"。对于家族来说,传承过程中的互动有很多方面:"有时是唇枪舌剑,有时是激烈冲突……然后你只需让局面冷静下来……有时是通过强硬态度,有时是通过与大家围坐桌旁讨论问题。有时则需要收起来避而不谈。"
>
> 另一位家族成员提到,尽管他本人没有参与传承过程,但他对自己能随时了解到各种财务数据和讨论心存感激,因为他总是知道发生了什么事,也明白其他家族成员在讨论什么。他也可以非正式地与父亲谈话,了解自己想知道的事情。
>
> 家族成员们还强调,他们非常认同传承过程中的某些正式程序,例如,规范的会议记录和签署协议的程序。
>
> 有趣的是,有些家族发现最好的做法是建立家族传统,作为解决冲突的指导原则。例如,某个家族的传统是,只有在企业内部工作的家族成员才能获得股份,这一原则使各家族成员免于无休止的讨论。

10.5.4 家族中程序公平和互动公平的重要性

为了解释程序公平和互动公平对于分配公平的相对重要性,我们可以结合以上家族案例进行讨论,该家族需要规划如何将家族企业从上一代传给下一代。由于企业是由股东管理的,家族需要从管理权、股权及财富等多个层面上解决传承问题。对家族长辈来说,最重要的是找到对各方(特别是对所有子女)都公平的方案。许多父母需要一种既能维护家族团结,又能避免冲突的解决方案。

在许多家族案例中,不太可能设计出一种均等对待所有子女的解决方案(即所有子女都能从父母财富中获得相同的份额)。家族企业通常是家族财富的最大组成部分,但是股权往往不适合分割成多份(给子女),特别是对于规模较小的企业而言。分散的股权使企业管理的复杂度急剧增加(股东的目标各不相同),并减弱对股东-经理人的激励,因其必须与所有其他股东分享创造的价值。另外,企业采用的法律形式(如独资企业)在法律上也可能不允许分割股权。

因此,从分配公平的视角来看,传承方案往往会导致财富分配不均,倾向于偏袒继续涉入企业管理的子女。通常,这种不均等的分配方案是基于公正性原则的,理由是接班人留在企业内工作，比兄弟姐妹付出更大、贡献更大，具有合适的教育背景和经验，或在企业接班上承担更大的风险。从分配公平的视角来看，传承往往采取妥协折中的方式，兼顾公正性、均等性和需求性。

然而，即使传承在某种意义上看可能是扭曲的（因其违背了通常在家庭情境中普遍存在的均等分配准则），但如果能采取程序公平的方式，也可能会被不得势的家族成员所接受。许多研究成果表明，程序公平和互动公平比分配公平更重要（Fondacaro、Jackson 和 Luescher，2002）。显然，当人们与圈内人（如亲密的家族成员）打交道时，特别习惯于考虑程序公平和互动公平。在解决家族内部纠纷，特别是父母与子女之间的纠纷时，如何对待家族成员往往比结果更重要。

这一发现对于家族企业至关重要。与其仅关注分配问题，例如，谁将获得企业的股权和管理权，还不如制定满足分配公平的决策流程。此外，不尊重他人、阻止他人发表意见及获得信息，肯定会造成不公平感，而这种感觉将会导致愤怒和冲突。

通过程序公平或互动公平的方式解决问题，即使最终达成的结果不均等，通常也不会造成不良影响。只有不公平的程序和互动，才会导致消极反应和对结果的不满。我们来看图 10.6，它反映了参与决策制定过程的各方可以接受的问题解决方式。

图 10.6 包含了一些关键信息。如果决策程序和各方互动是公平的，那么即使分配结果不公平，仍然是可以接受的。因此，在处理冲突时，重点应放在确保程序公平和人际尊重方面，特别是对当事各方而言分配结果不均等时更要如此。

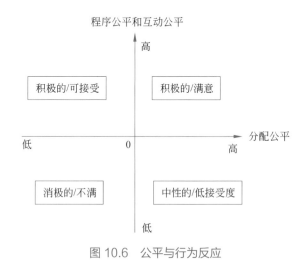

图 10.6 公平与行为反应

来源：Faessler（2014）

案例研究

家族财富的公平分配

这个案例是关于一个父亲和两个儿子的非上市家族企业。关于家族企业的公平分配，儿子 A 说："我在企业中工作，我把企业做大了，我应该接班。"儿子 B 争辩道："我对接班不感兴趣，但是我希望得到公平对待，因此，我希望得到与哥哥同等价值的股份。"虽然儿子 A 的论点更符合企业情境下普遍存在的公正性原则，但是儿子 B 强调均等性原则，这在家族情境中是很常见的。因此，两者都提供了在家族企业情境下的合理论点。

需要注意的是，如果儿子 A 和 B 没有血缘关系，也没有父母参与，那么这个讨论将会完全不同。假设父母是企业的卖家，而儿子 A 和 B 是潜在买家。在这种情况下，无论是儿子 A 提出自己贡献的论点，还是儿子 B 要求均等待遇的主张，都没有多大的合理性，决定标准很简单，就是谁的出价最高。

还要注意的是，如果家族财富不与企业挂钩，而仅仅是一笔钱，那么情况就会简单得多。然而，由于家族企业通常是家族财富的最大组成部分，而且企业大多未上市，因此要想均等分割家族财富往往是很困难的。

在这种情况下，家族会试图找到一个折中方案，因为儿子 A 有意继续经营企业，家族决定将控股股权分配给儿子 A，而儿子 B 则获得少数股权。该家族还考虑过另一个方案但最终没有采纳，就是给两个儿子相同数量的股权，但让儿子 A 拥有优先投票权。

为了弥补家族财富的分配不均，儿子 B 获得了其他资产，包括现金和房地产，以便尽可能地实现家族财富的平等分配。然而，进一步核查可知，儿子 A 显然得到了比儿子 B 更有价值的资产。

鉴于在家族企业传承时很难找到公平的解决方案，许多家族采取了终极方案——出售企业。分配金钱比分配企业更容易。尽管这种做法对于家族企业传承可能是灾难性的，但可能是保持家族团结的终极选择。

思考题

❶ 作为家族企业顾问，你被请来化解兄弟之间关于家族企业公平分配的纷争，你打算怎么做？
❷ 你会给这个家族提供哪些方案？这些方案各自的优势和劣势是什么？

10.5.5 不公平感（injustice perception）及其后果

不公平感（或不公正感）是摧毁家族企业的主要因素之一。这是因为不公平感会引发敌意、愤怒、不信任，有时还会导致极端行为，随着时间的推移会造成有害的家庭氛围，其特征是高冲突水平和低凝聚力。然而，值得注意的是，如果决策过程中实现了程序公平和互动公平，那么即使解决方案从分配角度来看是不公平的，也仍然是可以接受的。

不公平感将产生持久的影响，而绝不只是转瞬即逝的情绪。青少年很容易回想起他们受到不公平对待时的情形。事实上，在不公平事件发生很久之后，人们仍然能够清晰记起，甚至可能会在家族中代代相传。相反，以公平方式解决家族问题将有助于家族，其特征是低冲突水平、高凝聚力、合作、信任、互惠和心理健康（Fondacaro、Jackson 和 Luescher，2002）。

不公平感不但会使感到回报不足的人产生情绪反应，也同样会使感到回报过高的人产生情绪反应。回报不足的人很容易愤怒，而回报过高的人则很容易内疚。情绪将促使人们试图降低不公平感（Adams，1965）。因此，过度激励的人会有负罪感，倾向于增加投入（例如，更努力工作）或减少所得（例如，限制工资），同时接受以下事实：即回报不足的人可以投入更少（例如，"搭便车"）或得到更多（例如，工资更高）。

相比之下，那些没有获得足够回报的人会感到愤怒，他们可能会寻求一种镜像策略（mirroring strategy）来解决心中的不公平感，例如，减少努力。我们举例来说明。两兄弟从父母手中接管了家族企业，其中哥哥觉得自己受到了不公平对待，因为他只获得了一份次优的工作，而弟弟则被任命为 CEO。哥哥可能会减少自己的努力程度，因为他认为自己有权得到更好的待遇。他还可能会提醒弟弟获得了过高的回报，因此，弟弟必须更加努力工作，以证明自己配得上这种优厚待遇。哥哥也可能会要求限制弟弟获得的分红[12]。

总之，公平感在家族企业中非常重要，尤其是在传承情境下。不公平感会导致负面情绪、降低家族效能以及产生行为失调（回报过低和回报过高的个人），而这些都会严重影响企业的有效运转。

> ### 弗雷多（Fredo）效应
>
> 弗雷多是美国电影《教父》中考利昂（Corleone）家族的二儿子。他极度缺乏安全感，不太聪明，被认为是家里三个儿子中最弱的。由于弗雷多被视为家族的害群之马和失败者，他被剥夺了领导角色，并被迫离开家族主要业务而被流放到次要业务。弗雷多在家族企业的传承过程中被忽略，深受伤害，于是他打破了组织规范，追求奢华的生活方式，甚至背叛了自己的兄弟。
>
> Eddleston、Kellermanns 和 Kidwell（2013）在研究"弗雷多效应"的有趣论文中提出，许多家族在经营企业时都不得不面对弗雷多角色。弗雷多在家族企业中的存在，不仅会破坏家族氛围，还会对家族企业产生破坏性影响。
>
> 这三位学者认为，父母通常对这些孩子非常宽容，对他们的信任超出合理范围。家族对弗雷多宽容的一个可能原因是，其他家族成员（尤其是父母）感到内疚，因此他们给了孩子本不应得到的奖励，并溺爱他们。"问题在于，继续奖励弗雷多们而忽视他们的破坏性行为，将会导致更多的问题：孩子权力意识增强、家族企业内部冲突加剧等。由于家族中存在弗雷多，生产效率和团队合作方面出现了更多问题。"（Kidwell 等，2013）因此，弗雷多效应可以被视为一种公平恢复机制的结果，这种机制源自父母对分配不足的孩子心怀负罪感。

10.6　为什么家族企业是冲突的温床

分歧和冲突是家族中普遍存在的现象。家族无论大小与贫富都经历过冲突，我们将"冲突"定义为各方之间感知到的不相容或意见分歧（Jehn 和 Bendersky，2003）。媒体上充斥着各种家族企业中或多或少的明争暗斗。我们可能会好奇，为什么家族企业会成为冲突的温床？本章将从系统论视角及家族企业公平视角进行探讨，为回答上述问题奠定基础。在本节中，我们将全面阐述家族企业中的冲突。

1. 逻辑不同的多个系统相互交织

如前所述,家族系统、企业系统和股权系统都有自己的内在逻辑。挑战在于,这些逻辑对什么是恰当的行为做出了相互矛盾的判断。详细内容请参阅本章 10.4 节。

2. 缺失或模糊的情境标记

因为同一个人在家族企业中同时扮演着多重角色(例如,两兄弟同时担任联席 CEO),所以人们很难确定应当采用什么逻辑来解读特定的对话或行为(例如,究竟是在家族逻辑中还是在企业逻辑中)。在一个逻辑中恰当的行为在另一个逻辑中可能就是不恰当的。

3. 人际动力学的溢出效应

工作与家庭生活之间的界限消失了,将促使行为从一个系统向另一个系统外溢。在积极情形下,有效的行为可以从家族溢出至企业;反之亦然。例如,家族冲突管理的有效解决方案也为公司治理提供了良好基础(Sorenson,1999)。但不幸的是,不良行为也可能会渗透到其他系统中。

4. 不可预见的冲突类型

与任何家庭一样,企业中的家族成员容易产生各种心理特征,例如,兄弟姐妹之争、孩子追求独立的渴望、婚姻不和及身份冲突等。非家族企业则不会受到这些影响。这些冲突严重干扰了企业系统,因为它们无法通过在商学院学习的管理知识加以控制。

5. 拥有高度非正式权力的家族成员

有些家族成员即使没有很高的正式职位,但是由于家族纽带关系,也可以行使非正式权力。家族成员行使的权力往往能够超越企业组织内的角色和职位所拥有的权威(Sorenson,1999)。例如,作为企业创始人的祖父母或父母,退出企业后不再拥有正式的决策权,但他们仍能对企业的高层决策施加影响。

6. 内部信息

家族成员有获得企业内部信息的渠道。这些信息为他们在组织中提供了一定程度的影响力，可能会将决策引向投机主义的方向。

7. 跨越时间和领域的持续冲突

冲突可能对家族企业尤为有害。家族成员之间的冲突往往会随着时间的推移而持续，因为在工作之中和工作之外，家族成员都会不可避免地发生大量、反复的互动（Eddleston 和 Kellermanns，2007）。有时候，家族冲突的故事甚至会通过家族讲述代代相传。

8. 退出成本高昂

除了夫妻式家族企业，其他类型家族企业中的成员几乎不可能离开自己所在的家族。从经济角度来看，退出家族企业可能代价高昂，因为家族企业股权市场的流动性不足。因此，家族股东退出时所持股份的价值会下降。此外，出售股权和离开企业可能也意味着要斩断家族纽带。

因此，家族企业不仅是孕育冲突的肥沃土壤，同时也提供了极具破坏性的冲突环境。

10.7 冲突类型

由于人们的世界观、人生观和价值观互不相同，冲突在社会生活中不可避免。为了更好地理解冲突的破坏性效应和建设性效应，我们将冲突分为两类，即关系冲突和任务冲突。

10.7.1 关系冲突（relationship conflict）

当人际感情不和时，就会产生关系冲突，通俗地说就是"对人不对事"。此类冲突往往反映了性格、观点及偏好的差异（例如，宗教、政治、品位等；Jehn 和 Bendersky，2003）。两个人之间的关系冲突包括不断的争吵、尖刻的评论、无情的嘲讽或由于不喜欢对方而无法交谈。

关系冲突是一种功能失调的冲突形式，包括情感因素，如烦恼、挫折、个人仇恨、感情不和及恼怒等。关系冲突充满了情绪，通常包括人际冲突，其特征是愤怒、怨恨和担忧（Eddleston 和 Kellermanns，2007）。在这些情况下，往往要将时间花在人际关系方面，而不是花在技术以及决策任务上。此外，关系冲突经常与工作努力相冲突，因为它把本应倾注于工作上的努力转向减少威胁、注重政治和建立联盟等组织内耗上。关系冲突还会影响注意力集中、创造性工作和信息处理。因此，个人绩效和团队绩效都将受到影响。

对于企业来说，关系冲突会导致各种紊乱，影响业绩。这种冲突在家族企业中尤其具有破坏性，因为家族成员之间的关系冲突往往会随着时间的推移而持续，并延伸至企业最高决策层（请参见本章10.6节）。

家族企业中关系冲突升级的典型模式和动因[14]

（1）三角模式。在这种冲突模式中，第三方卷入了最初发生在双方之间的冲突。例如，一方可能选择通过第三方而不是直接与对立的另一方对话，但随后与第三方发生了冲突。与第三方的冲突对内部各方具有整合效应，内部各方也可以联合起来对抗第三方。三角模式也可能是指冲突双方（如两个兄弟）试图让第三方（如母亲）站在自己一边，从而建立反对另一方的联盟。通常，顾问被视为第三方角色。

（2）投射模式。投射发生在人们把自己的愿望（职业选择、能力、行为和态度）强加给别人时。最常见的情况是父母把自己的愿望强加给孩子。通常情况下，个体的反应要么是适应与妥协，要么是逆反。

（3）认同和区分。认同可能会导致极端的模仿，例如，儿子想要与父亲一样。这样的尝试通常注定要失败，因为人与人天生就是不同的。在区分的情况下，则会发生相反的行为，人们不惜付出任何代价以变得与他人不同。

（4）分裂和联结。人们试图在一个群体中制造分裂，如在家族中形成一种"我们与他们"的对立氛围。极度分裂同时具有分裂和联结的效应。一方面，人们由于冲突的派别而产生分裂；另一方面，又形成了紧密的联盟，激发了战斗欲望。正是分裂的联结效应导致了群体冲突升级。

（5）否认。人们在否认时往往不愿面对事实。与其被承认事实的情绪所压倒，不如否认事实。否认是一种短视、脆弱的方式，它试图维持一种特定的世界观或群体模式。

（6）妖魔化。不断升级的关系冲突可能会导致妖魔化对方，因为只有这样才能解释对方的行为。人们往往会在妖魔化时把对方描绘成愚蠢的、邪恶的或有问题的。

上述清单并不完整。例如，我们还可以添加不同程度的攻击（从语言讽刺到身体攻击）。我们只是为了说明典型的冲突模式及其源头。

10.7.2 任务冲突（task conflict）

任务冲突也称为认知冲突，指的是组织成员之间对所执行任务的不同意见，包括不同的观点、想法和见解，通俗地说就是"对事不对人"。员工通常把这些冲突描述为"工作冲突"、"工作分歧"和"任务问题"（Jehn 和 Bendersky，2003）[13]。换言之，任务冲突体现了对这家企业的恰当行为和战略的不同看法，包括推进执行的合理速度、财务数据的意义与重要性、治理规定的含义、战略计划和目标的内容与重要性等。

关系冲突和任务冲突之间最重要的区别在于，如果任务冲突能够形成更多的不同观点，防止过早达成共识，增加成员的参与度以提高决策质量，那么任务冲突就会有利于企业绩效（Kellermanns 和 Eddleston，2004）。一般来说，任务冲突可以优化决策流程，包括讨论执行哪些任务、完成哪些工作、采取哪种策略等（Jehn 和 Bendersky，2003）。Kellermanns 和 Eddleston（2004；2007）研究指出，任务冲突能够促进对问题的批判性评估，确保不会忽略更好的替代方案，同时考虑创造性解决方案。这对家族企业来说极为重要，因为家族企业往往会把核心竞争力发展为核心僵化力（core rigidities）。如果人们能够从不同视角考虑这些关键问题，而且能够透明公开地、不带情绪地讨论这些不同观点，就可以避免群体思维，最终达成共识。此外，任务冲突还能维护群体的身份和边界，作为一个安全阀，增加圈内人的凝聚力，建立和保持权力平衡，创建盟友和联盟。任务冲突能够促进关于工作的积极对话，从而促进学习。

尽管任务冲突有诸多积极效应，但它仍然可能是情绪化的，可能会引起各方之间的焦虑、紧张、对立和不适。这是因为个人对不同意见或对质疑自己观点的正常反应通常是不开心的，无论该冲突是否会带来好处（Jehn 和 Bendersky，2003），因此避免任务冲突的负面影响是至关重要的。

任务冲突对团队业绩和企业业绩的总体影响似乎与冲突程度有关（Kellermanns 和 Eddleston，2004）。事实上，只有适度的任务冲突才有利于高管团队的绩效。任务冲突程度过高的企业往往很难完成任务、达到目标；而任务冲突程度过低的企业往往会停滞不前，无法制定新的战略。在家族企业中保持适度的任务冲突尤为重要，因为家族和企业的利益经常会发生冲突，需要同时加以考虑。

对家族企业来说，最重要的是区分冲突的类型（见表 10.3）。在家族企业中，关系冲突可能会以极具破坏性的方式展开，没有明显的积极效应；但任务冲突则很重要，可能会对家族企业极具价值。只要人们能对事不对人、以任务为中心，避免将任务冲突升级到极端情况，家族企业就能从建设性的冲突文化中获益。

表 10.3 关系冲突和任务冲突

关 系 冲 突	任 务 冲 突
"我们不能互相容忍"	"我们对于哪条是最优路线的意见不同"
负面情绪	消极或积极的情绪，或没有情绪
退出、冲突、升级、攻击、破坏	与对方争论
破坏合作、和谐和团结	全面讨论可采取的行动
只在团队和企业层面产生负面后果	改善团队和企业层面的决策、创造力和绩效

10.7.3 任务冲突与关系冲突的联系

尽管关系冲突和任务冲突之间有着明显的区别，但我们发现这两种冲突类型也存在着重要的联系。例如，一开始还是建设性的任务冲突，随后也可能会变成个人恩怨，最终演变成激烈的关系冲突。另外，关系冲突可能会加剧任务冲突。例如，兄弟姐妹之间的关系冲突可以追溯到多年前，时不时地爆发，从而干扰企业的工作任务。因此，关系冲突会阻碍适度的任务冲突，使其无法发挥对企业绩效的积极效应。例如，关系冲突可能会阻止家族成员采用他人在处理业务流程上的有益方法。

值得注意的是，最简单的冲突解决模型假定人们的确是在为手头的问题而争斗

(Kaye，1991）。将这个模型应用于陌生人之间发生的纠纷可能是适合的，因为陌生人可能会侵犯彼此的权利，或威胁彼此的利益，但在夫妻、亲戚或长期业务伙伴之间则很少如此。事实上，任务冲突可以是伪装的关系冲突；反之亦然。

此外，关系冲突和任务冲突可能在一定程度上是合理的冲突形式，这取决于它们发生在家族领域还是企业领域。例如，涉及业绩争论的任务冲突在企业领域中是合适的。然而，在强调包容与和谐的家族领域，同样的争论可能就是不合适的。相反，某种关系冲突可能来源于家族领域的合理误解，但在企业领域中就不是解决分歧的有效方式。因此，更合理的做法是，因地制宜地区分关系冲突或任务冲突，从而解决分歧。

10.8 冲突动力学

冲突是关于某事、在某人身上发生的。换句话说，冲突总有一个主题，并且发生在特定的人际关系之中，这就是任务冲突和关系冲突之间的区别。然而，冲突的主题并不总是清晰的。如果能够详细描述冲突的主题，找到具体的问题或分歧点，通常是很有用的。在对冲突的主题进行描述之后，冲突就不太可能继续升级，因为对冲突主题的强烈情绪将会受到节制，可以进行事实性讨论。然而，除了主题和关系之外，冲突还有第三个关键维度——时间。

10.8.1 时间在冲突中的作用

Simon（2012）指出，冲突发生在当下，但它通常涉及过去与未来。当我们问"谁应当为现状负责"时，通常要通过回顾过去发生的事件来重建现实。人们可能会争论过去发生事件的时间顺序，因为对过去的理解使他们能够把现在的行为合理化。在对过去发生的事件进行排序和回忆时，人们往往是选择性的。这并不总是出于恶意，而是出于选择性回忆。过去发生的事件对于当下的冲突很重要，因为过去做错事的人今天要付出代价，而过去没有放纵的人今天将免于冲突。

由于人们倾向于选择性回忆，而且主观回忆对人们在今天的公平感很重要，因此，讨论过去通常对解决当下冲突或制订未来计划没有帮助。如果一定要对过去进行讨论，应该在没有时间压力的情况下进行，因为这些讨论可能会被滥用，从而引发有偏见的决定。

10.8.2 冲突与企业生命周期

冲突问题和冲突关系在企业生命周期中会不断发生变化。在创业期，任务冲突围绕着创业可行性、资金筹集以及家族成员投入资金的意愿等问题展开。创业团队中可能会出现关系冲突。如果家族成员涉入其中，冲突可能会围绕着互相的期望展开。特别是家族成员可能想要以优惠条件投资新企业。然而，家族资本往往带有附加条件——家族成员的持续涉入、向家族成员汇报企业的发展进度、将新企业视作"自己的"企业等。

成长期的任务冲突通常涉及资源调动，例如，聘用谁、采用哪种技术、购买哪种机器，以及在何处办公建厂等。在成长期，企业的需求可能会干扰家族的需求；反之亦然。当企业的需求或家族的需求得不到满足时，就会产生压力感和愧疚感。

企业稳定后，专业化、授权和效率成为关注的焦点，并可能引发任务冲突。在关系冲突方面，不断壮大的高管团队可能不像预期中那么和谐。此外，家族成员在选择生活方式及使用个人财富方面，也可能会发生冲突。股东-经理人也会自问未来意味着什么，有些人将会经历中年危机，这将导致他们从根本上质疑自己的各种关系。

在成熟期，转型变革和持续创新通常会成为冲突的主题。最重要的是，从家族企业角度来看，作为核心主题的传承将会引发一系列问题，如由谁接班、何时接班、以何种角色接班以及在何种情况下接班等。在关系冲突方面，下一代家族成员的涉入带来了新的挑战，特别是涉及新老两代人代际间的建设性合作。

因此，企业生命周期中的每个阶段都有各自的冲突主题和关系动力学。业界人士可以参考上述观点，从这些视角来看待问题。创业生涯是一种充满冲突的人生选择。换句话说，冲突是创业生涯中很自然的一部分。如上所述，冲突存在着积极的方面，问题并不是如何不惜代价地避免冲突，而是如何接受它，把冲突限定在可接受的范围之内，并充分利用。

10.8.3 冲突升级

冲突可能会失控。在某些情况下，小误会有可能会升级成大冲突。很多概念模型解释了冲突是如何升级的，通常是渐次发生的一系列事件：从正常的无冲突状态开始，某人感受到他人行为的伤害。前者不愿缄口不言，要求赔偿，如果得到满意答复两者将恢复到正常状态。如果前者没有得到满意答复，就会发出某种威胁。如果其后还是不能得到满意答复，双方将使冲突升级。因此，在冲突升级之前，其实存在多次和解的机会，使双方回到原来的无冲突状态。

Glasl（1982）描述了冲突升级的9个步骤，从最初的紧张局势升级发展为双方的相互伤害（见图10.7）。

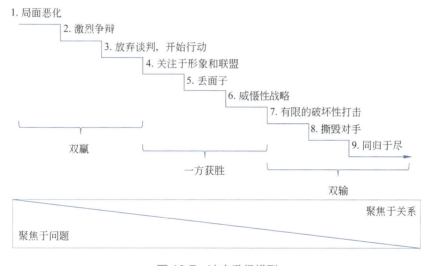

图 10.7　冲突升级模型

来源：改编自 Glasl（1982）

在冲突的早期阶段，双方有能力和意愿结束冲突，从而双方都能体面地退出冲突。在这一阶段，冲突的强度适中，双方聚焦于冲突主题和任务，有可能实现双赢结局。在随后阶段，冲突变得更加激烈，对抗性更强，当事双方认识到只有一方有可能作为赢家退出争端。关系冲突干扰了问题本身，破坏了就事论事的潜在好处。

冲突升级存在多种原因，因此家族企业情境下的双输局面值得深入探讨（请参见本章10.6节）。在严重对立时，只有在击败对方的前提下，各方才愿意接受自己的损失。

双方甚至愿意接受自己的经济损失,只要这样做能够击垮对方。冲突各方会得出这样的结论:情愿大家同归于尽,"片甲不留,只为最终公平"。每一方的感受和意见都是有偏见的,以至于他们不再关心自己的利益,而只是关注对方的损失。这种冲突基本上只受关系驱动——只有当任务能够破坏对方时,冲突才受任务驱动。由于家族企业遭受打击时,冲突升级的威胁是内在的,因此任何缓和冲突的战略都需要预先考虑各方如何才能和平分手,例如,提前确定好退出管理权和股权的方式。

10.9 冲突管理风格

我们在特定的语言和文化背景下通常相信冲突能够得以"解决"。然而,用"解决冲突"一词来表达可能在措辞上并不恰当,因为"解决"意味着消除冲突。如果冲突是破坏性的,例如对于关系冲突,这个目标可能是恰当的。但在很多情况下,我们应该鼓励并利用冲突来改进决策(Cosier 和 Harvey,1998)。因此,讨论"管理"冲突(即寻求最具建设性的方式来处理冲突)会更有意义。

无论我们处理的是任务冲突还是关系冲突,都需要区分个人考虑自身利益及考虑他人利益的程度(Rahim,1983)。这两个维度对于选择合适的冲突管理风格至关重要,两者的组合产生了五种典型的冲突管理风格,即整合、迁就、支配、回避和妥协(见图10.8)。它们处理家族和企业冲突的能力各不相同。

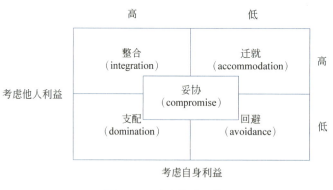

图 10.8 冲突管理风格

来源:Rahim(1983)

10.9.1　支配（domination）

支配的冲突管理风格是武断的、不合作的。它只单方面关注自身利益，追求的是非赢即输的零和结果。在试图处理冲突的过程中，支配不太能够处理企业与家族相关的诸多问题，因为最终结果是赢家通吃式的解决方案，会出现最终的赢家和输家。此外，由于支配阻碍了他人目标，这种冲突管理风格会产生负面情绪（如愤怒、压力和不信任等）。因此，这种方法不太可能建立关系、容纳不同利益，也不太可能给家族带来积极的结果，如凝聚力与和谐等。

然而，在家族或企业遭遇极端冲突的情况下，支配仍可能是一种适当的冲突管理风格。例如，当家族无法做出必要但充满争议的决定时，以及当家族愿意接受当事各方的分歧造成的张力时，家族就可能会愿意采纳支配的冲突解决方式。在高权力距离的文化背景下（例如，年轻的家族成员无条件地尊重年长的家族成员），这种家长式冲突管理方法就会更容易被接受。

当人们选择以支配方式管理家族企业冲突时，拥有最多投票权的股东通常会保留最终控制权。因此，在支配的冲突管理风格下，拥有最多股份的股东通常会将自己的意见强加于他人。

10.9.2　迁就（accommodation）

作为支配的极端对立面，迁就尝试以不武断的、合作的方式来管理冲突。迁就是基于对他人的关心而不是对自身的关心，甚至可能包括对自身意愿的忽视。采取迁就方式时，人们愿意做出让步，从而把关注点从自身利益转向他人利益。Sorenson（1999）在研究家族企业冲突时指出，迁就通常包括抚慰的语调、相处的意愿、互相的支持，以及体谅他人的担忧。如果各方都能互相迁就，那么就会产生良好的关系和凝聚力。这反过来又会促进冲突的化解。

然而，太多的迁就可能会让人们无法坚持自己的立场，甚至在重要问题上也无法坚持。例如，高度迁就的股东可能会以牺牲商业上的成功为代价来满足家族成员或员工。

因此，尽管迁就可能是对他人（合理）担忧的深切同情，但它往往是权宜之计，不会为双方带来最佳的解决方案。换言之，迁就往往阻碍了富有成效的讨论以及照顾各方利益的创造性替代方案。

10.9.3 回避（avoidance）

回避是指不考虑自己或他人的立场，对冲突视而不见。当事人会否认冲突的存在，或者干脆避免讨论冲突。如果使用回避的方式来应对冲突，那么问题就得不到解决。回避有多种动机，例如，期望家族始终保持和谐，担心家族无法处理冲突以致分崩离析，或者希望随着时间的推移一切都会好起来，等等。

当个人需要时间冷静下来，或者问题并不重要时，回避可能是一种有效的策略。但是，回避拖延了冲突，因此增加了挫败感。尽管回避减少了面对面的直接对抗，但它会加剧挫败感，而挫败感终究会以其他方式表现出来。例如，家族成员避免在工作环境中讨论冲突，但会向配偶发泄情绪，从而增加家族内部的整体负面情绪（Sorenson，1999）。当采取回避方式时，冲突往往会在其他场合重现，例如通常会在家族的结构性变化发生时出现（例如，长辈去世，家族成员聚在一起时）。

鉴于上述讨论，回避显然不是一种建设性策略。过多的回避会导致家族企业中的重要问题得不到解决，从而加剧紧张局势。Kaye 和 McCarthy（1996）发现，回避冲突的策略往往伴随着较低的家族满意度、较高的兄弟姐妹竞争度和较低的互信水平。因此，回避并不能为家族企业带来积极的结果。

10.9.4 妥协（compromise）

达成妥协需要在支配与迁就之间找到平衡点。这意味着需要折中考虑自身利益和他人利益，没有人被视为赢家或输家。为了找到可接受的解决方案，双方都要向对方让步。妥协的前提假设是总资源是有限的，由于双方都放弃了某些东西，因此没有人是完全满意的。妥协采用的解决方案是寻找最大公约数。妥协是为了"维持和平、做出让步"，因此是减少关系冲突的一种方法，因为双方都感到自身的关切获得了对方的考虑。总之，妥协有助于实现家族企业预期的结果，但它在程度上不如整合。整合能够找到充分满足各方需求的创造性解决方案（Rahim，1983）。

10.9.5　整合（integration）

整合是指冲突的各方试图整合他们的共同利益，以实现共赢的解决方案。因此，这是一种试图充分满足各方关切的方法。如同迁就一样，整合意味着适应各方的意愿。但是，整合并不是向他人的关切妥协。相反，整合是主动寻求双赢乃至多赢的解决方案——各方共同找到超越妥协、完全满意的解决方案。整合需要参与各方投入时间和精力，以及高超的人际技巧，包括开放沟通、信任和相互支持。整合更可能在相互信任、开放沟通和充满创造力的条件下，以及重视团队合作而非个人主义的文化中得以实现。

毫无疑问，整合有助于实现家族的理想结果，包括积极的关系和凝聚力。由于整合需要相互分享和开放的条件，它比迁就更能促进组织学习和适应，提高企业效率（Sorenson，1999）。整合的优势在于，在坚持自身立场的同时又试图满足他人的需求，进而实现"双赢"的解决方案。因此，整合能够对家族企业做出积极贡献。

10.9.6　家族企业中哪种冲突管理风格是最好的

前四种冲突管理风格都有负面影响，而整合最有可能对家族企业产生持久的正面影响。对家族企业冲突的多项研究发现，增长越快、业绩越好的企业越倾向于采用整合的冲突管理风格，这表明整合是家族企业中产出最高的冲突管理风格。

有趣的是，Sorenson（1999）发现迁就和妥协与正向的家族企业业绩高度正相关。与此同时，许多只采用一种冲突管理方法的企业都业绩不佳。企业业绩较差 / 家族关系较好的企业似乎更重视解决冲突、维护家族关系。为了维系良好的家族关系，他们似乎能接受较差的企业业绩。最糟糕的冲突管理方法是回避策略，因此公开、真诚沟通在家族企业中是非常重要的。[15]

有的家族企业将聘请外部调解员视为禁忌，这或许是出于保护家族隐私的考虑，也或许是因为聘请调解员传递了家族无法自己解决问题的信号，相当于承认了自身的弱点。

然而，由于整合要求各方在沟通等方面具备更高的能力，而且整合存在冲突升级的风险，因此聘请专业调解员将有助于保持讨论的建设性，以寻求双赢的解决方案。

10.10 沟通策略

对理解家族企业中的冲突尤为重要的是，并非所有的冲突都是破坏性的。事实上，适度的任务冲突可能会帮助家族企业开发出创造性解决方案，从而推动企业发展。然而，在实践中，任务冲突不太可能让我们夜不能寐，但关系冲突则可能会让我们辗转反侧。成功处理好关系冲突可能不会直接推动企业的成功，然而，良好的关系使家族更有可能围绕企业开展建设性、包容性的对话。因此，和谐的人际关系在企业中发挥着间接但积极的影响。

本节将讨论处理关系冲突的方法。我们对冲突管理风格的讨论以及对冲突采取整合的处理方法，展示了公开交流、真诚沟通的重要性。由于沟通是管理关系冲突的关键，因此我们将聚焦于如何在存在关系冲突时确保建设性对话。

10.10.1 跨越时间，运用冲突"房间"

我们在对冲突动力学的讨论中了解到，即使冲突发生在现在，它也常常与过去有关，尤其是与过去事件和个人行为的发生顺序有关。从对过去的（选择性）解读中，人们演绎了自身当前的行为和期望并使之合理化。当我们面对冲突时，考虑时间影响的一种方法是，根据讨论面向的是过去、现在还是将来，对讨论进行分类。我们可以探寻：

➢ 当提到现在时：正在发生什么？冲突的核心问题是什么？
➢ 当提到过去时：过去发生了什么？过去哪些事件仍然对我们有影响？
➢ 当提到未来时：未来会怎样？最好的结果是什么？

在工作坊中，我们可以用不同的房间分别代表现在、过去和未来。身处某个房间里希望解决冲突的人应该提出以下问题：我们现在身处何处？我们从哪里开始讨论？

Noecker 等（2012）在一篇关于冲突沟通的论文里，把冲突沟通分置在五个不同的"房间"中，除了"过去""现在"和"未来"，还包括"可能性"和"谈判"房间（见图10.9）。

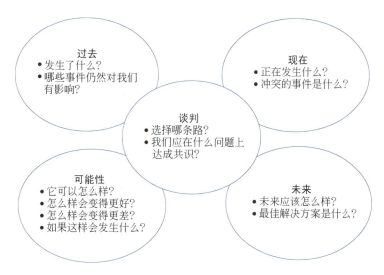

图 10.9　冲突沟通的时间"房间"

来源：改编自 Noecker 等（2012）

如我们在本章10.8.1节中讨论时间在冲突中的作用时所述，讨论"过去"的意义并不大，因为对过去的解释往往具有主观性和选择性。在理想情况下，讨论冲突应该集中于可能性和未来。参与者可以在充分考虑以上要点后提出可接受的解决方案。在"可能性"房间里，参与者可以讨论以下几点：

> 我们能做些什么来改善这种情况？
> 什么会让事情变得更糟？
> 假设冲突已经结束：与当前情况相比，发生了什么变化？
> 如果冲突得不到解决会有什么后果？
> 对方的最低目标是什么？要达到什么目标才能让对方有赢的感觉？
> 其他人如何处理这个问题？
> 我们有哪些选择？

在"未来"房间里，参与者还可以讨论以下几点：

- 关于这种情况，我的梦想是什么？
- 最好的结果是什么？
- 最坏的结果是什么？
- 未来我们应该避免哪些行为？

在"谈判"房间里，参与者可以巩固他们的讨论，并对下列问题做出回答：

- 我们有哪些选择？
- 现在应该怎么办？
- 下一步是什么？

10.10.2 建设性与破坏性沟通的原则

在有关沟通的指导手册中，确保建设性对话的行为准则包含如下建议，特别是在与家族成员发生冲突时（请参阅 Rosenberg，2012）[16]。

（1）每个人获得同样长的发言时间。在任何群体中，特别是在父权结构家族中，并不是每个人都习惯于主动发言，表达自己的意见和感受。因此，有些人在讨论中被自动忽略了。因此，一个重要规则是，每个人都应当有差不多同样长的发言时间。

（2）倾听。倾听传递了尊重他人的信号，应当认真考虑他人言行。雄辩是银，沉默是金。可以尝试用自己的语言复述对方所要表达的意思，再询问自己的理解是否正确，这将有助于强化倾听的效果。

（3）沉默等于同意。当两个人或两群人情绪高涨、发生冲突时，拉偏架的第三方将会使冲突升级。在这种情况下，冲突的对称性将被打破，没有获得支持的一方往往感到深受伤害。困难在于，人们应该有自由地表达争议的机会，但表达方式不应伤害到对方，或者应该尽可能少地伤害到对方。解决这一困境的方法是，如果有人表达了意见，同意的人可以保持沉默，而不必公开表示同意。在这种情况下，沉默意味着同意。

（4）有权休息。当人们被高涨的情绪淹没时，每个人都有权在讨论中要求中场休息。休息是有意义的，因为它能让人们重新控制情绪，进行建设性对话。在休息时冷静下来，用积极的想法来代替那些折磨你的想法，停止消极的思想循环。例如，"他现在很沮丧，但并不总是这样"，或者"他并不是真的在生我的气"（Gottman，1994）。

（5）以非防御性的方式讲话。不带防御性地倾听与交谈，选择能够促进讨论的倾听与交谈方式。注意到他人的优秀品质，把消极的想法抛在脑后。开启同理心，试着认识到对方的愤怒情绪可能只是为了引起你的注意。做出接纳的姿势和包容的表情。抱怨时只是指出具体的特定问题，而不是倾倒一大堆批评之词。例如，不把批评的矛头指向对方；说出你的感受；不批评对方的人格；不使用侮辱、嘲笑或讽刺的话；直接表达，而不是揣测对方（Gottman，1994）。

（6）验证。从他人的视角看问题，来验证对方的情绪。通常，仅用同理心就够了，你不必解决这个问题。验证能够防止批评、蔑视和防御。当你有过失时，对自己的言行负责、为自己的错误道歉，这些都是验证的方法（Gottman，1994）。

（7）持续学习。Gottman（1994）定义的持续学习是指努力学习公平竞争的技能，不断练习，直到成为习惯。你的目标是能够在激烈的争执中使用这些技能，而不是求助于那些旧的、无效的方法。试着（重新）发现彼此的快乐。

事实上既存在建设性沟通的原则，也存在破坏性沟通的原则。心理学家戈特曼（Gottman，1994）在关于家族关系的著作中，强调了四个具有高度破坏性的沟通原则，他称这些原则为"末日四骑士"。

（1）批评。批评攻击某人的个性或性格——而不是具体的行为——通常带有责备的成分。批评的形式可能是无限制指责，或是一系列负面评论。批评经常使用绝对式语句来表达，例如，"你从不"或"你总是"。

（2）防御。防御是就对手行为做出的自我保护机制，表现为否认自己的责任、为自己找借口，以及就对方的感受做出负面假设（并回应），或者进行反击。

（3）轻蔑。轻蔑的目标是通过表达厌恶以试图增加对方的心理痛苦。它可以通过口头方式来表达（例如，侮辱、谩骂、抱怨或嘲笑等），也可以通过非口头方式来表达（例如，翻白眼等），这些行为的背后是不尊重对方。讽刺和挖苦往往会降低冲突的强度，但这种行为对于双方关系而言是危险的，因为个人很容易忽视这种根深蒂固的对立。

（4）拖延。拖延指的是对交流反应迟钝、应付了事或中止互动，从而在心理或生理上与对方产生距离。在生理上，人们变得彼此疏远、沉默寡言、态度强硬，以至于对方觉得自己是在对着一堵墙说话。

10.10.3 为什么治理并不能包治百病

对冲突的典型反应是要求规制，通常是采用家族、股权、企业和财富的某种治理机制（详细内容请参阅本书第 5 章家族企业治理）。然而，当人们开始激烈争吵时，在冲突各方之间建立适当的治理结构可能是非常困难的。即使是善意的提议也通常会被拒绝，并被视为排挤或击败对手的阴险企图。

事实上，家族企业顾问经常会说，家族的第一个想法往往是通过结构性的调整来解决情感问题，从而"投奔组织"。例如，家族可能希望重组董事会或更改股东协议。这些都是"用权力的方法解决爱的问题"。与整合冲突管理方式相比，基于权利的冲突管理方式（Jehn 和 Bendersky，2003）既会抑制任务冲突的积极效应，又会抑制关系冲突的消极效应。它依赖于独立、合法的标准（例如，治理规制、法律、合同或社会规范等），试图确定在结束冲突的过程中一方的权利是否受到了侵犯。整合冲突管理方式要求争议各方共同创造解决方案，而基于权利的冲突管理基本上是希望压制所有冲突。

实际上，这样的解决方案可能确实会结束家族企业中的任务冲突。然而，在冲突之后双方如果继续产生交互（或者希望交互），关系动力学可能会让这种结构性调整再次失效。这种失效通常会发生在居住较近的家族成员之间，以及不具法律约束力但对企业至关重要的治理规制（如家族宪法和家族聘任政策等）之中。

10.11 面对冲突时该如何行事

我们对家族企业冲突的讨论还远未完成，冲突管理风格和沟通策略还有很多。但是，我们要强调两个关键因素：首先，冲突是家庭生活中不可避免的组成部分；其次，积极情绪的开放性和创造力让人们难以集中精力完成任务。因此，问题不在于谁最善于避免张力和消极情绪，而在于谁最善于控制它们。我们的目标是学习如何处理冲突，并将其作为成长的机会。记住，两个人（或更多人）要比一个人更好，除非他们之间有分歧（Kaye 和 McCarthy，1996）。因此，我们提供了以下应对冲突的实用技巧❼：

（1）慢下来。如果你卷入到一场冲突中，认为自己必须迅速采取行动，那么首先不要做任何事情，以此创造一个缓和冲突的机会，留出时间仔细考虑恰当的反应。

（2）举止文雅，行动坚定。既不要进行人身攻击，也不要诋毁你的对手，这是解决关系冲突的一种方法。

（3）试着确保对手在对他重要的方面有所收获。这样你就给了他在理性和感性上结束冲突的理由。

（4）采取行动前，先考虑最坏的情况。如果冲突升级的后果是无法预测的，那就设法退出。

（5）承担对手获得有利的风险，做好失望的准备。你可能会感到惊讶。

（6）当冲突升级到对各方代价高昂的程度时，引入（外部）第三方。或者眼看就要陷入僵局而各方都不指望取得最终胜利时，第三方是最有用的。

（7）如果你是第三方，同时拥有凌驾于各方的权力，那就为冲突设定明确的界限。例如，你可以建议，如果截至某一天还没有找到解决方案，就由你来做出决定。

（8）如果你是第三方，同时没有权力凌驾于各方之上（如你是顾问），请保持中立，把解决冲突的责任交给对方。定期与对方讨论他们是否有所进展，以及需要改进的地方。

（9）你心里也许已有解决办法。说出你的想法，问问这些想法对应的解决方案是否可行。你可以参考其他见过的案例，而不要只是沉浸在自己的想法之中。

（10）寻找可接受的解决方案。冲突的解决可能不会以完美的方案告终。然而，解决方案必须是务实的。尝试寻找一个可以接受的解决方案，即使它可能并不完美。

（11）开始执行方案时要小心。当解决方案开始执行时，形势或许会变得很棘手。一段考虑不周的话语或一个被误解的手势都可能会使原来的冲突重新出现。

案例研究 一

所罗门家族（Solomon）的冲突

当注册家庭治疗师玛丽·斯宾塞（Mary Spencer）接到所罗门家族的电话时，她知道这将是一项棘手的工作。她为所罗门家族提供咨询已有一段时间了，其中许多讨论都围绕着第三代家族成员涉入家族企业这一问题展开。然而，这个电话是关于第二代的，他们是家族企业的主要股东，目前已经陷入了困境。

所罗门家族控制着一家位于美国中西部的重要工业企业，销售收入约为 5 亿美元。家族族长鲁迪·所罗门（Rudi Solomon）开创了这段创业传奇。鲁迪与玛丽联系时已经年满 75 岁，他的 3 个孩子（家族第二代）也已经快 50 岁了。哥哥查尔斯和弟弟迈克是第二代的两兄弟，他们假期在一次家庭聚餐上大打出手。查尔斯担任公司董事，他指责迈克没有事先知会父亲和兄妹就动用公司的流动资金进行投资。并不是说这项投资出了什么问题，但显然，迈克没有告诉其他家族成员投资这件事引发了两人的反复冲突。

所罗门家族将公司所有投资（包括核心实业企业股权，以及对规模较小公司的投资）都归集到一家控股公司中。家族控股公司由 1 位家族成员经营，父亲和 3 个子女平分股权，董事会由所罗门家族的 4 位成员（父亲和 3 个子女）及担任顾问的 1 位远房亲戚组成，后者担任董事会主席。家族控股公司董事会每隔几个月召开一次会议，两个儿子也分别在控股公司持股的几家公司董事会任职。查尔斯担任家族核心实业企业的董事。小女儿苏珊是家族控股公司的董事，但没有在其他公司任职。她说：

> 从来没有人问过我是否想在企业里参与更多，我也许可以在家族基金会和慈善方面做更多的事。除此之外，我也有自己的私人生活和活动。然而，你知道，由于性别问题，作为女儿，我从未考虑过要承担起企业的责任。

多年来，迈克对哥哥的工作态度越来越失望，查尔斯本应该积极参加投资方面的董事会会议，毕竟哥哥代表了占家族财富 70% 的核心实业企业。然而，很明显，查尔斯并没有为董事会认真准备，他错过了好几次会议，甚至还会挑衅公司高管。有一次，一家非核心公司的董事打电话给父亲鲁迪，抱怨查尔斯在董事会上的行为。哥哥的行为深深地困扰着迈克：

> 每次我们在家族控股公司召开董事会时，查尔斯似乎都准备不足。更重要的是，每当我和妹妹告诉他，我们对他的职业道德不满时，他就会抓狂。他喜欢打高尔夫球，但却不能胜任他的各种角色。他是我的哥哥，但我已经到了再也无法忍受的地步。这些冲突已经持续多年！真是够了。我们之间的不和没法解决，不能再这样下去了。我想和哥哥保持各自的独立。我的建议是我们买断他在核心实业企业中的股份，他可以得到某些公司和钱，但仅此而已。我不想继续和他一起工作。

父亲也对最近的冲突升级深感忧虑，尽管他已经预见到未来几年即将出现的紧张局势。显然，他从来没有下过决心，也没有做过任何艰难的决定，例如，让大儿子离开核心实业企业的董事会。然而，在私下讨论中，鲁迪曾告诉玛丽，本应在冲突升级的前几年就采取行动，但不幸的是，家族从未能处理好这一微妙的问题。查尔斯担任核心实业企业的董事，这个职位让他在企业内部和当地社区都很有名望，鲁迪似乎在担心，如果大儿子失去了他唯一一份"真正"的工作会成什么样。

玛丽给家族顾问亨利·罗戈尔斯基（Henry Rogolski）打了电话。亨利担任家族控股公司董事会主席，他说：

> 我们都认为查尔斯已不能胜任各个公司的董事会职位了。几年前，我告诉他我的评估，我们几乎达成了一个决定，让他离开核心实业企业的董事会。然而，在我们谈话后，查尔斯去见了他的父亲，显然他说服了父亲，但这是不公平的。这里面还有父子问题。

玛丽与3位第二代家族成员举行了一次预备会议，最终有机会与查尔斯私下交谈。查尔斯承认局面紧张，但表示：

> 我认为现在没有立即改变的必要。如果迈克想要更独立于其他家族成员，他可以从家族控股公司拿走一些钱，想怎么花就怎么花。我完全可以接受。我很乐意在5年左右时间里，把核心实业企业董事一职交给他。不过，总体来说，我认为真没有什么问题。

在这次预备会议上，迈克再次表达了他的不满：

> 我不能再和哥哥一起工作了，我想更独立。这很艰难，但他所做的一切让我彻夜难眠，并且变得越来越明显——我正在遭受这个问题的折磨。

当苏珊听到哥哥迈克想拆分家族控股公司时，她说：

> 我理解迈克的部分观点,如果他将采取行动,我宁愿和他共进退。我不愿带着自己的那部分财富与查尔斯合作。然而,我必须要说,我也感到失望,迈克想要打破家族现状。
>
> 你的任务是,站在家族顾问玛丽的角度思考以下问题:
> 1. 这个案例反映出什么问题?
> 2. 在这种情况下,你识别出哪些类型的冲突?
> 3. 不同的个体扮演了什么角色?他们的个人目标是什么?
> 4. 玛丽应该如何处理所罗门家族的紧张关系?

思考题

1. 在夫妻式、兄弟姐妹式和扩大家庭式家族企业中,典型的关系优势和劣势是什么?
2. 为什么夫妻比兄弟姐妹更适合创业?
3. "家族嵌入"这个与企业相关的术语是什么意思?
4. 家庭结构的社会变化趋势如何影响家族企业治理?
5. 考虑到个人所处的文化背景,权力距离、个人主义/集体主义、家庭价值观和性别刻板印象等如何影响人们对不同类型的传承方案和家族企业治理的偏好?
6. 从系统论的角度考虑家族企业,家族系统、企业系统和股权系统分别有什么功能?
7. 情境标记如何在家族企业和非家族企业中扮演不同的角色?
8. 公平原则中的公正性、均等性和需求性之间有什么不同?
9. 为什么公平原则经常导致关于平等对待的争论?
10. 为什么程序公平和互动公平在家族企业中至关重要?
11. 为什么说家族企业是冲突的温床?
12. 任务冲突和关系冲突的区别是什么?
13. 任务冲突和关系冲突是如何联系在一起的?
14. 在冲突动力学中,过去、现在和未来是如何相互关联的?为什么讨论过去通常对解决冲突没有帮助?

⑮ 冲突升级有哪些阶段？

⑯ 关于冲突管理风格，支配、迁就、回避和妥协各有哪些优缺点？

⑰ 为什么整合常常是最有效的冲突管理风格？

⑱ "冲突房间"概念是如何有助于解决冲突的？

⑲ 建设性沟通的原则是什么？

⑳ 破坏性沟通的原则是什么？

㉑ 为什么治理机制对于解决现有的关系冲突通常是无效的？

注释

❶ 尽管兄弟姐妹可能近亲通婚，但这种情况的结构重要性有限，而且缺乏实证经验。

❷ 关于家族互惠规则的有趣讨论，请参考 Kohli 和 Kinemund（2003）。

❸ 接受非传统婚姻关系的趋势反映在最近许多西方国家的婚姻法和家庭法的变化上，这些变化使结婚（如同性婚姻）和离婚（如无过错离婚、婚前协议的法律执行）具有更大的灵活性。由此产生的异质性降低了家庭关系的结构稳定性，也降低了配偶承诺或共享资源的倾向。然而，婚姻法仍然控制着财产的分配，并要求夫妻要为抚养他们的孩子尽义务，无论他们的婚姻关系怎样。详见 Lundberg 和 Pollak（2007）。

❹ 在当前的特定年龄生育率和假定在生育期间没有女性死亡的情况下，每位女性一生所生育子女的平均数。

❺ 粗离婚率（crude divorce rate, CDR）定义为每1 000人中每年离婚的数量。

❻ 其他国家没有这样的长期数据。

❼ 有关家庭价值观对国家经济增长影响的有趣讨论，请参考 Bertrand 和 Schoar（2006）。

❽ 感谢德国维滕大学（University of Witten）冯施利普教授让我们了解到这个高效的工作坊设计。

❾ 根据相关研究，我们使用的"justice"和"fairness"这两个术语是同义的，都表示"公平"。

⑩ 关于公平维度的深入讨论，请参考 Colquitt（2001）。

⑪ 有关更多信息，请参考 Colquitt 等（2001）。

⑫ 感谢 Sonja Kissling 让我们了解公平恢复机制及其对家族企业治理的重要性。

⑬ 第三种冲突类型是过程冲突，它与完成任务所用的方法有关，但与任务本身的内容或实质无关（Jehn 和 Bendersky，2003）。在我们讨论家族企业冲突时，过程冲突没那么重要。

⑭ 感谢 Santiago Perry 帮助我们意识到其中的一些模式。

⑮ 关于更多信息，请参考 Frank 等（2010）。

⑯ 有关有效家族企业沟通的进一步见解，请参阅 Gottman（1994）。虽然戈特曼对家族沟通的考虑最初是在婚姻情境下的，但它也适用于其他关系和沟通情境。我们还要感谢 Joe Astrachan。

⑰ 我们感谢与学者、家族企业股东和顾问的互动交流，尤其是德国 WHU 大学（University of Witten-Herdecke）的 Rudi Wimmer 和 Arist von Schlippe。更多信息请参见 Simon（2012）。

背景阅读

Afghan, N., & T. Wiqar (2007). *Succession in family businesses of Pakistan: Kinship culture and Islamic inheritance law*. Centre for Management and Economic Research, Lahore University of Management Sciences.

Aldrich, H. E., and J. E. Cliff (2003). The pervasive effects of family on entrepreneurship: Toward a family embeddedness perspective. *Journal of Business Venturing*, 18 (5), 573-596.

Bird, M., and T. Zellweger (2016). Social embeddedness and family firm growth: comparing spousal and sibling entrepreneurs. Working paper, University of St. Gallen.

Carr, J. C., and K. M. Hmieleski (2015). Differences in the outcomes of work and family conflict between family- and nonfamily businesses: An examination of business founders. *Entrepreneurship Theory and Practice*, 39 (6): 1413-1432.

Cosier, R. A., and M. Harvey (1998). The hidden strengths in family business: Functional conflict.

Family Business Review, 11 (1): 75-79.

Dahl, M. S., M. van Praag and P. Thompson (2014). Entrepreneurial couples. Discussion paper, Tinbergen Institute.

Eddleston, K.A., and F. W. Kellermanns (2007). Destructive and productive family relationships: A stewardship theory perspective. *Journal of Business Venturing*, 22 (4): 545- 565.

Fondacaro, M. R., S. L. Jackson and J. Luescher (2002). Toward the assessment of procedural and distributive justice in resolving family disputes. *Social Justice Research*, 15 (4): 341-371.

Gordon, G., and N. Nicholson (2010). *Family Wars: Stories and Insights from Famous Family Business Feuds.* London: Kogan Page Publishers.

Gottman, J. M. (1994). *Why Marriages Succeed or Fail*, New York: Fireside.

Grossmann, S., and A. von Schlippe (2015). Family businesses: Fertile environments for conflict. *Journal of Family Business Management*, 5 (2): 294-314.

Harvey, M., and R. E. Evans (1994). Family business and multiple levels of conflict. *Family Business Review*, 7 (4): 331-348.

Jehn, K. A., and C. Bendersky (2003). Intragroup conflict in organizations: A contingency perspective on the conflict-outcome relationship. *Research in Organizational Behavior*, 25: 187-242.

Jehn, K. A., and E. A. Mannix (2001). The dynamic nature of conflict: A longitudinal study of intragroup conflict and group performance. *Academy of Management Journal*, 44 (2): 238-251.

Kaye, K. (1991). Penetrating the cycle of sustained conflict. *Family Business Review*, 4(1): 21- 44.

Kellermanns, F. W., and K. A. Eddleston (2004). Feuding families: When conflict does a family firm good. *Entrepreneurship Theory and Practice*, 28 (3): 209-228.

Kellermanns, F. W., and K. A. Eddleston (2007). A family perspective on when conflict benefits family firm performance. *Journal of Business Research*, 60 (10): 1048-1057.

Kets, de Vries, M. F. R. (1993). The dynamics of family controlled firms: The good and the bad news. *Organizational Dynamics*, 21 (3): 59-71.

Kidwell, R. E., K. A. Eddleston, J. J. Cater and F. W. Kellermanns (2013). How one bad family member can undermine a family firm: Preventing the Fredo effect. *Business Horizons*, 56 (1): 5-12.

Levinson, H. (1971). Conflicts that plague family businesses. *Harvard Business Review*, 49: 90-98.

Lundberg, S., and R. A. Pollak (2007). The American family and family economics. National Bureau of Economic Research, Work paper No. 12908.

Olson, P. D., V. S. Zuiker, S. M. Danes, K. Stafford, R, K, Heck and K. A. Duncan (2003). The impact of the family and the business on family business sustainability. *Journal of Business Venturing*, 18 (5): 639-666.

Ruef, M. (2010). *The Entrepreneurial Group. Social Identities, Relations, and Collective Action*. Princeton, NJ and Oxford: Princeton University Press.

Sharifian, M., P. D. Jennings and J. E. Jennings (2012). Should women go into business with their family partner. In K. D. Hughes and J. E. Jennings (Eds.), *Global Women's Entrepreneurship Research: Diverse Settings, Questions and Approaches*. Cheltenham, UK and Northampton, MA, USA: Edward Elgar Publishing, 114-134.

Sorenson, R. L. (1999). Conflict management strategies used in successful family businesses. *Family Business Review*, 12 (4): 133-146.

Van der Heyden, L., C. Blondel and R. S. Carlock (2005). Fair process: Striving for justice in family business. *Family Business Review*, 18 (1): 1-21.

Von Schlippe, A., and H. Frank (2013). The theory of social systems as a framework for understanding family businesses. *Family Relations*, 62 (3): 384-398.

穆光宗，中国的人口危机与应对，北京大学学报（哲学社会科学版），2019，（9），69-76.

彭希哲、胡湛，当代中国家庭变迁与家庭政策重构，中国社会科学，2015，（12），113-132+207.

吴愈晓、王鹏、杜思佳，变迁中的中国家庭结构与青少年发展，中国社会科学，2018，（2），98-120+206-207.

参 考 文 献

Adams, J. S. (1965). Inequity in social exchange. *Advances in Experimental Social Psychology*, 2: 267-299.

Afghan, N., & T. Wiqar (2007). *Succession in family businesses of Pakistan: Kinship culture and Islamic inheritance law*. Centre for Management and Economic Research, Lahore University of Management Sciences.

Aguilera, R. V., & R. Crespi-Cladera (2012). Firm family firms: Current debates of corporate governance in family firms. *Journal of Family Business Strategy*, 3 (2): 63-69.

Ahlers, O., A. Hack and Kellermanns, F. W. Kellermanns (2014). "Stepping into the buyers" shoes': Looking at the value of family firms through the eyes of private equity investors. *Journal of Family Business Strategy*, 5 (4): 384-396.

Albert, S., & D. A. Whetten (1985). Organizational identity. *Research in Organizational Behavior*, 7: 263-295.

Aldrich, H. E., & J. E. Cliff (2003). The pervasive effects of family on entrepreneurship: Toward a family embeddedness perspective. *Journal of Business Venturing*, 18 (5): 573-596.

Amit, R., & B. Villalonga (2013). Financial performance of family firms. In L. Melin, M. Nordqvist and P.Sharma (Eds.), *The Sage Handbook of Family Business*, London: SAGE Publications, 157-178.

Amit, R., Y. Ding, B. Villalonga and H. Zhang (2015). The role of institutional development in the prevalence and performance of entrepreneur and family-controlled firms. *Journal of Corporate Finance*, 31: 284-305.

Amit, R., H. Liechtenstein, M. J. Prats, T. Millay and L. P. Pendleton (2008). *Single family offices:Private wealth management in the family context*. Research report. Philadelphia, PA: Wharton School.

Anderson, R, and D. Reeb (2003a). Founding-family ownership, corporate diversification, and firm leverage. *The Journal of Law and Economics*, 46: 653-684.

Anderson, R. C., & D. M. Reeb (2003b). Founding-family ownership and firm performance: Evidence from the S&P 500. *Journal of Finance*, 58 (3): 1301-1328.

Anderson, R. C., A. Duru and D. M. Reeb (2012). Investment policy in family controlled firms. *Journal of Banking and Finance*, 36 (6): 1744-1758.

Anderson, R. C., S. A. Mansi and D. M. Reeb (2003). Founding family ownership and the agency cost of debt. *Journal of Financial Economics*, 68 (2): 263-285.

Aronoff, C. (2001). Understanding family-business survival statistics. *Supply House Times*, July.

Aronoff, C. E., S. L. McClure and J. L. Ward (1993). *Family Business Compensation*. New York: Family Business Consulting Group.

Arregle, J. L., M. A. Hitt, D. G. Sirmon, and P. Very (2007). The development of organizational social capital: Attributes of family firms. *Journal of Management Studies*, 44 (1): 73-95.

Ashforth, B. E., and F. A. Mael (1996). Oranizational Identity and Strategy as a Context for the Individual. *Advances in Strategic Management*, 13: 19-64.

Astrachan, J. H., and M. C. Shanker (1996). Myths and realities: Family businesses' contribution to the US economy—A framework for assessing family business statistics. *Family Business Review*, 9 (2): 107-123.

Astrachan, J. H., and M. C. Shanker (2003). Family businesses' contribution to the US economy: A closer look. *Family Business Review*, 16 (3): 211-219.

Astrachan, J. H., S. B. Klein and K. X. Smyrnios (2002). The F-PEC scale of family influence: A proposal for solving the family business definition problem. *Family Business Review*, 15 (1): 45-58.

Au, K., and C. Y. J. Cheng (2011). Creating "the new" through portfolio entrepreneurship. In P. Sieger, R. Nason, P. Sharma and T. Zellweger (Eds.), *The Global STEP Booklet. Volume 1: Evidence-based, Practical Insights for Enterprising Families.* Babson College, 17-21.

Axelrod, A., and M. McCollom-Hampton (2013). Five principles of sustainable financial management of family-owned enterprises. Presentation given at Annual Conference of the Family Firm Institute, San Diego.

Balunywa, W., P. Rosa and D. Nandagire-Ntamu (2013). 50 years of entrepreneurship in Uganda, ten years of the Ugandan global entrepreneurship monitor. Working paper, University of Edinburgh.

Banalieva, E., K. Eddleston and T. Zellweger (2015). When do family firms have an advantage in transitioning economies? Toward a dynamic institution-based view. *Strategic Management Journal*, 36 (9): 1358-1377.

Barney, J. (1991). Firm resources and sustained competitive advantage. *Journal of Management*, 17 (1): 99-120.

Bassanini, A., T. Breda, E. Caroli and A. Reberioux (2013). Working in family firms: Paid less but more secure? Evidence from French matched employer-employee data. *ILR Review*, 66 (2), 433-466.

Bateson, G. (1972). *Steps to an ecology of mind: Collected Essays in Anthropology, Psychiatry, Evolution, and Epistemology.* Chicago, IL: University of Chicago Press.

Becker, G. S., and H. G. Lewis (1974). Interaction between quantity and quality of children. In T. W. Schultz (Ed.), *Economics of the Family: Marriage, Children, and Human Capital.* Chicago, IL: University of Chicago Press, 81-90.

Beckert, J. (2008). *Inherited Wealth.* Princeton, NJ: Princeton University Press.

Belloc, F. (2013). Law, finance, and innovation. *Cambridge Journal of Economics*, 37 (4): 863-888.

Bengtson, V. L. (1993). Is the "contract across generations" changing? Effects of population aging on obligations and expectations across age groups. In V. L. Bengtson and W. A. Achenbaum(Eds.), *The Changing Contract Across Generations.* New York: Aldine de Gruyer, 3-23.

Bennedsen, M., K. M. Nielsen, F. Pérez-González and D. Wolfenzon (2007). Inside the family firm: The role of families in succession decisions and performance. *The Quarterly Journal of Economics*, 122(2): 647-691.

Berle, A., and G. Means (1932). *The Modern Corporation and Private Property.* New York: Macmillan.

Berrone, P., C. Cruz, L. R. Gomez-Mejia and M. Larraza-Kintana (2010). Socioemotional wealth and corporate responses to institutional pressures: Do family-controlled firms pollute less? *Administrative science quarterly*, 55 (1): 82-113.

Berrone, P., C. C. Cruz and L. R. Gomez-Mejia (2012). Socioemotional wealth in family firms: A review and agenda for future research. *Family Business Review*, 25 (3): 258-279.

Bertrand, M., and A. Schoar (2006). The role of family in family firms. *Journal of Economic Perspectives*, 20 (2): 73-96.

Bertrand, M., S. Johnson, K. Samphantharak and A. Schoar (2003). Mixing family with business: A study of Thai business groups and the families behind them. *Journal of Financial Economics*, 88 (3): 466-498.

Binz, C., and J. C. Schmid (2012). From family firm identity to the family firm brand. In *12th Annual IFERA World Family Business Research conference*, Bordeaux, France.

Binz, C., J. Hair, T. Pieper and A. Baldauf (2013). Exploring the effect of distinct family firm reputation on consumers' preferences. *Journal of Family Business Strategy*, 4 (1): 3-11.

Bird, M., and T. Zellweger (2016). Socail embeddedness and family firm growth: comparing spousal and sibling entrepreneurs. Working paper, University of St. Gallen.

Bitler, M. P., T. J. Moskowitz and A. Vissing-Jørgensen (2005). Testing agency theory with entrepreneur effort and wealth. *The Journal of Finance*, 60 (2): 539-576.

Boston Consulting Group (2013). *Global Wealth: Maintaining Momentum in a Complex World.* Boston, MA: Boston Consulting Group.

Bourdieu, P. (1996). On the family as a realized category. *Theory' Culture and Society*, 13 (3), 19-26.

Brown, K. W., and R. M. Ryan (2003). The benefits of being present: Mindfulness and its role in psychological well-being. *Journal of Personality and Social Psychology*, 84 (4): 822-848.

Cabrera-Suarez, K., P. De Saa-Perez and D. Garcia-Almeida (2001). The succession process from a resource- and knowledge-based view of the family firm. *Family Business Review*, 14 (1): 37-48.

Cameron, K. S. (1986). Effectiveness as paradox: Consensus and conflict in conceptions of organizational effectiveness. *Management Science*, 32 (5): 539-553.

Carlock, R. S., and J. L. Ward (2010). *When Family Businesses Are Best: The Parallel Planning Process for Family Harmony and Business Success.* Basingstoke, UK: Palgrave Macmillan.

Carney, M. (2005). Corporate governance and competitive advantage in family-controlled firms. *Entrepreneurship Theory and Practice*, 29 (3): 249-265.

Carney, M., E. R. Gedajlovic, P. Heugens, M. Van Essen and J. Van Oosterhout (2011). Business group affiliation, performance, context, and strategy: A meta-analysis. *Academy of Management Journal*, 54 (3): 437-460.

Carney, M., E. Gedajlovic and V. Strike (2014). Dead money: Inheritance law and the longevity of family firms. *Entrepreneurship Theory and Practice*, 38 (6): 1261-1283.

Carney, M., M. Van Essen, E. Gedajlovic and P. Heugens (2015). What do we know about private family firms: A meta-analytic review. *Entrepreneurship Theory and Practice*, 39 (3): 513-544.

Carney, R. W., and T. B. Child (2013). Changes to the ownership and control of East Asian corporations between 1996 and 2008: The primacy of politics. *Journal of Financial Economics*, 107 (2): 494-513.

Carr, J. C., and K. M. Hmieleski (2015). Differences in the outcomes of work and family conflict between family- and nonfamily businesses: An examination of business founders. *Entrepreneurship Theory and Practice*, 39 (6): 1413-1432.

Chemla, G., M. A. Habib and A. Ljungqvist (2007). An analysis of shareholder agreements. *Journal of the European Economic Association*, 5 (1): 93-121.

Chrisman, J., and P. Patel (2012). Variations in R&D investments of family and nonfamily firms:

Behavioral agency and myopic loss aversion perspectives. *Academy of Management Journal*, 55 (4): 976-997.

Chrisman, J. J., E. Memili and K. Misra (2014). Nonfamily managers, family firms, and the winner's curse: The influence of noneconomic goals and bounded rationality. *Entrepreneurship Theory and Practice*, 38 (5): 1103-1127.

Christen, A., F. Halter, N. Kammerlander, D. Künzi, D. Merki and T. Zellweger (2013). *Success factors for Swiss SMEs: Company succession in practice*. Credit Suisse and University of St.Gallen, Zurich.

Christensen, C. M. (1997). *The Innovator's Dilemma*. Cambridge, MA: Harvard University Press.

Chua, J. H., J.J. Chrisman and A. De Massis (2015). A closer look at socioemotional wealth: Its flows, stocks, and prospects for moving forward. *Entrepreneurship Theory and Practice*, 39 (2): 173-182.

Chua, J. H., J. J. Chrisman and P. Sharma (1999). Defining the family business by behavior. *Entrepreneurship Theory and Practice*, 23 (4): 19-39.

Chua, J. H., J. J. Chrisman and P. Sharma (2003). Succession and nonsuccession concerns of family firms and agency relationship with nonfamily managers. *Family Business Review*, 16 (2): 89-107.

Claessens, S., S. Djankov, J. P. H. Fan and L. H. P. Lang (2002). Disentangling the incentive and entrenchment effects of large shareholdings. *Journal of Finance*, LVII (6): 2741-2771.

Claessens, S., S. Djankov and L. H. P. Lang (2000). The separation of ownership and control in East Asian corporations. *Journal of Financial Economics*, 58: 81-112.

Colli, A. (2003). *The History of Family Business*, 1850-2000. Cambridge: Cambridge University Press.

Colquitt, J. A. (2001). On the dimensionality of organizational justice: A construct validation of a measure. *Journal of Applied Psychology*, 86 (3): 386-400.

Colquitt, J.A., D. E. Conlon, M. J. Wesson, C.O. Porter and K.Y. Ng (2001). Justice at the millennium: A meta-analytic review of 25 years of organizational justice research. *Journal of Applied Psychology*, 86 (3): 425-445.

Corbetta, G., and C. Salvato (2004). Self-serving or self-actualizing? Models of man and agency costs in different types of family firms: A commentary on 'Comparing the Agency Costs of Family and Non-family Firms: Conceptual Issues and Exploratory Evidence'. *Entrepreneurship Theory and Practice*, 28 (4): 355-362.

Cosier, R. A., and M. Harvey (1998). The hidden strengths in family business: Functional conflict. *Family Business Review*, 11 (1): 75-79.

Craig, J. Dibbrell and P. S. Davis (2008). Leveraging family-based brand identity to enhance firm competitiveness and performance in family businesses. *Journal of Small Business Management*, 46 (3): 351-371.

Croci, E., J. A. Doukas and H. Gonenc (2011). Family control and financing decisions. *European Financial Management*, 17 (5): 860-897.

Cyert, R. M., and J. G. March (1963). *A Behavioral Theory of the Firm*. Englewood Cliffs, NJ: Prentice-Hall.

Dahl, M. S., M. van Praag and P. Thompson (2014). Entrepreneurial couples. Discussion paper, Tinbergen Institute.

Dalton, D. R., M. A. Hitt, S. T. Certo and C. M. Dalton (2007). The fundamental agency problem and its mitigation: Independence equity, and the market for corporate control. *Academy of Management Annals*, 1: 1-64.

Danes, S. M., and E.A. Morgan (2004). Family business-owning couples: An EFT view into their unique conflict culture. *Contemporary Family Therapy*, 26 (3): 241-260.

De Massis, A., J. H. Chua and J. J. Chrisman (2008). Factors preventing intra-family succession. *Family Business Review*, 21 (2): 183-199.

Deci, E. L., and R. M. Ryan (2000). The "what" and "why" of goal pursuits: Human needs and the self-determination of behavior. *Psychological Inquiry*, 11 (4): 227-268.

Deephouse, D. L., and P. Jaskiewicz (2013). Do family firms have better reputations than non-family firms? An integration of socioemotional wealth and social identity theories. *Journal of Management Studies*, 50 (3): 337-360.

Dehlen, T., T. Zellweger, N. Kammerlander and F. Halter (2012). The role of information asymmetry in the choice of entrepreneurial exit routes. *Journal of Business Venturing*, 29 (2): 193-209.

DeMott, D. (1988). Directors' duties in management buyouts and leveraged recapitalizations. *Ohio State Law Journal*, 49: 517-557.

DiMaggio, P., and W. W. Powell (1983). The iron cage revisited: Collective rationality and institutional isomorphism in organizational fields. *American Sociological Review*, 48 (2): 147-160.

Drake, D. G., and J. A. Lawrence (2000). Equality and distributions of inheritance in families. *Social Justice Research*, 13 (3): 271-290.

Duran, P., N. Kammerlander, M. Van Essen and T. Zellweger (2016). Doing more with less Innovation input and output in family firms. *Academy of Management Journal*, 59 (4): 1224-1264.

Dyer, W., and D. Whetten (2006). Family firms and social responsibility: Preliminary evidence from the S&P 500. *Entrepreneurship Theory and Practice*, 30 (6): 785-802.

Eddleston, K.A., and F. W. Kellermanns (2007). Destructive and productive family relationships: A stewardship theory perspective. *Journal of Business Venturing*, 22 (4): 545-565.

Ellul, A., M. Pagano and F. Panunzi (2010). Inheritance law and investment in family firms. *American Economic Review*, 100: 2414-2450.

Faccio, M., and L. Lang (2002). The ultimate ownership of Western European corporations. *Journal of Financial Economics*, 65 (3): 365-395.

Faessler, N. (2014). Fairness in transgenerational family business transitions. Unpublished master's thesis, University of St. Gallen.

Fama, E. F., and M. C. Jensen (1983). Separation of ownership and control. *Journal of Law and Economics*, 26 (2): 301-325.

Farjoun, M. (2010). Beyond dualism: Stability and change as a duality. *Academy of Management Review*, 35 (2): 202-225.

Feldman, E. R., R. R. Amit and B. Villalonga (2016). Corporate divestitures and family control. *Strategic Management Journal*, 37 (3): 429-446.

Feldman, M. S., and B. T. Pentland (2003). Reconceptualizing organizational routines as a source of flexibility and change. *Administrative Science Quarterly*, 48 (1): 94-118.

Fine, C. H. (1998). *Clockspeed: Winning Industry Control in the Age of Temporary Advantage.* New York: Perseus Books.

Fischetti, M. (2000). *Financial Management for Your Family Company*. Philadelphia, PA: Family Business Publishing.

Flanagan, J., S. Hamilton, D. Lincoln, A. Nichols, L. Ottum and J. Weber (2011). *Taking Care of Business: Case Examples of Separating Personal Wealth Management from the Family Business*. London: Family Office Exchange (FOX).

Flören, R. (1998). The significance of family business in the Netherlands. *Family Business Review*, 11 (2): 121-134.

Flören, R. (2002). Family business in the Netherlands. *Crown Princes in the Clay: An Empirical Study on the Tackling of Successions Challenges in Dutch Family Farms*. Breukelen, the Netherlands: Nyenrode University, Chapter 1.

Flören, R., L. Uhlaner and M. Berent-Braun (2010). *Family Business in the Netherlands: Characteristics and Success Factors*. A Report for the Ministry of Economic Affairs. Breukelen, the Netherlands: Centre for Entrepreneurship, University of Nyenrode.

Fondacaro, M. R., S. L. Jackson and J. Luescher (2002). Toward the assessment of procedural and distributive justice in resolving family disputes. *Social Justice Research*, 15 (4): 341-371.

Frank, H., C. Korunka, M. Lueger, L. Nose and D. Suchy (2010). *Erfolgsfaktoren österreichischer Familienunternehmen. Das Zusammenspiel von Familie und Unternehmen in Entscheidungs- und Konsens-bzw. Konfliktprozessen* [Success Factors of Austrian Family Firms. The Interplay of Family and Business in Decision-Making and Conflict Processes]. Forschungsinstitut für Familienunternehmen an der WU Wien.

Franks, J., C. Mayer, P. Volpin and H. F. Wagner (2012). The life cycle of family ownership: International evidence. *Review of Financial Studies*, 25 (6): 1675-1712.

Frey, U., F. Halter, T. Zellweger and S. Klein (2004). *Family Business in Switzerland: Significance and Structure*. IFERA, Copenhagen.

Gao, H., Jing He, Yong Li, Yuanyu Qu (2020). Family Control and Cost of Debt: Evidence from China, *Pacific-Basin Finance Journal*, 60(4): 101286.

Gedajlovic, E. R., and M. Carney (2010). Markets, hierachies and families: Toward a transaction cost theory of the family firm. *Entrepreneurship Theory and Practice*, 34 (6): 1145-1172.

Gedajlovic, E., M Carney, J. Chrisman and F. Kellermanns (2011). The adolescence of family firm research: Taking stock and planning for the future. *Journal of Management*, 38 (4): 1010-1037.

Glasl, F. (1982). The process of conflict escalation and roles of third parties. In G. B.J. Bomers and R. B. Peterson (Eds.), *Conflict Management and Industrial Relations*. Dordrecht: Springer, 119-140.

Gomez-Mejia, L. R., C. Cruz, P. Berrone and J. De Castro (2011). The bind that ties: Socioemotional wealth preservation in family firms. *Academy of Management Annals*, 5 (1): 653- 707.

Gomez-Mejia, L. R., K. T. Haynes, M. Nunez-Nickel, K. J. L. Jacobson and J. Moyano-Fuentes (2007). Socioemotional wealth and business risks in family-controlled firms: Evidence from: Spanish olive oil mills. *Administrative Science Quarterly*, 52 (1): 106-137.

Gomez-Mejia, L., M. Larraza-Kintana and M. Makri (2003). The determinants of executive compensation in family-controlled public corporations. *Academy of Management Journal*, 46 (2): 226-237.

Gomez-Mejia, L. R., M. Makri and M. L. Kintana (2010). Diversification decisions in family-controlled firms. *Journal of Management Studies*, 47 (2): 223-252.

Gomez-Mejia, L. R., P. C. Patel and T. M. Zellweger (2018). In the horns of the dilemma socioemotional wealth, financial wealth, and acquisitions in family firms. *Journal of Management*, 44 (4). 1369-1397.

Gordon, G., and N. Nicholson (2010). *Family Wars: Stories and Insights from Famous Family Business Feuds.* London: Kogan Page Publishers.

Gottman, J. M. (1994). *Why Marriages Succeed or Fail*, New York: Fireside.

Graebner, M. E., and K. M. Eisenhardt (2004). The seller's side of the story: Acquisition as courtship and governance as syndicate in entrepreneurial firms. *Administrative Science Quarterly*, 49 (3): 366-403.

Greenhaus, J. H., and N. J. Beutell (1985). Sources of conflict between work and family roles. *Academy of Management Review*, 10 (1): 76-88.

Groth, T., and A. von Schlippe (2012). Die Form der Unternehmerfamilie—Paradoxiebewältigung zwischen Entscheidung und Bindung [The form of the business family—managing the paradox between decision-making and relationships]. *Familiendynamik im Focus*, 37: 2-14.

Habbershon, T. G., and M. L. Williams (1999). A resource-based framework for assessing the strategic advantages of family firms. *Family Business Review*, 12 (1): 1-25.

Halter, F., and R, Schroeder (2010). *Unternehmensnachfolge in Theorie und Praxis: das St. Galler Nachfolge Modell* [Firm Succession in Theory and Practice: The St. Galler Succession Model]. Bern: Haupt.

Handler, W. C. (1990). Succession in family firms: A mutual role adjustment between entrepreneur and next generation family members. *Entrepreneurship Theory and Pratice*, 15 (1): 37-51.

Hartley, B. B., and G. Griffith (2009). *Family Wealth Transition Planning: Advising Families with Small Businesses*. New York: Bloomberg Press.

Hill, C. W. L., and F. T. Rothaermel (2003). The performance of incumbent firms in the face of radical technological innovation. *Academy of Management Review*, 28: 257-274.

Hitt, M. A., R. D. Ireland, S. M. Camp and D. L. Sexton (2001). Strategic entrepreneurship: Entrepreneurial strategies for wealth creation. *Strategic Management Journal*, 22 (6-7): 479- 491.

Hofstede, G. (2011). Dimensionalizing cultures: The Hofstede model in context. *Online Readings in Psychology and Culture*, 2(1).

Holy, L. (1996). *Anthropological Perspectives on Kinship*. London: Pluto.

Hoy, F., and T. G. Verser (1994). Emerging business, emerging field: Entrepreneurship and the family firm. *Entrepreneurship Theory and Practice*, 19 (1): 9-23.

Hughes, J. E. (2004). *Family Wealth--Keeping It in the Family*. New York: Bloomberg Press.

Institute for Family Business (2011). *The UK Family Business Sector*. Oxford Economics.

Jaskiewicz, P.. J. G. Combs and S. B. Rau (2015). Entrepreneurial legacy: Toward a theory of how some family firms nurture transgenerational entrepreneurship. *Journal of Business Venturing*, 30 (1): 29-49.

Jehn, K. A., and C. Bendersky (2003). Intragroup conflict in organizations: A contingency perspective on the conflict-outcome relationship. *Research in Organizational Behavior*, 25: 187-242.

Kammerlander, N., and M. Ganter (2015). An attention-based view of family firm adaptation to discontinuous technological change: Exploring the role of family CEOs' non-economic goals. *Journal of Product Innovation Management*, 32 (3): 361-383.

Kammerlander, N., P. Sieger, W. Voordeckers and T. Zellweger (2015). Value creation in family firms: A model of fit. *Journal of Family Business Strategy*, 6 (2): 63-72.

Kaye, K. (1991). Penetrating the cycle of sustained conflict. *Family Business Review*, 4 (1): 21-44.

Kaye, K., and C. McCarthy (1996). Healthy disagreements. *Family Business*, autumn: 71-72.

Kellermanns, F. W., and K. A. Eddleston (2004). Feuding families: When conflict does a family firm good. *Entrepreneurship Theory and Practice*, 28 (3): 209-228.

Kellermanns, F. W., and K. A. Eddleston (2007). A family perspective on when conflict benefits family firm performance. *Journal of Business Research*, 60 (10): 1048-1057.

Kellermanns, F., K. Eddleston and T. Zellweger (2012). Extending the socioemotional wealth perspective: A look at the dark side. *Entrepreneurship Theory and Practice*, 36 (6): 1175-1182.

Khanna, T., and K. Palepu (2000). Is group affiliation profitable in emerging markets? An analysis of diversified Indian business groups. *Journal of Finance*, 55: 867-891.

Khanna, T., and J. W. Rivkin (2001). Estimating the performance effects of business groups in emerging markets. *Strategic Management Journal*, 22 (1): 45-74.

Khanna, T., and Y, Yafeh (2007). Business groups in emerging markets: Paragons or parasites? *Journal of Economic Literature*, 45 (2): 331-372.

Kidwell, R. E., K. A. Eddleston, J. J. Cater and F. W. Kellermanns (2013). How one bad family member can undermine a family firm: Preventing the Fredo effect. *Business Horizons*, 56 (1): 5-12

Klein, S. (2000). Family businesses in Germany: Significance and structure. *Family Business Review*, 13: 157-181.

Koeberle-Schmid, A., D. Kenyon-Rouvinez and E. J. Poza (2014). *Governance in Family Enterprises*. New York: Palgrave Macmillan.

Koenig, A., N. Kammerlander and A. Enders (2013). The family innovator's dilemma: How family influence affects the adoption of discontinuous technologies by incumbent firms. *Academy of Management Review*, 38 (3): 418-441.

Gordon, G., and N. Nicholson (2010). *Family Wars: Stories and Insights from Famous Family Business Feuds.* London: Kogan Page Publishers.

Gottman, J. M. (1994). *Why Marriages Succeed or Fail*, New York: Fireside.

Graebner, M. E., and K. M. Eisenhardt (2004). The seller's side of the story: Acquisition as courtship and governance as syndicate in entrepreneurial firms. *Administrative Science Quarterly*, 49 (3): 366-403.

Greenhaus, J. H., and N. J. Beutell (1985). Sources of conflict between work and family roles. *Academy of Management Review*, 10 (1): 76-88.

Groth, T., and A. von Schlippe (2012). Die Form der Unternehmerfamilie—Paradoxiebewältigung zwischen Entscheidung und Bindung [The form of the business family—managing the paradox between decision-making and relationships]. *Familiendynamik im Focus*, 37: 2-14.

Habbershon, T. G., and M. L. Williams (1999). A resource-based framework for assessing the strategic advantages of family firms. *Family Business Review*, 12 (1): 1-25.

Halter, F., and R, Schroeder (2010). *Unternehmensnachfolge in Theorie und Praxis: das St. Galler Nachfolge Modell* [Firm Succession in Theory and Practice: The St. Galler Succession Model]. Bern: Haupt.

Handler, W. C. (1990). Succession in family firms: A mutual role adjustment between entrepreneur and next generation family members. *Entrepreneurship Theory and Pratice*, 15 (1): 37-51.

Hartley, B. B., and G. Griffith (2009). *Family Wealth Transition Planning: Advising Families with Small Businesses*. New York: Bloomberg Press.

Hill, C. W. L., and F. T. Rothaermel (2003). The performance of incumbent firms in the face of radical technological innovation. *Academy of Management Review*, 28: 257-274.

Hitt, M. A., R. D. Ireland, S. M. Camp and D. L. Sexton (2001). Strategic entrepreneurship: Entrepreneurial strategies for wealth creation. *Strategic Management Journal*, 22 (6-7): 479- 491.

Hofstede, G. (2011). Dimensionalizing cultures: The Hofstede model in context. *Online Readings in Psychology and Culture*, 2(1).

Holy, L. (1996). *Anthropological Perspectives on Kinship*. London: Pluto.

Hoy, F., and T. G. Verser (1994). Emerging business, emerging field: Entrepreneurship and the family firm. *Entrepreneurship Theory and Practice*, 19 (1): 9-23.

Hughes, J. E. (2004). *Family Wealth--Keeping It in the Family*. New York: Bloomberg Press.

Institute for Family Business (2011). *The UK Family Business Sector*. Oxford Economics.

Jaskiewicz, P.. J. G. Combs and S. B. Rau (2015). Entrepreneurial legacy: Toward a theory of how some family firms nurture transgenerational entrepreneurship. *Journal of Business Venturing*, 30 (1): 29-49.

Jehn, K. A., and C. Bendersky (2003). Intragroup conflict in organizations: A contingency perspective on the conflict-outcome relationship. *Research in Organizational Behavior*, 25: 187-242.

Kammerlander, N., and M. Ganter (2015). An attention-based view of family firm adaptation to discontinuous technological change: Exploring the role of family CEOs' non-economic goals. *Journal of Product Innovation Management*, 32 (3): 361-383.

Kammerlander, N., P. Sieger, W. Voordeckers and T. Zellweger (2015). Value creation in family firms: A model of fit. *Journal of Family Business Strategy*, 6 (2): 63-72.

Kaye, K. (1991). Penetrating the cycle of sustained conflict. *Family Business Review*, 4 (1): 21- 44.

Kaye, K., and C. McCarthy (1996). Healthy disagreements. *Family Business*, autumn: 71-72.

Kellermanns, F. W., and K. A. Eddleston (2004). Feuding families: When conflict does a family firm good. *Entrepreneurship Theory and Practice*, 28 (3): 209-228.

Kellermanns, F. W., and K. A. Eddleston (2007). A family perspective on when conflict benefits family firm performance. *Journal of Business Research*, 60 (10): 1048-1057.

Kellermanns, F., K. Eddleston and T. Zellweger (2012). Extending the socioemotional wealth perspective: A look at the dark side. *Entrepreneurship Theory and Practice*, 36 (6): 1175-1182.

Khanna, T., and K. Palepu (2000). Is group affiliation profitable in emerging markets? An analysis of diversified Indian business groups. *Journal of Finance*, 55: 867-891.

Khanna, T., and J. W. Rivkin (2001). Estimating the performance effects of business groups in emerging markets. *Strategic Management Journal*, 22 (1): 45-74.

Khanna, T., and Y, Yafeh (2007). Business groups in emerging markets: Paragons or parasites? *Journal of Economic Literature*, 45 (2): 331-372.

Kidwell, R. E., K. A. Eddleston, J. J. Cater and F. W. Kellermanns (2013). How one bad family member can undermine a family firm: Preventing the Fredo effect. *Business Horizons*, 56 (1): 5-12

Klein, S. (2000). Family businesses in Germany: Significance and structure. *Family Business Review*, 13: 157-181.

Koeberle-Schmid, A., D. Kenyon-Rouvinez and E. J. Poza (2014). *Governance in Family Enterprises*. New York: Palgrave Macmillan.

Koenig, A., N. Kammerlander and A. Enders (2013). The family innovator's dilemma: How family influence affects the adoption of discontinuous technologies by incumbent firms. *Academy of Management Review*, 38 (3): 418-441.

Kohli, M., and H. Künemund (2003). Intergenerational transfers in the family: What motivates giving? In V. L. Bengtson and A. Lowestein (Eds.), *Global Aging and Challenges to Families*. Piscataway, NJ: Aldine Transaction, 123-142.

Kormann, H. (2008). *Beiräte in der Verantwortung: Aufsicht und Rat in Familienunternehmen*. [The Responsibility of Advisory Committees: Oversight and Advice in Family Businesses]. Heideberg: Springer-Verlag.

Koropp, C., F. W. Kellermanns, D. Grichnik and L. Stanley (2014). Financial decision making in family firms: An adaptation of the theory of planned behavior. *Family Business Review*, 27 (4): 307-327.

KPMG (2013a). *Family Business Survey 2013: Performers, Resilient, Adaptable, Sustainable*. Melbourne: Family Business Australia

KPMG (2013b). *CII'S Family Business Network* (India chapter). New Delhi: Confederation of Indian Industry.

KPMG (2014). KPMG European family business tax monitor: Comparing the impact of tax regimes on family business. KPMG.

La Porta, R., F. Lopez-De-Silanes and A. Shleifer (1999). Corporate ownership around the world. *Journal of Finance*, 54: 471-517.

Landes, D. (2008). *Dynasties: Fortune and Misfortune in the World's Great Family Business*. London: Penguin.

Le Breton-Miller, I., D. Miller and L. P. Steier (2004). Toward an integrative model of effective FOB succession. *Entrepreneurship Theory and Practice*, 28 (4): 305-328.

Lee, J. (2006). Impact of family relationships on attitudes for the second generation in family businesses. *Family Business Review*, 19 (3): 175-191.

Leonetti, J. M. (2008). *Exiting Your Business, Protecting Your Wealth*. Hoboken, NJ: Wiley.

Lumpkin, G. T., and G. G. Dess (1996). Clarifying the entrepreneurial orientation construct and linking it to performance. *Academy of Management Review*, 21 (1): 135-172.

Lumpkin, G. T., W. Martin and M. Vaughn (2008). Family orientation: Individual-level influences on family firm outcomes. *Family Business Review*, 21 (2): 127-138.

Lundberg, S., and R. A. Pollak (2007). The American family and family economics. National Bureau of Economic Research, Work paper No. 12908.

Luo, X., and C. N. Chung (2005). Keeping it all in the family: The role of particularistic relationships in business group performance during institutional transition. *Administrative Science Quarterly*,

50 (3): 404-439.

Mandl, I. (2008). *Overview of Family Business Relevant Issues: Final Report*. Conducted on behalf of the European Commission, Enterprise and Industry Directorate-General: KMU Forschung Austria.

March, J. G. (1991). Exploration and exploitation in organizational learning. *Organization Science*, 1 (1): 71-87.

Masulis, R., P. Kien Pham and J. Zein (2011). Family business groups around the world: Financing advantages, control motivations, and organizational choices. *Review of Financial Studies*, 24 (1): 3556-3600.

Matthews, C. H., D. P. Vasudevan, S. L. Barton and R. Apana (1994). Capital structure decision making in privately held firms: Beyond the finance paradigm. *Family Business Review*, 7 (4): 349-367.

Meyer, J. W., and B. Rowan (1977). Institutionalized organizations: Formal structure as myth and ceremony. *American Journal of Sociology*, 83 (2): 340-363.

Michiels, A., W. Voordeckers, N. Lybaert and T. Steijvers (2015). Dividends and family governance practices in private family firms. *Small Business Economics*, 44 (2): 299-314.

Miller, D., and P. H. Friesen (1980). Momentum and revolution in organizational adaptation. *Academy of Management Journal*, 23 (4): 591-614.

Miller, D., and I. Le Breton-Miller (2005). *Managing for the Long Run: Lessons in Competitive Advantage from Great Family Businesses*. Boston, MA: Harvard Business School Press.

Miller, D., and I. Le Breton-Miller (2014). Deconstructing socioemotional wealth. *Entrepreneurship Theory and Practice*, 38 (4): 713-720.

Miller, D., I. Le Breton-Miller and R. H. Lester (2013). Family firm governance, strategic conformity and performance: Institutional versus strategic perspectives. *Organization Science*, 24 (1): 189-209.

Miller, D., I. Le Breton-Miller, R. H. Lester and A. A. Cannella (2007). Are family firms really superior performers? *Journal of Corporate Finance* 13: 829-858.

Miller, D., J. Lee, S. Chang and I. Le Breton-Miller (2009). Filling the institutional void: The social behavior and performance of family versus non-family technology firms in emerging markets. *Journal of International Business Studies*, 40 (5): 802-817.

Montemerlo, D., and J. Ward (2010). *The Family Constitution: Agreements to Secure and Perpetuate Your Family and Your Business*. New York: Palgrave Macmillan.

Morck, R., and B. Yeung (2003). Agency problems in large family business groups. *Entrepreneurship*

Theory and Practice, 27 (4): 367-382.

Morck, R. K., D. Wolfenzon and B. Yeung (2005). Corporate governance, economic entrenchment, and growth. *Journal of Economic Literature*, 43 (3): 655-720.

Naldi, L., M. Nordqvist, K. Sjöberg and J. Wiklund (2007). Entrepreneurial orientation, risk taking, and performance in family firms. *Family Business Review*, 20 (1): 33-47.

Niemann, N. (2009). *The Next Move for Business Owners*. Omaha, NE: Briefback Business Institute.

Noecker, K., H. Molter, A. von Schlippe and T. Rüsen (2012). Wie kaon ein Gespräch zu einem Spaziergang werden? [How a talk can become a walk]. *Familiendynamik*, (1): 50-52.

Nordqvist, M., and T. Zellweger (2010). *Transgenerational Entrepreneurship: Exploring Growth and Performance in Family Firms across Generations*. Cheltenham, UK and Northampton, MA, USA: Edward Elgar Publishing.

North, D. C. (1990). *Institutions, Institutional Change and Economic Performance*. Cambridge: Cambridge University Press.

Ocasio, W. (1997). Towards an attention-based view of the firm. *Strategic Management Journal*, 18 (S1): 187-206.

Ohle, M.-P. (2012). The role of the CFO in large family firms, Unpublished doctoral dissertation, University of St. Gallen.

Parsons, T. (1943). The kinship system of the contemporary United States. *American Anthropologist*, 45 (1): 22-38.

Peng, M. W., and Y. Jiang (2010). Institutions behind family ownership and control in large firms. *Journal of Management Studies*, 47 (2): 253-273.

Pierce, J. L., T. Kostova and K. T. Dirks (2001). Toward a theory of psychological ownership in organizations. *Academy of Management Review*, 26 (2): 298-310.

Piketty T (2014). *Capital in the 21st Century*. Cambridge: Harvard University Press.

Pindado, J., I. Requejo and C. de la Torre (2012). Do family firms use dividend policy as a governance mechanism? Evidence from the Euro zone. *Corporate Governance: An International Review*, 20 (5): 413-431.

Porter, M. E. (1979). The structure within industries and companies' performance. *Review of Economics and Statistics*, 61 (2): 214-227.

Poza, E. J. (2013). *Family Business*. Mason, OH: Cengage Learning.

Poza, E. J., and M. S. Daugherty (2014). *Family Business*. Mason, OH: Southwest Cengage Learning.

Rahim, M. A. (1983). A measure of styles of handling interpersonal conflict. Academy of Management

Journal, 26 (2): 368-376.

Ramachandran, K., and N. Bhatnagar (2012). Challenges faced by family businesses in India. Indian School of Business, Hyderabad.

Ravasi, D., and M. Schultz (2006). Responding to organizational identity threats: Exploring the role of organizational culture. *Academy of Management Journal*, 49 (3): 433-458.

Raven, P., and D. H. B. Welsh (2006). Family business in the Middle East: An exploratory study of retail management in Kuwait and Lebanon. *Family Business Review*, 19 (1): 29-48.

Richards, M. M., T. M. Zellweger and J. P. Gond (2016). Maintaining moral legitimacy through words and worlds: An explanation of firms' investment in sustainability certification. *Journal of Management Studies*, forthcoming.

Romano, C. A., G. A. Tanewski and K. X. Smyrnios (2001). Capital structure decision making: A model for family business. *Journal of Business Venturing*, 16 (3): 285-310.

Rosa, P. (2014). The emergence of African family businesses and their contribution to economy and society: An overview. Working paper, University of Edinburgh.

Rosenberg, M. B. (2012). *Gewaltfreie Kommunikation: Eine Sprache des Lebens* [Nonviolent communication: A language of life]. Paderborn: Junfermann Verlag.

Rosplock, K. (2013). *The Complete Family Office Handbook: A Guide for Affluent Families and the Advisors Who Serve Them*. New York: Bloomberg Financial.

Ruef, M. (2010). *The Entrepreneurial Group. Social Identities, Relations, and Collective Action*. Princeton, NJ and Oxford: Princeton University Press.

Schulze, W. S., and K. W. Kellermanns (2015). Reifying socioemotional wealth. *Entrepreneurship Theory and Practice*, 39 (3): 447-459.

Schulze, W., and T. Zellweger (2016). On the agency costs of owner management: The problem of holdup. Working paper, University of Utah and University of St. Gallen.

Schulze, W., M. Lubatkin, R. Dino and A. Buchholtz (2001). Agency relationships in family firms: Theory and evidence. *Organization Science*, 12 (2): 99-116.

Schuman, S., S. Stutz and J. Ward (2010). *Family Business as Paradox*. New York: Palgrave Macmillan.

Schumpeter, J. A. (1934). *The Theory of Economic Development: An Inquiry into Profits, Capital, Credit, Interest, and the Business Cycle*. New Brunswick, NJ: Transaction Publishers.

Scott, R. W. (1995). *Institutions and Organizations*. Thousand Oaks, CA: Sage.

Sharifian, M., P. D. Jennings and J. E. Jennings (2012). Should women go into business with their family partner? In K. D. Hughes and J. E. Jennings (Eds.), *Global Women's Entrepreneurship Research: Diverse Settings, Questions and Approaches*. Cheltenham, UK and Northampton, MA, USA: Edward Elgar Publishing, 114-134.

Sharma, P., and P. G. Irving (2005). Four bases of family business successor commitment: Antecedents and consequences. *Entrepreneurship Theory and Practice*, 29 (1): 13-33.

Shepherd, D. A., A. Zacharakis and R. A. Baron (2003). VCs' decision processes: Evidence suggesting more experience may not always be better. *Journal of Business Venturing*, 18 (3): 381-401.

Sieger, P., T. Zellweger and K. Aquino (2013). Turning agents into psychological principals: Aligning interests of non-owners through psychological ownership. *Journal of Management Studies*, 50 (3): 361-388.

Sieger, P., T. Zellweger; R. Nason and E. Clinton (2011). Portfolio entrepreneurship in family firms: A resource-based perspective. *Strategic Entrepreneurship Journal*, 5 (4): 327-351.

Simon, F.B. (2002). *Die Familie des Familienunternehmens: Ein System zwischen Gefühl und Geschäft*. Heidelberg: Carl-Auer.

Simon, F. B. (2012). *Einführung in die Systemtheorie des Konflikts*. [Introduction to the Systems Theory of Conflict]. Heidelberg: Carl-Auer.

Simon, F. B., R. Wimmer, T. Groth and J. Baumbauer (2005). *Mehr-Generationen-Familienunternehmen. Erfolgsgeheimnisse von Oetker, Merck, Haniel ua* [Muti-generation Family Firms: Secrets of Success from Oetker, Merck Haniel and Others]. Heidelberg: Carl-Auer.

Sirmon, D. G., and M. A Hitt (2003). Managing resources: Linking unique resources, management, and wealth creation in family firms. *Entrepreneurship Theory and Practice*, 27 (4): 339-358.

Sirmon, D. G., M. A. Hitt, R. D. Ireland and B. A. Gilbert (2011). Resource orchestration to create competitive advantage breadth, depth, and life cycle effects. *Journal of Management*, 37 (5): 1390-1412.

Sitkoff, R. H. (2004). An agency costs theory of trust law. *Cornell Law Review*, 69: 621-684.

Smith, W. K., and M. W. Lewis (2011). Toward a theory of paradox: A dynamic equilibrium model of organizing. *Academy of Management Review*, 36 (2): 381-403.

Sorenson, R. L. (1999). Conflict management strategies used in successful family businesses. *Family Business Review*, 12 (4): 133-146.

Sraer, D., and D. Thesmar (2007). Performance and behavior of family firms: Evidence from the French stock market. *Journal of the European Economic Association*, 5 (4): 709-751.

Steijvers, T., and W. Voordeckers (2009). Private family ownership and the agency costs of debt.

Family Business Review, 22 (4): 333-346.

Stewart, A., and M. A. Hitt (2010). The yin and yang of kinship and business: Complementary or contradictory forces? (And can we really say?) *Advances in Entrepreneurship, Firm Emergence and Growth*, 12: 243-276.

Strebulaev, I. A., and B. Yang (2013). The mystery of zero-leverage firms. *Journal of Financial Economics*, 109 (1): 1-23.

Strike, V. M. (2013). The most trusted advisor and the subtle advice process in family firms. *Family Business Review*, 26 (3): 293-313.

Sundaramurthy, C., and G. E. Kreiner (2008). Governing by managing identity boundaries: The case of family business. *Entrepreneurship Theory and Practice*, 32 (3): 415-436.

Sundaramurthy, C., and M. Lewis (2003). Control and collaboration: Paradoxes of governance. *Academy of Management Review*, 28 (3): 397-415.

Tagiuri, R., and J. Davis (1996). Bivalent attributes of the family firm. *Family Business Review*, 9 (2): 199-208.

Thomas, J. B., S. M. Clark and D. A. Gioia (1993). Strategic sensemaking and organizational performance: Linkages among scanning, interpretation, action, and outcomes. *Academy of Management Journal*, 36 (2): 239-270.

Thornton, P. H., W. Ocasio and M. Lounsbury (2012). The Institutional Logics Perspective: *A New Approach to Culture, Structure, and Process*. Oxford: Oxford University Press.

Tsoutsoun, M. (2009). *The Effect of Succession Taxes on Family Firm Investment: Evidence from a Natural Experiment*. New York: Columbia University.

Van der Heyden, L., C. Blondel and R. S. Carlock (2005). Fair process: Striving for justice in family business. *Family Business Review*, 18 (1): 1-21.

Van Dyne, L., and J. L. Pierce (2004). Psychological ownership and feelings of possession: Three field studies predicting employee attitudes and organizational citizenship behavior. *Journal of Organizational Behavior*, 25 (4): 439-459.

Van Essen, M., M. Carney, E. R. Gedajlovic and P. P. Heugens (2015). How does family control influence firm strategy and performance? A meta-analysis of US publicly listed firms. *Corporate Governance: An International Review*, 23 (1): 3-24.

Verbeke, A., and L. Kano (2010). Transaction cost economics (TCE) and the family firm. *Entrepreneurship Theory and Practice*, 34 (6): 1173-1182.

Villalonga, B., and R. Amit (2006). How do family ownership, control and management affect firm value? *Journal of Financial Economics*, 80 (2): 385-417.

Villalonga, B., and R. Amit (2010). Family control of firms and industries. *Financial Management*, 39 (3): 863-904.

Von Schlippe, A., and H. Frank (2013). The theory of social systems as a framework for understanding family businesses. *Family Relations*, 62 (3): 384-398.

Wagner, D., J. H. Block, D. Miller, C. Schwens and G. Xi (2015). A meta-analysis of the financial performance of family firms: Another attempt. *Journal of Family Business Strategy*, 6 (1): 3-13.

Ward, J. (1987). *Keeping the Family Business Healthy*. San Francisco, CA: Jossey-Bass.

Ward, J., and C. Aronoff (2010). *Family Business Governance: Maximizing Family and Business Potential*. New York: Palgrave Macmillan.

Wennberg, K., J. Wiklund, K. Hellerstedt and M. Nordqvist (2012). Implications of intra family and external ownership transfer of family firms: Short-term and long-term performance differences. *Strategic Entrepreneurship Journal*, 5 (4): 352-372.

Westhead, P., and M. Cowling (1998). Family firm research: The need for a methodological rethink. *Entrepreneurship Theory and Practice*, 23 (1): 31-56.

Whiteside, M. F., and F. H. Brown (1991). Drawbacks of a dual systems approach to family firms: Can we expand our thinking? *Family Business Review*, 4 (4): 383-395.

Willers, M. (2011). *The significance of family firms across industries*. Unpublished master's thesis. University of St. Gallen.

Williarnson, O. E. (1985). *The Economic Institutions of Capitalism*. New York: The Free Press.

Yates, R. E. (1998). *The Kikkoman Chronicles: A Global Company with a Japanese Soul*. New York: McGraw-Hill.

Zellweger, T. M. (2007). Time horizon, costs of equity capital, and generic investment strategies of firms. *Family Business Review*, 20 (1): 1-15.

Zellweger, T., (2013). Toward a paradox perspective of family firms: The moderating role of collective mindfulness of controlling families. In L. Melin, M. Nordqvist and P. Sharma (Eds.), *The SAGE Handbook of Family Business*. Thousand Oaks, CA: SAGE Publications, 648-655.

Zellweger, T. M., and J. H. Astrachan (2008). On the emotional value of owning a firm. *Family Business Review*, 21 (4): 347-363.

Zellweger, T., and U. Fueglistaller (2007). Die volkswirtschaftliche Bedeutung der Familienunternehmen in der Schweiz [The economic significance of family firms in Switzerland]. *Schweizer Arbeitgeber*, (15): 30-33.

Zellweger, T., and N. Kammerlander (2014). Family business groups in Deutschland. Working paper, University of St. Gallen.

Zellweger, T., and N. Kammerlander (2015). Family, wealth, and governance: An agency account. *Entrepreneurship Theory and Practice*, 39 (6): 1281-1303.

Zellweger, T., K. Eddleston and F. W. Kellermanns (2010). Exploring the concept of familiness: Introducing family firm identity. *Journal of Family Business Strategy*, 1 (1): 54-63.

Zellweger, T., F. Kellermanns, J. Chrisman and J. Chua (2012). Family control and family firm valuation by family CEOs: The importance of intentions for transgenerational control. *Organization Science*, 23 (3): 851-868.

Zellweger, T., R. Nason and M. Nordqvist (2012). From longevity of firms to transgenerational entrepreneurship of families. *Family Business Review*, 25 (2): 136-155.

Zellweger, T., R. Nason, M. Nordqvist and C. Brush (2013). Why do family firms strive for nonfinancial goals? An organizational identity perspective. *Entrepreneurship Theory and Practice*, 37 (2): 229-248.

Zellweger, T., M. Richards, P. Sieger and P. Patel (2015). How much am I expected to pay for my parents' firm? An institutional logics perspective on family discounts. *Entrepreneurship Theory and Practice*, 40 (5). 1-43.

Zellweger, T., P. Sieger and P. Englisch (2012). *Coming home or breaking free? Career choice intentions of the next generation in family businesses.* Ernst & Young.

Zellweger, T., P. Sieger and F. Halter (2011). Should I stay or should I go? Career choice intentions of students with family business background. *Journal of Business Venturing*, 26 (5): 521-536.

大成企业研究院编著. 民营经济改变中国——改革开放40年民营经济主要数据简明分析. 北京：社会科学文献出版社，2018.

高皓，叶嘉伟. 爱马仕家族：股权为骨，价值观为魂（上）. 清华金融评论，2014 (5): 115-118.

高皓，叶嘉伟. 爱马仕家族：股权为骨，价值观为魂（中）. 清华金融评论，2014 (7): 93-96.

高皓，叶嘉伟. 爱马仕家族：股权为骨，价值观为魂（下）. 清华金融评论，2014 (8): 93-96.

高皓，刘中兴，叶嘉伟. 匡特家族：宝马控股家族的MFO之路. 新财富，2014 (7): 110-125.

穆光宗，中国的人口危机与应对，北京大学学报（哲学社会科学版），2019 (9): 69-76.

彭希哲，胡湛. 当代中国家庭变迁与家庭政策重构，中国社会科学，2015 (12): 113-132+207.

吴愈晓，王鹏，杜思佳. 变迁中的中国家庭结构与青少年发展，中国社会科学，2018 (2): 98-120+206-207.

中国民营经济研究会家族企业研究课题组. 中国家族企业发展报告（2011）. 北京：中信出版社，2011.